辛亥革命與大陸浪人

趙軍——著

大陸浪人

亦稱「支那浪人」，日本近代史上以所謂「經營大陸」（主要指中國、朝鮮）為志的民間及部分政界與軍界人物的統稱，其成員大部分是支持「大日本帝國」的擴張主義者。大陸浪人主要活動於1870～1940年代，其中尤以辛亥革命前後的1897～1917這二十年間與中國的關係最為密切。

代表人物：平岡浩太郎（1850-1906）、大石正巳（1855-1935）、頭山滿（1855-1944）、荒尾精（1859-1896）、山座圓次郎（1866-1914）、川島浪速（1866-1949）、宮崎彌藏（1867-1896）、宮崎滔天（1871-1922）、內田良平（1874-1937）、北一輝（1883-1937）等。

頭山滿（1855-1944）

平山周（1870-1940）

宮崎滔天（本名寅藏，1871-1922）

川島浪速（1866-1949）

內田良平（1874-1937）

北一輝（1883-1937）

推薦序

　　我不是宿命論者，但我相信人生確實有某些緣分。我與日本宮崎家族就有緣分，看似偶然，實寓必然。我從小是個書迷，曾在父親書房中看過中譯本的《三十三年落花夢》，當時我已讀過《隋唐演義》之類的武俠小說，覺得宮崎滔天很像那充滿浪漫色彩的虯髯客，對中國如此熱心，仗義支援孫中山。長大以後研究辛亥革命，我更增進了對於滔天一家的了解。

　　1966 年我被借調到北京，參與籌備紀念孫中山誕辰 100 週年學術研討會工作。有一天外事部門突然打來電話，說是宮崎家世民與龍介在機場候機回國，臨行前想與我見面有所商談。我立即乘車前往，但不幸路途堵塞，及至趕到機場，飛機已經起飛，可說是失之交臂。至今我還弄不清他們為什麼要與我見面，很可能是有若干歷史文獻打算捐贈，因為我負責這方面的徵集工作，聯繫面比較廣泛，連「四大寇」[1]尤列的兒子都從加拿大來信。不久文革爆發，十年蹉跎，根本未曾想過能與宮崎家族成員相遇。

　　但是在 1978 年春，黃興遺腹女德華與丈夫薛君度回國探親，約我一同前往長沙看望其長兄一歐。正巧一歐住院療養，熱情暢談辛亥前旅日往事，提及曾寄居宮崎家，其時滔天經濟異常困窘，靠演唱「浪花節」為生，寧可讓自己的兒女吃粗糧，也要保證一歐吃大米。說到深情之處，老人泣不成聲，但臨別時又興致勃勃地摹仿滔天演唱「浪花節」片段，這又重新喚醒了我對宮崎家族的敬重與癡迷。

　　不久，日中友協（正統）奈良縣本部名譽會長北山康夫教授來我校

---

[1]　編案：當年清政府稱反清的孫中山、陳少白、楊鶴齡與尤烈四人為「四大寇」。

（華中師範大學）訪問，他也是辛亥革命研究者，並且對宮崎滔天有濃厚興趣，回國後託專人把自己珍藏多年的滔天主編的《革命評論》贈送給我。我深受感動，立即在《人民日報》發表〈只教文章點點血，流作櫻花一片紅——宮崎滔天與中日友誼〉，初步介紹。文章篇幅很短，未想到卻引發日本學界與宮崎家族的注意。

1979 年深秋，我有幸應邀訪問日本，在東京大學田中正俊教授引導下參觀東洋文庫，順便複製了宮崎滔天與梅屋莊吉檔案文獻兩套微縮膠卷。隨即又訪京都大學人文科學研究所，小野川秀美教授雖已退休，但仍然邀我深夜長談，詳細介紹 1970 年以來編輯出版《宮崎滔天全集》的經過，並贈送一套（共五卷）。同時也介紹了上村希美雄、渡邊京二、麥田靜雄等學者對於宮崎滔天及其家族的研究論著，建議我與他們加強聯絡。隨後狹間直樹教授又陪同我前往熊本參觀滔天故居（已作為孫中山紀念館；趙軍注：該紀念館現在的正式名稱是「荒尾市宮崎兄弟資料館」）與宮崎家墓，給我留下深刻印象。

日本民間學術團體「滔天會」密切關注我的熊本之行。1980 年春，滔天孫女蕗苳在藤井升三教授陪同下率團前來華中師大與我懇談，並參觀武漢的辛亥革命遺址。我與蕗苳一見如故，從此成為海外知己，共同推動中日友好文化交流，特別是對於宮崎兄弟的研究。

萬事齊備，只缺東風。東風者何？人也。當時我招的第一批研究生中大多是學英語，連我自己也不通日語，手頭這一大批日文資料難以利用。幸好其中趙軍尚有日語基礎，是他知難而進，毅然選定「大陸浪人與辛亥革命」作為研究方向。當時師範院校經費支絀，連縮微膠卷閱讀器都沒有。他只有用電筒和紙盒製作自己的「土閱讀器」，勉強辨認這些寶貴資料。皇天不負苦心人，1981 年 10 月，他居然寫成第一篇論文〈試論宮崎滔天與「支那革命主義」〉，在紀念辛亥革命 70 週年國際學術會議上公開發表。由於視野廣闊，資料翔實，條分縷析，闡析精審，贏得中外學者廣泛好評，成為報刊比較看重的辛亥革命研究者的年輕俊彥。

最為令人感動的是，京都大學人文科學研究所島田虔次、狹間直樹

諸教授及時支援，我們才有可能送趙軍到日本進一步深入研究這個課題。人文科學研究所從一開始就把我當作「自己人」（竹內實語），狹間直樹家宴時，甚至讓他的小兒子高呼「章開沅先生萬歲」。趙軍去後受到這些前輩無微不至的關懷，他們從生活安排、語言訓練到攻讀必要課程，都做了周密安排，花費的精力甚至超過自己的學生。當然，趙軍也沒有辜負大家的熱切期望，終於寫成質量較高的博士學位論文，贏得中外學者的好評。此文在 1991 年曾由中國大百科全書付梓問世，但美中不足的是誤植之處較多，且未經作者親自校閱，又做過較大刪節。現經作者認真修訂完善，想必能夠成為傳世佳作。

作者離國多年，但仍極為熱愛祖國，更為關心母校，經常為華中師大提供許多助力。特別重要的是，在他的熱心聯絡下，我們不僅與宮崎家族保持將近三十年的密切交往，而且還與梅屋莊吉的後裔也成為海外知交，共同為中日文化交流做出重要貢獻。為紀念辛亥革命一百週年，《宮崎滔天家藏文獻》及時出版，梅屋莊吉遺存文物在武漢舉辦展覽，都是我們共同營造的碩果。

我很高興地看到，不管國際風雲如何變幻，在日本都有那麼多朝野友好人士，始終努力維護日中友好，而且是一代又一代人相繼崛起，譜寫新的歷史篇章。天寒歲暮，然而心潮澎湃，東亞繁榮，前程如錦，有厚望焉。

章開沅

2019 年冬於武昌實齋

目次

第一章　緒論
Chapter 1

第一節　辛亥革命運動中的「異邦人別動隊」

一，從「浪人」到「支那浪人」、「大陸浪人」

　　二十世紀初葉在中國大地上爆發的辛亥革命，像是一場風暴，又像是一場海嘯，聲勢浩大，震驚中外。它捲走了統治中國達兩千多年之久的封建皇權專制統治制度，撼動了這個古老的大帝國，也在全世界引起了巨大的反響。在這場浩大的時代浪潮的鼓動中，曾經活躍著一支與眾不同的異色勢力，這就是所謂的日本「大陸浪人」。這支勢力的人數雖然不算太多，能量卻是不小。身為外國人，他們卻異乎尋常地關心在中國發生的種種變動，從政治、經濟、軍事、文化、外交等各個方面深深地介入了中國的革命運動。他們的活動，在辛亥革命的歷史卷冊中，留下了諸多特殊的印記。同一個歷史時期日本人在中國政治舞台上的活動，恰巧與中國革命黨人在日本政治舞台上的活動交相輝映。

　　「浪人」，是日本歷史上的一個產物，指失去了主公、官職和俸祿的武士，多產生於封建社會的中後期，曾是造成社會動盪不安的一個重要因素。大陸浪人或稱「支那浪人」，是近代日本歷史上的又一個產物，它的形成雖然仍與浪人有社會形成土壤方面的關聯，但其內涵已經發生了重要的變化。

　　試看高柳光壽、竹內理三主編的《日本史辭典》對「大陸浪人」的釋文：

大陸浪人　戰前作為日本帝國主義侵略亞洲的尖兵而活躍於世
的特定的政治家們。1881 年（明治 14 年）平岡浩太郎、頭山滿
等結成玄洋社，以後該社社員與 1901 年結成的黑龍會成員等以
中國大陸和朝鮮為舞台進行活動，日清戰爭（即甲午戰爭——引者）、
日俄戰爭時充任密探或戰地工作員等為日軍蒐集情報、調查地
形。大陸浪人常與軍部以及政治家、財閥等有密切聯繫，接收其
資金援助。他們又介入中國、朝鮮的政界、財界，暗中進行政治
工作或攫取利權，為日本的侵略政策開道前驅。另一方面，大陸
浪人中也有像宮崎滔天和北一輝那樣投身於中國革命之中的
人。昭和時代，與軍部有密切聯繫充當在中國進行軍事活動爪牙
的人、在日本無法生活的流氓政治家以及夢想一獲千金的野心家
們自稱大陸浪人，偽裝成滿口豪言壯語的國士，利用日本人所享
有的特權，進行漁獵利權和欺詐經商等活動，在亞洲各地展開了
肆無忌憚的犯罪活動。[1]

這裡講大陸浪人是「戰前作為日本帝國主義侵略亞洲的尖兵而活躍
於世的特定的政治家們」，可以說是對大陸浪人下的一個廣義的定義。
另外還有狹義的定義，如新村出編的《廣辭苑》在大陸浪人的條目下這
樣寫道：

大陸浪人　近代在中國大陸活動的我國民間人士的稱謂，多國權
主義者，從事政府對華政策的秘密工作等務。亦稱支那浪人。[2]

兩種定義，內涵各有不同。究竟以何者為準，學術界似乎尚無定論，
有人擇其一說而用，也有人兩說兼而容之。一般來說，大陸浪人的絕大
多數都出身於武士家庭、而且是沒有正當職業和正常謀生手段的「浮浪
人」，極少有人出將入相、位至高官。從這一點上說，後一定義較前一

---

[1]　高柳光壽、竹內理三編：《日本史辭典》，角川書店，1976 年版，588 頁。
[2]　〈大陸浪人〉，新村出編：《廣辭苑》第六版，東京：岩波書店，2006 年，1702 頁。

定義具體而明快，有其合理之處。但是大陸浪人又並非全然都是「浮浪人」，有一些習慣上早已被人們看作大陸浪人的人並不是單純的民間人士（如山座圓次郎、平岡浩太郎、大石正巳、的野半介等），政界、軍界都留下過他們的足跡。所以簡單地以「民間人士」來限定大陸浪人，就顯得不盡妥當。本書建議將「民間人士」的範圍稍加擴展，對大陸浪人下這樣一個定義：「大陸浪人，亦稱支那浪人，日本近代史上以所謂『經營大陸』（主要指中國、朝鮮）為志的民間及一部分政界、軍界人物的統稱。其成員大部分為軍國主義、擴張主義者，是日本帝國主義侵略亞洲地區的尖兵和特別行動隊（突擊隊）。」這樣，可能還較為妥當些。

大陸浪人是一個複雜的結合體，是近代日本社會中與中國有著各種關係的人們聚合而成的一個集團。有的研究者把大陸浪人分為兩大基本系統——玄洋社系統與軍部系統[3]，這主要是就組織系統而言的。另外，按照活動方式的不同，大陸浪人還可以分為以下幾種類型：

首先是一些先驅式人物。如在漢口開設「樂善堂分店」、蒐集中國內地情報，後來又開辦「日清貿易研究所」、培養了一批經濟、軍事活動人才的荒尾精；還有同荒尾精一同經營過日清貿易研究所，其後又成為東亞同文書院創始人的根津一等。

孫中山等中國革命志士到日本展開活動之後，在他們周圍聚集了一大批大陸浪人。玄洋社的核心人物頭山滿、平岡浩太郎、黑龍會的發起人內田良平、在庚子惠州之役中戰死的山田良政、此外還有宮崎滔天、平山周、萱野長知等等，都是其中最為人們所熟知的人物。

因寫了《日本改造法案大綱》而成為發動「二‧二六事變」[4]青年將校們思想靈魂的北一輝，在辛亥革命前後也是與「湖南派」革命黨人過從甚密的大陸浪人。但他的活動中心後來又完全轉向了日本國內，與頭

3　渡邊龍策：《馬賊頭目列傳：馳騁荒野的男人的活法（馬賊頭目列伝：広野を駆ける男の生きざま）》，東京：秀英書房，1983 年，第二章，62-64 頁。

4　「二‧二六事變」：1936 年 2 月 26 日，日本陸軍「皇道派」青年將校，在北一輝「國家社會主義」（即法西斯主義）思想影響下發動暴亂，槍殺內相齋藤實等，企圖以武力推動日本的法西斯化，三日後被平定。

山滿、內由良平等人的經歷不完全相同。

在武昌起義之後與宗社黨勾聯一氣，積極策動「滿蒙獨立運動」和清廷復辟活動的川島浪速、佃信夫等人，是大陸浪人中的另一種類型，他們與中國的革命派沒有直接聯繫，然而卻又在辛亥革命運動中扮演了重要的反面角色。

除了以上這些「志士」類型的浪人之外，還有一些混跡於「馬賊」、「海賊」之中，其行動被罩上一層神秘的、傳奇般色彩的人物，如伊達順之助、薄益三和小日向白朗等等。

大陸浪人究竟有多少人？很難拿出一個具體的統計數字來。成書於 1936 年的《東亞先覺志士記傳》下卷列傳部分，曾為 1,018 名「東亞先覺志士」列了傳記，傳主的絕大部分可以看作大陸浪人。同一年成書的《對支回顧錄》下卷也為 832 名「對支（那）功勞者」列了傳記，數目略少於《記傳》，但傳主基本上相同，都是 1936 年以前去世的大陸浪人及其他有關人物。1941 年，東亞同文會又出版了《續對支回顧錄》的下卷，為《對支回顧錄》所遺漏下來的和當時尚活在世上的 213 名「對支功勞者」列傳，正續兩書的傳主相加，為 1,045 人。

另外，1933 年 2 月由黑龍會發起組成的「滿洲問題舉國一致各派聯合會」在東京日比谷公園召開過「東亞問題先覺志士慰靈祭」，據說一共祭奠了「東亞問題先覺志士」的靈位 1,454 柱。

上述三列數字中，都包含了一些明顯不屬於大陸浪人隊伍中的人，如東鄉平八郎等軍事將領、大久保利通等職業政治家等，比例約佔 1/10 到 1/15 左右。除去這一部分人所佔的比重，再將剩下的數字略為綜合平衡，得出的答數是 1,000 人左右。這大概就可以算做自明治中葉以後，中經大正時期，直至昭和初年活躍在政治、軍事、外交各個舞台上的大陸浪人的基本成員數了。

這支不大也不小的大陸浪人隊伍的構成五花八門。上至日本政府的公務人員、達官貴族，下至和尚、妓女、無業遊民，幾乎囊括了社會上的各個階層。根據《東亞先覺志士記傳》下卷索引部分的簡介，在 1,018 個傳主中除去 20 個朝鮮人，這裡將所餘 998 個日本人的各個階層所佔

的人數與比重整理成一表：

階層	人數	佔總人數的百分比
政府官員、貴族、國會議員等	167	16.7
現役軍人（不包括已退役者或與軍隊有關係者）	149	14.9
博士、教授、漢學家、詩人、畫家等學術界人士	33	3.3
新聞、出版界人士	92	9.2
經濟界人士（包括「滿鐵」、對外拓殖會社工作人員等）	66	6.6
僧侶、回教徒、天主教徒等	22	2.2
軍事偵探、隨軍翻譯及「特別行動班」成員	152	15.2
玄洋社、黑龍會、東亞同文會成員及其他浪人團體成員或浪人界主要對外活動參加者	367	36.8

　　從這一組數字可以看出以下幾個問題：第一，貴族、官吏、議員和學者等加起來有 200 人，佔了總人數的 1/5。儘管從嚴格的意義上說，這些人中有相當一部分稱其為大陸浪人不盡合適，但它仍然可以說明日本社會上層人物在這個「志士」隊伍中佔了相當大的比例。第二，現役軍人以及軍事偵探、隨軍翻譯等直接為侵略戰爭服務的人員加起來是301 人，佔總人數的 30.2%，這批人的活動是受日本軍部領導的。除此而外，漢口「樂善堂分店」的成員、日清貿易研究所和東亞同文書院的許多畢業生以及一些僧侶、教徒們在日本帝國主義發動的幾次侵華戰爭以外的和平時期，也對中國、朝鮮和西伯利亞等地進行了各種各樣的偵察、「探險」、「巡錫」活動。因此，說大陸浪人中的大部分人都是日本帝國主義對外侵略擴張的走卒和尖兵，並不過分。

　　如果把上述的各類人物按百分比數值排列一下，佔比例最大的一是浪人團體的成員，二是貴族、官吏和議員，三是軍事偵探、隨軍翻譯等，四就是現役軍人了。這個比例關係反映了大陸浪人活動的三個重要特色，即：一、浪人們多結成團體進行集體活動；二、浪人的活動與日本政府關係密切；三、浪人的活動也與日本軍部有著密切的聯繫。辛亥革命時期大部分大陸浪人的活動，都帶有這種特色。

二、在日本「住膩了」的日本人──「大陸浪人」綜合症

　　儘管大陸浪人品類駁雜、良莠不一，但仔細地考察一下，也不難發現其共通之處。一般來說，大多數的大陸浪人在社會心態上有以下幾個共同的特點。

　　一是所謂「在野的民間意識」和反抗權威的精神。

　　這一點，以玄洋社、黑龍會系統出身的大陸浪人最為突出。玄洋社、黑龍會系統的浪人，多為九州地區武士家庭的後裔，出身於「舊福岡藩士」的人尤其多。明治維新之際，這些地方的武士們轉戰各地，立有不少戰功。但維新之後新政府內的要職，幾乎全被薩（摩）、長（州）等藩佔有，此後的數屆中央政府裡，也幾乎沒有一個福岡藩的士族擔任過高官顯職。福岡地區的士族對此心懷不滿，他們結成一些社團或派系，抨擊時政、攻訐藩閥，以發洩對政府的怨恨；一遇機會，就有人出面組織反抗政府的叛亂或響應其他地區爆發的叛亂。政府對叛亂的鎮壓更加深了他們與當權統治集團的矛盾和對立，這就養成了一批自居於在野的「民間」地位，以抨擊、監督政府施政措施為己任的「不平士族」集團。玄洋社和黑龍會就是以這些人為中心所組成的。例如頭山滿和內田良平，儘管在社會上名噪一時，卻沒有在政府中做過一天官，相反地倒是不停地攻擊政府，宣傳自己的一套「對內、對外經綸」，要求政府加以貫徹施行。即便是身為國會議員、政界「名流」的平岡浩太郎、的野半介等人，也喜歡以在野黨的身分攻擊政府、批評時政，極少與內閣採取合作態度。大陸浪人之所以往往被人看作是純粹由「民間人士」集結而成的團體，原因之一就在這裡。

　　但是也應當指出，這種「不為官」的在野精神，是由於一些歷史原因造成的，是這些浪人為官所不容、不得志後被迫採取的政治姿態，而不是出於鄙視富貴、誓不媚同權勢之類的政治信仰，所以一旦條件發生變化，他們還是會在一定程度上與官府合作甚至不惜為五斗米而折腰的。辛亥革命前後黑龍會內田良平等人的一些活動，就證明了這一點。

　　第二是所謂大言壯語、豪蕩不羈的「國士風格」。

　　大陸浪人雖已不再是封建時代的武士，但因其多出身於武士家庭，許多人都繼承了一些或極力模仿封建武士的言行舉措。他們把「武士道」定為行為準則，把吉田松陰、高杉晉作、坂本龍馬和西鄉隆盛這些歷史上有名的武士奉為楷模。那種大言壯語、豪蕩不羈的所謂「國士風格」，也成了許多浪人刻意追求的目標。有一首據說是鈍牛庵霸璉作的〈浪人天下〉的詩歌，鮮活刻畫出了大陸浪人們的精神風貌：

　　　　此胸腔吞吐天地，
　　　　此心腸看破世勢；
　　　　雖無金腸鐵軀，
　　　　卻視權勢富貴如糞土。
　　　　壓制迫害何所懼，
　　　　為拯救天下的弱者，
　　　　為殺盡不義之徒，
　　　　吾輩拚將性命賭一個你死我活。
　　　　……
　　　　吾輩以四百餘州（指中國——引者）為戰場，
　　　　握東洋和平之關鍵於股掌；
　　　　不起則已，起則縱橫天下，
　　　　統領「馬賊」、「回回」、「海賊」、「狼匪」，
　　　　掃落黃毛碧眼人之膽魄，
　　　　請嚐嚐浪人天下的滋味如何？
　　　　……[5]

　　這種以「匡時濟世」為己任的「國士風格」，據說在當時曾經盛極一時。

5　渡邊龍策：《近代日中民眾交流外史》，東京：雄山閣，1981 年，179-181 頁。

　　第三是缺乏系統的、有深度的思想理論的指導，常常在激情、冒險心和所謂「義俠心」的驅使下從事活動。

　　大陸浪人們缺少一種有足夠深度的、可以用來指導全體成員思想和行動的系統理論，他們在思想上是貧乏的。相當一部分大陸浪人雖然是所謂「大亞洲主義」的信徒，但他們的思想並不一致，認識深度也不相同。許多浪人或是出於朦朧的大亞洲主義信念，或是出於對國內外形勢的危機感或者責任感，或是為完成上級的指令，或是為了追求一己之私慾，不遠萬里，深入異域，開展了五花八門的活動。驅使他們從事這些活動的動力，常常是激情、冒險心和所謂「義俠心」（有時還加上虛榮心）之類感情色彩非常濃厚的東西。

　　明治末大正初，日本社會上廣泛地流傳著一首據說是池田龜鑑作詞（也有人說是宮崎滔天創作）的〈馬賊之歌〉：

　　　　我就要去了，你也來吧，
　　　　狹窄的日本讓我住膩了。
　　　　波濤滾滾的對岸有支那，
　　　　支那那裡四億的民眾在等待。[6]

　　這首歌激起了一些同時代青年人對中國的種種美夢和幻想。據說曾在孫中山手下擔任過類似參謀長之職的山中峰太郎，歸國後也在《少年俱樂部》雜誌上發表了一些〈敵中橫斷三百里〉、〈亞細亞的曙光〉之類「實錄式武俠小說」，宣傳大陸浪人的生活。這些歌曲、小說的流行，再加上日本政府和軍部指使輿論對日俄戰爭時期由青木宣純領導的「特別行動班」和花田仲之助領導的「滿洲義軍」「神奇功績」的大肆宣揚，大大刺激了當時的青年，使他們一聽到「支那」、「滿洲」的字眼就熱血激盪。大陸浪人隊伍中的許多人，就是受到這些所謂「雄飛大陸」志望感染的青年。

6　渡邊龍策：《馬賊頭目列傳》，167 頁。

　　大陸浪人的第四個共同點，是為了達到預期目的，大都具有不計成敗利害的所謂「獻身精神」和不惜使用任何手段的極端活動方式。

　　由於大陸浪人們並沒有統一的思想綱領和相互約定遵守的紀律、規則，互相之間很少有平行式的關聯，所以他們的活動方式也形形色色，各樹一幟。從活動領域上看，政界、經濟界、文化界等，浪人的足跡比比皆是。從活動手段上看，有的人寫文章、作演說，煽動輿論，向政府施加各種壓力；有的人隻身一人，深入異國他鄉，探查地形地勢，蒐集政治、經濟、軍事戰略情報；有的人參加了中國革命黨人的各種活動，幫助革命黨人推翻清朝政府在中國的統治；也有的浪人反過來與宗社黨人合流，試圖復辟封建王朝……。五花八門，不一而足。

　　大陸浪人的活動都帶有一定的投機性和冒險性，許多大陸浪人自身也有著強烈的投機心理和冒險心。為此，他們可以暫時忍辱負重、含辛茹苦，金錢、名譽、地位以至家庭等等皆可棄之不顧。例如被稱為「支那內地探險先驅」的中西正樹，家境貧寒，在他準備從橫濱出發赴華之際，他的養父、妻子、妻妹和子女突然從靜岡老家來東京找他，期望依靠他的力量謀生。但他將自己的志趣向親屬們訴說一番，請求諒解，仍然如期登上了輪船。不久他的祖母、養父和妻子相繼去世，他知道消息後雖在無人處灑過幾場眼淚，卻還是堅持在中國的學習（當時他的身分是外務省派遣留學生），決意「學業不成誓不歸朝」[7]，頗有一些自我犧牲的悲壯氣概。其後，中西正樹依靠個人的力量，餐風宿露，邊乞食邊行路，踏查了中國的直隸、河南、陝西、四川、貴州、雲南、湖南、湖北、山東等地，研究中國各地的地理、風俗、政治、經濟、交通情況，其行蹤甚至一度到達了中緬邊境的騰越。

　　與中西正樹一起被人並稱為「支那探險雙雄」之一的小越平陸，也是一個南船北馬、四方闖蕩的冒險家。他「三度溯三峽之險，窮四川、雲南、貴州之地；三度訪古都長安、洛陽，又數至長白山邊陲」[8]；「支

---

[7] 黑龍會編：《東亞先覺志士記傳》中卷，收入《明治百年史叢書》，東京：原書房，昭和41年（1966）復刻版，178 頁。

[8] 《東亞先覺志士記傳》中卷，188 頁。

那全域新疆、廣西二省外，無不印有其足跡。自初入支那時起，費時三十餘年探險支那內地，行程計二十餘萬華里也。」[9]

　　儘管歷盡艱辛，付出了如許的代價，但是浪人們對於自己究竟握有多大成功的把握，還是茫然的。川島浪速在一首詩中詠嘆：

> ……
> 人生休論窮通事，苦樂何必名利羈。
> 寄言吾黨二三子，不須衣錦鄉里歸。[10]

表達的就是這種心情。

　　上述四點，或可謂「大陸浪人」綜合症，幾乎所有的大陸浪人都或多或少地帶有其中的一項、兩項或者更多的「症狀」。除此而外，在各個不同集團的大陸浪人中，也還有其他一些共通之處，但已不帶有那麼大的普遍性了。

　　大陸浪人的活動時期始於 1870 年代，終止於 1940 年代。這其間，他們表現得最為活躍、與中國社會的各個方面產生密切聯繫的時期，無疑是辛亥革命前後。特別是 1897 年到 1917 年前後的二十年間，可以說是大陸浪人與中國關係最為密切的時期、大陸浪人活動的鼎盛時代。

　　孫中山在回憶自己 1897 年到日本之後的情形時，對大陸浪人與辛亥革命的關係作過一段總結性的論述：

> 抵日本後，其民黨領袖犬養毅遣宮崎寅藏、平山周二人來橫濱歡
> 迎，乃引至東京相會。……時日本民黨初握政權，大隈為外相，
> 犬養為之運籌，能左右之。後由犬養介紹，曾一見大隈、大石、
> 尾崎等。此為予與日本政界人物交際之始也。隨而識副島種臣及
> 其在野之志士如頭山、平岡、秋山、中野、鈴木等，後又識安川、
> 犬塚、久原等。各志士之對於中國革命事業，先後多有資助，尤

9　《東亞先覺志士記傳》中卷，197 頁。
10　《東亞先覺志士記傳》中卷，225 頁。

以久原、犬塚為最。其為革命奔走始終不懈者，則有山田兄弟、
宮崎兄弟、菊池、萱野等。其為革命盡力者，則有副島、寺尾兩
博士。此就其直接於予者而略記之，以志不忘耳。[11]

馮自由在《革命逸史》的〈興中會初期孫總理之友好及同志〉和〈興
中會時期之革命同志〉兩篇文章中，也列舉了菅原傳、宮崎寅藏、平山
周、田野橘次、甲斐靖、曾根俊虎等二十七個主要的「日本志士」名字，
還對每個人的活動作了簡略介紹和評介。如在宮崎寅藏的名字下評介
道：「日本志士贊襄吾國革命事業者，以此君為最努力。」[12]在犬養毅的
名字下寫道：「日本進步黨領袖，由宮崎介紹孫總理相識，吾國革命黨
人歷年在日本活動，大得其助」[13]。在頭山滿的名字下又有這樣的話：「日
本黑龍會首領（實非如此──引者），亦在野浪人首領，中國革命黨人在日活
動常得其助……」[14]等等。

可見，中國革命黨人對大陸浪人在辛亥革命中的活動是給予相當高
的評價的。這些評價的當否姑作別論，僅憑這些為數不多的文字，我們
也能看出大陸浪人與辛亥革命的關係之深。

當然，大陸浪人的活動並不僅限於辛亥革命，大陸浪人的活動時期
也不僅止於辛亥革命前後。但是，對於辛亥革命前後大陸浪人的思想、
活動及其影響作些研究和分析，相信對於深化我們關於這一時期歷史推
移、演化過程的認識，是會有所裨益的。

---

[11] 〈建國方略〉，《孫中山全集》第六卷，232-233 頁。
[12] 馮自由：《革命逸史》（全六冊），第三集，北京：中華書局，1981 年，38 頁。
[13] 馮自由：《革命逸史》第三集，48 頁。
[14] 馮自由：《革命逸史》第三集，50 頁。

第二節　冠冕堂皇的「時髦」「理論」——大亞洲主義誕生記

一、門羅主義與大亞洲主義

　　大亞洲主義也稱大亞細亞主義、亞洲主義，英語為 Pan Asiaism，所以也有人稱之為泛亞洲主義、泛亞細亞主義。它產生於 1880-1890 年代的日本，是與大陸浪人的活動密切相關的一種思潮。十九世紀末二十世紀初，大亞洲主義曾在日本社會上盛極一時。

　　什麼是大亞洲主義？這也是直至目前為止學術界都沒有取得一致意見的問題。大致說來，在大亞洲主義的定義問題上，主要存在著兩派不同的意見。一種意見認為，大亞洲主義是「戰前（指第二次世界大戰以前——引者）揭櫫亞洲諸民族解放的共同體理論，**為日本帝國主義的侵略製造理論根據的主張**」[15]，或者是號召「為了抵抗歐美列強對亞洲的侵略，亞洲各民族以日本**為盟主團結起來**」的主張[16]；另一種意見認為，大亞洲主義是號召「亞洲各民族、各國家團結起來，以對抗歐美列強壓迫、侵略的思想或運動」[17]；或者是「一種號召亞洲各民族大同團結，脫離殖民地、半殖民地狀態的國際政治立場」[18]等等。

　　兩派意見在對大亞洲主義內涵與外延的規定上有著明顯的不同。前一派意見將大亞洲主義規定為「揭櫫亞洲諸民族解放」，號召「以日本為盟主」「為日本帝國主義的侵略製造理論根據」的理論或主張，是一種比較狹義的定義，其外延只包括那些以日本為中心來思考亞洲與世界前途問題，帶有明顯的侵略、擴張色彩的「亞洲聯合」思想。後一派意見則是比較廣義的定義，它將凡是主張亞洲各民族、各國家的團結，「以

---

[15] 高柳光壽、竹內理三編：《日本史辭典》，569 頁。粗體為筆者所加，下同。

[16] 野原四郎：〈大亞洲主義〉、《亞細亞歷史事典》第六卷，東京：平凡社，1971 年第七版，6-7 頁。

[17] 藤井升三：〈再論孫文的民族主義——以亞洲主義為中心（孫文の民族主義再論——アジア主義を中心に——）〉，《歷史評論》1996 年 1 月號，17 頁。

[18] 〈亞洲主義〉，新村出編：《廣辭苑》第六版，東京：岩波書店，2006 年，45 頁。

對抗歐美列強壓迫」,「脫離殖民地、半殖民地狀態」的「思想或運動」
都規定為大亞洲主義的內涵,為一些基本上不含有或很少含有侵略、擴
張色彩的「亞洲聯合」主張歸入大亞洲主義的範疇保留了餘地。但是,
究竟以採用哪一種定義更有助於說明問題,還需要我們自己對大亞洲主
義的產生過程及其性質,再作一些具體的分析。

　　關於大亞洲主義的產生、發展及其演變過程,高柳光壽、竹內理三
編的《日本史辭典》作過這樣的介紹:

> 面對歐美列強對東亞的侵略,自由民權論者感到深刻的危機,提
> 出亞洲諸民族聯合和亞洲的解放等主張。十九世紀八十年代,以
> 玄洋社為首、以樽井藤吉、大井憲太郎等為代表的企圖向朝鮮、
> 中國擴張的活動開始表面化。日清戰爭(即甲午戰爭——引者)前後,
> 將日本應作為亞洲的領導者這一「使命觀」加以理論化的岡倉天
> 心的亞洲文明論與近衛篤麿等的同文同種說登場。這些思想使作
> 為日本帝國主義的侵略思想的大亞洲主義走向形成。此後,以日
> 本民族在亞洲諸民族中佔有優勢地位的思想為前提的各種理
> 論,如東西文明融合論、亞洲文明優於歐洲文明論等等流行於
> 世。進入昭和時期,以滿洲事變(即九‧一八事變——引者)為契機,
> 出現了五族協和論。到了日中戰爭(編案:即 1937-1945 第二次中日戰爭)
> 時期,更出現「大東亞共榮圈」、「八紘一宇」等提法,強調在神
> 國日本的領導下,將亞洲諸民族從歐美列強的統治中解放出來的
> 共同體理論終於完成。[19]

　　這條釋文基本上概括出了大亞洲主義思潮發生、發展的脈絡。大亞
洲主義取法於 1820 年代由美國總統詹姆斯‧門羅所發明的「門羅主義」,
又借鑒了十九世紀中後葉由美國和沙俄所宣揚的「泛美主義」、「泛斯拉
夫主義」的形式。「大……主義」、「泛……主義」的構詞形式,即源於

---

[19] 高柳光壽、竹內理三編:《日本史辭典》,569 頁。

「泛美主義」（Pan-Americanism）和「泛斯拉夫主義」（Pan-Slavism）。門羅提出門羅主義的目的，是企圖在「美洲是美洲人的美洲」的旗幟下，挫敗神聖同盟國家對拉丁美洲革命實行干涉的陰謀，把拉丁美洲變成美國的獨佔勢力範圍；泛美主義、泛斯拉夫主義也是美、俄在「美洲國家利益一致」、保衛「斯拉夫同胞」的名義下，包藏自己對拉丁美洲或東歐地區侵略禍心的口號。大亞洲主義是在它們啟迪、影響之下的產物，所以它的基本精神同門羅主義、泛美主義等等也是一致的。從這一點上看，說大亞洲主義是一種帶有侵略、擴張色彩的思想、主張，有其一定的理由，作為亞洲國家的日本在近代史上的地位和命運又與歐美強國的美國、沙俄有所不同，所以大亞洲主義又不是門羅主義、泛美主義、泛斯拉夫主義的簡單複製，它還有著自己的一些特點。

首先，日本近代史的第一頁，不是欺侮別人的歷史，而是受人欺侮的歷史。大亞洲主義的核心——亞洲各國家、各民族實行聯合的思想之所以產生，是由於日本、中國及其他一些亞洲國家在十九世紀中葉幾乎同時遭到了歐美的侵略。日本一部分封建士大夫、知識分子及後來的自由民權主義者，為了聯合亞洲兄弟國家、民族共同反抗來自歐美的暴力侵奪，才喊出了亞洲聯合的口號。其後，雖然日本的國力逐漸增強，淪為殖民地的危險日漸減弱，但直到 1870、1880 年代，許多日本人一談到西方殖民主義者對亞洲地區的侵略擴張，心中仍不免有所悸動，戒備的心理還相當強烈。所以大亞洲主義的產生，與門羅主義、泛美主義等不完全相同，它有那麼一些反抗歐美殖民侵略的味道，也有那麼一點扶助其他亞洲國家興滅繼絕的因素。因而當其產生之初，大亞洲主義在其他亞洲國家中是引起過一些共鳴的。這與它發展到後來，引起遭受日本帝國主義侵略的其他亞洲各國人民一致唾罵、反對的情形，有一個明顯的區別，這是我們不應當忽視的。

其次，大亞洲主義並不是一個渾然的思想整體，它與其說是一種比較有體系的、整齊劃一的「理論」、「主張」，倒不如說更像是一種主張、思想的複合體，一種包含有多種傾向、多種流派思考和思想在內的東西。樽井藤吉、大井憲太郎等人的思想不同於自由民權主義者的思想；

岡倉天心的「亞洲文明論」、「東洋精神」的主張也不同於近衛篤麿等人提出的「同文同種說」即「支那保全論」；玄洋社－黑龍會系統大陸浪人的大亞洲主義主張彼此之間也有著或多或少的差別。然而它們又不約而同地以亞洲聯合、「亞洲是亞洲人的亞洲」相號召，這就使大亞洲主義成為一種相當龐雜的社會思潮，用左翼思想或右翼思想、侵略主義或民族主義的概念已經難以概括其全貌。特別是在它的醞釀時期和形成時期，這種特徵尤其突出，《現代日本思想大系第九卷　亞細亞主義》一書的編著者竹內好感嘆道：「我不想在這裡（給亞洲主義）下最終的定義，因為我做不到」；「千差萬別這一點，正是亞細亞主義的特徵」，[20]就是在這個意義上對大亞洲主義的概括。只是到了後來，大亞洲主義才呈現出日益強烈的沙文主義、擴張主義傾向，完全蛻變成了為日本帝國主義製造侵略戰爭理論根據的工具。本書之所以稱其為一種「思潮」，原因正在於此。

　　基於以上分析，本書傾向於採用較廣義的定義為大亞洲主義規定其內涵與外延，並認為非此則無法更全面、更深入地研究大亞洲主義思潮本身的發展、演變過程及其在日本近代史和世界近代史上的地位與意義。

二、政治化的「亞洲」與空殼化的「大亞洲主義」

　　大亞洲主義的倡導者們對於「亞洲」、「亞細亞」的認識，也是研究大亞洲主義思潮發展史時不可忽視的一個問題。

　　按照地理學的觀念，亞洲是亞細亞洲的簡稱，它是指歐亞大陸東部以達達尼爾海峽、博斯普魯斯海峽、高加索山脈和烏拉爾山脈為界的廣大地域。亞洲是世界五大洲之一，面積最大，人口最多，擁有中國、朝鮮、日本、菲律賓、印度尼西亞、印度、伊朗、沙烏地阿拉伯和土耳其等四十個以上的國家和地區。僅以大概的地理區域來劃分，亞洲就可以被分為東亞、東南亞、南亞、西亞、中亞和北亞六大區域。

　　但是，當年的大亞洲主義者們對於「亞洲」、「亞細亞」這一概念的

---

[20] 竹內好編輯、解說：《現代日本思想大系第九卷　亞細亞主義（アジア主義）》，東京：筑摩書房，1963年，7、12頁。

理解是否與今天普遍流行的概念相吻合呢？並非如此。

　　亞洲一詞的最初傳來及其傳播，伴隨著西方殖民主義者對東方的擴張和侵略。先是西亞、中亞、南亞和北亞，繼而是東亞和東南亞，殖民主義者炮艦所到之地，無處不燃起罪惡的戰火。所以「亞洲」、「亞細亞」的字眼在當時是含有「非歐洲的」、「非西方的」的語境的，有時就被人們作為「歐洲」、「歐羅巴」的反義詞來加以使用。在亞洲和歐洲的關係中，「歐洲」、「歐羅巴」是殖民主義者，是侵略者和奴役者；「亞洲」、「亞細亞」是被侵略者和被奴役者。「歐羅巴的光榮，就是亞細亞的屈辱」[21]，大亞洲主義創始人之一岡倉天心的這句話最簡單不過地概括出了這種對立的關係。所以十九世紀末二十世紀初人們口中的「亞洲」、「亞細亞」，不單單是一個地理學上的概念，其實含有非常豐富的政治意涵，是根據當時的國際政治局勢政治化了的「亞洲」。

　　還有一個值得注意的事實，那就是大亞洲主義者們的「亞洲」、「亞細亞」，一般並不指亞洲的全體，往往僅指謂亞洲的一部分地區。在大多數人的心目中，它主要指日本、中國（包括蒙古）和朝鮮三國。如政論家陸羯南在〈東洋的新局面〉一文中對「東洋」作過這樣的解釋：「東洋之西南已成任歐人侵蝕之地，故當今一言及東洋，僅餘日、清、韓三邦而已。……三邦皆被臚列於『東洋』此一俎台之上，躍躍然欲將其啖而食之者，乃歐美諸國也。」[22]日語中的「東洋」是「西洋」的對稱，指的就是亞洲、東方。陸羯南的說法，在當時是非常流行的認識。也有人在陸羯南所說的三國之外又加上了菲律賓、越南、印度等，但很少有人將西亞各國以及中亞地區也包括在其中。所以從這個意義上說，大亞洲主義者的「亞洲」，只是半個亞洲，即亞洲的東半部地區。

　　這種情況的出現，與當時的歷史環境有關。十九世紀後半期的亞洲，除卻中國、日本、朝鮮而外，其餘各國幾乎都已被西方列強武力霸

21 岡倉天心：〈東洋的覺醒〉，色川大吉責任編輯、解說；《日本的名著 39・岡倉天心》，東京：中央公論社，1970 年，70 頁。
22 陸羯南：〈東洋的新局面（東洋の新局面）〉，西田長壽、植手通有編：《陸羯南全集》第四卷，東京：美篤書房（みすず書房），1973 年，580 頁。

佔或者淪為其殖民地附屬國，東西方的矛盾集中到了中、日、朝三國身上。1880 年 3 月 24 日《東京橫濱每日新聞》載文說：「夫亞細亞版圖雖大，北方全部已歸俄之所有；南亞諸邦其數雖多，未聞有一國享有獨立之主權。如緬甸、安南、暹羅等國之主權已為英法二國所左右；印度之地，早為英國所蠶食；波斯國之轄地，近年亦成英俄二國注目之所，失其今日（獨立）之地位當亦不遠。存獨立之地位，欲以自力以抗歐洲強國者，僅支那、朝鮮、日本而已。……」[23]三個國家的情況雖然各不相同，但都還在不同程度上保持著獨立的地位，於是它們也就成了亞洲、東方的代表。大亞洲主義者們認定中、日、朝三國是亞洲興盛的基地和關鍵，所以就把實現自己理想的期望寄託在這三個國家的身上。

另外還有一些人，他們所說的亞洲一詞，是不包括日本本國在內的，這種說法的始作俑者是福澤諭吉。在福澤看來，日本、中國、朝鮮三國僅僅是在地理上接近而已，不能相提並論，區分的界限就是「文明」。日本是「文明國家」，中、朝是「非文明國家」，所以日本並不屬於非文明的「東洋」的成員，而是「西洋」「文明世界」的成員。福澤諭吉的這個觀點，對於右翼大亞洲主義思潮的演變和發展，起過很大的影響。

從思想史的意義上看，作為一個特定歷史時代的思想潮流，大亞洲主義具有兩個最顯著的缺陷：

其一，它的發展雖然也經歷了幾個不同的階段，在每個階段也可以找出其代表人物與具代表性的或者主導性的觀點，但從它的整個發展史來看，它是散在的，是互相之間沒有多少關聯地存在著的思想成果。大亞洲主義者雖然為數不少，但他們在思想上缺乏師承關係（至少是明確的師承關係），這就使大亞洲主義成為一種難以描繪出清晰的發展系譜的思想潮流，如同一張畫滿了點和圓、平行線與交叉線的現代派繪畫，雖然色彩斑斕，卻不易辨認其條理。此外，從思想認識的深度來看，大

23　岡義武：〈明治初期自由民權論者眼中的國際情勢〉、岡義武：〈從民權論到民族主義（民権論からナショナリズムへ）新裝版〉，明治史料研究聯絡會編《明治史研究叢書 4》，東京：御茶水書房，1966 年，45 頁。

亞洲主義在它形成後不久，就走到了它的最高點。此後的大亞洲主義者很少將其在理論上繼續加以推進和深化，而是每個人都或多或少地循前人的思維方式或觀點，重新提出對世人來說已經並不新鮮的主張。所以大亞洲主義思潮的發展，在認識水準上還呈現一種週而復始、不斷重複的狀態。這種情況之所以出現，原因大概就在於大亞洲主義者之間思想繼承的不足。

其二，由於上述的情況，還造成了大亞洲主義在思想理論上的淺薄，既缺乏理論上的深度，又缺乏相應的廣度。它往往只是一些對國際國內局勢的感慨以及由此而激發出來的主張、意見、辦法等等，極少概念與推斷的精煉、昇華，也幾乎沒有思想的反芻和揚棄，真正可以稱作已經上升到理性階段的東西為數極少。而且即使在他們所提出的這些主張、意見和辦法上，也發散著濃重的偏激與空想的色彩。因此大亞洲主義是難以作為一個獨立的思想實體而存在的，它不得不依附於其他的一些思想和理論，諸如民主主義、民族主義思想、封建主義的王權正統思想以至法西斯主義理論等等。大亞洲主義思潮之所以包容了形形色色的各種流派，這種依附性是一個根本的原因。從這個角度可以說，即便在盛行一時的時期，在眾多的大亞洲主義者那裡，「大亞洲主義」也基本上是一個工具，一個用來「盛放」自己最基本的主張與理念的「外殼」、「容器」。根本的政治主張、理念和價值觀取向是不容易更改的，但是思想的「外殼」、「容器」卻是可以依據時代的需要更換的，這就是大亞洲主義問世一百多年來潮漲潮落、時興時衰的根本原因。從這個意義上講，大亞洲主義從誕生之初，其實已經被其自身的特點「空殼化」了。

大亞洲主義思潮中的各種思想，其具體內容可能有很多矛盾、差異以至衝突，但它既然被人們稱之為大亞洲主義，那就說明這種思想最少具有這樣一個基本內容——即強調亞洲是亞洲人的亞洲，主張亞洲各民族實行聯合，建立一個亞洲的聯合體或共同體以對抗西方。但是，怎樣實行亞洲的聯合，以什麼手段來建立一個什麼樣的亞洲聯合體，卻是一個重要的分歧點。依據對這一問題回答的不同，我們基本上可以區別出大亞洲主義思潮中的左翼思想和右翼思想，區別出大亞洲主義者中的左

派力量和右派力量。左派大亞洲主義者主張亞洲各民族在平等的基礎上
互相幫助,實行聯合,驅逐歐美的侵略勢力,在亞洲各國建立民主制度;
右派大亞洲主義者則主張以日本為盟主,將亞洲國家聯合起來,趕走西
方列強,在東方建立一個以日本為宗主國的殖民大帝國。

　　日本學術界也曾有人注意到大亞洲主義思想與大亞洲主義者陣營
中所具有的這兩個派別的差異,為此有人甚至提議從名稱上來加以區
別,如將主張以日本為盟主,帶有沙文主義、侵略擴張色彩的大亞洲主
義思想仍稱作大亞洲主義或「日本型大亞洲主義」、「大日本主義」,而
將主張亞洲國家平等聯合,不帶有沙文主義、侵略擴張傾向的大亞洲主
義思想改稱亞洲主義、或「新亞洲主義」、「亞洲型大亞洲主義」等等[24]。
這樣做,當然不失為區分兩種不同類型的大亞洲主義的一個辦法,然而
這樣一來,卻也割裂了兩派大亞洲主義之間的一些共同特性和它們之間
的影響和聯繫。而這種影響和聯繫,對於我們了解大亞洲主義思潮的發
展過程又是不可缺少的重要線索,所以本書在這裡提出左翼與右翼的概
念,以此來區別大亞洲主義主張和大亞洲主義者中的兩個派別。

　　在大亞洲主義思潮醞釀、產生的初期,左翼思想尚有一定的力量和
影響。但隨著日本逐漸擺脫歐美列強的束縛和羈絆,發展成獨立的資本
主義國家;加上日本國內各種社會矛盾的不斷演進、激化,軍國主義思
想的逐步抬頭,右翼思想反而迅速擴展其勢力和影響,最後終於佔據了
壓倒和統治的地位,左翼思想反而一蹶不振、終至泯滅。

　　大亞洲主義者除了可以依其基本的思想傾向來分類外,還可以按照
他們的主要活動方式,劃分為言論型和行動型兩大類型。顧名思義,言
論型大亞洲主義者的主要活動是著書立說、發表言論,以思想來感染、
鼓動社會輿論,推動大亞洲主義的傳播。而行動型大亞洲主義者是身體
力行者,他們在軍事、政治、經濟、文化、教育各個領域裡,或公開或
隱蔽、或合法或非法地以實際行動來推動大亞洲主義的貫徹實行。當

---

24 參見上村希美雄:〈戰後史中的大亞洲主義——以竹內好為中心(戰後史のなかのアジア主
　義——竹內好を中心に)〉,(日本)歷史學研究會編:《歷史學研究》第 561 號,1986 年 11
　月,41-42 頁。

然，這種區分也不是絕對的，也有相當一部分大亞洲主義者不僅有言論思想，也有實際行動，而且這兩種活動或前後交叉，或同時並行。這樣，我們就很難區分得出他是言論型還是行動型的大亞洲主義者。所以，我們在本書中所說的言論型和行動型，一般都是依靠當事人的主要活動方式較多地偏向於哪一個類型而言的，它只是一種約略的區分，而不是絕對意義上的概括或定性。

大陸浪人中有很多大亞洲主義者，而且多是行動型大亞洲主義者。大致地說，屬於日本軍部系統的大陸浪人中的大亞洲主義者較少。他們多數是受命於軍部的各種指令，帶有明確的軍事目的進行活動。對於這樣一部分人，與其說是大亞洲主義者，倒不如直接稱之為侵略擴張分子或軍國主義分子更為恰當。但是屬於玄洋社系統的大陸浪人就基本上都可以算作大亞洲主義者了。而且他們的種類也特別齊全，既有右翼大亞洲主義者，也有左翼大亞洲主義者；既有言論型大亞洲主義者，更不乏行動型大亞洲主義者。以這一系統的浪人為中心組織而成的幾個主要「民間團體」如玄洋社、黑龍會、東亞同文會等，在某種意義上也可以說是實行大亞洲主義的情報、人員交流中心和指揮中心。正是這一系統的大陸浪人基於大亞洲主義，積極而主動地參與了中國的民主革命運動。他們當中的一些主要人物如頭山滿、內田良平和宮崎滔天等，既是大陸浪人的著名代表，又是大亞洲主義者的著名代表。這些人之所以要躋身辛亥革命運動，是與他們懷抱的大亞洲主義密切相關的，是大亞洲主義指導下的實踐活動。

大亞洲主義由於大陸浪人的活動，而與辛亥革命產生了聯繫，成為當時受到中國革命派重視的國外社會思潮中的一種；而辛亥革命由於有了大陸浪人的參加，其發展、演進過程亦變得更趨曲折、複雜。為了究明大亞洲主義思潮對於辛亥革命的影響以及大陸浪人在中國革命運動中的地位和作用，我們不能不對大亞洲主義的發展史和大陸浪人的活動史開展更為具體的分析和研究。

第二章　大亞洲主義溯源
Chapter 2

第一節　大亞洲主義及其社會歷史土壤

一、「島國」視野中的亞洲與世界

　　大亞洲主義的思想在日本起始於何時何人，有不同的說法，大亞洲主義者們往往將其追溯得很遠。《東亞先覺志士記傳》一書的作者稱：「按諸史事，日本人對外發展之風氣自太古時代即已存在」，還列舉了《神代記》、《出雲風土記》和《神武記》三本書中記載的素盞嗚尊（天照大神之弟）、大國主命（素盞嗚尊後代、出雲國主神）和稻飯命（神武天皇之兄）等人意欲向新羅（朝鮮古地名之一）殖民的事例以為佐證[1]。並且認為到了幕府統治時期，日本已經湧現出一批「對外經綸的先覺」，開創了「海外經營」的「遠大經綸」云云[2]。

　　誠然，所謂「對外經綸」、「海外經營」等等，確實是大亞洲主義者們對自己所持思想的一種慣稱。但是，並不是所有帶有對外傾向、對外思想的言行都可以納入大亞洲主義的框架裡的。

　　「形成社會的精神生活的源泉，產生社會思想、社會理論、政治觀點和政治設施的源泉，不應當到思想、理論、觀點和政治設施本身中去尋求，而要到社會的物質生活條件、社會存在中去尋求，因為這些思想、

---

[1]　黑龍會編：《東亞先覺志士記傳》，東京：原書房《明治百年史叢書》，昭和 41 年（1966）復刻版，上卷，7-8 頁。
[2]　黑龍會編：《東亞先覺志士記傳》，上卷，9 頁。

理論和觀點等等是社會存在的反映。」[3]大亞洲主義是近代日本這個特定歷史條件下的產物，它的產生只能用日本近代社會的歷史來加以說明。

　　大亞洲主義首先是資本主義經濟制度的產物，是資本主義世界革命時代由日本資產階級及知識分子之中產生出來的一種政治思想。資本主義的經濟制度雖然首先產生於西方，但在十九世紀中葉，隨著西方殖民主義者對東亞地區的入侵，也逐漸傳播到了中國、日本等亞洲國家。西方用商品和重炮征服了東方落後國家，也啟迪了這些國家。在新的世界形勢下，東方各國普遍面臨著一個特殊的近代化即資本主義化的任務。要完成這個任務，必須要進行一場真正近代意義上的民族民主革命運動，發展資本主義經濟，這樣，才能擺脫淪為殖民地或半殖民地的命運。大亞洲主義正是日本在其近代化歷程中所產生並擴展開來的一種重要的政治思想。

　　日本遭受西方殖民主義者的侵略始於 1853 年 7 月所謂的「黑船來航」事件。當時，美國東印度艦隊司令官培理僅率領四艘炮艦（即所謂「黑船」）未發一彈就震懾住了幕府上下的所有官員，逼迫其於翌年簽訂《日美親善條約》（《神奈川條約》），打開了對外閉鎖二百年之久的日本「國門」。繼美國之後，荷蘭、俄國、英國和法國也與幕府簽訂了一系列條約（即「安政五國條約」），強迫日本對外開放港口和城市，並規定外國人在日本享有領事裁判權、協定關稅權和進行自由貿易等特權。

　　與歐美各國強加給清朝政府的《南京條約》、《天津條約》以及稍晚的《北京條約》相比，「安政五國條約」雖然在鴉片貿易、關稅稅率、外國人自由行動區域等具體規定上略有不同，但其本質都是一樣的，都是不平等的外交條約，是西方國家強加給東方後進民族的殖民主義枷鎖。

　　西方列強的入侵給日本帶來了喪失民族獨立、淪為殖民地或半殖民地的嚴重的民族危機，卻也警醒了日本民族，提示他們一條採用資本主義的生產方式，發展工業，使自己也變為強大「資產者」的道路。而要開拓出這條道路，又必須進行近代民族民主運動，以此來克服殖民地、

3　斯大林（臺譯：史達林）：〈論辯證唯物主義和歷史唯物主義〉；斯大林著、中共中央馬克思、恩格斯、列寧、斯大林著作編譯局譯：《列寧主義問題》，北京：人民出版社，1964 年版，640 頁。

半殖民地的危機，贏得獨立自主的地位。大亞洲主義思潮的出現，正是
日本近代民族民主運動的一個必然產物。

　　然而，大亞洲主義為何先產生於日本，而不是先產生於同樣遭受到
西方列強侵凌、同樣面臨近代化任務的中國、朝鮮等亞洲國家，則又與
日本的近代國情有關。作為近代日本社會意識的表現之一，大亞洲主義
的產生還有其特定的經濟、文化前提。

　　首先，日本是一個島國，四面環海，全境由本州、北海道、九州、
四國四個大島和三千餘個小島組成，面積為三十七萬七千平方公里（包
括北方領土在內），與中國雲南省的大小相當。與遼闊的歐亞大陸相比，
日本的國土比較狹小，僅占世界陸地總面積的 0.27%，且孤懸海上，與
中國大陸的最近處相距也有四百浬左右。

　　日語中有「島國根性」這樣一個辭彙，它是指以島為國的日本人因
為很少同外國交往，視野短淺、氣量狹小的那種閉鎖性氣質[4]。事實上，
島國的地理環境對日本歷史的影響還遠不止於「島國根性」這麼一項，
在遠洋航行，運輸尚不發達的古代和中世紀時期，它在經濟、文化等許
多方面都造成了日本的嚴重閉塞狀態。

　　蒸汽輪船未被廣泛使用之前，日本對外交通主要完全依靠自然力推
動的帆船，即使是與中國、朝鮮來往，跨越用現代眼光來看並不太寬的
「一衣帶水」，也要付出巨大的努力乃至犧牲。公元七世紀前後，日本
政府派遣的「遣唐使」來華時，一般需在海上漂泊三、四十天甚至更長
的時間才能抵達。八世紀末葉，遣唐使一般改走南路，從九州西北的值
嘉島（今平戶島和五島列島）出發橫渡東海，在中國的揚州或明州（今
浙江寧波一帶）附近登陸。儘管這是一條最短的航線，但仍需將近十天
時間才能到達。一遇驚濤駭浪，往往船破人亡[5]。到了宋代，中國造船技
術日臻進步，中國商船去日本貿易者逐漸增多。但即使是此時，走航程

4　最簡要的解釋參見新村出編：《廣辭苑》第六版，1282 頁。

5　參見天津市歷史研究所日本史研究室編寫：《中日兩國人民的友誼源遠流長》，北京：人民
　出版社，1976 年 2 月內部發行版，24-25 頁；藤家禮之助著、張俊彥，卞立強譯：《日中
　交流二千年》中譯本，北京：北京大學出版社，1982 年，97-103 頁。

最短的南路航線，仍需三五日乃至十日方可抵達。至於日本與中國、朝鮮以外其他國家的海上交往更是非常不易，大海成了對外交流的屏障。

1630 年代，德川幕府為了鞏固自己的統治，先後五次發布「鎖國令」，宣布禁止一切船隻駛向海外，禁止日本人同外國人接觸，禁止基督教在日本傳播。在自然的屏障之外，又人為地築起一道藩籬，將日本隔絕於世界之外。從此，除了來自中國、荷蘭、朝鮮的極少數貿易船舶以外，日本的對外交通和經濟來往幾乎完全斷絕。

鎖國給日本經濟帶來了嚴重的影響，它隔絕了日本同世界市場的聯繫，阻礙了封建經濟的解體和資本的原始積累，使整個社會呈現出一種長期相對穩定、停滯不前的狀態。據說在 1864 年，當「開成所」（東京大學前身）的教授杉亨二在讀到世界史上法國大革命的章節時，竟發出「人類社會之變動竟有如此之劇烈耶？余為之落膽也！亦似乎悟到人類社會其實也有大時勢之流行」的驚呼[6]，可見社會的停滯已經給人們的思想意識帶來了何等深刻的影響。

長期文化閉塞的歷史過程往往會給人們帶來文化發展上的惰性，養成固步自封、墨守本國文化傳統的思惟特性。進入近代以後，這一特徵還在許多人的頭腦中保留相當長的時間，影響了日本社會意識的演變和發展。從許多大亞洲主義者的思想主張中，也不難看到受這種思惟特性影響的痕迹。

島國地理環境開始對日本社會發展產生有利的影響，是在十八世紀中葉以後，特別是到了 1850 年代以後的事情，航海技術的發展是促進這一演變的關鍵。歐美各國的文明由海上傳入日本，日本的許多臨海地帶被闢為商埠，同時出現了最早的一批近代工業。隨著西方殖民主義者的陸續東來，西方的思想文化也開始為一部分日本知識分子所瞭解。一些最早接觸了西方文化的「蘭學家」開始要求進行對外的經濟交往。仙台藩出身的浪人林子平早在 1786 年就寫出《海國兵談》一書，提出「細思江戶之日本橋（東京地名）亦乃遠結大唐（中國）、阿蘭陀（荷蘭）

---

6 杉亨二：《杉亨二自敘傳》，大正 7(1918) 年，杉八郎發行版，41 頁。

之無盡水路」[7]的思想,以為在海上交通日趨發達的時代,四圍環海已不再成為對外交往的障礙。十九世紀初年,本多利明、佐藤信淵等人進一步提出了利用島國地理條件,發展對外貿易的思想。本多利明在其著作《經世秘策》中把發展對外貿易看作是維護日本獨立、富足的不二秘策,說:「日本既為海國,則渡海運送、交易,固乃國君之天職」;而對外貿易的根本目的就在於借外力以謀自強:「僅以我國獨自力量,縱竭盡國民之全力亦難成就大業;倘合以外國之力,則無論何等之大業,亦不難成就也」[8]。

　　然而,島國日本雖然由於交通條件的改善獲得了發展經濟的便利條件,但它自身資源的貧乏卻又成為進一步發展的不利之處。日本列島的形成是地質造山運動的結果,因而日本的自然環境具有地質構造複雜、地形崎嶇多山,平原狹小、河流短小急湍等特點。雖然有氣候溫和濕潤、水利資源豐富、沿海多優良港灣等來自大自然的優厚「待遇」,但礦產資源貧乏、礦層薄、質量差、雜質多等等因素,又嚴重限制了近代工業的發展。除硫化鐵、硫磺、石灰石等少數礦產可以自給外,錫、水銀、黃金、石油、焦煤、鹽、鐵、錳、鉻、鎳、鎢、鉀等等都是日本不能自給或幾乎完全沒有的礦產資源,這是日本工業發展的致命弱點。[9]此外,國內市場的狹隘也是阻滯著日本經濟發展的一個重要因素。日本對外貿易的基礎一直十分薄弱,對外貿易值在資本主義世界中所占的比重一直到 1930 年代初期,還始終在 1%上下徘徊[10]。資本原始積累的一個主要來源是農民繳納的地稅、地租,工業品的市場也主要依靠占人口 70%左右的農民來建立。但是農民由於一直處於高額地租的盤剝之下,生產和生活水準極為低下。明治維新之後,這一現象不但沒有得到緩解,反而隨著農村兩極分化的加速而更嚴峻了。據統計,1883 年至 1890 年間,曾有 367,744 戶農民(約占當時全國農戶數的 7.4%)由於拖欠土地稅、

7　轉引自家永三郎、黑羽清隆共著:《新講日本史》(增補版),東京:三省堂,1976 年,389 頁。

8　轉引自家永三郎、黑羽清隆共著:《新講日本史》(增補版),389-390 頁。

9　參見滿穎之編:《日本經濟地理》,北京:科學出版社,1984 年,4、18-19 頁。

10　樊亢等主編:《主要資本主義國家經濟簡史》,北京:人民出版社,1973 年,附錄,351 頁。

土地附加稅等原因而被強行拍賣土地，他們所欠的錢款總額為 114,178 日圓，平均每戶農民所欠才不過 0.31 日圓[11]！可見當時農民的支付能力是何等孱弱，他們對工業品的購買力如何也就不難想見。對工人實行殘酷的剝削，也是近代日本資本原始積累的一個主要途徑。然而這種剝削又大大削弱了工人的購買力，使日本國內市場的容量更加狹小。近代日本企業中的工人大多是來自農村的女工，勞動條件既惡劣，工資待遇也極低，許多工人工資只相當於歐美國家同類工人工資標準的幾分之一甚至十幾分之一。據 1890 年統計，一個軍事工業中的熟練工人每天工資是 0.24 日圓，繅絲工廠男工是 0.15 日圓，女工是 0.09～0.12 日圓，而當時的一角錢只夠買三斤大米[12]。工人們每日辛苦勞作十至十二個小時，方能勉強糊口，當然也談不上對日用工業品的消費。此外，甲午戰爭以前，日本與列強之間訂立的不平等條約尚未廢除，外國商品藉協定關稅權所帶來的便利充斥日本城鄉，本來就十分狹小的國內市場又為之占去了大半。這樣，尋求新的工業原料產地和擴大商品市場，在工業發展的初始，就作為一個急待解決的問題擺在了日本面前。航海技術的進步和與大陸毗鄰的地理位置，使日本開始重視中國、朝鮮等國對於日本經濟發展的意義，向亞洲大陸進行擴張的欲望於是日益明確地顯露出來。

　　本多利明最早在 1789 年所寫的《西域物語》一書中，就已經提到依靠獎勵國產和對外貿易，攫鄰近諸島為殖民地，北抑俄國的南下勢力，與英國兩分天下，將日本發展為「東洋第一富強之國」的設想[13]。其後，橋本左內又提出「掠略近國乃第一緊要之事」的思維，鼓動侵略亞洲鄰國[14]，並力說「以日俄同盟經略滿（洲）韓（朝鮮），將版圖向海外擴張之必要」[15]。明治維新之後，此類呼聲越發高漲，它們成為右翼大亞洲主義思想得以醞釀產生的直接源泉。

　　大亞洲主義得以產生的另一個特定的文化前提，是日本近代民族意

---

[11] 楫西光速等著：《日本資本主義的發展》中譯本，北京：商務印書館，1963 年，25 頁。

[12] 《主要資本主義國家經濟簡史》，297 頁。

[13] 田中惣五郎：《大陸的先驅者（大陸の先駆者）》，東京：興亞文化協會，1939 年，24-35 頁。

[14] 田中惣五郎：《大陸的先驅者（大陸の先駆者）》，219 頁。

[15] 《東亞先覺志士記傳》上卷，9 頁。

識的突發性萌生以及民族主義運動的異常高漲。

　　關於日本民族的起源問題，歷來就有多種說法和推論，如大陸居民渡來說、日本猿人說、阿以努人起源說和混血發展說等等[16]，有些問題至今尚在探討之中。但無論日本民族起源於何方，他們自從在日本列島定居（或出現）之後，就與外界基本隔絕，除掉極少數的阿以努人以及所謂「歸化人」（多在明治維新以後才加入日本民族之中）外，形成了世界歷史上比較少見的、基本上由單一民族構成的國家。只要是日本人，他們都有相同的膚色、體型，相同的語言文字、生活習慣，還擁有共同的歷史。

　　正因為有著這樣一種特點，所以在明治以前的日本人那裡，尚不知民族隔閡和民族壓迫為何物，民族意識極其淡薄。此外，江戶時代（1603-1867）幕府曾將全國土地分封給各地的大武士（大名），授予他們以統領「國」（國、郡、里三級地方行政機構之一，也稱為「藩」）的全權。充任各個藩國藩主的大名們於是乘機在自己的領地內實行封建割據，培養屬下的武士們養成效忠藩國、為藩主服務的封建意識。所以明治時代以前，中下層武士及一般民眾的國家意識也十分淡薄，絕大多數人只知有「國」（藩國）而不知有「國家」。「士人初會，必先互問藩名，而後方交談，宛如與外國人相見。以故幕士而不知有皇室、藩士而不知有幕府者，在所不少也」[17]。藩與藩之間的關係也是相當疏遠甚至互相敵視。如 1864 年，英法美荷四國的聯合艦隊為了對長州藩的「攘夷」行動進行報復而炮轟下關城時，關門海峽對岸的小倉藩只是作壁上觀，不對長州藩作任何救援。

　　但是，1853 年的「黑船來航」事件之後，情況開始發生變化。日本近代歷史家竹越與三郎在《新日本史》一書中，曾經這樣生動地記敘了「國家」觀念的產生過程：

---

[16]　參見樋口隆康：《日本人是從哪裡來的？(日本人はどこからきたか)》，講談社現代新書，東京：講談社，1971 年，第一章，18-56 頁。

[17]　渡邊修次郎：《民情如何》，東京：松井忠兵衛，明治 14(1881) 年 8 月，28-29 頁。電子版參見日本「國立國會圖書館數位收藏」(https://dl.ndl.go.jp/info:ndljp/pid/798688)。

在舉國震驚、人心擾攘之中，如霞霓、如雲霧，幻然而現出者，
乃「日本國家」之理想也。數百年間之英雄割據與二百年間之封
建制度，分割日本為數百小國。各小國分據藩屏關隘，相互猜疑，
相互敵視，使日本人之頭腦中，「藩」之思想堅如鐵石，「日本國
民」之思想些微皆無。……然一朝美艦闖入浦賀，（諸藩）驚嘆
恐懼之餘，頓生同舟遇風雨、胡越亦兄弟之心。列藩間猜疑、敵
視之念，為對夷敵敵愾之情而銷融。三百諸藩皆兄弟也，幾百千
萬人民皆同國之民也，日本國家之思想於此油然而生。[18]

「暑極不生暑而生寒，寒極不生寒而生暑。居之甚者信必烈，伏之
久者飛必決」[19]。魏源的這句話道出了歷史發展過程中的一種常見現象，
即物極則必反，而且其逆反的速度與程度往往表現得格外劇烈。日本近
代民族意識的萌生正好經歷了這樣一個過程。

「國家」、「國民」思想的出現是一個起點，揭開了近代日本民族主
義運動發生、發展的篇章。「國家」、「國民」的概念以及真正近代意義
上的民族意識，產生於日本國家主權已經開始喪失、國民利益已經受到
踐踏、民族危機間不容髮的歷史關頭，所以它的出現，使日本的近代民
族主義運動迅速趨向高漲。被列強敲開國門僅十餘年後，日本就通過「尊
王攘夷」的明治維新，基本上完成了由封建制度向資本主義制度的轉
變，緩解和部分消除了淪為列強殖民地的危險。民族意識的不斷增強和
民族獨立願望的異常高漲，對於推動這一過程的發展起了重要作用。

值得注意的是，在近代日本，「國家」、「國民」概念與「民族」概
念的內涵是糾纏不清的。由於日本民族的單一性，「國民」的概念產生
之後，「民族」概念的意義也被攪揉其中，極少有人再去注意和強調其

18　竹越與三郎：《新日本史》，東京：民友社，明治 24(1891) 年，18-19 頁。電子版參見日本
　　「國立國會圖書館數位收藏」(https://dl.ndl.go.jp/info:ndljp/pid/1082731)。
19　魏源：〈默觚上・學篇七〉，中華書局編輯部編：《魏源集》上卷，北京：中華書局，1976
　　年，18頁。

中的區別。在對外問題上，「國家」、「國民」往往作為「民族」的代表出現，民族的利益被「國家利益」即「國益」概念所代換。一些宣傳狹隘民族利益的思想也可以在捍衛「國家利益」的旗幟下堂而皇之地登場，這就給沙文主義、法西斯主義的傳播提供了土壤，也給宣揚用黃色種族聯盟戰勝白色種族聯盟思想的大亞洲主義的產生和傳播提供了前提條件。

大亞洲主義得以產生的第三個文化前提，是日本民族通過歷史上長期吸收中國文化的活動而養成的對中國文化及東方文化的傾慕心，以及由此而產生的對亞洲東方各民族的親近感。

日本是一個善於吸收外來文化的民族，日本歷史上曾經有過幾個集中吸收外來文化的重要時代，當時對外來文化的熱情之高、吸收的範圍之廣，在世界歷史上也是罕見的。日本最早導入的外來文化，是當時在亞洲處於領先地位的中國文化。飛鳥時代（593-710）和奈良時代（710-784），日本出現過兩次吸收中國文化的高潮，絡繹於海途的遣隋（唐）使、留學生和學問僧等，從中國帶回了先進的文明。公元 645 年開始的「大化革新」，就是以「法式備定的大唐國」為範式而進行的改革[20]。中國制度中的一些主要內容，如官吏任免制、郡縣制、戶籍制、班田制、租庸調制以至刑律等等，都被搬用到了日本。在教育制度上，日本統治者也是一意效法隋唐，甚至詔令「天下家藏《孝經》一本，精勤誦習，倍加教授」[21]。當時日本在生產技術、自然科學以及文學藝術等方面對中國文化的吸取，內容之豐富更是不勝枚舉。今天的日語中還大量殘存著諸如「唐織」、「唐物」、「唐紙」、「唐繪」、「唐鍛冶」、「廢橋」、「唐船」之類辭彙，都是古代日本向中國學習的活的見證。

推動當時日本人不遺餘力地引進中國文化的動力，是新興的日本地主階級為了建立和鞏固政治、經濟的迫切願望。它適應了社會生產力發

---

[20] 井上清：《日本歷史(日本の歷史)》（上冊），岩波新書(青版) 500，東京：岩波書店，1963年，59 頁。

[21] 《續日本紀》，轉引自天津市歷史研究所日本史研究室編寫：《中日兩國人民的友誼源遠流長》，21 頁。

展的需要，加速了日本封建制度確立和發展的過程。

　　此外，通過對中國文化的吸收，日本還接受了古代亞洲其他國家的一些文化，如印度的佛教等等。幕府統治末年，隨著封建社會的逐漸成熟、老化，日本一部分統治階級成員和知識分子看到依靠中國的儒家思想已不可能使社會找到新的出路，於是將視線由中國移向他國，移向剛由個別西方人帶到東方來的「西洋文化」。但即便是在這個時候，日本人首先接觸到的洋學知識，仍然來自中國，來自利瑪竇等人為中國人編寫的《乾坤體義》、《寰容較義》、《格物探源》、《萬國公法》之類漢文書籍。魏源等人的著作《海國圖志》、《聖武記》、《瀛環志略》等傳到日本後，更是在日本統治階級和知識界中引起了強烈的震動。這些書在日本所產生的影響，甚至已大大超過了它們在中國的影響。這個時候，中國仍然是日本知識分子藉以瞭解外部世界的一個窗口和橋梁。

　　與中國長期的文化交往，使許多日本人養成了對中國文化的傾慕心理。如公元八世紀隨遣唐使來華的日本留學生阿倍仲麻呂（698-770），嚮往中國文化，「慕中國之風，因留不去，改姓名為朝衡」[22]，在唐仕宦多年，與唐代詩人李白、王維等結為摯友，成為中日文化交流史上的佳話。北宋初年，奈良東大寺僧侶奝然也在上給宋太宗的謝表中敘述自己想望「中華之盛」的心情：「奝然附商船之離岸，期魏闕於生涯；望落日而西行，十萬里之波濤難盡；顧信風而東別，數千里之山岳易過」；為了表達自己對宋王朝「不勝慕恩之至」的感情，他甚至還將祖國日本比作「螻蟻之封」，而將中國比作「鳳凰之窟」[23]。遣詞用句雖不免謙恭過甚之嫌，但卻在某種程度上真實表達了當時日本民眾對中國文化強烈的嚮往之情。

　　由於中日兩國之間歷史上長期的文化交往以及在日本民眾中存在著對中國文化的傾慕心理，許多日本人心中自然而然地產生了對中國和中國文化的親近感，「唇齒輔車之交」成為他們用以形容中日兩國之間親密

[22]　《舊唐書・日本傳》，汪向榮、夏應元編：《中日關係史資料彙編》，北京：中華書局，1984年，63-64頁。
[23]　《宋史・日本傳》，汪向榮、夏應元編：《中日關係史資料彙編》，190-191頁。

關係的常用詞句。另外，由於自古以來，中國的經濟、文化就在東亞各國中保持著領先的地位，中國是亞洲第一大國、強國的觀念在日本也得到了廣泛的承認。即使在進入近代以後，中國在西方列強的環攻之下，國勢日蹙，國力日衰，但在甲午戰爭之前，中國在軍事上並沒有受到外來勢力的重大打擊，仍然在一定程度上保持著東方大國的形象，所以許多日本人對於清政府的國力仍然有著較高的估計與評價。如 1870 年代末的自由民權運動中，一些「興亞論」者就曾認為，中國當時雖然已經頻遭列強各國的欺凌和蹂躪，國勢不振，但清朝政府仍然還擁有一定的實力，無論是財富、兵力，還是貿易、資源，各方面均強於日本，具備著成為一等強國的素質。中國一旦復興，是讓日本無法蔑視的國家。即使在當時，清朝也還可以算作亞洲的「三大邦」之一：「英吉利、露西亞（俄國）、清乃亞細亞三大國家，此三邦彼此間固有開化程度之異，強弱之勢亦不盡同，但彼等於亞細亞大陸爭奪權勢之欲望，則一也」[24]。英、俄、中三國之中，唯有中國與日本有著蒙受外來勢力欺凌的共同遭遇，是日本對外實行聯合抗擊西方勢力侵略政策的最佳夥伴。這樣，與中國以及其他亞洲國家攜起手來、共同抵抗西方列強侵略的大亞洲主義思想的產生，就成了十分自然的結論。由於這個原因，把中國的崛起看作是整個亞洲崛起的關鍵，也就成為早期一些大亞洲主義主張的重要特色。

二、「西力東漸」與「日清提携」

　　除了經濟、文化條件的孕育之外，大亞洲主義還是時代的產物，是日本民族在「西力東漸」國際局勢下所採取的一種對策。

　　1840 年英國殖民主義者發動侵略中國的鴉片戰爭之後，日本就有一些統治集團成員和知識分子在注視著中國所發生的變局。當時日本自身雖然並未受到西方殖民勢力的侵略，但在封建士大夫心目中享有崇高地位的中國在「外夷」的堅船利炮下步步退卻，終而被強迫訂立城下之盟，這對日本來說，絕不是隔岸之火，他們從中悟到了一種巨大的危險性。

---

[24] 1879 年 10 月 5 日《朝日新聞》，轉引自岡義武：《從民權論到民族主義（民權論からナショナリズムへ）新裝版》，68 頁。

許多人以鴉片戰爭事件為論題，著書立說，論述西方各國對東方的野心，慨嘆清政府的失敗，並警告德川幕府如果不趕快籌畫對策，就會重蹈中國之覆轍。如佐久間象山曾在 1842 年提出一份海防意見書，指出列強在侵華後也必將侵日，逼迫日本像中國那樣屈服。為此，他提出了「八策」作為防患於未然的具體對策。詩人山田芳谷也曾賦詩：「勿恃內洋多礁砂，支那傾覆是前車。浙江一帶唯流水，巨艦泝來歐羅巴」[25]。

在這些憂時憂國的知識分子中，也有一些人從中日兩國「同文同種」，處於「唇齒輔車」關係的傳統觀念出發，認為日本不能坐視中國的沉淪，要與中國聯合起來，互相扶助，共同驅走西方殖民主義者。這就是所謂「日清提携論」的觀點，它的倡導者是幕末的水戶派學者會澤安。

會澤安早在 1825 年就撰寫《新論》一書，闡述他對世界局勢的看法。他當時以為，世界上只有七個大國：中國、滿清（指中國東北地區——引者）、莫臥兒（指印度）、百兒西（伊朗）、度兒格（土耳其）、熱羅（指歐洲）和鄂羅斯（俄國）。這種認識當然反映了當時日本知識界對世界知識瞭解的低下，但即便如此，會澤安依然還是感覺到了西方各國正在向東方推進其勢力、不久即將叩關日本的歷史趨向：

> 各國皆既併南海諸島，吞海東之地，大地之勢日就侵削。則神州（指日本——引者）之介居其間，譬如獨保孤城、臨敵築境日將逼之勢也。[26]

會澤安主張，當此情勢，日本仍應堅持鎖國體制，並適當地爭取外國的支持以為奧援。這個可以憑靠的外國，當時只有中國：

---

25 中山久四郎：〈近世中國在明治維新前後對日本的影響〉，東京帝國大學史學會編：《明治維新史研究》，1930 年，435-439 頁；轉引自呂萬和：《簡明日本近代史》，天津：天津人民出版社，1984 年，18 頁。

26 會澤安：《新論》，岩波文庫版，東京：岩波書店，昭和 16（1941）年，104-105 頁；原文為漢文。又可參見日本國立國會圖書館數位資源庫（http://dl.ndl.go.jp/info:ndljp/pid/1101932）電子版。

> 若夫未嘗沾染於回回、羅馬之法（指伊斯蘭教與基督教——引者）者，
> 則神州之外，獨有滿清。是以與神州相為唇齒者，清也。至如於
> 善處其勢應其變，內以設守禦之備，外以施伐謀伐交之計者，則
> 曰擇任將相而已。[27]

　　在西方列強的炮艦尚未逼臨國門之前，會澤安把伊斯蘭教、基督教
的文化滲透當作空前的大敵來看待，把希望寄託在當政者們的利腕之
上，反映了他提出的抵抗西方列強侵略的思想尚處在一個十分初級的階
段。但他畢竟已經提出了一個「日清提携」、共禦外敵思想的雛形。不
久，當「西力東漸」已成為十分冷峻的現實，這種思想就被後來的人們
加以接受並進一步使其明晰化了。例如平野國臣在 1863 年寫成的〈制
蠻礎策〉中有言：

> 今夫宇內未嘗奉耶穌之教者，唯我與清二國。帝祚世革雖不盡
> 同，而地勢連鄰，風氣粗類，是以氣稟頗同，髮眼無異，古來即
> 有通問之好。道同之國，相與謀事可也。……遣使於清，謁其王，
> 說之理，示之策，兩國相與合力，一其志，斷然不與毛夷寸尺之
> 地，逐諸洋外，彼則失其便利。此即為伐謀伐交也。[28]

　　當時，佐藤信淵、勝海舟等人也發表過一些類似的言論。此外還有
人在「提携」的對象中加上了朝鮮，於是就又有所謂「日清韓」三國「提
携論」的主張。「日清提携論」或「日清韓提携論」思想正是大亞洲主
義主張的萌芽之一。「黑船來航」事件之後，日本淪為列強殖民地的危
機空前加重，這種思想的影響也日益擴展，成為當時日本社會上頗有影
響力的議論之一，直接推動了大亞洲主義思潮的產生與發展。
　　明治維新之後，日本雖然開始逐步擺脫殖民地化的危機，但作為勢

---

[27] 會澤安：《新論》，岩波文庫版，106-107 頁；原文為漢文。
[28] 井上哲次郎、上田萬年監修，井野邊茂雄校訂：《勤王志士遺文集，二》，東京：大日本文
　　庫刊行會，昭和 16（1941）年，125 頁。

弱力孤的一個東方小國，日本是否真正能夠依靠自己的力量，不受列強各國的阻撓建成獨立的國家，很多日本人心裡還存在著疑問。西方列強對亞洲地區的侵略，仍然給日本各階級各階層人們的心理上帶來了極大的壓力。1880 年 10 月 12 日《曙新聞》上有一篇題為〈東洋之大計〉的文章，對當時亞洲形勢作了這樣的概括：「西有大英嚙其獅齒，北有強俄磨其鷲爪，皆譎詐百出，欲乘機一鼓而向亞細亞逞其利欲者，已為天下人所熟知，實危機之至也。而回顧我之國勢，既不以兵威驅逐其獅鷲，復無以堅艦防禦其外寇，一旦獅鷲發動其爪牙，將何以保持安然耶？今日之危險實不啻於累卵之勢，豈周末戰國之可比也。」[29] 作者認為，日本尚是「弱小」、「貧困」之國，「文化亦不及歐美各國」，所以不能不及早尋求一種解救的辦法[30]。這種解救的方法在當時也只有與亞洲國家實行聯合一途似乎較為切實可行，所以大亞洲主義的思想在這些因素的催生下，很快便應運而生。

大亞洲主義作為時代的產物，除了它所具備的對當時國際局勢的回應、對策的意義之外，還有另一重意義，即它又是明治時代日本統治階級內外政策的產物，它從本質上反映了日本資產階級的願望和要求。

1867 年開始的明治維新，是日本在淪為西方列強殖民地、半殖民地的危機而前，奮發振作，依靠內在力量發動的近代化運動的重要起點。通過這個運動，資本主義所有制戰勝了封建所有制，日本確立了資本主義的社會制度。但是，明治維新作為一場資產階級革命，與十六、十八世紀英、法革命的情形有所不同。在英、法的情況下，「資產階級革命，例如十八世紀的革命，總是突飛猛進，接連不斷地取得勝利的；革命的戲劇效果一個勝似一個，人和事物好像是被五色繽紛的火光所照耀，每天都充滿極樂狂歡；然而這種革命為時短暫，很快就達到自己的頂點，而社會在還未清醒地領略其疾風暴雨時期的成果之前，一直是沉溺於長

29　岡義武：〈明治初期自由民權論者眼中的國際情勢〉，岡義武：《從民權論到民族主義　新裝版》，44-45 頁。
30　岡義武：《從民權論到民族主義　新裝版》，79 頁。

期的酒醉狀態」[31]。日本的明治維新雖然也曾在一個較短的時間裡給社
會帶來了巨大的動盪和變化，但是與英法等國的革命特別是與法國革命
相比，卻是一場艱難而緩慢的革命。維新運動發生時，日本資產階級的
力量還十分軟弱，所以維新就成了以反幕（府）派武士、大官僚貴族為
主要領導者，以擁戴天皇為新制度最高象徵的一場自上而下的社會變
革。反幕派武士、大官僚貴族及其追隨者們與封建主義有著非常密切的
血緣關係，他們在變革社會的同時，又給這些變革留下了嚴重的不徹底
性。他們的變革也沒有很快就達到它的頂點，而是走了一條曲折的道
路，直到 1940 年代中葉日本軍國主義在第二次世界大戰宣布無條件投
降時，它的這場社會變革仍然沒有真正完成，在許多方面仍然沒有達到
當年法國大革命已經達到的高度。

　　明治維新的不徹底性表現在許多方面。在土地問題上，明治政府從
1875 年開始進行的地稅改革，雖然確認了土地自由買賣和新興地主、富
農、自耕農等對土地的所有權，但這些改革並沒有為廣大農民解決土地
問題，封建關係在農村仍居統治地位。地稅改革之後，國家、地主與佃
戶的分配比例有了新的變化（參見「國家、地主、佃戶的分配關係圖」）。
農村中的兩極分化被大大加速，一方面產生出一批專門寄生於向農民租
佃土地所得收入的土地所有者──「寄生地主」，另一方面許多佃農在
國稅和日益苛重的地租的壓榨下，又被迫抵賣田產、子女，淪為地主、
高利貸者的債務奴隸。

國家、地主、佃戶的分配關係圖（%）

「德川」時代	國家　37	地主　28	佃戶　35
地稅改革	34	34	32
1877 年減輕地稅率	30	38	32

佃戶應繳出部分　　　　　　　佃戶所得部分

出處：根據家永三郎、黑羽清隆共著：《新講日本史》（增補版）442 頁製作。
　　　時間為德川幕府時代地租改革時期，1877 年減輕地稅率時。

---

[31] 馬克思：〈路易‧波拿巴的霧月十八日〉，《馬克思恩格斯選集》第一卷，606-607 頁。

　　由於地主制的形成和發展，大部分地主安於坐食租佃之利，不願將財產投資於近代企業或近代化農業。寄生地主制控制下的農民被緊緊地束縛在租佃關係的桎梏中，日益貧困，無法為經濟發展提供充足的產業後備軍和廣闊的市場。土地問題阻礙了經濟的發展，這一因素也迫使日本資產階級在其誕生和發展之初，就不得不把向國外擴張經濟勢力看作是生死攸關的大問題。

　　從國體問題上看，明治維新之後建立起來的新政府，是一個代表特權階層利益的政權，其主體不是從幕末的新興地主、富農或中小工商業者發展而來，他們的前身多是舊藩主、公卿、上層武士和「政商」（即與政府有密切關係的大商人，如古河市兵衛、大倉喜八郎等人）等等，他們憑藉自己的財產、權力以及明治政府的特殊保護，才轉化為新的大資產階級。這個階層中的許多人既是大資本家，又是大地主，兼用資本主義和封建主義兩種方式奪取利益。明治政權與約略同時在普魯士、奧匈帝國和沙皇俄國建立起來的政權相類似，都是在「保存君主制度和貴族特權，保存農民的無權狀況和其他許多中世紀殘餘的條件下」[32]建立起來的專制政權。這種政權為了維護自己的統治，對內必定要鉗制人民的民主權利和思想自由，進行殘酷的經濟剝削和政治壓迫；對外必定要以軍事手段為主進行侵略擴張，從其他國家人民身上攫取盡可能多的財富和權益，以彌補經濟發展不充分所帶來的弊端。明治政府的對內對外政策，正突出反映了這些特點。

　　1868 年 4 月，新政府成立匆匆，明治天皇就發布了〈安撫億兆之宸翰〉，宣告：「朕欲于茲與百官諸侯相誓，（要）繼述列祖之偉業，不問一身之艱難辛苦，經營四方，安撫汝億兆之民，終而開拓萬里之波濤，布國威于四方，置天下于磐石之安而後已」[33]。這份告示，實際上已經確定了明治時代對外侵略擴張政策的基調。

　　明治政府建立未久，就野心勃勃地企圖對外一試，矛頭首先指向

---

32 列寧：〈俄國社會民主主義運動中的改良主義〉，《列寧全集》第 17 卷，217-218 頁。
33 唐木順三、竹內好共編：《近代日本思想史講座第八卷　世界中的日本（世界のなかの日本）》，東京：筑摩書房，1961 年，12 頁。

中國和朝鮮。當權者們企圖用挑起對外爭端的辦法來激發國內經濟和民族意識的發展，抵償西方列強打開自己國門所帶來的損失。用維新運動思想家吉田松陰的話來說，這就叫做「失之魯（俄）墨（美），償之鮮滿」[34]。

1870 年和 1871 年，日本兩次派出使節團，在「日清和好」、「聯合」的名義下，企圖迫使中國接受日本政府以歐美各國強加給中國的不平等條約為藍本提出來的「修好條約」。但清政府拒絕了日本的提案，日本全權大使伊達宗城只得與清政府簽訂了一個基本對等的《日清修好條規》。

日本統治階級在中國無法一逞其欲，又轉而施之於朝鮮。1873 年 5 月，朝鮮釜山地方官吏為取締日本人的走私活動，在佈告中使用了一些侮辱性的字眼。正為日本國內士族叛亂活動而窮於應付的政府參議西鄉隆盛、板垣退助、江藤新平等人為了轉移士族的不滿情緒，立即抓住這件事為口實，鼓動起所謂「征韓論」，號召立即出兵朝鮮，「上為聖上，下為萬民，敢不顧萬千非議，誓雪此辱」[35]。只是後來，由於大久保利通、木戶孝允和岩倉具視等人的反對（理由是日本的急務在內治而不在外交），「征韓論」派被迫辭職，日本出兵朝鮮的動議才被暫時擱置。不過，大久保、木戶等人與征韓派雖然在處理內政外交的輕重緩急上稍有衝突，但他們在要不要對外擴張這一點上並沒有根本的對立，因為木戶孝允和岩倉具視本人其實就是「征韓論」觀點的最早發明者。他們與征韓派的矛盾，歸根結柢還是統治集團內部的權力之爭。

果然，第二年，明治政府就藉三年前琉球漁民被臺灣土著居民所殺一事出兵「征討」臺灣（「征臺之役」），壓迫清政府承認琉球是日本的屬國，還索賠白銀五十萬兩。

1875 年，日本軍艦又非法闖入朝鮮近海，誘使江華島朝鮮炮臺發炮，日艦乘機占領了炮臺。1876 年，以「江華島事件」為藉口，日本要

---

34 井上清：《日本歷史(日本の歷史)》（中冊），岩波新書（青版）500b，東京：岩波書店，1965 年，150 頁。

35 〈決戰之議〉，的野半介編：《江藤南白》下卷，東京：原書房，1968 年，443-445 頁。

脅朝鮮開港，簽定了日本占優勢地位的第一個不平等條約——《日朝修好條規》（《江華島條約》）。日本在自己尚未擺脫西方各國強加的殖民主義枷鎖的時候，就又把相同的枷鎖強加給了亞洲其他弱小民族。

在對內政策上，明治政府為了鉗制輿論和約束人民的思想，還推行了許多帶有封建主義與軍國主義色彩的政策。

明治政府首先竭力拔高與尊崇皇室、鞏固天皇制中央集權政治有密切聯繫的日本傳統宗教——神道的地位，企圖用神道來統一全體國民的思想意識。1868 年，它發布「神佛分離令」，創設宗教事務官署——神祇省，吸收大批神道家、國學者進入政府，授以要職；同時又將早已與神道合流的佛教剔除出來，命令在各地「排佛毀釋」。1869 年，在東京九段由政府出面設立了「招魂社」（1879 年改名為靖國神社），將 1858 年「安政大獄」以來「為國獻身」的「忠臣順民」奉為國家的神靈合祀於此。翌年，又有所謂《大教宣布》（即宣布大教之意）的詔書發布，宣布要將神道正式奉為「大教」（即國教），指出「大教之要旨，在使人敬神明、明人倫，使億兆正其心、效其職，以奉事朝廷」[36]。由於佛教早已在日本占有根深蒂固的位置，明治政府神道國教化的努力最終並沒有獲得成功。但是，神道和國學思想卻由此得到傳播，推動了以崇拜皇室為中心內容的國家主義神道的形成。

宗教之外，教育也是模寫和塑造整個國家民眾精神面貌的重要部門。1871 年日本成立文部省後，曾於次年發布過《學制令》，宣布要以西方教育為楷模，改革封建教育。但國學派和漢學派在教育界的勢力立刻群起而攻之，指斥注重民主自由思想和掌握近代科學知識的智育教育是「為身（即個人）的學問」，而傳統的日本國學、神道和儒家思想的「德育教育」才是「為國的學問」。不久，明治政府為了鞏固天皇制政權，壓制中下層群眾要求民主自由的呼聲，開始將教育納入國學派、漢學派所宣揚的「德育教育」的軌道。1879 年，明治天皇由侍讀元田永孚代筆擬就了《教學大旨》，宣布教育要「基於祖宗之訓典，專事闡明仁

---

[36] 高柳光壽、竹內理三編：《日本史辭典》，573 頁。

義忠孝,而道德之學則以孔學為主」,「教學之要務在於闡明仁義忠孝,探求知識才藝」等等[37],扭轉《學制令》規定的以西化教育為主的教學方向。翌年,政府修改《教育令》,規定在歷史教學中,「凡教授歷史,務必(使學生)養成尊王愛國之志氣」[38]。1890年,天皇又發布了《教育敕語》,把以忠孝觀念為中心的儒家道德正式定為國民的最高道德和教育的指導方針。與此同時,文部省還命令在各普通中學和師範學校中增加「兵式操」課程,對學生進行「準軍隊教育」,甚至對小學生也要進行「國民的武勇思想教育」[39]。「尊皇愛國」的國家主義道德規範和軍國主義色彩,於是成為日本近代教育體制的兩個重要特色。明治維新之後實行的義務教育制帶來了青少年就學率的大大提高,國家主義、皇室中心主義和軍國主義的觀念也隨之逐漸滲透到了一般民眾的意識之中。

至於軍隊建設中的封建主義殘餘和軍國主義傾向,那就更加強烈而不帶掩飾了。明治維新後建立起來的近代化軍隊首先在名稱上就與西方國家軍隊不同,它不稱為國防軍或國民軍,而稱為「皇軍」,即天皇的軍隊。在軍隊內部,自成立時起,就著力向全體將士灌輸效忠天皇、效忠皇國的思想。1878年,陸軍卿山縣有朋頒布《軍人訓誡》,把封建時代的「武士道」定為日本軍隊的「軍人精神」,強調天皇對於軍隊和軍人絕對神聖的地位。1882年,明治天皇又向全體陸海軍軍人發布《軍人敕諭》,把「忠節、禮儀、武勇、信義、質素(即質樸之意——引者)」五條作為軍人必須遵守的品德,確立了天皇對軍隊的直接統帥權。在這些措施下創建起來的軍隊,成了日本政府對外侵略擴張最為得心應手的工具,軍隊的思想風貌對社會尤其是對青年們也產生了重要的影響。

濃厚的王權思想和明確的對外擴張意識,是右翼大亞洲主義思想的主要特點,明治政府的內外施策對於右翼大亞洲主義思想的產生和發展,起了重要的催化作用。

---

37 日本文部科學省:《白皮書:學制百年史:六,教學聖旨與文教政策的變化》(http://www.mext.go.jp/b_menu/hakusho/html/others/detail/1317585.htm,2019年12月6日),中文譯文據萬峰:《日本近代史》,北京:中國社會科學出版社,1978年,106頁。

38 井上清:《日本的歷史20‧明治維新》,東京:中央公論社,1974年第一版,267頁。

39 萬峰:《日本近代史》,107頁。

第二節　明治初年的中國認識和亞洲願景

一、「興亞」與「征亞」的相生相成

　　大亞洲主義思潮的形成，一般認為是 1880 年代中葉至 1890 年代末葉的事情，但大亞洲主義思想的醞釀，卻在此之前的三、四十年甚至更早一些時候就開始了。會澤安、平野國臣等人提出的「日清提携論」（包括「日清韓提携論」），已經是大亞洲主義思想的一個萌芽醞釀時期。與其他歷史時期的社會思潮相同，大亞洲主義思潮的形成、發展也經歷過幾個不同的階段。它在每一階段的發展，都有一些不同的代表人物和不同的特點。

　　大亞洲主義思潮發展的第一個階段是從幕府統治末年和明治初年的 1850、1860 年代開始，直到 1880 年代中葉為止，這是大亞洲主義的醞釀時期。這一時期最早出現且在日本社會上也造成較大影響的思想，就是「日清提携論」。

　　早期的日清提携論者如會澤安、平野國臣、佐藤信淵、勝海舟等人之中，除了個別幾位是所謂「洋學者」之外，不少是所謂「攘夷論」者。他們激烈地反對幕府與外國通商、交往，要求將「西洋夷狄」全數逐出國門，出發點是儒家傳統思想的華夷之辨學說，目的則是為了重新恢復閉關鎖國制度。在當時，這種思想尚未能脫排外思想的窠臼。

　　日本在列強武力逼使下被迫開國，並被套上不平等條約的殖民枷鎖以後，日清提携論作為挽救日本危局的方策之一逐漸地在社會上擴展開來，成為不少人誠心誠意加以擁護的口號。如當時《朝日新聞》上曾刊載過一篇題為〈國防私論〉的文章，認為東洋各國現在正當「歐洲侵略主義」之要衝，要抵抗這種侵略，必須依靠日中兩國的「合縱同盟」；自古以來，日本與中國時而為友，時而為敵，但著眼於世界的大勢，欲在此「東洋之危局」面前各保其永久獨立，就必須「互忘恩仇」，以結

「同盟條約」等等[40]。著名地理學者、政論家志賀重昂也在他的著作《南洋時事》中對「日清提携」的思想作過大力的宣傳。

言論而外，一些志同道合的日清提携論者還開始組織團體。1877 年春，退役軍人曾根俊虎「慨嘆方今亞細亞大洲萎靡衰退之際，無人使之協同戮力，興起振作」[41]之餘，與金子彌兵衛等人合議，組織了一個叫做「振亞社」的言論團體。振亞社的成員在「今欲振興亞洲，唯合縱一策耳」[42]的觀點上達成一致，集中力量進行日清提携論的宣傳。

1880 年 3 月，曾根、金子又聯絡渡邊洪基、草間時福等人組織「興亞會」，推子爵長岡護美為會長。當時清政府的駐日公使何如璋也派代表出席了成立大會。興亞會是比振亞社規模略大的團體，渡邊洪基在成立大會上曾為該會規定了以下的活動內容：「先使日本、支那之志士互相交通會合，彙集亞細亞諸方情況，製成報告頒布於會員；再聘清國北京人張滋昉為教師，於東京府下設支那語學校。若幸而得諸邦有志之士贊同，同盟得以擴大，則再在清國上海、朝鮮釜山及亞細亞各處設立本會支局及語言學校，益廣其交際，教育有志子弟，以期達到興亞之主旨」[43]。

興亞會的成立，是「日清提携」思想在日本社會上蔓延、影響力有所擴展的結果。「興亞」口號的出現，更集中概括了當時日清提携論者的一致主張。何如璋在跟曾根俊虎交談時曾問過「興亞」二字的意義何在。曾根答曰：「興亞二字，乃欲挽回我亞細亞衰頹萎靡大局之意」，為了達到這個目的，「亞洲各邦勢非合縱連橫，心志相同、緩急相扶、苦樂相共而不可也」[44]。但是，以「合縱連橫」之類古色古香的名詞和「協同戮力」之類字眼為「提携」作注腳，並沒有使日清提携論在內容上有任何重大的前進。拿曾根俊虎等人的「興亞論」和會澤安等人的「日清提携論」相比較，前者雖然去掉了後者中常常可見的排外色彩，但也失去了反對西方殖民主義者在東方各國侵略掠奪活動的明確立場。「興亞

---

40 《近代日本思想史講座 8　世界中的日本（近代日本思想史講座:世界の中の日本）》，18 頁。
41 《興亞公報》興亞會機關刊物，明治 13（1880）年創刊，第一輯，4 頁。
42 《興亞公報》第一輯，4 頁。
43 《興亞公報》第一輯，10-11 頁。
44 《興亞會報告》，興亞會機關刊物，第二輯，4 頁。

論」中所反映出來的亞洲聯合思想，仍然處在一種初級的、原始的狀態。

　　與日清提携論、興亞論相對立而又相聯繫地出現的，是所謂「征亞」即「征略亞洲」的主張。

　　「征亞」思想最早出現可以追溯到中國的鴉片戰爭前後。一些初步地接觸了若干西方文化，主張實行對外經濟交往的知識分子如林子平、本多利明等是其首倡者，佐藤信淵在鴉片戰爭以前也是「征亞」主張的旗手之一。

　　本多利明一貫提倡以經濟立國、以經濟開國，依靠對外貿易向亞洲大陸擴張勢力的思想。佐藤信淵在《混同秘策》一書中也宣傳：「皇大御國（指日本——引者）乃大地上最早立國者，世界萬國之根本。故當（皇大御國）能經緯天地之根本時，全世界悉可為吾之郡縣，萬國君長皆可為吾之臣僕也」[45]。佐藤還認為，為了「混同世界，統一萬國」的目標，日本應當在列強叩關之前主動開國，第一步就應該「攻略支那」[46]。為此，他還制訂了一個從樺太島（即薩哈林島）、黑龍江入侵中國大陸，沿滿洲南下，陷瀋陽、攻北京，最後略定全中國的詳細計劃。

　　日本在美國的武力要挾下被迫開國之後，積極藉機向外發展更成為當時一些「洋學者」奔走呼號的目標。吉田松陰曾公開號召日本的當政者們，要「問責朝鮮，逼其復納質奉貢之舊規；北割滿洲之地，南收臺灣、呂宋諸島，示以進取之勢」[47]。1873 年前後西鄉隆盛等人提出的「征韓論」，正是這種「征亞」思想在日本統治集團中引起反響，並由一部分對外擴張意欲特別強烈的政治領袖將其具體化而且準備進一步予以實行的結果。

　　幕府統治末年及明治初年所出現的「日清提携」、「興亞」思想以及「征亞」、「征韓」主張，是日本思想界在「西力東漸」世界大勢的威壓下所作出的最早的反應。「興亞」與「征亞」兩類思想雖然基本上出於「攘夷論」派（或稱「尊攘派」）和「洋學者」派（或稱「開國論派」）

45　田中惣五郎：《大陸的先驅者》，157 頁。
46　田中惣五郎：《大陸的先驅者》，159-161 頁。
47　《東亞先覺志士記傳》上卷，9 頁。

兩個不同的知識分子群體，但是這兩個群體之間的界限還不十分明晰，成員之間互相聯繫、互相轉化的情況也時有發生。另外，不管是「興亞」思想還是「征亞」思想，基本上都還是一種朦朧的、空想成分居多的東西，它們的倡導者們提供給人們的只有原則，缺少具體的實行辦法（特別是「日清提携論」和「興亞論」更是如此），所以它們基本上還是一種萌芽狀態的思想主張。但儘管如此，日清提携論、興亞論以及征亞論、征韓論的提出，已經昭示出明治時代四十年間圍繞著亞洲、中國的前途問題，形成兩派不同意見互相對立局面的端倪。

1870 年代中葉到 1880 年代後期，日本出現了一場要求開設國會、制訂憲法、實行民主改革的「自由民權運動」，推動這場運動的主力是對明治政府藩閥專權、專制主義統治與經濟剝削政策深懷不滿的農民、士族和新興中產階級這三大政治勢力。「自由民權運動」的興起，說明日本一般民眾的主要注意力當時已集中在國內的政治改革上面，明治專制政府成為他們抗爭的主要目標。但在這場抗爭中，一部分「自由民權派」人士從民主、平等的原則出發，在聯合世界其他民族、國家人民進行民主改革方面，也提出了一些很有意義的思想。

「自由民權運動」興起前後，「日清提携論」、「興亞論」之類思想已在社會上擁有一定的群眾基礎，為某些知識分子和政、軍界中一些人所擁護。但由於這時日本已通過明治維新，使經濟迅速發展，而中國、朝鮮兩國政府卻不願意放棄腐朽的封建統治制度，在近代化的道路上鴨行鵝步地慢慢蠕動，被日本拉下了相當一段距離。在這種情形下，一部分日清提携論和興亞論的擁護者逐漸認識到，日本與中國、朝鮮已經難以在現有基礎上建立協作關係，也無法通過簡單的提携合作來達到三國的共存共興；只有對中國和朝鮮加以改造，幫助其完成近代化後，才能真正建立起提携的關係，於是就出現了「清朝改造論」或「清韓改造論」的主張。

自由民權派在論及日本與中國、朝鮮乃至亞洲其他國家之間關係時，大部分宣傳的就是這種「清韓改造論」主張。1887 年自由黨成立前夕，板垣退助在一次演說中曾說：如果真的要復興亞洲，就必須首先用

「歐美新主義」來教育清、韓等國人民使其覺醒；為此，有必要組織一
個大的出版公司，用中文翻譯出版歐美優秀書籍，普及到亞洲各國，使
自由主義在亞洲傳播，改造亞洲，以創造出凌駕於歐美國家之上的文明
開化；只有這樣，「興亞」的理想才能得以實現[48]。同年創刊的政論性報
紙《東洋自由新聞》也是積極宣傳日本與中國有歷史上和地理上的緊密
聯繫，兩國應協同起來抵抗歐美壓迫，這樣才能形成不可戰勝的力量之
類主張的重要陣地。中江兆民在該報第一號的〈祝辭〉中說：這張報紙
之所以叫做《東洋自由新聞》，目的就是「欲亢張我日本國民自由之權
且延及東方各國也」，[49]直接點明了該報創刊的使命和意義。

　　有些自由民權主義者還對亞洲國家聯合起來後的政治組織形式作
過一些設想。《中外評論》第 160 號上刊登過一封讀者來信，提出：「應
於宇內設置一個大政府」，作為和平解決列國間爭端和援助被壓迫民族
爭取獨立的國際機構[50]。其後，植木枝盛、板垣退助又將這一思想作了
發展，寫出〈通俗無上政法論〉，主張為了完全解放亞洲、非洲各被壓
迫民族以及波蘭、愛爾蘭等歐洲的被壓迫民族，確保世界的永久和平，
有必要在確立各國、各民族獨立主權、各國一律平等的立場上，通過協
議成立一個「萬國共議政府」[51]。

　　「清韓改造論」的思想，在如何實現亞洲國家聯合的手段問題上已
經突破了日清提携論、興亞論所倡導的「合縱」、「協同」的範疇。它的
目標已不再是日、中、朝三國統治集團、中產階級之間的簡單聯盟，而
是在「文明開化」基礎上高一級的合作，而且還可以從中窺見建立各民
族獨立、平等關係並進而實現民主政治的一點曙光。自由民權派的這類
言論數量雖然不多，而且不久之後又幾乎被它的提倡者拋棄殆盡，但它
仍然是很有意義的思想。它說明日本的中產階級在其上升時期，是有一
些先進分子同情亞洲各國的被壓迫民族，提出過用和平正義的抗爭手段

---

[48]　〈板垣君意見更覽〉，《近代日本思想史講座 8　世界中的日本》，21 頁。
[49]　《近代日本思想史講座 8・世界中的日本》，21 頁。
[50]　井上清：《日本歷史》（中冊），181 頁。
[51]　井上清：《日本歷史》（中冊），181-182 頁。

反對強權政治和殖民主義侵略的理想。自由民權派的思想，是後來左翼
大亞洲主義思想得以產生的主要源泉。

　　醞釀時期的大亞洲主義思想，以日清提携論、興亞論思想的出現為
起點，以自由民權派倡導的清韓改造論為頂點，其間經歷了二、三十年
甚至更長的一段時間。這一時期的各種大亞洲主義思想均處於萌芽狀
態，其最大的特點就是它們的思想主張都還比較朦朧，具有較大的包容
性或曰伸縮性，容易為社會上較為廣泛的階層所接受；但又因其空想的
成分太多，故又很難具體實踐。「興亞會」提出的活動手段始終不出聯
絡亞洲各國人士「親善」感情、進行各國人士互相交流的範圍，這就是
一個證明。征亞論、征韓論的主張在思想原則上雖然與萌芽狀態中的各
種大亞洲主義主張相矛盾，但兩類思想的界限還不甚清晰，其擁護者之
間也並非壁壘分明，他們在關心日本及亞洲前途這一點上找到一致，「興
亞」的口號往往也被「征亞」論者所接受。「興亞」與「征亞」思想的
分歧與對立，正處於混沌欲開的狀態之中。

二、「國權主義」背景下的「脫亞論」與「對外硬運動」

　　1880 年代中葉前後，日本國內的政治局勢開始發生一些重要變化。
自由民權運動初期，自由民權派力量為了在日本實行民主政治，曾向明
治政權發起了不斷的政治攻勢，並為此組織了自由黨、立憲政黨、九州
改進黨等政黨。面對自由民權運動的浪濤，明治政府一方面制定《新聞
紙條例》、《出版條例》和《讒謗律》，鉗制自由民主思想的傳播；另一
方面又由天皇下詔宣布將在 1890 年召開國會，並對名門望族、豪農巨
賈和中產階級實施諸如設立華族制度、成立農商務省、建立直接進出口
公司等懷柔政策，以瓦解自由民權運動的攻勢。

　　自由黨是當時日本第一個也是最大的一個自由主義政黨，但在明治
政府的高壓與懷柔政策下，這些階層迅速分化，逐漸失去了政治上的熱
情。得不到民眾積極支持的自由黨在經濟上無法轉圜，在政治見解上又
眾說紛紜，再加上黨的主要幹部板垣退助、後藤象二郎等人在抗爭的緊
要關頭為政府所收買，利用官費出國旅行，於是立刻陷入了群龍無首、

形同瓦解的局面。這時，一些激進的少壯黨員不甘消沉，另闢蹊徑，與對現實極為不滿的廣大農民相結合，發動了「福島事件」、「群馬事件」、「加波山事件」、「秩父事件」等一系列使用暴力手段的所謂「激化事件」，進行堅持反對明治政權的民主主義抗爭；而另一些自由民權主義者對國內的政治改革失去了期望，只好將注意力轉向國外，尋求施展自身抱負的新戰場。此後，一部分人中產生了一些聯合亞洲各國，建立「自主自治」政治的新主張，樽井藤吉和他的《大東合邦論》，就是這些主張中的一個代表。

樽井藤吉（1850-1922），奈良縣人，1882 年曾與赤松泰助等人在長崎縣島原江東寺彙集數百名下層農民組織「東洋社會黨」。《大東合邦論》是他為解決日本與朝鮮的關係而寫就的政論著作，初稿雖完成於 1885年，但直到 1893 年中日甲午戰爭爆發前夕才付梓印行。

岡本監輔在《大東合邦論・序》中說：「森本丹芳（樽井藤吉原名——引者）嘗慨東洋各國之衰潰，謂今日急務，莫如合我與朝鮮為一大聯邦，著書曰《大東合邦論》」[52]，道出了樽井著書的原由。「大東」是樽井為日本、朝鮮合為一體後設想的新國名，意即「祝兩國將來之隆盛如日之升」[53]。《大東合邦論》中，樽井首先論證了日本與朝鮮「合邦」的必要性：

> 我日韓兩國，其土唇齒，其勢兩輪，情與兄弟同，義與明友均。……宜表一家同族之情，相提攜扶持，以從事當世之務也。抑一指不可以持，隻腳不可以行，欲發達智識，以進開明之域，莫如兩國締盟為一合邦。[54]

然而，「合邦」的目的並不僅僅是為了密切兩國之間的關係，更重

---

[52] 樽井藤吉：《大東合邦論》序，1 頁。該書無版權頁，電子版參見日本《國立國會圖書館數位收藏》（http://repository.tku.ac.jp/dspace/ bitstream/11150/2055/1/index_2084.djvu）。文中標點為筆者追加或修正，以下同。

[53] 《大東合邦論》，7 頁。按《大東合邦論》全書用漢文寫成。該書〈凡例〉中還特地說明「本書用漢文者，欲使朝鮮人、支那人皆讀之也。」

[54] 《大東合邦論》，2 頁。

要的還在於以此來抵抗歐美列強的侵凌：

> 彼白人，欲殄滅我黃人之迹，有歷歷可徵者。我黃人不勝，則為
> 白人之餌食矣。而勝之之道，在養同種人一致團結之勢力耳。[55]

「合邦」是樽井藤吉思想的最大特色，是打破已有的國家界限來實現「亞洲聯合」的一種設想。從實行手段上來講，它超出了「提携」、「合縱」甚至「改造清韓」之類的主張，在當時來講，也是一種相當「激烈」的手段。但樽井認為這樣做是必要的，因為「不同種相和以作一大勢力，則不可立於生存競爭之場」[56]，而「同種相和」的最好辦法就是「合邦」。

關於日本與朝鮮「合邦」之後政治體制的布局以及兩國間地位和權利等關係的處理，樽井是這樣設想的：「合邦之制，徵諸古今聯合諸國，未有一定法，各隨其國情而制其宜耳。然至於相依相輔以保內治、禦外侮之目的，則一也。抑合邦也者，協議立約，以合各邦，使各邦人民，得參其合成一統國之大政者也。而其要在使各邦自主自治之權，歸於均平。若甲邦獨全其權，而乙邦不能全之，則其乙邦不異亡滅。兩邦不行其權，而其合成國專行其權，亦使兩邦人民，均得參聽其大政，則彼此平等矣」[57]。看來，國與國之間的地位平等和權利平等是他推薦給人們實現「合邦」的基本原則。

「大東合邦」中並沒有中國的地位，這是樽井藤吉思想的又一個特色。其原因據樽井所說，是由於考慮到清政府統治的範圍，不但包括中國內地（即「漢土」），還包括有韃靼、蒙古、西藏等地，而清政府對這些邊遠地區是採取歧視政策的。如果接受清廷參加「大東合邦」，就等於在合邦後的聯合體中又出現了沒有獨立自主參政權的韃靼、蒙古、西藏等成分，這樣「則彼此不得平衡之權利」，反而破壞了「合邦」[58]。「故

55　《大東合邦論》，142 頁。
56　《大東合邦論》，42-43 頁。
57　《大東合邦論》，127 頁。
58　《大東合邦論》，133 頁。

我日韓宜先合，而與清國合縱，以禦異種人之侮」，這就是樽井定下的策略。

「大東合邦論」比「日清提携論」、「興亞論」以及「清韓改造論」等思想主張多了許多內容，最重要的是它為「亞洲聯合」構想的實現設想了基本的步驟，對亞洲國家實行聯合的必要性之論證也要比過去的一些類似思想深刻，它表明「亞洲聯合」思想──即大亞洲主義已經脫離萌芽狀態，而開始逐步形成和完善。樽井藤吉的思想以「合邦」的形式出現，但是究其實質，它仍然是一種聯合日、朝、中三國的力量，共同抵禦西方列強侵略的主張。

馬克思主義認為，國家、民族，都是歷史的範疇。「在資本主義的發展過程中，可以看出在民族問題上有兩個歷史趨向。第一個趨向是民族生活和民族運動的覺醒，反對一切民族壓迫的抗爭，民族國家的建立。第二個趨向是民族之間各種聯繫的發展和日益頻繁，民族壁壘的破壞，資本、一般經濟生活、政治、科學等等的國際統一的形成」[59]。從這個意義上說，「大東合邦論」（包括此前的日清提携論、興亞論和清韓改造論等）是反映了亞洲國家被壓迫民族的共同利益、共同願望，符合近代民族運動發展歷史趨向的一種思想。它提出的國與國之間地位平等、權利平等、各享「自主自治之權」的主張，成為左翼大亞洲主義思想的代表性原則。

但是，「大東合邦論」也有其致命的弱點，這就是它的空想性。正如「清韓改造論」者所分析的那樣，當時的日、中、朝三國，由於其實行近代化的速度有快慢之差，彼此之間的經濟、政治實力已經出現明顯的差距，加上日本的統治集團早已明確制定對外侵略擴張的方針，所以「大東合邦」即使有可能實現，也不會出現樽井藤吉所設想的那種平等、融洽的局面，而只可能是強國對弱國的野蠻吞併。後來，一些右翼大亞洲主義者（如內田良平等人）正是從這個角度利用了樽井藤吉的「大東合邦」思想，推動日本對朝鮮的吞併活動。這種結果的出現，倒是樽

---

[59] 列寧：〈關於民族問題的批評意見〉，《列寧全集》第 20 卷，10 頁。

井藤吉所未嘗預料到的。

「大東合邦論」之外，當時日本的年輕一代中也開始產生了一些基於民主平等思想而提出的大亞洲主義主張，如宮崎彌藏的「支那革命主義」（詳見本書第三章第三節）等等。但這一時期，由於自由民權運動已經開始走向低潮，這類思想的出現及其傳播已經日益困難。八〇年代後半葉，許多自由民權主義者開始拋棄以往的理想，轉向國權主義者。這種局面的出現，更壓迫了左翼大亞洲主義思想的傳播和發展。

自由民權派由「民權」向「國權」的轉化，是自由民權運動失敗的一個重要原因，也是右翼大亞洲主義得以迅速形成的主要動力。

「國權主義」是與「民權主義」相對立的主張。與民權主義主張在日本國內實行民主制度的要求相反，國權主義的目標放在對外事務上，它把「國權」的「伸張」與否當作改革日本政治的最大急務。然而，明治時代的自由民權派與國權主義的主張又並非完全無緣，他們的思想中或多或少幾乎都有一些國權主義色彩的東西。在他們的頭腦中，民權和國權的思想既對立，又統一，有一種同生共存的關係。

造成這一矛盾現象的原因是日本當時的國內外形勢：1870 至 1880 年代的日本，一方面通過明治維新的改革，已經確立了資本主義的政治、經濟體制，為了進一步發展，有了強烈的對外尋求原料產地及商品市場的欲望；但另一方面，日本也是受到西方列強侵略威脅的國家之一，身上還套著不平等條約的枷鎖，它對外還有一個擺脫列強束縛、爭取國家與民族完全獨立的時代課題。所以所謂「國權」和「國權主義」這時實際上包含著兩個方面的內容：爭取國家與民族獨立的內容和對外侵略擴張的內容。在當時人的思想中，這兩方面內容所占的比重是因人而異的，但它們又都和民權論的主張串接、揉合在一起。例如，明治初年著名的啟蒙思想家福澤諭吉認為：獨立自尊不僅僅是一個社會的內部構成因素，而且也是一個社會對其他社會關係中的重要問題，「一身獨立而後，方有一國之獨立」；後者以前者為條件，前者又由於後者的實

行而得到真正的貫徹[60]。當國權論以國家、民族的獨立為其基本內容時，它就與民權主義的思想產生了關聯。

福澤諭吉等人的此類思想給自由民權運動帶來了一定的影響。1874年江藤新平在率領士族發動「佐賀之亂」時，就以國權論的主張作過發動起事的旗號，聲稱「此國權既得實行，民權亦隨而可得完全」[61]。翌年熊本民權黨在成立民權主義組織霽月社時，也將「基於維新之誓文，組織公議輿論之政體，擴充民權，向海外伸張國權」作為自己的主要宗旨[62]。1878年各地民權組織合組的愛國社在其第一次全國大會上所通過的《合議書》（即協議）中，更將「要使各人伸張自由之權利，盡人人本分之義務；小而保全一身一家，大而建立維持天下國家之道，終而增進天皇陛下之尊榮福祉，使我帝國立於與歐美各國對峙之地」的內容，列為奮鬥的目標之一。[63]可見，身為自由民權主義者而又帶有一定程度的國權主義思想，並不是個別的現象。

不過，早期民權主義者的國權論思想，重點是放在從列強手中完全收回主權、恢復國家和民族尊嚴的方面，它反映了日本民族在外來勢力壓迫下的正當願望。同時由於當時正是自由民權派與明治藩閥專制政府對抗的高峰時期，對抗的焦點集中在國內問題上，所以國權主義的主張沒有能夠占據主導地位、對自由民權運動發生搖撼全域的影響。但是，當運動走向挫折、自由黨等民權派政黨紛紛解體，士族、豪農豪商、中產階級和農民的聯合戰線破裂之後，許多自由民權主義者對於在國內實現改革感到絕望，這時民權與國權的天平就開始向相反的方向傾斜，國權主義傾向逐漸壓倒了民權主義傾向。而明治政府為轉移士族和民權派的抗爭鋒芒，有意挑起的一系列對外事端如「征台之役」、「江華島事件」

---

60 永井道雄責任編輯、解說：《日本的名著 33・福澤諭吉》，東京：中央公論社，1969年，62頁。

61 上村希美雄：《民權與國權的狹縫之間　明治草莽思想史備忘錄（民權と國權のはざま　明治草莽思想史覺書）》，福岡：葦書房，昭和51(1976)年，14頁。

62 上村希美雄：《民權與國權的狹縫之間　明治草莽思想史備忘錄》，15頁。

63 後藤靖：《自由民權：明治的革命與反革命（自由民權：明治の革命と反革命）》中公新書279，東京：中央公論社，1972年，92頁。

等，又在一定程度上吸引了社會輿論，促進了國權主義主張中對外侵略擴張思想的惡性膨脹。1883 年，板垣退助從歐洲歸國後，一反過去的民權主義立場，宣稱當今日本最緊要的課題是修改不平等條約和發展「生活社會」（按：即與「政治社會」——天皇制官僚政治體制——相對應的經濟體制）；為了實現修改不平等條約的目的，日本就一定要擴充海軍，「養成使鄰國（指中國——引者）不得不與我訂立城下之盟的武力」。[64] 曾經積極宣傳過民主、自由思想的自由黨機關報《自由新聞》這時也改變立場，全力鼓吹起「國權擴張論」的主張。1884 年，朝鮮親日派「開化黨」金玉均、朴泳孝等人在日本軍隊支持下發動的「甲申之變」失敗後，日本國內對於中國、朝鮮局勢的議論更加為之激蕩。從這一年開始到甲午戰爭爆發的 1894 年的這十年間，已經日益墮落的自由黨、立憲改進黨的主要成員們，抓住對外問題大造輿論，高唱起「日清開戰」的論調，逐漸和政府站到了一個立場之上。

曾於 1884 年發表過〈興亞策〉，力論亞洲各國人民有提携合作之必要的杉田定一，後來一度來過中國。他發現，中國政治之「腐敗遠出於想像之上，實非言語所能表達」[65]，於是寫下了〈遊清餘感〉一文，談他中國之行的感想。他說，「清國人」「固陋頑冥，不知宇內之大勢」，而西洋人為爭奪在東亞的利益和統治地位，已將清國作為主要的角逐場。日本在此時，與其坐視西洋帝國主義的侵奪，終而成為其「俎上之肉」，不如起而爭之，當一個「膳上之客」，這才是「處優勝劣敗活動世界之辦法」[66]。1886 年，杉田定一又巡遊歐美，於途中起草了一份〈國是策〉寄回國內發表。在這篇文章中，他又提出：如果東洋各國通力合作也無法抵抗西方帝國主義的攻勢，東洋各國就將逐次落入「白皙人種」的統治之下；而與其「使東洋各國盡葬於白皙人種之腹中，則莫如我亦進而取之；不能加入西洋各國之行列，亦無法退而維持一孤島

64 後藤靖：《自由民權：明治的革命與反革命》，185 頁。
65 杉田定一：〈遊清餘感〉，《近代日本思想史講座第八卷　世界中的日本》，25 頁。
66 同上，《近代日本思想史講座第八卷　世界中的日本》，25 頁。

之命脈也」[67]。杉田定一思想的演變，清楚地顯示出一些過去的民權主義者是怎樣走上國權主義的思想歷程。所謂「膳上之客」，所謂「進而取之」，在這裡沒有別的含意，完全是要求日本仿效歐美各強國，加入在東亞搶奪和分割殖民地勢力範圍競爭的意思。他們所關心的已經不再是亞洲各民族之間的共同利益和命運，而是怎樣犧牲亞洲鄰國的民族、國家利益，以換取、贏得日本本民族的獨立這樣一個自私的目的了。

為了給日本侵略中國、朝鮮的行動披上一襲「合情」、「合理」的外衣，將日本國民的精神和物質力量最大限度地動員到「對清開戰」的道路上來，國粹主義政論家陸羯南又重新解釋、闡發了「日清韓提携論」：

> 清韓之於我洵為唇齒輔車之國也，彼其一國一旦亡滅，我亦不免受其餘危。……所謂唇齒輔車，禮讓相見以保親和之謂也。……然清人之侮我已久矣，韓人之輕我亦非一朝一夕。……韓人輕我因之於清人之侮我，故今欲使韓廷知我恩威，以圖內治之改良，必先對清施以嚴正之處分。[68]

所以陸羯南認為，發動「討伐」中國的戰爭正是「欲保持唇齒輔車關係之有效」的「正當」舉動[69]。圍繞著這一論點，陸羯南在甲午戰前和甲午戰爭期間發表了大量政論文章，反覆闡說他的日清韓三國提携以維護「東洋和平」的「新觀點」。按照這種觀點，「東洋和平」首先要做到內部和平，日本、中國、朝鮮要「禮讓相見」，然後才可以「相結托以對歐洲各邦」，建立全面的「東洋和平」。然而在當時，日本受到來自中國和朝鮮的「侮辱」、「輕視」，無法造成「三國提携」的局面，於是就需要對中國、朝鮮施以武力，迫使其改變對日本的態度，然後才能達到真正的「提携」，故而日本發動甲午戰爭就正是走向「三國提携」的

[67] 杉田定一：〈國是策〉，《近代日本思想史講座第八卷　世界中的日本》，26 頁。
[68] 陸羯南：〈對清策即對韓策也（対清策は是れ対韓策）〉，《日本》明治 27 年 7 月 12 日社論，西田長壽、植手通有編：《陸羯南全集》第四卷，546-547 頁。
[69] 同上引書，546-547 頁。

第一步云云[70]。

　　陸羯南挖空心思為日本軍國主義發動侵朝、侵華戰爭尋找根據的例子，說明在日本上上下下一致走向國權主義、軍國主義的時候，不但征亞論思想成了鼓動戰爭的有力工具，就連一度反映過亞洲各民族反對歐美殖民侵略共同願望，具有一定積極、進步作用的「日清提携論」等思想也走向了危機。它不但被它原來所擁有的大部分倡導者們所拋棄，而且還開始被某些人歪曲、改造成為向亞洲各被奴役民族發動侵略戰爭的工具。

　　中國、朝鮮等亞洲鄰國由「提携」、「聯合」或「改造」的對象，變為侵略、欺凌的對象，這是以往的自由民權派人士板垣退助等人的「清韓改造論」開始變質、轉化的重要迹象。代之而起的思想，基本上是一些露骨宣揚掠奪近鄰各國，公開以中國、朝鮮人民為敵的主張。福澤諭吉的「脫亞論」，可作為這類思想的一個代表。

　　福澤諭吉最早也主張「改造清韓」，他在 1881 年寫作的〈時事小言〉一文中，用比喻的手法論證了「改造」中國、朝鮮對日本的重要性。他說，防備西方勢力的入侵好比普通人家建造住宅時的防火措施，自己家裡雖然已經用石頭造起了安全的房子，但近鄰各家如果仍住木板房子的話，一旦失火仍有可能殃及自己，所以決不可以掉以輕心；為全體居民的安全著想，必須在火災未發生時就與鄰家交涉，勸其改築石頭房屋，必要時採取強制手段甚至奪地代築也在所不惜。對於中國、朝鮮也是如此，日本必須「武以保護之，文以誘導之，使（彼等）速效吾例以入近時之文明」，不得已的情況下，「以強力脅迫其進步之」亦無不可；不然，「輔車相依、唇齒相助之言，雖可通於同等國之間，然據此向今日之支那、朝鮮以望相互依賴者，則迂闊之甚也」[71]。

　　福澤諭吉主要從日本的利益出發來論述「改造」中國、朝鮮的必要

---

[70] 陸羯南：〈對清策即對韓策也〉，《日本》明治 27 年 7 月 12 日社論，《陸羯南全集》第四卷，546-547 頁。

[71] 福澤諭吉：〈時事小言第四編　國權之事〉，富田正文等編：《福澤諭吉選集》第 5 卷，東京：岩波書店，1981 年，259-261 頁。

性（而不是像「清韓改造論」者那樣從亞洲聯合的角度出發），並且提出了必要時甚至不惜使用武力的主張，這實際上是在宣傳為了日本一國的獨立而犧牲別國獨立行為的「正當性」，為「清韓改造論」等思想向右轉化準備了鋪階。

自由民權運動走向低潮的 1885 年，福澤諭吉又寫下了著名政論文〈脫亞論〉，公開提出了「脫亞」——脫離亞洲的主張。〈脫亞論〉的發表與樽井藤吉寫成〈大東合邦論〉的初稿都在同一年，考察的對象也相同，即都是處在同一種國際環境中的日、中、朝三國，但是結論卻完全相反。

福澤的觀點，首先從西方文明東漸的大勢說起：

> 世界交通之道日臻便利，西洋文明之風漸及亞東，所至之處，草木為之披靡。……故為方今東洋立國者謀，雖心存與此文明東漸之勢激相抵抗之志亦無不可，然苟稍察世界之現狀，則知其於事實上又乃不可行之事也。所餘者，唯隨世事之推移，共浮沉於文明之海，揚文明之波瀾，享文明之苦樂一途耳。[72]

但是，福澤認為，在亞洲各國的統治者中，對於西方文明的看法是不一樣的，接受程度也有極大的差別。正是這種差別，帶來了東方各國的不同命運：

> 我日本之國土雖處亞細亞之東緣，而國民之精神已脫亞細亞之固陋，移入西洋文明（範圍）之中。然不幸者，我國之近鄰尚有他國也，一曰支那，一曰朝鮮。此二國之人，於一己一國改進之道全然不知，處交通至便之現世，雖耳聞目見各類文明事物，心亦不為所動，其戀戀於古風舊習之情，與百千年前之往昔並無二致。……以我輩視此二國，於今文明風潮大興之際，斷難維持其

---

[72] 福澤諭吉：〈脫亞論〉，竹內好編輯、解說：《現代日本思想大系第九卷 亞細亞主義》，38 頁。

獨立也。[73]

在眼看中國、朝鮮即將淪於西方列強之手的關頭，日本是否應當伸出援助之手呢？福澤的回答是否定的：

> 為今日之謀，我國已無暇待鄰國之開明而協同振興亞細亞，毋寧脫其伍而與西洋之文明國共進退。與支那、朝鮮相交往時，亦毋庸因鄰國之故而行特別之禮遇，從西洋人待彼之法而行之即可也。與惡友相昵者難免共被其惡名，吾人當衷心謝絕亞細亞東方之惡友也。[74]

露骨而率直的言辭，把福澤諭吉提倡緊緊追隨歐美列強，反對聯合、扶持亞洲其他國家，必要時甚至不惜侵略、欺凌亞洲鄰國的政治立場，表達得淋漓盡致。

福澤諭吉要「脫離」的「亞洲」，在當時主要指中、朝兩國，而且重點是要「脫離」中國。脫亞論的後而還有一個理論支柱，這就是他的「文明」觀。福澤是「文明」的信仰者，但這種文明並不是以鹿鳴館時代化裝舞會為代表的那種風行一時的、表面的歐化主義，而是怎樣去毫不躊躇地貫徹自我，怎樣在弱肉強食的國際性激烈競爭的屠戮場中生存下來的手段問題。以儒學為代表的中國封建主義文化「變革笨拙，歷一千年二千年仍固守古人之所云而不知臨機應變，且熱衷於自戀」[75]，這種文化就不是「文明」的結晶，而是野蠻的產物。所以他認為日本應當立即唾棄這種文化以及固守這種文化的中國。

「脫亞論」在思想史的意義上，可以說是一種反對墨守封建儒學思想陳規，積極吸收西方文明的主張，對於日本的近代化歷程起了一定的

---

[73] 福澤諭吉：〈脫亞論〉，同上引書，39 頁。
[74] 福澤諭吉：〈脫亞論〉，同上引書，40 頁。
[75] 福澤諭吉：〈唐人往來〉，富田正文等編：《福澤諭吉選集》第 1 卷，東京：岩波書店，1980 年，73 頁。

推動作用。但它在國家關係和民族關係上，卻提出了一個極端自私的、必要時甚至不惜損人以利己的博弈原則，成為為日本軍國主義對外侵略擴張活動張目的思想輿論。1894 年甲午戰爭爆發時，福澤就在自己創辦的《時事新報》上發表社論，公開謳歌這場戰爭是「文（明）野（蠻）之戰」、是「謀文明開化之進步者與欲妨礙其進步者之戰」，戰爭的起因是由於「腐敗國」清朝「阻礙進步」、「泯頑不靈」、「無法理解普通的道理」的緣故，因而是「正當的戰爭」云云[76]。福澤並組織「報國會」，自願捐款一萬日圓，從言論和行動上將日本在明治維新之後反過身來欺侮亞洲鄰國的侵略行徑正當化了。

　　脫亞論是與興亞論、清韓改造論等早期大亞洲主義主張針鋒相對的一種觀點，但它又是後來右翼大亞洲主義思想的先河。脫亞論的出現，適應了日本統治集團在鎮壓了自由民權運動之後加速推進軍國主義體制、對外用兵的需要，故而不久就成為明治政府在外交問題上的一個指導方針。1894-1895 年的甲午戰爭，就是這一方針指導下的一個必然結果。另一方面，脫亞論出現於民權主義衰落、國權主義抬頭的關頭，它所主張的脫離亞洲、用西方列強的慣用手段來對待亞洲鄰國的觀點，立即獲得了昔日一些民權派人士和國權主義者的贊同。在這些人的推動下，脫亞的主張由輿論界迅速向政界擴散，出現了要求日本政府用強硬手段對待中國、朝鮮等亞洲鄰國的所謂「對外硬運動」。

　　「對外硬運動」是由改進黨、同盟俱樂部、同志俱樂部、東洋自由黨、國民協會和政務調查會等六個團體（即所謂「硬六派」）為核心所掀起的一場示威和宣傳活動。這六個團體在 1893 年底召開的日本第五屆議會上結成聯盟，組成了一個國權主義者和過去的一些民權主義者的聯合戰線。六個團體所屬的議員合計有一百七十五名，占眾議院全部議席（三百名）的半數以上，因而是一支舉足輕重的政治勢力。在「硬六派」的呼籲、推動之下，1893 至 1894 年前後，各在野黨派、政團等都開始猛烈地攻擊日本政府在對外交涉中的「軟弱態度」，要求與列強盡

---

[76] 福澤諭吉：〈日清戰爭乃文野之戰(日清の戰争は文野の戦争なり)〉,《時事新報》1894 年 7 月 29 日。

速簽訂對等條約並用強硬的手段對付中國、朝鮮，一時之間「對外硬」竟成為一陣頗為高漲的聲浪。

所謂日本政府在對外政策上的「軟弱」態度，首先是指 1886 年和 1889 年兩屆日本政府的外相井上馨和大隈重信，為了逐步使列強放棄在日本享有的特權，先後與歐美國家作的修改不平等條約的交涉。井上和大隈依靠秘密外交和列強交涉，所制定出來的新條約草案，都是以向列強提供新的特權為條件換取收回部分主權的妥協產物，所以當實情泄露出來後，舉國上下都掀起了反對條約改正案的風潮。舊自由黨的黨員和國權派在這些風潮中非常活躍，成了衝鋒陷陣的主力。硬六派不但在組織上與這些條約改正案的反對派有著直接聯繫，而且也完全接過了他們的口號，要求政府必須與列強訂立真正平等的條約。

日本政府對中國、朝鮮的政策，是被硬六派視為對外態度「軟弱」的第二個表現。本來，明治政府在其成立之初，就已然確定了侵略中國、朝鮮，積極奪取海外殖民地和勢力範圍的國策。在鎮壓了自由民權運動之後，這種向外擴張的欲望表現得更加露骨和強烈。1890 年的第一屆議會上，首相山縣有朋公開提出今後日本的軍事力量不僅要保衛「主權線」（指日本國土），而且還必須確保與主權線接近的地區（指朝鮮及中國東北地區）即所謂的「利益線」，為此，不惜與清國一戰的方針[77]。自那時起，日本軍隊就開始儲備武器、彈藥、軍需品等，並組織間諜赴華刺探情報，為對華戰爭作準備。所以，「對外硬」在這個時期實際上已經成為政府與議會、各級官吏、軍人與所謂民間「志士」、浪人們的共同口號，所不同的僅僅是程度上的差異。但即便是這樣一種情況，仍不能使「硬六派」的成員們滿意，政府在內外施策上的點滴遲疑或過失，都會招來他們言辭激烈、聲淚俱下的抨擊。在硬六派不停的鞭撻、督勵之下，日本軍國主義的戰爭機器以更快的速度運行起來。

脫亞論和「對外硬運動」的興起，是過去的一些自由民權主義者由民權主義向國權主義轉化的結果，也是「征亞論」、「征韓論」思想在 1880

---

[77] 井上清：《日本歷史(日本の歷史)》（下冊），岩波新書(青版) 500c，東京：岩波書店，1966年，20 頁。

年代中葉至 1990 年代中葉的新局面下重新復甦而且造成更大聲勢的表現。一些脫亞論的贊成者和「對外硬運動」的參加者、支持者們，過去雖然在某種程度上贊同過日清提携論、清韓改造論之類主張，但在這一時期，「興亞」和「脫亞」的分歧已經非常顯著，聯合亞洲還是征服亞洲已經成了兩個互相對立的思想派別和政治派別。「大東合邦論」、「支那革命主義」等思想的出現，標誌著大亞洲主義的思想已經開始脫卻其朦朧、混沌狀態，走向成熟；而與之相對立的「征亞」、「脫亞」思想由於適應了日本統治集團的需要，也以更快的速度向社會擴散、瀰漫。

第三節　移植在亞洲土地上的「門羅主義」
——「支那保全論」的誕生

一、對華「志士」的組織整合：「東亞同文會」

1880 年代末及 1990 年代初，繼振亞社和興亞會之後，日本還出現過一些以對外活動為主要內容的政治團體或教育、經濟活動機構，如 1884 年由平岡浩太郎、末廣重恭、宗像政等人創設的「東洋學館」、1889 年由荒尾精等人開辦的「樂善堂漢口分店」、1890 年復由荒尾精等人開辦的「日清貿易研究所」和同年 1 月由小澤豁郎、白井新太郎、福本誠等人組織的「東邦協會」等等。這些團體或機構在其成立時，多從東亞各國唇齒相依的關係出發，確定其宗旨。如東洋學館的設立目的，據說主要就是出於「上海乃東洋第一要港，在彼地創設學校，培養青年子弟使之通曉支那國語國情，為他日經營大陸計，乃極必要之事」的考慮[78]。〈東邦協會設置趣旨〉中也說：「宇內之大勢與東邦（指中國、朝鮮等——引者）之近況，較諸國家問題（指日本一國問題——引者）更不容忽視。……當此之時，以東洋先進自任之日本帝國，不講求詳辨近鄰諸邦之近況，則無由向外部伸張實力、與泰西諸邦求均衡以保東洋」[79]。可見這類團體

---

[78] 《東亞先覺志士記傳》上卷，318 頁。
[79] 《東邦協會報告》第一號，明治 24（1891）年，2-3 頁。

一方面繼續在宣傳亞洲各國「唇齒輔車」的親密關係，一方面卻已經把目標轉向了所謂「經營大陸」、「向外部伸張實力、與泰西諸邦求均衡」的活動上面去了。它反映了一部分過去的自由民權派轉變為國權主義者之後的思想意識，也昭示了興亞思想與征亞思想在形式上走向統一的可能性。

最後完成興亞思想與征亞思想形式統一的，是東亞同文會成立前後出現的「支那保全論」的主張。

1898 年春，一部分政教社、日本新聞社的成員和進步黨黨員平岡浩太郎、陸羯南、犬養毅、井上雅二等人結成名為「東亞會」的小團體，宣布其宗旨在於「密切日清兩國經濟關係，鞏固其基礎，以期將來益益之發展擴張」[80]。當年 6 月，荒尾精麾下的大陸浪人宗方小太郎、井手三郎、中西正樹等和貴族院議長近衛篤麿統領下的「精神社」成員也聯合組織了名為「同文會」的小團體，宣布該會的主要工作就是「研究支那問題，同時從事各般調查，並助成各種事業等」[81]。由於這兩個團體宗旨相近，成員之間又有較多的聯繫，故在當年 10 月，東亞會與同文會實行合併，新組織「東亞同文會」，並公推近衛篤麿為會長。

東亞同文會是甲午戰爭之後較早的對華活動團體，規模也遠較振亞社、興亞會及東邦協會為大。但據《東亞先覺志士記傳》的記載，在東亞會與同文會的合併大會上，圍繞著即將成立的東亞同文會的活動綱領和活動目的等問題，卻出現了不同意見的爭論：「主張應促進支那之革命以舉自強之實者有之，主張應援助清朝以防列國之瓜分者有之，議論沸騰」[82]。前一種意見的著眼對象或是張之洞等洋務派勢力，或是康有為、梁啟超等改良運動領袖，或是孫中山等革命活動家，總之是試圖以幫助中國改革的方式來使中國富強，類似以往的「清朝改造論」；後一種意見的著眼對象是清朝政府，企圖以支持清政府加強統治的方式來抵制列強的瓜分，類似以往的「日清提携論」。兩種意見相持不下，最後

---

[80]　《東亞先覺志士記傳》上卷，608 頁。
[81]　《時論》第 7 號，明治 31(1898) 年 6 月，東京：原安正發行，12-13 頁。
[82]　《東亞先覺志士記傳》上卷，610 頁。

迫使會長近衛篤麿擷取它們的「最大公約數」，提出用「保全支那」作
為共同綱領的建議，才算統一了會眾的意見。

在近衛篤麿的倡導下，東亞同文會確定了以下四條綱領：

一、「保全支那」；二、「助成支那、朝鮮之改善」；三、「研究支那、
朝鮮時事，以期實行」；四、「喚起輿論」[83]。為了進一步闡釋這些綱領，
東亞同文會還公布了自己的〈主意書〉：

> 日清兩國之交久矣、文化相通，風教相同。以情而論則有兄弟之
> 親，以勢而論則有唇齒之形，玉帛往來，自古不渝。皆因其出於
> 天理之公、發於人道之正也。豈彼環輿列國朝婚夕冠（誤，當為寇
> 字——引者）、互相攘奪者同歟？何圖前年昊天不弔，兄弟鬩於牆，
> 而列國乘隙，時局日艱矣。嗚呼！忘忿棄嫌，以防其外侮，豈非
> 今日之急務耶？當此之時，上須求兩國政府執公尚禮，益益固其
> 邦交；下須使兩國商民守信共利，彌彌善其鄰誼；兩國士大夫則
> 為其中流之砥柱，須相交以誠，講明大道，以助上律下，同致盛
> 強矣。此即我東亞同文會設立之所以。[84]

東亞同文會以「保全支那」為旗幟，重提中日兩國之間「兄弟之親」、
「唇齒之形」的關係，號召兩國朝野各界「忘忿棄嫌，以防其外侮」，
這正是「標準」的大亞洲主義主張。由於國權主義思想的抬頭而自 1880
年代中葉以來就一直處於孤立、冷落境遇中的大亞洲主義，至此，又通
過「支那保全論」的形式得到重新喚起，再次在日本社會上引起了較大
的反響。近衛篤麿及東亞同文會的成員們通過自己的政治地位和他們掌
握的輿論工具，大力宣傳「支那保全論」，又引發了當時其他人頭腦中
大亞洲主義思想的產生。從此，大亞洲主義思潮的發展進入了它的第三
個階段——全盛時期。

1890 年代末葉，正是日本帝國主義形成的重要時期，為什麼在這個

83　大學史編纂委員會編：《東亞同文書院大學史》，東京：社團法人「滬友會」，1982 年，48 頁。
84　大學史編纂委員會編：《東亞同文書院大學史》，48 頁。

時候，主張與亞洲國家實行聯合的大亞洲主義思潮會突然高漲，並在政界和思想界中形成廣泛的影響呢？這要從中日甲午戰爭以後，日本面臨的國際與國內局勢的變化中尋求其根源。

甲午戰爭中對中國的勝利以及《馬關條約》的簽定，對於日本歷史的發展來說，是一個空前的事件，它為日本在國際關係中的地位以及日本國內的政局帶來諸多變化。

首先，在甲午戰爭前夕，日本為了在侵朝、侵華戰爭中得到西方強國的支持，迎合英國在遠東地區抵制俄國勢力擴張的需要，於 1894 年 7 月簽訂了撤銷英國在日治外法權和居留地制度的《日英新條約》。當年 11 月和 12 月，日本又與美國、意大利訂立類似內容的新條約。到 1897 年底為止，日本與所有的歐美強國都簽訂了這種條約。這樣，經過將近半個世紀的努力，日本利用各帝國主義國家之間的矛盾、對立，終於擺脫了不平等條約的束縛，恢復了國家與民族主權的完全獨立，獲得了與歐美列強的對等地位。

與此同時，通過《馬關條約》，日本不但強迫清政府拿出二億兩白銀作為戰爭賠款，而且從中國手中強行割占了臺灣和澎湖列島，強使清政府承認朝鮮「獨立」。日本由一個受歐美列國壓迫的弱國，一變而成為壓迫中國、朝鮮等鄰國和擁有海外殖民地的新進「強國」。為了討好西方帝國主義列強，它還迫使清政府在《馬關條約》中進一步出賣經濟權益，開拓了列強向中國內地傾銷商品和輸出資本的道路。這是日本與亞洲鄰國關係本質性的切換，日本從此開始成為列強在東亞進行帝國主義勢力爭鬥的對手和夥伴。

第二，甲午戰爭以後，日本國內的經濟獲得了快速的發展。從中國獲得的巨額賠償金、第一次領有三萬六千平方公里的海外殖民地以及在中國、朝鮮獲得的新的商品市場和原料供應地，這一切都成為刺激經濟發展的強大動力。下表中的數字清楚地反映了 1893 年至 1903 年這十年間，日本工業高速發展的基本概況：[85]

85　選譯自井上清：《日本歷史》（下冊），43 頁。

	1893 年	1903 年	十年間的增長率
公司總數	2,844 個	8,895 個	3.13 倍
投入資本金額	24,500 萬元	93,100 萬元	3.80 倍
使用工人十人以上工廠數	3,740 個	8,274 個	2.19 倍
使用機械動力工廠數	675 個	3,741 個	5.54 倍
每日平均運轉紗錠數	382,000 個	1,290,000 個	3.38 倍
開業鐵路長度	2,039 哩	4,495 哩	2.20 倍
汽船總噸數	110,205 噸	656,745 噸	5.95 倍
輸出貿易金額	8,971 萬日圓	28,950 萬日圓	3.23 倍

　　但是，經濟發展並沒有改變日本少數大規模近代化工業與龐大的家庭手工業與工場手工業並存、工業與半封建的寄生地主制相結合這樣兩個最突出的特點。人民生活水準不但沒有比甲午戰前有所提高，反而因政府在「臥薪嘗膽」口號下的重重稅捐重壓進一步貧困化。國內人民購買力低下，市場狹小，工業原料貧乏，農業生產體制抗禦自然災害能力差，糧食不能自給，這些因素仍然限制著經濟的繼續發展，因此謀求更多海外殖民地的擴張要求不但沒有得到緩和，反而更加高亢了。

　　第三，甲午戰爭以後，日本開始以列強成員之一的身分參加對中國和朝鮮的爭奪，從 1870 年代開始，世界各主要國家已經由「自由」轉向壟斷過渡，殖民地除了原料供應地和產品銷售市場的意義之外，作為資本輸出的對象而對各帝國主義國家來說，有了更為重要的、生死攸關的作用，列強在全球範圍內展開爭奪殖民地、勢力範圍和利權的激烈角逐。非洲大陸在 1900 年時的殖民地化率已達 90.4%[86]，已經被基本分割完畢，於是東亞地區尚勉強維持「獨立」地位的中國和朝鮮成了列強爭奪的主戰場。日本沒有坐視這場爭奪，「向朝鮮、中國伸張勢力，奪取利權和領土，不僅是以決心重新奪取遼東的天皇為首的軍人、官僚的要求，也是資本的要求」[87]。在國內政治、經濟各種壓力下而產生的向海外擴張的迫切要求，與已落後於其他列強的感覺相疊加，使日本政商界在與列強的競爭中顯得格外地積極、衝動。在朝鮮，它扶植親日派，以

---

[86] 家永三郎、黑羽清隆共著：《新講日本史》（增補版），485 頁。
[87] 井上清：《日本歷史》（下冊），67 頁。

「朝鮮改革」為名，大肆攫取各種利權。當朝鮮統治集團有所抵制時，日本軍隊公然衝進王宮，虐殺閔妃，建立傀儡政權（即 1895 年 10 月的「暗殺閔妃事件」）。在中國，1900 年爆發的義和團運動，其鋒芒並未直接指向日本，但日本政府把它看作是一起瓜分中國的大好時機，派出一萬二千人的重兵參加「八國聯軍」，充當了血腥鎮壓義和團運動的主力（日軍數量占「八國聯軍」總數三萬二千人的 37.5%）。同時，日本軍部還趁列強的注意力基本上集中於中國北方之際，制訂了武裝占領福建的計劃，企圖一舉變福建為日本的獨占殖民地（後因英國政府的強硬抗議而中止）。

　　但日本咄咄逼人的侵略態勢，又與處心積慮沿西伯利亞南下的俄國的利益發生了衝突。俄國在 1895 年《馬關條約》簽字後不久，就聯合德、法兩國向日本提出「勸告」，要求日本將已宣布割占的遼東半島「歸還」給中國。日本無力同時與三個歐洲強國抗衡，被迫接受了勸告。「三國干涉還遼」事件的發生，對日本的統治者是一個極大的刺激，打消了他們因戰勝中國而產生的極度亢奮，反而因此感到憤懣。1896 年 1 月召集的帝國議會上，「對外硬派」的政治家們以「傷害帝國之威信、污損國家之體面」為由提交了「彈劾上奏文」；尾崎行雄則在議會上發表了三個小時的長篇演講，稱「三國還遼」是日本「千古未有之大辱」[88]；《太陽》雜誌上也連續發表文章，稱：「三國之『好意』必將酬之，我帝國國民決非忘『恩』之民」[89]。主張「對外硬」的各派聯合作出決議：「一、為復興帝國之光榮，應從速擴充軍備，刷新外交；二、內閣須對歸還遼東半島之事明確（承擔）其責任；三、要維持我國於朝鮮之地位、權力」[90]，進一步鞭撻政府繼續擴軍備戰，伺機報復俄、德、法三國。在這些輿論的推動下，明治政府將俄國作為新的假想敵，提出「臥薪嘗膽」、「十年磨一劍」的口號，制訂了大規模的擴軍計劃，醞釀著與俄國在中國的地面上進行一場爭奪勢力範圍的血腥廝殺。

88　滿川龜太郎：《三國干涉以後（復刻版）》，東京：傳統與現代社，1977 年，17 頁。
89　隅谷三喜男：《日本的歷史 22・大日本帝國的試煉》，東京：中央公論社，1974 年，41 頁。
90　《東亞先覺志士記傳》上卷，608 頁。

與政治、外交變化的格局相呼應，甲午戰後，社會輿論對「亞洲問題」的看法也有了新的變化。

甲午戰爭中日本軍隊朝得一城、夕陷一壘，將腐敗的清軍打得節節敗退，使最初對與中國開戰心懷戒懼的許多日本人逐漸釋然，隨之而來的是對貌似強大而實際上已在清政府統治下疲弊已極的「老大帝國」中國產生了蔑視的心理。吉野作造在〈日清戰後的支那觀〉一文中敘述這一過程時說：

> ……然而仗打起來一看，支那竟柔弱得超出人們意想之外，我國在列國環視下堂堂正正地大獲全勝，輕而易舉博得了意外的大捷。這對我國來說，固然是莫大的喜事和福分，另一方面卻又大大地激起我國人的自負心，釀成一反舊態、輕侮鄰邦友人的可悲風潮。……尤為引人注目者，是我國在戰爭中為鼓舞、作興國民的敵愾心而廣泛推廣了「膺懲豚尾奴」的歌曲，它像一劑過量的猛藥，使蔑視支那的風潮格外激烈地流行開來。[91]

在上海多年從事書籍販賣的內山完造先生，曾對近代日本社會上流行的蔑視中國的各種觀點作過如下的歸納：

> 日本人一談到對中國的常識，就是：中國人無國家觀念，中國人不清潔，中國人若無其事地偷東西，中國人撒謊，中國人是卑怯者，中國人是迷信家，中國人重金錢甚於生命，中國人喜賭博，中國人有數個妻子，中國人是享樂主義者，中國人是個人主義者，中國人重形式（面子），中國人不知恩，中國人是利己主義者等等。其他的日本人誰也不會對此提出異議。[92]

---

[91] 〈對支問題〉，1930 年，《吉野作造博士民主主義論集第六卷　日華國交論》，東京：新紀元社，昭和 22（1947）年，10 頁。
[92] 內山完造：《花甲錄》，東京：岩波書店，1960 年，334 頁。

　　由對中國的蔑視自然而然地產生了對日本自身的自負，產生了一種
以「強國」、世界上「屈指可數的軍國」自居的虛幻的「大國意識」，認
為日本對中國、朝鮮等落後的鄰邦來說，無論在文明上也好，在軍事武
備上也好，都已成為一個應當崇拜和敬服的「先進大國」，認為自己已
經理所當然地成了「東亞的盟主」，應當掌握「東洋的主權」[93]。

　　發動甲午戰爭，是日本在「脫亞」道路上邁出的第一步。戰爭的結
果，小國日本打敗了大國清朝，使國權主義者們相信這就是脫亞路線的
勝利。從此，舊有的日清提攜論、清韓改造論在社會上迅速失去了號召
力，脫離亞洲、走向西方、由日本來充當亞洲盟主、主宰亞洲命運的呼
聲更加高揚。那種遍及全國、愈演愈烈的蔑視中國的社會風氣，就是這
一傾向的象徵。

　　日本通過甲午戰爭從中國奪得的大片土地和巨額賠款，還使國權主
義者和軍國主義者發現：原來運用戰爭手段可以比用和平手段更迅速
地、成本更低地得到更多的東西，從而更加熱衷於侵略戰爭。而被迫接
受三國的干涉、「歸還」遼東半島給中國一事，又使國權主義者和軍國
主義者認識到與列強各國相比之下日本軍事力量的軟弱，以及擁有足夠
的武力的話可以在強權政治下發揮多麼大的作用，而更加熱衷於強權政
治。曾經是「平民主義」積極鼓吹者的德富蘇峰，在自傳中追述他在初
聽到三國干涉結果時的感想是「連眼淚都哭不出來的懊喪」。他還說：「這
次歸還遼東，差不多成了決定我一生命運的事件。……我確信發生這種
事情畢竟是因為力量的不足；只要有了足夠的力量，任何正義、公道都
沒有半文的價值」[94]。陸羯南更在報紙《日本》上發表文章，公開鼓吹
強權政治：「國際之事，常以武力裁之，而不可以公理爭之」[95]。從此，
國權主義者和軍國主義者更加迷信武力，迷信戰爭，全力支持政府的「臥

---

[93] 《東京經濟雜誌》明治 27 年 12 月 1 日〈仲裁談〉，參見《近代日本思想史講座第八卷　世
界中的日本》，31-32 頁。

[94] 德富蘇峰：《蘇峰自傳》，東京：中央公論社，昭和 10（1935）年，310 頁。電子版見日本
《國立國會圖書館數位收藏（國立國會図書館デジタルコレクション）》（https://dl.ndl.go.
jp/info:ndljp/pid/1236758）。

[95] 陸羯南：《遼東還地事局私議》，《近代日本思想史講座第八卷　世界中的日本》，34 頁。

薪嘗膽」路線，準備憑藉強力重新「奪取」中國、朝鮮。

　　然而，俄國畢竟是歐洲的軍事大國，背後經常還有德、法等國的支持，日本要想在對華殖民爭奪中與之對壘並非易事。採用什麼樣的方法、策略與俄國勢力相拮抗，於是成為日本朝野中對中國、朝鮮抱有極大「興趣」的人們努力加以探求、解決的課題，「支那保全論」以及與之同時出現的其他各種大亞洲主義主張的產生，正適應了這一需要。

　　東亞同文會成立前不久的 1898 年 1 月，近衛篤麿在《太陽》雜誌上發表過一篇〈同人種同盟兼論支那問題研究之必要〉的文章，議論道：「東洋之前途，終不免為人種競爭之舞臺。縱令施一時之外交政略，而生出如何之變態，亦一時之變態耳。戰後之命運，存乎黃白兩人種之競爭。此競爭之下，支那人、日本人，皆已為白色人種置於仇敵之地位矣」[96]。他反對日本政界中那種跟在歐美各國後而高唱「瓜分中國」或「支那亡國」論調的人，認為瓜分中國利於西方而不利於日本，「支那人民之存亡，決非他人之休戚，關乎日本人自身之利害也」[97]。然而在當時，列強之間尚未形成「歐美列國同盟」以瓜分中國，所以日本必須趁此機會結成「同人種同盟」即「日清同盟」，以保護中國，對抗西方[98]。幾個月後的東亞同文會成立大會上，近衛就基於這種考慮提出了「保全支那」的口號。不久，他又根據朝鮮政局的動盪變換，在「保全支那」的後面加上了「護持朝鮮」的內容。

　　「支那保全論」的背後隱藏著對東亞局勢的這樣一種分析：以 1897 年 11 月德國強行租借膠州灣事件為起點，歐美列強實際上已開始了吞食、瓜分中國領土的行動。在當時的情況下進行這種瓜分，有利於已在中國握有廣泛政治、經濟權益的英、法、俄、德等國，而不利於日本。特別是在日本覬覦已久的中國東北地區和朝鮮半島，俄國勢力已經捷足先登，一旦按照各國間實力進行瓜分，勢難落入日本手中。同時，中國

---

[96]　近衛篤麿日記刊行會編：《近衛篤麿日記》，東京：鹿島研究所出版會，1969 年，附屬文書，62 頁。

[97]　《近衛篤麿日記》附屬文書，63 頁。

[98]　《近衛篤麿日記》附屬文書，63 頁。

如果被列強瓜分，日本立即就失去了與西方列強之間的緩衝地帶，一旦
矛盾激化，羽翼未豐的日本就會有滅頂之虞。所以為了日本的長遠利
益，有必要維持中國的領土現狀，維持或改良中國的統治政權，以便日
本慢慢地向中國滲透勢力，最後將全中國置於自己的控制之中。「夫保
全清國，護持韓國，實為自衛我之國權國利，保持東洋之和平」[99]——這
就是「支那保全論」的真實的目的。

　　「支那保全論」說穿了並不是為「支那」而「保全支那」，而是為
了日本而「保全支那」；「保全」了現在的「支那」以待將來由「同文同
種」的日本來獨享。這種思想恰恰是美國門羅主義在亞洲東方的翻版。
對此，近衛篤麿自己也不諱言。1898 年 11 月，他在與康有為交談時曾
稱：「今日之東洋問題不獨為東洋之問題，亦世界之問題也。歐洲列強
皆為自己之利害相爭於東洋，然東洋乃東洋之東洋，東洋問題之解決乃
東洋人之權利。美洲門羅主義當不外此意。於東洋實行亞細亞門羅主義
之義務，實荷於貴我兩邦人之肩也」[100]。「東洋乃東洋之東洋。東洋問
題之處理，自然乃東洋人之責任。彼清國，雖國勢大衰，然弊在政治而
不在民族。若能真正啟發利導之，相與携手，則保全東洋未必即為難
事」[101]。那種東洋事當決於東洋人之手，不容他人置喙的咄咄氣勢和試
圖在中國政界人物中尋求響應者、支持者的殷殷之情，已溢於言表。

　　實際上，亞洲門羅主義——「支那保全論」仍然是一種以獨占中國
為最終目的的侵略、擴張主義主張，但由於它採用了比較隱晦曲折的手
法來掩蓋自己的真實目的，又使用了「同文同種」、「保全」之類動聽的
字眼，對內對外都具有相當大的誘惑力和號召力，從而迅速地成為一種
時髦的觀點，引導著大亞洲主義思潮走向了全盛時期。

---

[99] 《列傳：近衛篤麿》，東亞同文會編：《對支回顧錄》（下卷），東京：原書房，1981 年，
904 頁。
[100] 《近衛篤麿日記》第二卷，195 頁。
[101] 霞山會（代表：神谷卓男）編輯：《近衛霞山公》，東京：霞山會發行，大正 13（1924）年，
129 頁。

二、對華「志士」的思想整合：「支那保全論」

　　「支那保全論」產生之後，許多以「亞細亞主義」或「支那保全主義」相標榜的思想、主張紛紛出現，特別是在對中國問題或者亞洲問題抱有興趣的一些政界、軍界人士或者大陸浪人中，此類思想獲得了異乎尋常的反響。自 1880 年代後期國權主義思想抬頭以來逐漸形成的脫亞思想，藉「支那保全論」的興起找到了新的宣傳方式，於是迅速與大亞洲主義的主張融合、貫通，並引導著大亞洲主義思潮的主流向右轉向，為大亞洲主義的興盛同時也為它的最後沒落奠下了基石。

　　與以往的「日清提携論」、「興亞論」以至「大東合邦論」相比，以「支那保全論」為代表的興盛時期的大亞洲主義主張，帶有以下幾個新的特點：

　　第一，它對日清提携論、清韓改造論的思想有一定程度的吸收，在對國際局勢的認識、對亞洲聯合必要性的宣傳以至於遣詞用語等方面都有不少類似之處，彷彿是「興亞」思想的繼續。但是從基本出發點和最終目的等方面來看，它們基本上是屬「脫亞」路線的，它們最後的歸宿不是亞洲全體的復興和亞洲各國、各民族的幸福、平等，而是日本一國的崛起和強盛。「振興亞洲」、建設「東洋人的東洋」云云，充其量不過是實現日本亞洲盟主地位的手段或託詞。所以大亞洲主義在「支那保全論」等主張那裡，已經形成了一個「興亞」的形式和「脫亞」的內容相結合的二元式結構（或稱雙重結構）。以這種形式表現出來的思想，比福澤諭吉等人赤裸裸的脫亞論多了誘惑、欺騙的色彩，因而在日本社會上甚至在亞洲其他國家中具有了較大的號召力。

　　第二，隨著歐美帝國主義各國加速在中國、朝鮮爭奪殖民地和勢力範圍，以及大亞洲主義思潮走向全盛，十九世紀末二十世紀初，大亞洲主義開始由思想轉化為具體行動。過去那種主要通過著書立說來闡發自己的思想，偶或組織一些小團體也多難以收到具體成效的思想家和言論家式的人物逐漸減少；驟然劇增的，是一批年紀較輕、沒有太多明確而有系統的思想，但不乏實踐熱情的行動家、實幹家式的人物。大陸浪人

是這一新出現的大亞洲主義隊伍的主要成員。這些人的思想未必工整嚴謹，有些人甚至還談不了清晰明瞭，但他們一般都進行了大量的實際活動，用行動彌補了理論的不足。所以研究這些人的思想時，往往還需要結合他們的實際活動來加以分析、說明。

第三，醞釀時期以及形成時期的大亞洲主義主張，大多流行於民間，與日本統治階級的統治思想及其對外方針、政策未必完全吻合，甚至常常產生齟齬與矛盾，多少具有一些反官方、反正統思想的色彩。但自從「支那保全論」產生以後，「興亞」的外殼開始與「脫亞」的內核有機地結合起來，從此，大亞洲主義思潮的主流跟上了政府的「脫亞」路線，為明治政府奉行「脫亞入歐」的內外政策發揮扶掖、聲援的作用。所以，它逐漸為官方所容忍，或明或暗、或多或少地與官方的指導思想有所交流，反官方、反正統的色彩日漸磨滅，從而為它自己最後被改造成為官制的「東亞新秩序」、「大東亞共榮圈」思想奠定了前提。

然而，儘管到了這一時期，大亞洲主義思潮的主流已被扭向右轉，淪落為侵略擴張、軍國主義思想的淵藪，但仍有少數大亞洲主義者不甘墮落，繼續在思想和言論上堅持著「興亞」的方向。岡倉天心以及他所提出來的「亞洲一體論」，可以說是這些人中的一個代表。

岡倉天心是一個美術評論家和教育家，他本來的活動範圍主要侷限在美術界。通過對中國、印度和日本古代美術的深入研究，岡倉感受到亞洲古代文明的偉大，所以他大力主張發揚、光大東方的文明，復興日本的傳統美術。1889 年他在東京開設美術學校，親任校長，用日本式的繪畫技法教育學生。但岡倉的教育方針在當時卻受到了明治政府推行的歐化主義的壓迫，並無法在學校中得到真正貫徹。加之明治國家在加強天皇制集權統治體制的過程中，極力要將包括藝術在內的所有精神活動都納於自身的統治之下，為「脫亞入歐」的政治路線服務。岡倉天心個人的力量無法與之匹敵，僅有的一點美術宣傳陣地也日益縮小。失意之餘，他把憤怒指向明治天皇制國家政權和西方文化，用英文寫下了《東洋的理想》、《東洋的覺醒》和《日本的覺醒》等著作，抒發自己的鬱悶與感慨。

　　《東洋的理想》是岡倉天心最重要的代表作，他在這裡首先提出了「亞洲一體論」和「東洋精神」的思想。

> 亞細亞是一個整體。喜馬拉雅山脈雖然分開了兩個偉大的文明──擁有孔子共產主義思想的中國文明和擁有吠陀個人主義思想的印度文明，但即令這遍覆白雪的巨大障壁，也絲毫不能阻斷亞細亞民族對於窮究事物本源和普遍性的無限的愛。這種愛正是亞細亞各民族共通的思想遺產，使他們因之創造了世界上各種最大的宗教；這種愛也將他們與地中海、波羅的海沿岸各民族──執著於特定事物、厭惡探求人生目的而歡喜探求人生手段的民族──區別開來。[102]

　　這種宗教的、精神的「愛」，就是岡倉天心所謂的「東洋精神」，亦即「亞細亞文化中互相歧異的各項要素的綜合」[103]，是他認為「東洋」優於「西洋」的地方。

　　對現實世界的「滿腔鬱勃的蓄積」，引導岡倉天心向亞洲古代文化中尋找精神力量支柱，他又以這種精神力量為武器，轉過身來殺向現實世界。與福澤諭吉的文明觀剛好相反，岡倉天心最崇拜的是亞洲東方的文明。岡倉的出發點是一個「美」的世界，他認為「美」以及與之處於同等地位的宗教是最大的價值，文明僅僅是為了實現這個普遍價值而使用的手段。他還認為，美的基礎是人的本性，西歐不能將其獨占，歐美國家的資本侵略主義恰恰是美的破壞者，所以「歐羅巴的光榮，就是亞細亞的屈辱」。為了改變這一狀況，亞細亞就必須聯合為一個整體，用「東洋精神」戰勝西方的物質文明。

　　「亞細亞是一個整體」（「Asia is One」）是岡倉天心提出的一個重要命題。亞細亞之所以是一個整體，首先表現在亞洲各民族在「愛」與「宗

---

[102] 岡倉天心：《東洋的理想》，色川大吉責任編輯、解説：《日本的名著 39・岡倉天心》，106 頁。
[103] 岡倉天心：《日本的覺醒》，《日本的名著 39・岡倉天心》，253 頁。

教」——「美」的具體體現者——方面的共通性上；其次表現在它們在數千年漫長歷史演變中所發生過的無數次互相採擇、互相熔鑄的文明交流史中；最後還表現在它們在進入近代以後遭受西方列強殖民主義侵略、奴役的共同命運上。從這種一體論的觀點出發，岡倉天心對在殖民主義壓迫下呻吟的亞洲各民族寄予深切的同情：

> 亞細亞的兄弟姐妹啊！
> 　　我們的父祖之地，成為巨大苦難的根源。現在，「東洋」是衰退的同義詞，東洋的人民，就代表著奴隸。我們被人盛讚的溫和性格，不過是對那些偽裝出禮儀模樣的異國人的卑怯嘲諷。我們在經商的名義下歡迎好戰之徒，在文明的名義下擁抱帝國主義者，在基督教的名義下跪拜在「殘酷」面前。國際法的光芒在白色的羊皮紙上輝耀，徹頭徹尾的不正當行為的黑影卻籠罩在有色人種的皮膚上。
> 　　……
> 　　亞細亞的兄弟姐妹們啊！
> 　　漫長的歲月裡，我們彷徨在各式各樣的理想之間，現在我們難道不能再睜眼看一下現實嗎？在無知無覺的河川裡，我們飄流多年，現在我們難道不能再一次登上「現實」這一苛酷的河岸嗎？我們誇耀過結晶一般的生活，相互間孤立地生存了下來。現在我們難道不能在共同苦難的大洋中融合為一體嗎？『黃禍』的幽靈，往往成為製造西洋人罪惡感的源泉，東洋人平靜而凝滯的目光難道不能集結於「白禍」之上嗎？我並非向諸君呼籲暴力，而是訴之於諸君的勇氣；我並非在鼓動侵略的暴行，而是在尋求諸君的覺醒。[104]

在對亞洲各民族苦難而多舛命運的嘆息與哭訴中，岡倉天心抒發了

---

[104] 岡倉天心：《東洋的覺醒》，《日本的名著 39・岡倉天心》，69-70 頁。

他對歐洲殖民主義者的痛恨和對亞洲各被壓迫民族的同情，期待著亞洲民眾在歷史危機面前走向「東洋的覺醒」，團結為一個整體，驅逐西方列強的侵略勢力。

由對亞洲各國人民苦難命運的同情而萌發亞洲國家聯合起來的願望，從而對西方文明產生仇恨態度，認為它不再是「文明」的傳播者，而是「野蠻」、「暴行」的代表，這是岡倉天心的大亞洲主義思想的一個主要特色，也是當時許多大亞洲主義者（如宮崎滔天、頭山滿等）思想中或多或少都有所表現的一個側面。

但是，岡倉天心的思想只停留在哀惋與警告上面，並沒有提出如何實現亞洲一體，用「東洋精神」戰勝「西洋文明」的具體辦法，所以他的悲嘆與呼聲是軟弱無力的。在大亞洲主義思潮的主流迅速轉向的關頭，這類仍在一定程度上堅持了「興亞」主張的思想卻意外地軟弱，表現形式也日益曲折（如岡倉天心的文章，基本上全用英文寫成在國外發表），這就不但使它們無法力挽狂瀾，反而日益縮小了自己對社會的影響力。

「支那保全論」誕生之前，「興亞」的主張一直是大亞洲主義思潮的主流，但是自「支那保全論」出現以後，大亞洲主義雖然得到了全盛的發展，過去與興亞主張相對立的「脫亞」主張卻反賓為主，成為絕大多數大亞洲主義者的思想準則或基本指向。

本來，無論是「興亞」還是「脫亞」，都是近代日本社會對西方文化衝擊的反應。所不同的是「脫亞」主張是對西方文化的全面肯定、全盤照搬，更多地反映了日本統治階級對內鞏固資本主義制度，對外實行帝國主義政策的要求；而「興亞」主張最初是對西方文化的全面否定，代表了幕末明治初經濟關係尚未確立之前，日本統治階級中一部分下層人士（下級武士、中小地主商人等等）的利益和願望。其後，「興亞」主張逐漸接受了西方的民主、平等思想，主張在對內、對外政策上都要堅持平等、獨立的原則，由對西方文化的全面否定改為部分否定，摒棄了對外侵略、壓迫和掠奪的帝國主義政策。它反映了日本中下階層群眾對內爭取民主自由、對外爭取獨立平等的願望。

　　然而，「興亞」主張不符合日本統治集團的利益和願望，也違背了
明治政府奉行的自由競爭、弱肉強食的原則。日本統治階級在發展資本
主義的過程中，從一開始就以歐美帝國主義各國為榜樣，隨著資本主義
的發展，它必然要實行掠奪海外殖民地、侵略奴役他國人民的帝國主義
政策，也必然要強迫社會輿論為這一政策服務。所以興亞呼聲的日益衰
弱和脫亞呼聲的日益增強，實際上是日本帝國主義發展過程中的一種
「合理」的選擇和「正常」的趨向。

　　在近代亞洲，早於日本或者與日本約略同時遭到西方列強侵略與威
脅的國家，還有中國、朝鮮、印度、越南等國。在這些國家的統治者及
一部分民間愛國志士中，也有一些人萌發過依靠亞洲國家聯合起來的力
量驅逐西方列強的思想，日本的大亞洲主義主張在他們中間也產生過一
些反響。

　　印度早在十八世紀中葉就開始受到英國殖民主義者的侵略，在印度
人民爭取民族獨立、自由的抗爭中，傑出的愛國主義詩人泰戈爾是代表
印度向亞洲及全世界呼籲和平團結的偉大使者。泰戈爾一生曾出訪中
國、日本、新加坡、馬六甲、吉隆坡、印度尼西亞、泰國等許多亞洲國
家和地區，所到之處都在當地發表演講，號召亞洲人民互相瞭解、增進
團結。為了消除各民族間的敵意，達到世界大聯合的目的，他還在自己
所有的「和平之鄉」土地上辦起促進人類互相瞭解的教育、交流機構
——國際大學。1924 年 4 月，泰戈爾在訪問中國時，更公開斥責西方帝
國主義國家擴軍備戰、發動世界大戰的罪惡行徑，號召印度、中國以及
亞洲各國用東方固有的「精神文明」，對抗西方的物質主義。在對東方
通訊社記者發表的談話中，他進一步指出：

　　　余此次來華講演，其目的在希望亞細亞文化、東洋思想復活。現
　　在亞細亞青年迎合歐美文化。然大戰以來，竟暴露人類相食之醜
　　態，西洋文明瀕於破產。人類救濟之要諦，仍在東洋思想復活之

　　　　旗幟下，由日本、中國，印度三大國民，堅相提携。[105]

這一思想，與岡倉天心的「亞洲一體論」主張非常近似。

　　中國自古以來就與日本有著更多的聯繫和交往，兩國又幾乎同時遭到西方國家的侵略和欺凌，所以中日兩國人民聯合起來，共同抵禦西方列強殖民主義侵略的思想在中國產生得更早，影響也更為廣泛。

　　清朝政府駐日使館參贊黃遵憲，是晚清著名愛國詩人和政治家，也是提倡中日兩國和衷共濟、共禦強敵的外交活動家。駐日期間，黃遵憲大量結交日本知識界及政界友人，研究日本的歷史及現狀。通過這些交往與研究，黃遵憲認為，中日兩國同處亞東，「同類同文」，在歷史上就存在著唇齒相依的友好關係：

　　　　唐宋時遣使，車節萬里同；……
　　　　益知唇齒交，道誼在和衷。[106]

　　正由於中日兩國之間存在著這種不尋常的關係，黃遵憲認為中國、日本在西方列強的侵略面前，應當聯合起來，共同對敵，以保衛自身的安全和亞洲的和平與穩定：

　　　　同在亞細亞，自昔鄰封輯；
　　　　譬若輔車依，譬若犄角立。
　　　　所恃各富強，乃能相輔弼。
　　　　同類爭奮興，外侮自潛匿。
　　　　解甲歌太平，傳之千萬億。[107]

---

[105] 《晨報》1924 年 4 月 13 日，轉引自何乃英：《泰戈爾傳略》，天津：天津人民出版社，1983 年，193 頁。

[106] 《人境廬詩草・送賓戶公使之燕京》，陳錚編：《黃遵憲全集》(全二冊)，北京：中華書局，2005 年，上冊，95-96 頁。

[107] 黃遵憲：〈陸軍官學校開校禮成賦呈有栖川熾仁親王〉，《人境廬詩草》，收於陳錚編：《黃遵憲全集》，上冊，95-96 頁。

　　這種思想，與當時日本社會上流傳的「日清提携論」、「興亞論」之類主張基本上出於同一精神。

　　近衛篤麿等人組織東亞同文會、提出「支那保全論」的主張之後，大亞洲主義的思想也開始在中國廣為人知。在中國正面對著被列強瓜分的空前嚴重的民族危機之時，「支那保全論」從中日兩國「同文同種」、「唇齒輔車」的關係出發，號召「保全支那」、「助成支那之改善」，這在當時確實是一個十分吸引人的主張。這種宣傳極易贏得中國各階級、階層人士的信賴和好感，所以不久「支那保全論」就在主張變法維新的中國維新派以及比較關心世界局勢發展變化的封建統治集團一部分成員中贏得了喝彩和贊同。如康有為最早在 1898 年 11 月就曾致函近衛篤麿，稱頌「貴邦諸君子，仗義赴難，天下所聞」，期望日本的大亞洲主義者能夠「急輔車之難，拯東方之危局」，幫助自己一黨重返清廷政壇，逐走西太后，迎接光緒皇帝親政。[108] 翌年 1 月，康有為、王照等人又在與近衛篤麿的筆談中，多次重申「我兩國同文同種，其親與西歐殊」，「東亞大局，我兩國有如孿生兄弟」的意見，今後「主持之者見之最明者，莫如上公（指近衛篤麿——引者）」，對近衛等人宣揚的大亞洲主義思想大加讚頌。[109] 其後，清廷的內外臣工、封疆大吏如王文韶、瞿鴻禨、劉坤一等也都曾先後而見或致函近衛篤麿，稱讚近衛等人「倡興亞之會，維持全域」的「不朽之業」，認為大亞洲主義是「貴國所以關垂敝國」、「用心為尤至」的表現。[110] 1904 年 1 月近衛篤麿因病去世，連清廷重臣慶親王奕劻也給近衛家發出唁函，將近衛篤麿尊為「抱興亞之雄心，興同會之盛會」的偉人，為其未能「大展宏猷」而惋惜。[111]「支那保全論」的主張，看來已經引起了清廷朝野上下各類人物的普遍重視。

　　此外，在朝鮮、越南等國，大亞洲主義的主張也都有過傳播，也曾引起過不同程度的反響。

---

[108]《近衛篤麿日記》第二卷，185 頁。
[109]《近衛篤麿日記》第二卷，273-274 頁。
[110]《近衛篤麿日記》附屬文書，521-522 頁。
[111]《近衛篤麿日記》附屬文書，554 頁。

　　不過，十九世紀末二十世紀初的「支那保全論」在亞洲各國的影響，基本上還只限於思想輿論方面，其贊同者大多還只是各國統治階級中的上層人物。大亞洲主義真正開始對東亞各國（主要是中國、朝鮮）發生較之過去要廣泛而又深刻一些的影響，並從而與中國近代革命運動也結下了因緣，那還是在中國的辛亥革命前後依靠大陸浪人們所持的大亞洲主義思想才得以實現的。

第三章
Chapter 3

大陸浪人的
大亞洲主義

第一節　浪人與大亞洲主義的結合

一、「大陸經綸」、「經營大陸」思想之蔓延

　　明治維新之後，武士們在歷史上被賦予的各種特權逐漸消失，明治政府又對武士們發動的多次叛亂進行了嚴厲的鎮壓，武士階級作為一個政治勢力的影響力也隨之日益削弱。一小部分武士通過經營近代工礦企業或金融、高利貸活動，逐漸轉變為近代工業或金融階層，另外的大部分人因生計支絀，或做工，或務農，或淪為乞丐流氓，逐漸與平民階級合流。但是，長期的封建社會給武士們留下的種種習氣，如喜以國民大眾的天然統治者、捍衛者自居的思想意識和好俠任武、貪圖功名、貪圖享樂的生活習慣等等並未完全消滅。自由民權運動中，許多失意不平的武士在反對藩閥政府專制主義統治的目標上與自由民權派取得一致，參加了爭取自由與民主權利的抗爭。自由民權運動失敗後，隨著國權主義思潮和「對外硬運動」的勃興，不平士族的視線也逐漸被轉移到了海外，大亞洲主義的主張在他們中間獲得了一定的市場，被他們稱作「大陸經綸」或「經營大陸」之類的思想開始迅速蔓延。

　　《東亞先覺志士記傳》一書的作者在追述「經營大陸」之類思想的緣起時說：

　　　若對先覺志士所抱之大陸經營論稍加考察，乃知其思想之根柢為
　　熱烈之愛國心與民族之自信心也。十九世紀後半，滔滔帝國主義

大波席捲世界之際，與海外得新接觸日本人，頓感本國國土之狹
小與國力之微弱。以此狹小之國土與微弱之國力同世界各強國對
峙，如何可保國家之光榮獨立，乃時時刺激日本人愛國心之緊切
問題。……倘若處於四海風平浪靜之時代，鄰邦之支那、朝鮮又
足以憑恃，携其手而共同對抗歐洲諸國，或可同保國家之獨立。
然如今四海洶湧，東亞之安危朝不慮夕，鄰邦非但不示以友邦之
實，自身亦老朽欲傾。而與我唇齒相依之清、韓（二國）一旦為
列強所侵略，我國必受其餘波，存亡將不可逆料，其勢已洞若觀
火。有三千年光輝傳統之我國，若不主動啟發誘導鄰邦實行改
善，或直接在鄰邦扶植我之勢力，擴大我國防線，以保全東亞，
則無術以扼制此形勢之演進也。各先覺志士痛感強固本國及向大
陸宣揚我皇威國光之必要，於是抱定各自之經綸勇往直前，掀起
復興東亞之運動。「大陸經營」一語，正乃涵括此運動全部內容
之辭彙也。[1]

　　這段敘述，前半段概括了當時的日本人對東亞國際舞臺局勢的巨大
變化和隨之而來的民族危機的認識，後半段則是對近代日本羽翼未豐之
際便向近鄰的中國、朝鮮試探擴張行為貌似正當的辯解之詞，最後還不
忘藉機粉飾大陸浪人的思想與行動。雖然是對大陸浪人接受大亞洲主義
主張、萌發「大陸經營」思想過程的最簡單的敘述，倒也反映出國際局
勢尤其是東亞地區政治局勢的動盪變化，是推動失意武士們走向大亞洲
主義的第一個重要原因。

　　其次，日本一般民眾政治上的無權地位和經濟條件的每況愈下，也
是促進沒落士族、浪人們與大亞洲主義相結合的重要原因。與《馬賊之
歌》同時流行於世的，還有一首叫做《流浪旅行》的歌曲：

　　流浪、流浪，流浪到何方？

---

[1]　黑龍會編：《東亞先覺志士記傳》上卷，東京：原書房《明治百年史叢書》，昭和 41 年（1966），
　　310-313 頁。

南到沙巴（扎伊爾地名），北到西伯利亞。

何處是我的墓地？

我將化為哪裡的草芥？

昨日向東，今日向西喲，

流浪旅行永無終止。

我多麼希望一塊久居之地，

哪怕是無盡大海中的一個小島。[2]

　　歌中反映出來的，是在政治上失去特權地位，經濟上淪落到與一般民眾同樣境遇的沒落士族的實際心態，它折射出在當時日本社會中處於無可奈何境地中的沒落士族對現實生活的強烈不滿情緒和希圖尋找逃避、解脫之途的無奈心緒。

　　甲午戰爭雖然給統治階級帶來了意外的巨大財富和足以向周邊鄰國誇耀的「赫赫戰功」，但在戰爭中作出了種種犧牲的一般民眾卻沒有從中得到明顯的利益。從中國獲得的戰爭賠款，75% 以上用以清理戰爭債務和進一步擴張軍備，還有一部分變成了天皇的私產。用於與國民生活直接相關的項目（如賑災基金、教育基金等）的各種款項，合計起來還不足賠款總額的 6%。[3]但是戰後地租和地方稅卻比戰前增加了 40%，政府又通過煙酒專賣大幅度地提升了各種間接稅。中下層農民為了完稅，往往需要出賣自己的口糧，以雜糧、野菜等充饑。在近代企業或手工工廠中做工的工人，往往每天勞動十四至十八個小時還不得溫飽。於是甲午戰爭之後，日本各地相繼爆發了農民和市民爭奪食糧以糊口的「米騷動」，農民協會運動和城市中最初的工人運動、社會主義運動也先後出現。對此，部分統治階層開始尋求聯合。1900 年，各在野政黨幫助政府制定通過了《治安警察法》，禁止群眾享有集會、結社、遊行示威和同盟罷工的種種權利，從此日本國內的政治形勢走上了極其黑暗的

2　河原宏：《近代日本的亞洲認識（近代日本のアジア認識）》雷古魯斯文庫（レグルス文庫）55，東京：第三文明社，1976 年，36 頁。

3　井上清：《日本歷史》（下冊），40 頁。

時代。

　　一部分下層社會成員（包括一些沒落士族、浪人等社會中間力量在內）不堪於這種重壓，從追求自身自由發展的角度向海外尋找出路。《馬賊之歌》中提到的大陸的廣袤和日本的狹窄，不僅僅是地理上的概念，也有思想意識上的因素。對於新興的資本主義的因素來說，亞洲大陸就像是一個廣大的、未經開發的處女地，是可以實現任何夢想的遼闊的場所。與日本內地狹隘、貧乏、黑暗而又倍受壓抑的庶民生活相比，投身於大陸似乎具有高得多的人生價值，所以它對一些富於浪漫幻想的明治青年產生了非常強烈的吸引力。在這種精神因素（毋庸贅言，其背後仍然是社會的經濟、政治因素）的作用下接受大亞洲主義、萌生所謂「經營大陸」思想的大陸浪人，不在少數。

　　此外，明治時代日本國民思想意識中所具有的一些獨異的特點，也是促進浪人與大亞洲主義結合的催化劑，加速了「經營大陸」之類思想的蔓延。

　　第一是所謂國家主義的意識。日本近代史上的「國家主義」，是包含了國權主義、國民主義、國粹主義、超國家主義以及民族主義等諸種思想在內的社會意識，而它的主體就是強調所謂「日本帝國」的國家利益高於一切，要求以政治權力來規範全體國民生活的所謂國權主義或者說是超國家主義的思想。日本民族的民族意識、國家意識出現雖晚，但由於它產生於外患當頭、民族危機嚴重的關鍵時刻，所以立刻就深深地植入了人們的心中。同時，由於日本民族的單一性，民族觀念與國家觀念同時產生，一般人在心目中並沒有將其進行清楚的分離，「民族」與「國家」、「人民」與「國民」的概念往往混淆在一起。所以儘管從實質上看，對於群眾來說，明治國家是自身的對立物，是壓迫、榨取自己的統治階層的象徵；但是從形式上看，這個國家又是明治維新的產物，是人民經過艱苦的抗爭並付出諸多犧牲後換來的成果，也是對外交涉時日本民族的代表。作為一個「國民」，很多人在發表言論或進行其他各項社會活動時，首先想到的都是「國家」的利益；對所謂「國家問題」（即與國家利益相關的問題）的強烈關心和熱情，幾乎成為明治時代日本人

共通的、普遍的思想特徵。植木枝盛曾經說過：「國之事與民之事本無分別，畢竟國為民之輻。政府司國之政事，政事即治理人民之事也。國得安全，民亦安樂；國若危殆，民亦難保其命。政府善良，人民則得幸福；政府暴虐，民則蒙其不幸」[4]，就是一個幾乎可以隨手拈來的例證。自由民權派在向明治政府爭自由、爭民主的時候，也未嘗公開舉起反對天皇制國家的旗號。相反，自由民權派第一個政治結社的名稱，就叫做「愛國公黨」，後來成立的自由民權派最大的政黨——自由黨，也將「一言以蔽之：以國家觀念調節個人自由之主義」定為「自由黨之主義」[5]。自由民權運動失敗之後，國權主義思想抬頭，「國家」、「國家」的呼聲更成為響徹雲霄的時代主題，風靡了社會的各個階層，大大推動了國家主義以及與「國家」利益相關的各種思想、主張（包括大亞洲主義在內）的傳播、流行。

第二是所謂「武士道」、「武士精神」的復活。進入明治時代以來，日本雖然大量吸收了西方文化，建設了自己的政治、經濟、文化制度，但舊有的傳統文化、思想意識仍然殘存於社會的各個角落，繼續對人們的思想活動產生著影響。這是因為：第一，這是一個動盪的、摸索的時代，一切都沒有定型，一切都處於流動多變的狀態，新舊事物正處於同時並生、互較短長的時期，思想意識、文化教育領域中也不例外地存在著這種現象；第二，統治集團從鞏固天皇制統治秩序的目的出發，又有意識地在思想、文化、教育等方面樹立起舊意識、舊文化的權威，幫助其奪回被西方文化占領的一部分陣地，所謂「武士道」和「武士精神」的復活，就是其中的一個內容。1808 年開始施行的《明治民法》，將舊武士階層的家族制度譽為日本古來的傳統「習慣」、「淳風美俗」，定為明治時代最理想的家族制度，以法律的形式肯定了它在新時代下的適用性。於是，以標榜尊皇愛國、忠信孝悌、殺身成仁等封建道德觀念為主

---

[4]　植木枝盛：《民權自由論》，明治 12 年 4 月，集文堂版，2 頁。電子版參見日本《國立國會圖書館數位收藏（國立國會図書館デジタルコレクション）》（http://dl.ndl.go.jp/info: ndljp/pid/783715）。

[5]　板垣退助：《自由黨史・題言》，宇田友猪、和田三郎共編：《自由黨史　上卷》，7 頁。參見日本國立國會圖書館數位資源庫(http://dl.ndl.go.jp/info:ndljp/pid/991339)。

要內容的「武士道」、「武士精神」，在武士階層的社會基礎行將消亡之際又在社會上擴展開來，成為左右人們思想行為的一個重要準則。甚至連著名的社會主義者堺利彥，在當時也是復活「武士道」精神的附和者。1901年他在《萬朝報》上發表文章說：

> 不論什麼時代都需要一批以品性為生命的士人，今後的社會應當以被稱為「紳士」的個人所組成的集團為中堅。紳士決不是舶來之品，而是士族的後繼者，所謂武士道今後依然應當是紳士的生命。紳士與昔日的士族相同，紳士的道義、氣節、趣味、禮容等等應當無不源於士族。[6]

至於統治階級成員、沒落士族及國權主義者對「武士道」、「武士精神」的讚揚，那就更加熱烈甚至將其供奉到了神乎其神的地位。

「武士精神」在當時的主要表現，就是「對政治的關心」和「對國家的關心」，亦即「尊皇」與「愛國」的精神，並能夠為此捨身取義，「成功成仁」。當時許多年輕人由立志效忠「國家」而贊同大亞洲主義、「支那保全主義」等等，成為大陸浪人，從社會思想史的角度來看，正是這種「武士道」、「武士精神」薰陶的結果。

二、大陸浪人的「先驅者」──荒尾精

沒落士族、浪人與大亞洲主義的主張相結合，就產生了大陸浪人。在1880年代中後期至1890年代前期，就有少數浪人已經開始接受了大亞洲主義的思想；1890年代末，大亞洲主義思潮走向全盛時期，更多的浪人開始成為大亞洲主義的信徒，大陸浪人也逐漸形成了一支不容忽視的政治勢力。在浪人與大亞洲主義相結合的過程中，荒尾精和他在漢口開設的「樂善堂分店」，發揮了「先驅者」的作用。

荒尾精（1859-1896），名義行，號耕雲、東方齋，尾張國（今愛知

6　〈士族和紳士〉，《萬朝報》，明治34(1901)年10月21日，第一版。

縣境內）琵琶島人。其父荒尾義濟，是舊尾張國的「藩士」。1871 年，
十二歲的荒尾精隨父母一起從家鄉到東京經商，後又在東京鞠町警察署
警官菅井誠美家寄食求學，前後凡五年。求學期間，正是日本社會上圍
繞著「征韓」問題議論鼎沸的時期，荒尾雖然年紀尚輕，但也受輿論影
響，開始觀察朝鮮及「東洋」的局勢。1878 年夏，他入日本陸軍教導團
學習，課餘之暇，就與同在日本陸、海軍中服役或學習的一些同道「日
夜叩柴扉，慷慨悲憤，相互激辯，訴說清國將來之可怖，大有高談驚四
壁之概」[7]。當時正值日本強迫朝鮮開埠未久，急切地向朝鮮半島伸張勢
力，以與清朝政府爭奪對朝鮮的控制權之際，荒尾等人早已為這場決定
日本未來命運的事件所吸引。1880 年，荒尾精又轉入陸軍士官學校，畢
業後任陸軍少尉，被派赴駐守熊本鎮台。此時，他對於「大陸問題」的
關心更為深切，欲「雄飛」大陸之心情已難以按捺：「禹域距此地僅一
衣帶水，然身似籠鳥，高飛無由，夢魂徒繞四百餘州。嗚呼，余辭京已
二度星霜，東亞之大勢日非，何日能伸余之大志？」[8]

　　1885 年，荒尾精轉參謀本部支那課供職，翌年被作為軍事間諜派遣
來華。抵岸後他先在上海拜訪了開設「樂善堂」商店的日本商人、大陸
浪人鼻祖之一的岸田吟香，向其訴說自己的志向和任務。岸田十分讚賞
荒尾精的所為，當即撥給荒尾精一批藥品、書籍、文具等貨物，命其溯
江而上，在九省通衢的漢口開辦了「樂善堂分店」，以作身份掩護和經
濟保障。

　　荒尾精本來的目的不在於經商，他從參謀本部接受了「調查中國實
情」的任務，經商只是其開展活動的掩護和籌措經費的源泉而已。當時
日本統治集團及軍方首腦對於中國內情的知識十分貧乏，對於中國的經
濟、地理、文化概況更缺少確實無誤的情報，所以荒尾精所肩負的使命
相當重大。為了進行調查，荒尾抵達漢口不久，就飛檄上海、天津等地，
把當時已在中國的日本浪人井深彥三郎、高橋謙、宗方小太郎、山內崖、
浦敬一等三十餘人都召集到漢口，形成了一個以他為中心的大陸浪人的

7　東亞同文會編：《對支回顧錄》（下卷），461 頁。
8　荒尾精致根津一函，大學史編纂委員會編：《東亞同文書院大學史》，16 頁。

小集團。

　　荒尾精此時在思想上已經是一個有明確的大亞洲主義主張的大亞洲主義者。例如他在表述自己的思想時說：

> 歐亞之大陸，分文化為東西，劃人種為黃白二色，所謂西力東漸者，正乃二者競爭之意義也。然朝鮮之貧弱，縱令不為朝鮮而憂亦當為我國而深憂之；清國之老朽，縱令不為清國而悲亦當為我國而悲痛之。苟欲使我國內張綱紀，外施威信，使宇內萬邦無不永遠仰戴我皇祖皇宗之懿德，必得先救此貧弱者，扶此老朽者，三國鼎峙，輔車相倚，進而挽回東亞之衰運，恢弘其聲勢，膺懲西歐之虎狼，以杜絕其覬覦之念。是誠國家百年之長計，目下一日亦不可輕忽之急務也。[9]

　　荒尾精在這裡雖然表露了為朝鮮的貧弱和中國的老朽而「深憂」、「悲痛」的心情，但他的「深憂」和「悲痛」卻不是為了中國、朝鮮的命運而發，完全是為了日本自身的利益和國際地位。在荒尾的思想裡，並不希望日本在對西洋的競爭中成為失敗者或者只是一個扶弱振衰、打抱不平的角色。他希望的是日本能把握住這千載難逢的良機，擴大自身的勢力，成為執亞細亞各國關係之牛耳的盟主：

> 古人云，苟好其道，強可易弱，弱可易強。今夫清國之形勢雖如此，我國倘能巧而利用之，乘機加以活動，則轉禍為福，以確立我國萬世之大計亦非難事也。故今日之形勢，雖謂正值危急存亡之秋，倘有能執其牛耳而起者，足以一躍而雄視宇內，亞細亞振興治安之機巧亦繫於此。是豈非上天賦予我國之一大機運哉？[10]

　　後來，荒尾精又為此寫下了《對清意見》一書，專門闡述、解說中

9　《東亞先覺志士記傳》上卷，361 頁。
10　荒尾精：〈覆命書〉，《對支回顧錄》，下卷，491 頁。

國及東亞的局勢，為日本統治集團處理對華外交出謀劃策。作為日本「振興亞細亞」進而「雄視宇內」的具體方策，他提出了日本在戰後（中日甲午戰爭）締約之際決不可缺少的「三大要件」：

一、為了保證「朝鮮之獨立」和鞏固「東洋之和平」，日本必須在渤海灣占領一處重要軍港，作為迫使清政府締結盟約和履行條約的擔保；

二、講和告成之後，日本須用「適當之方法」，向中國城鄉人民「說明我國宣戰之大旨，使彼等皆能瞭解我國之真意」；

三、為了增進「日清兩國之福利」及「東洋和平與興隆」，日本須一掃對華貿易中的「不便不利」之處，迫使清廷訂立一個「比諸歐美各國更優等親切之通商條約。」[11]

「三大要件」既有對中國領土主權、政治經濟權益的侵犯，又有對中國人民的欺騙，卻並無增進「日清兩國之福利」尤其是中國民眾利益的實際內容。與前此的國權主義者及對外硬集團的主張以及與近衛篤麿在四年後提出的「支那保全論」相比，遣詞用語雖有不同，觀察、論述問題的角度也有區別，但其一切從維護和擴張日本「國益」出發的基本精神卻並無二致。

在荒尾精的統領下，漢口樂善堂分店的成員指定了如下的活動方針：

(1)講求阻遏俄國由西伯利亞鐵道向中國擴展勢力的辦法；

(2)幫助漢民族的革命運動，革除腐敗已極而又敵視日本、「不解協同防禦之大義」的清政府，實現「中日提携」；

(3)在上海開辦學校，培養實踐「東亞經綸」的人材；

(4)派浦敬一赴新疆，勸說伊犁將軍劉錦棠設法阻止俄國的東進等等。[12]

從這些活動方針來看，荒尾精等人已經自覺地把抵抗俄國勢力南下、改造敵視日本的中國統治集團、實現「中日提携」等目標當成了自

---

[11] 荒尾精：《對清意見》，井上雅二：《巨人荒尾精》，東京：左久良書房，明治43（1910）年，202-203頁。

[12] 大學史編纂委員會編：《東亞同文書院大學史》，16頁。

己的主要使命。提出這樣的活動方針，是荒尾精等人的大亞洲主義思想已經開始具體化並與實際行動相結合的標誌。聚集在漢口樂善堂分店的這些人，後來差不多都成了大陸浪人中最活躍的人物，他們是最早接受了大亞洲主義的大陸浪人的代表。

繼漢口樂善堂之後，1898 年由東亞會和同文會合併而成的東亞同文會，從人員的構成來看，是日本社會各界對中國問題深感關心或抱有一定興趣的所謂「有志之士」的又一次集合，而且是一次規模空前的大集合。東亞會的台柱雖然是犬養毅、平岡浩太郎、陸羯南、三宅雪嶺等政界、言論界的知名人士，但其主力卻是少壯派的青年學生，他們在加入東亞會之前就已組織了一些專門研究中國問題的社團，如「同明會」（以東京大學學生為主）和「同人會」（以早稻田大學學生為主）等等。同文會的主力也是漢口樂善店分店的一些浪人以及圍繞在近衛篤麿主編的《精神》雜誌（1892 年創刊，後改名為《明治評論》）周圍的「精神社」成員。這幾派勢力合流之後，東亞同文會成為組織、指揮大陸浪人進行活動的最大的機構。在「支那保全主義」的旗幟之下，他們主要從以下幾個方而展開了活動。

首先，是在中國南北的五個重鎮設立了東亞同文會的支部並派定各支部的負責人，命其負責東亞同文會在中國各地的活動。這五個支部是：北京支部（主任中西正樹）、上海支部（主任井手三郎）、福州支部（主任中島真雄）、漢口支部（主任宗方小太郎）和廣東支部（設廣州，主任高橋謙）等。各支部的主要工作是搜集中國內地的各種情報、消息，同時還負責在當地開辦學校，發行報紙雜誌等。

其次，是加強東亞同文會東京總部的地位和作用。東京總部的工作，一是發行機關刊物《東亞時論》（1898 年創刊，後改名《東亞同文會報告》，1912 年又改名為《支那》），反覆闡述「支那保全主義」之類大亞洲主義的政治主張；二是每月召開一次討論「東亞問題」的研究會，公布並發表會員關於中國局勢的觀察、分析以及對中國各方面概況的調查和研究成果，另外還將駐中國各支部搜集到的一些重要情報轉送給內閣總理大臣、外務大臣、陸軍省、海軍省、參謀本部和海軍軍令部等軍

政機關。

第三，是在中國興辦教育事業。1900 年 5 月，近衛篤麿在徵得清朝政府兩江總督劉坤一贊同後，在南京開設了東亞同文會經營的「南京同文書院」。翌年，該校移至上海，易名為「東亞同文書院」（1939 年又改稱「東亞同文書院大學」），這是近代史上為日本培養出了大批「支那通」和大陸浪人的最大的專門教育機構。

東亞同文會的活動，是大陸浪人在中國開展多領域活動的起點。近衛篤麿等人提倡的「支那保全論」，不但推動了大亞洲主義思潮向全盛時期的發展，同時也成為浪人與大亞洲主義開始完全結合的重要標誌。從此，大亞洲主義由理論走向了實踐，大陸浪人們按照各自胸中懷抱的不同信仰和理念，圍繞著中國民主革命運動的闊大舞臺，演出了一幕幕的悲喜活劇。

第二節　從民權派的鬥士到右翼的巨頭
——頭山滿的大亞洲主義

一、易變的主張與不變的性格

頭山滿（1855-1944），福岡縣福岡市人。他誕生於日本在美國「黑船」壓迫下被迫開國後的第二年，福岡城下西新町一個中等武士的家庭。

頭山滿並不是一個政治家，也不是一個思想家。他一生從來沒有做過什麼顯官要職，也沒有加入過什麼政黨，更沒有長篇巨著或轟動社會的重要文章、演說流行於世。但就是這麼個「無官無位的野人」，卻是當時日本政界的一個重要的幕後人物，人稱「浪人界的國王」、「全國志士的總帥」[13]。在對外問題上，尤其是在有關中國、朝鮮等亞洲國家的外交事務上，他的影響力不僅可以覆蓋整個大陸浪人界，甚至可以牽制或推動日本政府的對外政策或活動。他參與創立並以他為靈魂的民間組織玄洋社，也是大陸浪人的精神源泉和組織系統的起點。所以研究大陸

---

[13] 藤本尚則：《巨人頭山滿翁》，東京：文雅堂書店，昭和 17（1942）年，114 頁。

浪人以及大陸浪人的大亞洲主義，不能不首先研究頭山滿和他的思想。

　　青年時代的頭山滿，最早是作為一個自由民權論的熱情支持者而嶄露頭角的。1874 年板垣退助、江藤新平等人提出《設立民選議院建白書》，揭開自由民權運動的序幕之後，翌年 8 月，剛滿二十歲的頭山滿就和友人箱田六輔等在福岡加入了民權派組織──「矯志社」。從擁護民選議院、反對藩閥專權的一股激情出發，他們還制定了暗殺明治政府重臣大久保利通的計劃。1877 年西鄉隆盛率領薩摩藩（今鹿兒島縣）士族發動的士族反亂──「西南戰爭」爆發時，頭山、箱田等人因矯志社事發入獄，未能參與戰爭。但當年 10 月出獄後，頭山等人立刻新設了名為「開墾社」（因設在向濱地區，又名「向濱塾」）的小團體，聯絡福岡的年輕士族，一面從事開墾事業以維持生計，一面觀察「西南戰爭」被鎮壓下去之後的政治風向，「研究維新政府的改組」等事，伺機再起[14]。1878 年 5 月，頭山滿聽到大久保利通被暗殺的消息後，「以為現在正是勸說板垣開始反政府決戰」的時機，晝夜兼行，趕到高知，勸說賦閑在鄉的板垣退助起兵[15]。但板垣不願重蹈西鄉隆盛的覆轍，沒有同意頭山的主張，反而勸說頭山以言論為武器，用自由民權的理念與藩閥政府抗爭。

　　在板垣這裡，頭山滿才算第一次認真地聽到和瞭解了一些自由民權的言論和主張，激發起強烈的興趣。同時他還結交了已經集結在高知的杉田定一、栗原亮一、河野廣中、大石正巳和植木枝盛等自由民權派的鬥士，與日本各地的民權派建立了聯繫。在頭山的慫恿下，1878 年 9 月，板垣退助等人在大阪召集了全國各地民權派的代表大會，恢復了已陷於休止狀態的愛國社組織，重新燃旺了自由民權運動的抗爭火焰。頭山滿也作為福岡地區民權派的代表參加了大會。

　　從大阪返回福岡後，頭山又發動新設了「向陽社」的小團體及相應的聯絡、教育機構──「向陽義塾」，推箱田六輔為社長。〈向陽社及向陽義塾旨趣書〉中說：「義塾乃以教育培養民權之地。……（吾等）興

---

[14] 都筑七郎：《頭山滿──一個巨大的形象（頭山滿──そのどでかい人間像）》，東京：新人物往來社，昭和 49（1974）年，45 頁。
[15] 都筑七郎：《頭山滿──一個巨大的形象》，47 頁。

此社，開此塾，其所願宣誓於公眾者，在於以公同博愛之主義實踐厚生
利用之道，先進之士誘導後進之士，後進之士翼成先進之士。……」[16]所
謂「公同博愛之主義」究竟包含著什麼樣的內容或主張，頭山等人並沒
有詳細的說明和界定，但這一段宣言至少表明，向陽社及向陽義塾還算
是當時如雨後春筍般大批出現的自由民權主義團體之一。向陽義塾開展
活動期間，時常從高知延請「立志社」的植木枝盛、北川貞彥等自由民
權派的「辯士」前來講學，闡發民權思想。頭山滿自己也數次登臺演講，
塾內空氣堪稱高漲、活躍。土佐（即高知）立志社和福岡向陽社的名聲，
一時轟響於世，遐邇皆知。這是頭山滿等人在自由民權主義道路上開展
政治活動的頂峰時期。

　　然而，變化發生在 1881 年 2 月。這個月，頭山滿與箱田六輔、平
岡浩太郎等人決定將向陽社改名為「玄洋社」，並制定了《玄洋社憲則》
三條：

　　　第一條，須敬戴皇室；
　　　第二條，須愛重本國；
　　　第三條，須固守人民之權利。[17]

　　短短的三條《憲則》條文，卻反映出頭山等人從政治理念上開始發
生重要的變化，即民權主義思想的漸趨淡薄和國權主義、尊皇思想的抬
頭。與〈向陽社及向陽義塾旨趣書〉相比照，《憲則》這裡雖然仍有「固
守人民之權利」的條文，但已退居第三位的位置，第一位和第二位赫然
所列的，已經是「敬戴皇室」和「愛重本國」的內容。這個《憲則》說
明，在頭山滿等人的心目中，民權已不再是唯一重要的奮鬥目標，代之
而起的已是「皇室」和「本國」的至高無上的權威。由於大多數的自由
民權派是從 1880 年代後半期才開始向國權主義者轉變的，頭山滿等人

16　《頭山滿翁正傳》編纂委員會編，西尾陽太郎：《頭山滿翁正傳──未定稿》，福岡：葦書
　　房，1981 年，70 頁。
17　玄洋社社史編纂會：《玄洋社社史》，東京：玄洋社社史編纂會，1917 年，225 頁。

則是在玄洋社成立時就表現出了這一動向，因而十分引人注目。

1887 年到 1889 年，圍繞著「條約改正問題」掀起的風潮，進一步促進了頭山滿等人向國權主義的偏向。從玄洋社為主體組成的臨時組織──「筑前協會」，曾以「毀損我主權」、「違反憲法精神」、「難望撤銷治外法權」、「開干涉內政之端」和「破壞課稅權之完整」為理由[18]，參加了反對井上馨條約改正案的運動。反對大隈條約改正案的風潮興起時，頭山滿又在反對條約改正案各黨派幹部的聯席會議上公開宣布：「斷不許締結屈辱之條約，余已決意不使政府得手」[19]。緊接著，就發生了玄洋社社員來島恒喜襲擊大隈重信、炸斷大隈的一條腿並迫使內閣中止修改條約交涉的暴力事件。這是頭山滿和玄洋社以強硬的姿態和激烈的手段介入日本近代對外事務活動的開端。

然而，對於頭山滿等人的人生經歷更具重要意義的事件，還是 1892 年發生的所謂「干涉選舉」運動。

1891 年末，松方正義內閣為了強化軍事力量，向第二屆議會提出了增加軍艦製造費和鋼鐵廠設立費的議案。以自由黨、改進黨為主力、在議會內占有多數席位的「民黨聯盟」，在這時提出「減輕地稅」的口號來反對政府，否決了內閣的提案。內閣於是奏請天皇解散了眾議院，決定在 1892 年 2 月重新舉行大選。為近衛篤麿作傳的霞山會的作者們談及此一事件時也對松方內閣的蠻橫做法頗有微詞：「政府對於新選議院（陣容）勢在必得，地方官吏揣測其意，濫用公權干涉國政，不僅阻礙民黨議員之當選，甚至釀成流血慘劇。其結果雖然使官黨議員數量有所增加，卻親自釀成官民感情之衝突，人民視官吏猶如仇敵，地方行政幾乎奄奄一息」[20]。

為了阻止民黨各派在選舉中再度獲得多數席位阻礙擴張軍備，松方內閣向各地官吏發布了以強硬手段干涉選舉的命令，這就導致了「血的

---

[18] 薄田斬雲：《頭山滿翁的真面目(頭山滿翁の真面目)》，東京：平凡社，昭和 7（1932）年，215 頁。

[19] 葦津珍彥：《大亞細亞主義與頭山滿(大アジア主義と頭山滿)》，東京：日本教文社，1965 年初版，1984 年增補版，35 頁。

[20] 霞山會（代表：神谷卓男）編輯：《近衛霞山公》，51-52 頁。

干涉選舉」事件的發生。福岡是干涉選舉與反干涉的抗爭最為激烈的地區之一，理應站在民黨一方的玄洋社這時突然轉向，投向吏黨（即政府與黨）陣營，使福岡的空氣驟然緊張。頭山滿還私下接受了政府提供的活動經費，率領玄洋社的壯士們大打出手，演出了一場圍剿民黨勢力且血腥味十足的鬧劇。

　　「干涉選舉」的結果，並沒有能夠改變民黨聯盟議員在議會內占據優勢地位的局面，但由於站在吏黨陣營參加了「干涉選舉」運動，頭山滿和玄洋社的成員們卻完成了一個決定性的轉變，即最後拋棄民權主義、完全走向國權主義、軍國主義思想的轉變。雖然當時絕大多數的民權派都已經在不同程度上開始了這種轉變，但像頭山滿和玄洋社成員這樣激烈而又堅決的突變卻不多見。頭山等人思想「轉向」的幅度之大，遠遠超過了當時其他大部分的民權派人士及其相關團體。

　　那麼，為什麼會產生這個轉變呢？

　　按照玄洋社自己的說法，是由於 1886 年 8 月清朝海軍提督丁汝昌率軍艦「鎮遠」、「定遠」訪問日本時，發生了中國水兵在長崎市內與日本警察械鬥、輕慢日本官吏的事件[21]。「玄洋社社員等聞此污辱，皆悲憤慷慨，至茲乃捨民權伸張論，而變為國權主義」。因為按照他們的立場來看，「欲維護日東（即日本——引者）帝國之元氣，非憑藉軍國主義而不可，非大張國權而不可，是故遂棄往昔之民權論如弊履也。」[22]頭山滿自己在當時也曾大力疾呼：「當此國家危急存亡之際，不能再空發那些減輕地稅之議論。……無論如何，必須製造軍艦，降伏支那。外敵不是已臨疆上、示威逞動了嗎？當今之急務，首先是籌劃對外之策」[23]。也就是說，所謂「清國水兵暴行事件」，給頭山滿等人帶來的震盪和衝擊遠遠超出後人的想像，成為他們把政治理念的重點從自由民權主義轉向國權主義、軍國主義的重要誘因。

　　但是這並不是問題的全部。因為政治理念在歷史人物身上雖然有可

21　《改進新聞》1886 年 8 月 19 日，《新聞集成明治編年史》第 6 卷，318-319 頁。
22　《玄洋社社史》，408 頁。
23　薄田斬雲：《頭山滿翁一代記》，東京：岡倉書房，1937 年，228 頁。

能在一朝一夕發生重大的轉變，但是它一定還有在此之前的種種伏筆與各種因素之積澱，一定存在著歷史人物的政治理念和價值觀由量變而誘發質變的積累過程。就玄洋社的頭山滿等人而言，他們這時發生的思想轉向，其實有著深刻的思想淵源和歷史根源。

　　玄洋社的主要成員如頭山滿、箱田六輔、平岡浩太郎和進藤喜平太等，大都出身於傳統的武士家庭。青少年時代，他們雖然都或長或短進入不同的學塾就讀，但大多數都沒有趕上明治維新之後迅速展開近代的教育，因而缺少西方民主自由思想的薰陶。頭山滿等人多出於女儒高場亂所開辦的私塾——「興志塾」的門下。據說該塾的教學方法是：「不拘泥於讀書之區區末節」，學生和老師常在一起「揮臂扼腕，評論古今英雄豪傑之功過，為志士仁人灑一眶熱淚」[24]。該塾所使用的教材，則「專以古學為主，尚書、周易、論語、史記、左傳」之外，還有「三國志、水滸傳、靖獻遺言」等等[25]。毫無疑問，「興志塾」其實還是儒學和日本神道理念混合而成的眾多傳統式私塾之一，並沒有隨著時代的發展而在教學內容和教學方法上進行任何看得見的改變和進化。而由幕府統治末年的儒生淺見絅齋（名安正）編著的《靖獻遺言》一書，也無非是選錄了中國歷代「志士仁人」的遺文、小傳，鼓吹殉義死節的封建忠君愛國思想的讀物。但據說這本書特別為頭山滿等人所喜愛[26]。所以，這種教育一方面培養出頭山等人「負氣、悲歌、慷慨、俠義」式的武士氣質，另一方面也用封建主義的王權正統思想牢牢地束縛住了他們思維的廣度與深度，養成了在「正統」、「忠義」旗號下日趨保守右傾的思想性格。結果，頭山滿等人雖然已經生活在明治時代，其政治價值觀和對國家、民族的認識卻往往還跳不出幕末尊王攘夷派「志士」的窠臼。為了「尊皇」、「愛國」的需要，他們既可以追隨民權派之後，加入自由民權運動中衝鋒陷陣（當然他們這時的對抗的主要是藩閥專權，而不是天皇

---

[24] 藤本尚則：《巨人頭山滿翁》，52 頁。

[25] 西尾陽太郎：《九州近代的思想狀況》，高橋正雄監修：《日本近代化與九州　九州文化論集4（日本近代化と九州　九州文化論集四）》，東京：平凡社，昭和 47 年（1972），108 頁。

[26] 田中稔編：《頭山滿翁語錄（頭山滿翁語錄）》，東京：皇國青年教育協會，1943 年，22 頁。

制度本身），也可以隨時拋棄民權主義，為政府和軍部的軍國主義政策推波助瀾。所以頭山滿本人後來回顧「干涉選舉」事件時的舉動，也承認道：「自己原來就是尊皇主義的民權論者，（明治）二十五年大選之際，對於過激主義團體的活動無法默視，欲破壞之，於是與熊本國權黨相提攜，為保護當時的政府，與自由改進聯盟的民黨進行了鬥爭。」[27]可見，即使沒有所謂「清國水兵暴行事件」的誘發，頭山滿等人也是必然要在「干涉選舉」事件前後背叛自由民權運動的，更何況他們在八〇年代初玄洋社成立時就已實際上開始了這一背叛過程了。

　　玄洋社成立的那一年——1881 年，從全國範圍的政治局勢來看，也是自由民權運動急轉直下的轉折點。10 月中旬，薩長藩閥罷免了大隈重信的職務，由天皇下詔允諾於 1890 年召開國會。對此，福澤諭吉立即加以頌揚：「開設國會問題，有此一紙之詔勅足矣，國民當速速將目光移向海外事情」[28]。不久，其他一些知識人也陸續發表言論，呼籲結束國內的民權主義抗爭，把精力轉移到向海外擴張日本的國權活動上面來。如第二年「東海散士」柴四郎就在其政論性文藝作品《佳人之奇遇》中，發出了「方今燃眉之急，在於與其向內伸張十尺之自由，不如向外擴展一尺之國權也」[29]的呼籲。在這種輿論的催動之下，本來就缺乏實行自由民權主義勇氣和決心的福岡士族，很快就脫離了民權派陣營，重新返回「尊皇」、「愛國」的立場，完成了思想上、政治上的轉向。

　　頭山滿的大亞洲主義，正是在這個轉向之後所產生的思想，是「尊皇」、「愛國」主張與國權主義思想凝聚而成的結果。

二、所謂「東亞建設」和「日支一家」

　　「亞細亞問題」或曰「大陸問題」，是頭山滿一生對外活動的主軸。日本在什麼時候、用什麼樣的方法才能最恰當地「解決」所謂「亞細亞問題」或「大陸問題」，始終是頭山滿最感興趣的話題，百提不厭，而

27　西尾陽太郎：《頭山滿翁正傳——未定稿》，195 頁。
28　高橋正雄監修：《日本近代化與九州　九州文化論集 4》，128-129 頁。
29　高橋正雄監修：《日本近代化與九州　九州文化論集 4》，129 頁。

且愈到晚年談興愈濃。在所謂「亞細亞問題」上，他最為推崇的人物，就是近衛篤麿：

> 「東洋乃東洋人之東洋也」，挺身而發此絕唱者，霞山公（近衛篤麿）為第一人。首倡大亞細亞主義，呼籲亞細亞民族一致聯合奮起，驅逐西歐諸國，回擊其粗暴、傲慢態度與侵略之野心，公之發言亦乃其第一聲也。公引例美國門羅主義，力說亞細亞門羅主義實行與義務，當在日本與支那之雙肩，且號召日支提攜。其先見之明與達識雄圖，至今仍令余不勝敬服。[30]

頭山滿在「亞細亞問題」上的思想，與近衛篤麿基本一致，有時甚至還表現得更加強烈，更加直言不諱。

頭山滿最早的著眼點是朝鮮。1882 年 7 月，朝鮮大院君發動「壬午事變」，焚燒日本公使館、排斥親日的閔妃集團。玄洋社的平岡浩太郎聞訊後，提議組織義勇軍前往朝鮮制止事變的發展，得到了頭山等人的響應。但是由於事變很快即告平息，平岡、頭山等人並沒有來得及採取實際行動。1884 年朝鮮開化黨又發動「甲申政變」，事敗後金玉均、朴泳孝等被迫亡命日本，受到頭山滿以及其他一些「關心」朝鮮局勢的日本政客和政界人士的歡迎。據說頭山滿在東京曾會見金玉均，向金宣傳過「日韓同胞論」，申言日朝兩國「必須互相提攜、互相扶翼，以成霸業」，還向金贈送了活動經費一千日圓[31]。其後，玄洋社社員來島恒喜、的野半介等也給過金玉均以種種的幫助。1894 年 3 月，金玉均在上海遇刺身死，頭山滿聽到消息後異常悲憤，以為罪責全在李鴻章及清朝政府身上，於是率領玄洋社社員大力鼓動政府立即對華開戰，「懲罰清國」。這一年 6 月，在頭山滿的支持下，以玄洋社社員為主體組成的敢死隊

---

30 吉田鞆明；《巨人頭山滿翁的話（巨人頭山滿翁は語る）》，東京：感山莊，昭和 14（1939）年，115 頁。
31 上村希美雄：《民權與國權的狹縫之間：明治草莽思想史札記（民權と國權のはざま　明治草莽思想史覚書）》，247 頁。

──「天佑俠」果真渡海赴朝，參加了挑動甲午中日戰爭的活動。

　　頭山滿關注「亞細亞問題」自朝鮮而始，不是沒有緣故的。他素來敬慕西鄉隆盛之為人，早就與西鄉等人所倡導的「征韓論」思想深相共鳴。頭山認為，西鄉隆盛之所以要堅持「征韓論」，決不僅僅是為了「應懲韓國對於皇國之非禮」，更重要的是欲「將我之皇道、我之正義傳播於亞細亞大陸」，這才是西鄉的「真意」、西鄉的「大目的」[32]。他設想，日本當時如果能按照西鄉的主張去辦，今天就一定可以用較小的犧牲來把握住「飛躍大陸之機會」了[33]。他對金玉均的籠絡、對天佑俠活動的支持，背後都是基於這種繼承西鄉隆盛「征韓論」的遺願、希望挽回日本因貽誤時機而在朝鮮半島造成的「損失」的思想動因。

　　朝鮮之外，中國和印度是亞洲人口最多、土地最為遼闊的國家，自然也是頭山滿格外關注的對象：

> 支那、印度，皆地大物博之國，政情最是複雜，民情亦不可以尋常辦法而治理之。只有使此二國走向強盛，可與他國並立，並可副日本友邦之任，東亞建設方始有望。[34]

> 若能使支那真正覺醒，日本與支那、印度相提携，則其力量足以懾服列國[35]。

　　這些由門徒記錄下來的隻言片語中，既有協助中、印兩國「真正覺醒」、共臻富強的考慮，又有日、中、印三國「提携」、聯合的構想，與以往的「日清提携」、「改造清韓」的主張有相似之處，已經是非常明確的大亞洲主義主張。頭山滿以所謂「東亞建設」為最高目的，這是他的大亞洲主義主張的第一個特點；第二個特點則是他在日本對各國的關係

---

[32] 吉田鞆明：《巨人頭山滿翁的話》，117 頁。
[33] 吉田鞆明：《巨人頭山滿翁的話》，117 頁。
[34] 鈴木善一：《興亞運動與頭山滿翁》，東京：照文閣，昭和 16（1941）年，79 頁。
[35] 藤本尚則：《巨人頭山滿翁》，521-522 頁。

中，特別看重與中國的「提携」、聯合。即使是在日、中、印三國之間，他也認為日本必須先與中國「携手」，組成「亞細亞之中堅」，而後印度的獨立才可以「易如反掌」。[36]所以在頭山滿看來，所謂「支那問題」的解決，不啻是實行大亞洲主義、實現「東亞建設」目標的關鍵中的關鍵。

綜觀頭山滿的中國觀，可以發現另一最突出的特點，是所謂「日支一家」的觀點。例如他說過：「日本與支那，數千年來，同文同種，無論自地理而言，還是自民族而言，或自人情而言，都非提携融合而不可」。他把兩國之間的這種聯繫，比喻為夫婦的關係，認為日本、中國「宛如天生之夫婦」，應當結成超越其他任何國家關係之上的最親密的關係[37]。

頭山滿對日中關係認識的起點，仍然是基於對日本和中國在當時國際競爭環境中所處的劣勢地位的估價。同以往的一些大亞洲主義者一樣，頭山覺得無論是日本還是中國，獨善其身，互不相關的時候，那就無論是誰，什麼事情也做不成。「支那離開日本，則無可以憑賴之國；日本不與支那結合為一體，勢必亦不能自立」[38]。所以兩國只有「提携」、「融合」，才能在國際競爭中生存下來；同時也只有實現了「提携」、「融合」，才能將歐美勢力逐出亞洲。頭山滿認為，中國當時最大的不足之處是過分柔弱，它使中國具有的潛在能力不能得到發揮，如同圈在籠中的獅子、老虎，「一無可為」。但是中國如果與日本「提携」、「融合」，就等於「放虎出籠」，「英美諸國皆不在話下」，橫行天下，「無不可為之事」[39]。這些言論，確實已將中日兩國「提携」、「融合」的重要性拔高到了空前未有的高度，在當時大陸浪人的大亞洲主義者中堪稱僅見。

但是，怎樣才能實現日本與中國的「提携」、「融合」呢，頭山滿最初並沒有形諸言論，直到 1930 年代，他才發表了一些與此有關的議論：

36 中野刀水編：《頭山滿翁的話（頭山滿翁の話）》，東京：新英社，昭和 11（1936）年，78 頁。
37 吉田鞆明：《巨人頭山滿翁的話》，415 頁。
38 田中稔：《頭山滿翁語錄》，133 頁。
39 田中稔：《頭山滿翁語錄》，132 頁。

　　余固信，日、支是天與的夫婦之國，失日本即無支那，失支那則日本之興隆與東亞之和平亦無望也。此次事變（應指「七‧七事變」——引者）實在遺憾，兩國的犧牲都不在少數。然此一舉動又如一大外科手術，切去了過去數十年間困憂兩國有識之士之癌腫。此手術倘能成功，今日的可悲事件或可變為將來之光明。……

　　余又固信，支那治世的大目的乃國民之安居樂業。支那雖然到處皆有無限之寶庫，而其國民卻陷於終年貧困之中。解決此一矛盾，即日本之使命也。以日本的指導，矯正支那政治上之缺陷；以日本的資本、技術，開發支那的無限寶庫。誠心誠意，努力進行，必能喚醒支那一部分國民的抗日迷夢，資源亦可得以有效利用也。[40]

　　看來，頭山滿認為，日本必須是日中「提携」、「融合」的主動者、指導者，「提携」、「融合」的內容是中國在政治上接受日本的「指導」，在經濟上接受日本的「資本」和「技術」，停止對日本帝國主義侵略行為的任何反抗，成為日本的獨占殖民地。如此，就能帶來「日本之興隆與東亞之和平」。在當時，實現這一目標的最大障礙，是中國人民的反日浪潮和抗日戰爭。解決這一難題的辦法，除了用「誠心誠意、努力進行」的政治宣傳之外，必要時可以發動戰爭，用「大外科手術」式的辦法來切除阻礙日中「提携」、「融合」的「癌腫」。這樣的「日支一家」主張以及以這樣的日中關係為核心建立起來的「東亞建設」的聯合體結構，究竟是什麼性質的「亞洲共同體」，誰都可以一目了然。

三、「尊皇」＋「攘夷」的大亞洲主義

　　構成頭山滿大亞洲主義思想基礎的，是強烈的「國家」意識、「國家」觀念，是時時處處以「日本帝國」的「國家利益」即「國益」為中

40　《巨人頭山滿翁的話》，23-25 頁。

心來思考問題的國家主義思想。《玄洋社社史》曾以崇拜的口吻稱頭山言必談「國家問題」，一舉手一投足必基於「國家問題」[41]，可見集中反映了近代日本對內、對外需求的「國家利益」在頭山滿心目中的地位之崇高。

頭山滿在「國家問題」上的言談舉動，大致可分為對內、對外兩個方面。對內方面的主要表徵是「尊皇」，對外方面的主要表徵則是「攘夷」。

「尊皇」的對象毋庸贅言，即是明治維新之後成為日本政治權力體制的頂峰、「大日本帝國」的象徵並被一步步神格化的明治天皇。

犬養毅曾一言中的地這樣評價頭山滿：「頭山之為人，一言以蔽之：一個熱情之勤王家、愛國者也」[42]。德富蘇峰的評價更為詳盡：「以余之所見，頭山先生的念頭中，既無富貴，亦無貪欲。彼五十年來孜孜不倦、縈縈於懷者，乃以日本為中心來看世界、以皇室為中心來看日本也。即日本是世界第一要素，而皇室又是日本第一要素之思想也」[43]作為同時代人同時又是頭山滿的知己、友人，犬養和德富的評語雖然褒之過甚，但無疑是抓住了頭山滿政治主張中最重要、最基本的特點的。

玄洋社憲則的第一條就是「敬戴皇室」，這成為頭山滿一生中恪守不渝的信條，玄洋社也是以此為重點來教育青年社員的。頭山曾經公開地號召青年：「常聽到『志在君國』或『志在天下』的說法，男兒之志，必須在天下國家，斷不能只為一身一家。志在君國，日本國民之志，須在君國，須在天下國家。為皇室貢獻忠誠，為國家民眾遺下公益，這就是日本國民的特殊性，也是皇國傳統的美風」[44]此類言論，與侵華戰爭和太平洋戰爭期間日本軍部向廣大青少年及一般民眾灌輸的所謂「無私奉公」的宣傳相比較並無二致，也是頭山滿等人之所以又被稱為「右翼」勢力的重要根據。

---

[41] 《玄洋社社史》，563 頁。
[42] 《頭山滿翁的話》，337 頁。
[43] 《頭山滿翁的話》，337 頁。
[44] 《巨人頭山滿翁的話》，122-123 頁。

　　頭山滿提倡的這種尊皇思想，同時又是和「愛重本國」的思想不可
分割地聯繫在一起的。愛國主義和愛國思想原本無可厚非，特別是在日
本尚未完全擺脫不平等條約束縛的當時，提倡愛國主義和愛國思想固然
有團結民眾、爭取民族、國家完全獨立的一面。但關鍵在頭山滿的「愛
重本國」思想中還摻雜了許多其他的東西在內，不僅淡化了其愛國的主
題，而且使這些思想本身也發生了嚴重的扭曲、變形。例如下面的幾
段話：

> 余等作為人類降生於此世，是幸福之事，余等作為日本人膺天神
> 之命降生於此世，更是幸福之至也。自小即須教育兒童：日本是
> 最真、最善、最美的國家，這才是教育的根本意義。[45]

> 擁有世界上最美好東西的國家，除日本而外再無他國。世界人類
> 雖有數十億之眾，但在旭日煌煌的日章旗（指日本國旗──引者）之
> 下，無不望風披靡。高揚著日章旗的國家，負有以仁義統一世界
> 之使命，此是天神之意。天神決不會再造出第二個同樣的國家。[46]

> 世界一家之大業，乃天神早已定下之事，或遲或早，結果無不如
> 此。……日本即是世界！[47]

　　這些言辭，不僅僅是對日本「國家」如癡如醉的迷戀和讚美，也遠
遠超出了一般愛國主義思想的範圍。它和頭山的「尊皇」思想相同，都
是帶有宗教式的語言引導青年在「忠君」、「愛國」的旗幟下為日本帝國
主義「統一世界」的野心而出力效命的宣傳和說教，並且是典型的沙文
主義思想。
　　對所謂「武士道」、「大和魂」之類傳統意識的宣傳，也是頭山滿「尊

---

[45] 《頭山滿翁語錄》，109 頁。
[46] 《頭山滿翁語錄》，111 頁。
[47] 同上引書、頁。

皇」、「愛國」思想的重要內容。中江兆民在《一年有半》中評價頭山時說：「頭山滿君者，有大人長者風。當今之世，能保全、留存古之武士道者，獨有君」[48]。在這裡，頭山滿是被作為當代武士道、大和魂精神的代表而加以推崇的。頭山滿對於這一點，在自我意識上也是清楚的。他多次宣傳，武士道是「武士之精神」，明治維新之後，由於全體國民都享有了過去只有武士階級才能享有的權利，所以今天就不但不應當將武士道看作「歷史之遺物」，而且必須使它「成為全體國民的精神」，「不獨軍人，一切官吏、職員、商人、農民、漁夫等等，都應以武士道精神準則自己之行動」[49]。頭山的呼籲，與當時日本統治集團及社會守舊勢力對「武士道」、「武士精神」的宣傳，也是完全同步的。

　　「天皇道」是神化天皇的人格、直接為鞏固天皇制集權統治體制服務的意識形態之一。頭山滿在對天皇道的宣傳中，表露出來的尊皇思想和排外主義、沙文主義傾向也更加強烈：

> 日本是以魂立國的國家，君民一體，皇道樂土，即日本之國情。地位尊貴且宏大無邊而如天皇道者，全球皆無。日本天皇道不僅應治理日本國土與統治大和民族，亦負有拯救世界、統治大宇宙之使命。天皇道的統治如日月之普照，無所偏頗，一視而同仁。孔子的祭政一致、宇宙一貫之道理、釋迦之欣求淨土乃至基督之愛，到底皆不過是天皇道一分支也。[50]

　　頭山滿的這些「尊皇」、「愛國」言論，即使在同時代人中，也是比較突出的。它反映了浪人群體中與過去那個時代在人生價值觀、政治理念上的聯繫極為密切、即使時代發生了變化，但一遇合適的環境便會重新喚起具有傳統觀念的那一部分人的思想特質。頭山本人之所以在自由

---

[48] 河野健二責任編輯、解說：《日本的名著36・中江兆民》，東京：中央公論社，1970年，415頁。
[49] 《巨人頭山滿翁的話》，11頁。
[50] 《巨人頭山滿翁的話》，12頁。

民權運動中「激流勇退」，轉過身來即與吏黨聯手圍剿民權派（儘管此時的「民權派」已經沒有多少民權主義的主張了），就是因為他從根本上來說從來就不是一個自由民權主義者，而是一個保留有濃厚的「先朝之遺風」的「勤王家」。

與「尊皇」思想相表裡、相呼應的，是所謂「攘夷」的排外思想。頭山滿在這方面的言論可謂眾多，而且愈到晚年其言辭愈激烈。

儘管頭山滿自己在年輕時也曾熱衷過西方傳來的自由民主思想，但隨著政治上的轉向，他思想上也逐漸與自由民主的觀念疏遠，開始對西方思想、西方文化乃至其他一切西方的事物感到厭惡、反感。對於日本國內自「鹿鳴館時代」以來就盛行一時的盲目模仿、崇拜西方的時尚，他更是深惡痛絕。當時曾有一個英國教育家訪問日本，看到日本的學校教育一味模仿外國，便提出意見，認為這樣的教育方針是完全錯誤的，日本應當以固有的武士道、大和魂為根本來教育學生等等。頭山聽到此事非常高興，覺得那個英國人的想法「深得吾心」：「連外國人尚有如此見解，日本已途窮矣」[51]！

在頭山滿的眼裡，西方所謂的文明，已不再具有迷人的色彩，反而都是些「野獸的文明」。特別是西方國家對東方各國的侵略，更是野獸一般的「暴逆」行為，所以一定要將西方的勢力趕出亞洲，才能建立起「人類的真正文明」。[52]

但是，如何去進行這種「攘夷」以建立「人類的真正文明」呢？頭山滿覺得單靠日本一國的力量是不夠的，必須聯合起中國、印度等亞洲國家，結成一個最緊密的「軍事同盟」，共同「戮力攘夷」，才能實現「亞細亞的真正獨立」。由於通過「攘夷」實現了亞洲國家的「真正聯合」，這樣「攘夷」又有了更為深遠的意義：「攘夷同時亦即布皇道於全世界之大建設也；攘夷乃其必須之大前提，實現攘夷，亞細亞即得以大維新也」[53]。

---

51   《頭山滿翁語錄》，118頁。
52   《頭山滿翁的話》，14頁。
53   《興亞運動和頭山滿翁》，24頁。

這樣，我們就梳理出來了頭山滿「攘夷」主張和「尊皇」思想之間的邏輯關聯。即：「攘夷」──驅逐歐美勢力──的過程同時就是「尊皇」──「布皇道於全世界」──的過程；欲「尊皇」必須「攘夷」，因為不「攘夷」無以樹立天皇之權威，「攘夷乃其必須之大前提」；而實現「亞細亞之聯合」則又構成了「攘夷」的必須前提。結果，聯合亞洲各國也好，驅逐歐美勢力也好，在頭山滿這裡，統統都只不過是一種手段，最終的目的都是為了「尊皇」，為了以天皇制來「統一世界」，化全球為日本的「皇道樂土」，這就是所謂「東亞建設」的真諦！如此看來，頭山滿的思想雖然在一定程度上有反對西方各國對亞洲各國侵略活動的傾向，但他卻不是為了亞洲各弱小民族的徹底獨立和解放來「攘夷」，而是將其作為日本對外推廣「皇道」活動的障礙來加以排斥的。在號召驅逐西方勢力的同時，他又欲將「大日本帝國」的勢力擴大到亞洲及世界各國，依靠以日本為盟主的「軍事同盟」來完成「世界一家」的「大業」。無論是手段還是目的，這仍然是一種「暴逆」的行為，與英、美等國對亞洲國家的殖民主義、帝國主義侵略政策並沒有本質的不同。

吉田鞆明在《巨人頭山滿翁的話》一書中，對頭山滿作過這樣一個概括：

> 翁之大陸政策，五十年來，始終如一。我日本以東洋盟主身分與鄰邦互相聯合，化東洋全體於日本皇道之下，進而聯東洋為一體，建設皇道樂土，此正乃翁之理想也，即建設「皇亞細亞」、進而建設「皇世界」之理想也[54]。

軍國主義、擴張主義分子的此類推崇，正好說明了頭山滿大亞洲主義思想的基本傾向之特色。

作為一個思想家，頭山滿是不夠格的。他主要是一個行動型的大陸浪人，而且是喜歡在幕後操縱和指使他人開展活動的人物。但由於他參

---

[54] 《巨人頭山滿翁的話》，341 頁。

與過組織大陸浪人的早期團體，又是玄洋社的實際領導核心，他的一言一行會對不少大陸浪人發生影響。再加上他的政治活動時期較長（自1875年一直到1944年，其下限分別比宮崎滔天和內田良平長了22年或7年），所以儘管他的政治思想和外交主張相當簡單和粗糙，但在近代日本大亞洲主義思潮的發展序列中，仍然占有相當重要的地位。

第三節　「半生夢覺懷落花」——宮崎兄弟的「支那革命主義」

一、「自由民權之家」的子女

　　宮崎兄弟指誕生於九州熊本縣玉名郡荒尾村的宮崎八郎（本名真鄉，1851-1877）、宮崎民藏（1865-1928）、宮崎彌藏（1867-1896）和宮崎滔天（本名虎藏，亦作寅藏，1871-1922）。四兄弟的生活道路各有不同，思想主張也有所岐異，但他們的政治理念、社會改革主張以及思想變遷過程，都有一些明顯的共性存乎其中。他們尋求人生真諦和社會改良的苦惱而艱難的思想經歷和人生經歷，為我們展示出了明治時代另一個日本青年成長道路和思想風貌的類型。

　　宮崎家的先祖，據說是筑前國（今福岡縣境內）三笠郡宮崎村的人，後來移居熊本，成為荒尾村數一數二的大地主[55]。宮崎兄弟的父親宮崎長兵衛（又名宮崎長藏、政賢等），是一個典型的地方武士——「鄉士」（即居住在鄉村的低層級武士），在幕末風行全國的「武者修行」活動中，他曾兩次巡遊北九州及關東各地，又在村中開設過武術道場，教授鄰里子弟，在鄉中略有名望。長兵衛死後，別人曾在墓志銘中謳歌他「性公正而無偏愛，待人情敦誼厚」，「容貌嚴肅，禮讓恭敬」[56]；他的外孫筑地宜雄也在回憶錄中讚頌他「天性豪放磊落，喜文尚武，膽略出眾，積極進取，有為果敢，且敬神祭祖之觀念極強，義勇而易動情。憎惡橫暴非道之行，深

55　關於宮崎家家產情況，請參閱上村希美雄：《宮崎兄弟傳　日本篇　上》，福岡：葦書房，1985年，425-427頁。
56　上村希美雄：《宮崎兄弟傳》日本篇，上冊，33頁。

憂民眾之疾苦，投私財以救窮民，雖傾產亦不為意，由是頗為鄉黨所重，民眾恃為依賴」[57]等等。這些敘述，雖不免有溢美過實之處，但由此不難約略窺見宮崎長兵衛豪爽、剛毅、熱情、篤信，且不乏古之義俠風的性格與品質。

但宮崎長兵衛並不是一個單純的起起武夫，在明治初年的歷史動盪中，他自己雖然沒有參與過任何重大的政治活動，卻在教育子女方面表現出一些不同尋常的遠見。據宮崎滔天的回憶，從幼年起父親就時常撫摸著他的頭反覆叮嚀：「要作豪傑，要當大將！」激勵他立下不凡的志向。少年滔天的手每一觸及金錢，便會招來父親的申斥。長兵衛自己也時常做一些恤貧救孤的事情，用實際行動來感染、陶冶宮崎兄弟的情操[58]。這種英雄主義的教育方法，對於宮崎兄弟思想性格的形成產生了很大的影響。

宮崎八郎是宮崎兄弟中年齡最大的兄長，當培里（Perry）率領「黑船」叩擊日本門戶的時候，他才剛滿兩歲，但不久之後年幼的八郎就開始親身感受到了時代的動盪。十三歲時，八郎隨父親第一次從軍，救助與長州藩發生戰事的小倉藩，在軍營中舉行了「元服之禮」[59]。以後，他在藩辦學校「時習館」和月田蒙齋的私塾等處攻讀國學、漢學以及兵學等書，以優異成績被肥後藩（轄地略等於今熊本縣）選派赴東京遊學。1871年，八郎考入山東一郎（山東直砥）開辦的「洋學塾」，學習英語（英學）及西方自然、社會科學知識，同時他又抽出時間到著名啟蒙主義思想家西周開辦的「育英社」（西周開辦的家塾，亦稱育英舍）去聽英語及萬國公法等課程。

在時代潮流的鼓盪之下，早熟的宮崎八郎很快就感受到了西方列強對東方各國蠶食鯨吞所帶來的民族危機的時勢。他在當時曾寫下了漢文詩〈東洋之危機〉一篇，直抒胸中的感慨：

---

57 宮崎龍介、小野川秀美編輯、解題：《宮崎滔天全集》第五卷，東京：平凡社，昭和51（1976）年，172頁。

58 宮崎滔天：《三十三年之夢》，《宮崎滔天全集》第一卷，26-27頁。

59 歷史上日本男子在成人時舉行結髮、改服、加冠的禮儀，叫「元服之禮」，多在十一至十六歲時進行。今則以二十歲為成人，以「成人儀式」取代了「元服之禮」。

弱之肉則強之食，龍起虎伏豈有極？

先者制人後者制，亦是浮世一場弈。

一自白人起西洋，奇巧動奪造化力；

電氣通信火走船，橫行五洲恣放逸。

人生區區何足論，及時須展無天翼；

何時何處無英雄，轉禍為福豈無術。

君不見聯邦之長華盛頓，掃攘殘賦（誤，當為賊──引者）敷至德。

又不見俄羅之帝伯得耳（即彼得──引者），定立國礎開榛棘。

苟且由來引百廢，事有機宜不可失。

嗚呼，何日皇化遍天壤！[60]

詩雖不長，但已經概括了八郎對當時世界局勢的基本看法，表露了他以華盛頓、彼得大帝為楷模，立志做一個「轉禍為福」、回天有術的「英雄」的志望。

自由民權運動的爆發，激起了宮崎八郎對政治的熱情。他覺得，在日本以薩長藩閥為統治核心的明治政府不過是第二個幕府，真正的維新並不是在明治元年已告結束的那場動亂，而是從現在才開始的自由民權運動。1874 年 2 月，他聽到江藤新平在佐賀發動士族反亂、反抗政府的消息後，立即告別東京，前往佐賀赴戰。但等他趕回九州時，佐賀之亂已經被政府鎮壓了下去。他為江藤等人的失敗而痛心，開始以高昂的熱忱參加自由民權運動。1875 年 4 月，宮崎八郎與同鄉青年松山守善、有馬源內、平川惟一、廣田尚等人在熊本組織了「民權黨」，又開設了一所「植木學校」（植木乃地名）作為宣傳活動的陣地。植木學校一下子就聚集了五十多名醉心於自由民權的熱血青年，他們奉《萬國公法》和盧梭的《民約論》為經典，兼學萬國史與十八史略等課程，每日議論風發，無所顧忌。宮崎八郎有詩：

---

60 瀨口吉之助：《宮崎八郎的生涯（宮崎八郎の生涯）》，東京：產業動向研究所，昭和 53（1978）年，41-42 頁，標點為引者所加。

天下朦朧皆夢魂，危言獨欲貫乾坤。
誰知淒月悲風底，泣讀盧騷民約論。[61]

此詩生動地反映出植木學校青年們當時的精神面貌。約略同時寫成的另一首短詩，則抒發了宮崎八郎自己在當時立下的政治志望：

飛紅柳綠各爭春，豈耐長為卑屈民？
沉思人生百年事，自由二字是天真。[62]

　　在宮崎八郎的倡導下，民權黨首先從改革鄉村政治入手，他們檄告熊本各地的群眾，號召以民選戶長（最低層級的農村地方官吏）代替官選戶長，全縣為之騷然。於是，不少官選戶長在民眾的壓力下紛紛被迫辭職。接著，民權黨又要求召開熊本縣的「民會」（即縣議會），為此在植木學校附近還召集了多次的演講會，講解議院政治，宣傳民眾皆有參政之權的主張。與此同時，八郎還在《評論新聞》等報刊上連續發表政論文章，攻擊獨裁政治，號召人們起來推翻明治政府。

　　1877 年 2 月，西鄉隆盛在鹿兒島舉兵起事時，熊本民權黨的成員組成了「熊本協同隊」予以響應，八郎被隊員們推為協同隊的參謀長。由宮崎八郎起草的〈協同隊舉兵趣意書〉這樣宣布了「熊本協同隊」的活動宗旨：「明治六年（1873）以來，政府失政，奸吏竊位。賞罰出於愛憎，政令習於姑息；苟且偷安，外失國際之權利，內呈末世之兆候，是為人民久已痛憤切齒之處所也。……遂我輩多年之宿志，今正其時。同心協力，傾覆暴虐政府，內而確立千古不拔之國本，外而恢復萬國對峙之權利，與全國人民共保真正之幸福，是即為我輩之素志，亦我輩之義務也。」[63]由中不難看出，熊本協同隊起兵的矛頭是指向了對外不思恢

61　《宮崎兄弟傳》日本篇，上冊，103 頁。
62　《宮崎兄弟傳》日本篇，上冊，122 頁。
63　宮崎滔天：〈熊本協同隊〉、《宮崎滔天全集》第四卷，113-114 頁。

復已失「國際之權利」、對內專以鎮壓民眾為能事的明治政府的。雖是相應西鄉隆盛反政府舉兵的一次起事，但其政治指向卻與西鄉隆盛等人有所不同。

但是，西鄉隆盛的士族軍並不是政府軍的對手，戰亂僅歷時五十餘日，西鄉軍即被擊潰，宮崎八郎也在萩原堤（地名，位於今熊本縣八代市一帶）附近戰死。這一年，他才二十六歲。

宮崎八郎短暫而波瀾起伏的一生，是明治初年日本青年在歷史的混沌中摸索新的世界、新的人生的一個縮影。他以青春和生命為代價來換取人生的真諦，雖然「壯志未酬身先死」，但他的言行卻給同時代的九州青年和他的兄弟們留下了歷久不衰的印象。

但宮崎八郎並不僅僅是一個自由民權的先鋒，與當時其他大多數民權派人士一樣，他在對外問題上又有著鋒芒畢露的國權主義思想。在〈東洋之危機〉的詩中，他早已表露出了要讓「皇化遍天壤」的志望。1873年 10 月「征韓論」之爭白熱化的時候，他又投書政府，力陳「征韓」的「正當性」，由此還受到牽累，被警視廳拘留數日。1874 年 3 月，明治政府發動「征討」臺灣的侵略戰爭，一些具有國權主義思想的士族紛紛響應，參加「討伐」。宮崎八郎也隨九州士族組織的「徵集隊」鼓輪過海，鎮壓臺灣的居民。

宮崎八郎的這些活動，又一次說明了在早期自由民權派的思想中，國權主義占了多麼大的比重。不過，在八郎當時的對外意識中，除了國權主義的傾向之外，隱約中還可以讓人感覺另外還有一些很不尋常的思想也在萌生。例如 1873 年他聽到中國一些地方有批「馬賊」神出鬼沒的消息，立刻寫信給當時正在中國活動的友人曾根俊虎：

> 前接馬賊蜂起的消息，不知以後情況如何？請速示詳情。弟將根據所報情況，作放棄一切、前往大陸之決定。至於島國之事，一無可陳。唯願能早日一吸大陸空氣，不勝翹望之至。[64]

64　《三十三年之夢》，《宮崎滔天全集》第一卷，109 頁。此處譯文據林啟彥改譯本：《三十三年之夢》，廣州：廣州花城出版社，1981 年，112 頁。

八郎在這封信中，已經流露出對日本政治發展前途感到失望，希圖能在遼闊的中國大地上尋找機會、一展抱負的意欲。後來彌藏、滔天兩兄弟的「支那革命主義」思想，可以說正是對八郎這一願望的延伸和發展。

八郎是宮崎兄弟中的先驅者。八郎戰死疆場時，民藏、彌藏、滔天三兄弟雖然年幼，但大哥的言行氣概，似已撼動了他們的心靈。鄉里故老也十分推崇八郎，時時鼓勵三兄弟要向八郎學習，立下遠大的志向。在這種家庭環境的薰陶下，連最小的滔天也自認為是一個「先天的自由民權家」，產生了朦朧卻又堅定的喜談民主自由、喜愛「造反作亂」、厭惡官府專制的思想：

> 當時余雖不知大將、豪傑為何人，而欲作大將、豪傑；雖不知自由民權為何物，而認定自由民權為善舉。又視一切官軍、官吏為強盜、惡人之輩，視「賊軍」、「謀叛」為大將、豪傑應為之事。[65]

當時，隨著全國範圍內士族地位的沒落，宮崎家的家境也日益衰落。為圖補救，宮崎長兵衛曾出資經商，但因不諳經營，破費了錢財仍一無所得。1879 年，長兵衛病故，宮崎家生計更趨窘迫。但母親佐喜並不想因此而中斷兒女們的學業，她東挪西借，有時甚至典當棉被、蚊帳等物，來換取孩子們的學資，終於教育他們逐漸成人。

民藏、彌藏、滔天三兄弟在青少年時期，都進過若干不同的學校學習。受家庭與社會環境的影響，三兄弟在學習中養成了一個共同的愛好，那就是通過在新式學校的學習，來探求走向真正民主、自由社會的途徑。為此，三人都立下了尋找真理、改造現實社會的宏大志願。

例如民藏，少年時代曾進入根據新學制開辦起來的荒尾學校和志賀喬木開辦的「銀水義塾」學習，學了「萬國史略」等課程後，就成為一

65　《三十三年之夢》，《宮崎滔天全集》第一卷，26-27 頁。

個英雄的崇拜者，從日本的豐臣秀吉到歐美的拿破侖、華盛頓，都是民藏心目中的偉人。他在學校裡還特意描下華盛頓的肖像置諸座右，題上「英雄知英雄」的字句以自勵。

又如彌藏，雖然生性平和穩重，但其迷醉於自由民權理想之熱情絲毫不讓民藏。彌藏曾選定加里波的（意大利統一戰爭領袖）為自己的「五個朋友」之一，而且還在〈五友贊〉一文中稱讚加里波的：「爾之愛國憂民出於衷忱，不似彼紜紜英雄之士，為榮光、為名譽，眩於世上古來之風潮」；「爾正義滿腔，俠勇卓磊……吾深慕之，敢不自勉」[66]。歷史上的加里波的與彌藏的稱頌是否完全相符姑且不論，這裡的加里波的所具有的品質無疑代表著彌藏心目中的最高道德標準，反映了他在政治上以「愛國憂民」、「正義滿腔，俠勇卓磊」為崇尚的政治和人生指向。此外，彌藏當時提出的「一齊」（即平均、平等之意）口號雖然尚無具體內容，但也可以看出他思想中同情勞動民眾、立志平均社會財富，建設一個「合理」社會的願望已經微露端倪。

幼弟宮崎滔天在求學期間，為了追求自己的理想和抱負，則經歷了一條更為曲折、複雜的道路。

滔天在荒尾學校小學畢業後，進入中學。中學的同學們為世風所靡，一談及將來的志願，不是想當官就是想為吏，使滔天覺得在學校裡顯得「眾寡懸殊，四面皆官軍，賊軍僅余一人」[67]，感到苦惱和壓抑。所以不久他就跳出了這個學校，自己選擇了德富蘇峰開辦的「大江義塾」繼續向學。

大江義塾設立於 1882 年 3 月，當時，明治天皇已經頒布召開國會的詔旨，自由民權運動在全國範圍內開始退潮，只是在一部分地區，仍有個別的自由民權主義者或者傾向於自由民權主張的人們，還在繼續堅持著殘破不全的戰線。大江義塾就是德富蘇峰在熊本「民權黨」、「相愛社」等民權派組織相繼解體之後，為了與保守派的「學校黨」相對峙而建立起來的教育與宣傳機關。德富蘇峰把培養新一代的「改革政治家」

66　《宮崎兄弟傳》，日本篇，上冊，380 頁。
67　《三十三年之夢》，《宮崎滔天全集》第一卷，28 頁。

作為辦學宗旨，親自為學生講授「政治初步」、「經濟學初步」、「美國革命史」和「英國憲法史講義」等課程。在校務管理上，德富蘇峰也以平等、自由的精神為準則，如學生可以不必尊稱老師為先生，可以直呼其名；學生們自己出面實行「理想的自治制」[68]，每年年初召開學生「國會」，制定〈塾生契約則〉，然後由學生自己監視執行。義塾內又出版《大江義塾雜誌》，專門刊載學生寫作闡述自由民權主張的文章，有些文章如〈論人權之天賦兼駁人權新說〉、〈自由學校之面目〉、〈何以養慷慨之氣節〉、〈華盛頓贊〉和〈論改革現時境遇及改革個人品行之方略〉等等，文筆犀利，議論風發，堪稱同齡人中的佳作[69]。每逢周六，義塾還舉辦演講會，師生同台演說英、法、美等國的革命史，整個學校洋溢著自由、民主的氣氛。

宮崎滔天踏進大江義塾的大門，對這一切感到十分驚喜，他讚嘆這個學校「是比諸余之理想尚遙為進步之自由民權之天國」，「余甚喜得其處」[70]，開始以極大的熱情在大江義塾學習新知。但是，滔天的興奮並沒有能夠持續很長時間。不久，當他從一個同學那裡聽說德富蘇峰以及大江義塾的學生們在高唱自由民權宏論的背後都隱藏著難以告人的名利心時，突然感到極大的失望。很快，他又告別了大江義塾，隻身上東京求學。

當時的帝都東京，是明治政府推行歐化主義的模範之區。歐風美雨的浸潤既沃，基督教會、天主教會的傳教事業也極為發達，「各處教會門前，繁盛如同市集」[71]。處於彷徨、失望中的滔天突然接觸到基督教的教義，頓生「如暗夜而望見光明之感」[72]，立刻成了熱情的信徒。他苦心研讀《聖經》，歡喜雀躍，自以為找到了道義和肉體之外的靈魂。1887年春，滔天正式受洗入教，後來又勸說母親佐喜和三兄彌藏也隨他

---

[68] 宮崎滔天：〈肥後人物論評〉，《宮崎滔天全集》第二卷，377 頁。

[69] 花立三郎等編：《同志社、大江義塾德富蘇峰資料集》，東京：三一書房，1978 年，566-648 頁。

[70] 《三 | 二年之夢》，《宮崎滔天全集》第一卷，30 頁。

[71] 小崎弘道：〈七十年之回顧(七十年の回顧)〉，《小崎弘道全集》第 3 卷，東京：小崎弘道全集刊行會，1938 年，53 頁。

[72] 《三十三年之夢》，《宮崎滔天全集》第一卷，35 頁。

成了基督的信徒。

　　但宮崎滔天迷戀基督教的歷史也很短暫，因為他的目的不是向宗教尋找憑藉、安慰，而是為了從教義中尋求他期望著的真理。他頻繁地變換自己在教會中的派別，由浸信會（浸禮會）而公理會，又由公理會而衛理會（美以美派），希望能因此而在宗教的學說中找到真正閃光的思想。一旦當他最後發現這一願望不能得到實現時，他立刻又毫不躊躇地拋棄了基督教義。而幫助他達到這一認識的人，就是民藏和彌藏兩位兄長。

　　1888 年，滔天和民藏、彌藏三人在熊本市內一個叫「藪之內」的地方賃屋合宿，邀來同鄉學友吉富常太郎、相良寅雄、清藤幸七郎等集合於此，每日探討社會、哲學、宗教諸問題，左右鄰居及親友稱之為「藪之內幫」。宮崎民藏是年二十三歲，是眾人中的長者，他引導大家閱讀亨利‧喬治的《社會問題》、《進步與貧乏》等書，啟發彌藏、滔天等人認清解決社會問題不能依靠基督教，貧苦大眾最需要的不是福音，而是麵包。用什麼辦法來改造社會，使之走向「合理」與「進步」，是青年們討論得最多的問題，民藏和彌藏分別提出了「土地復權主義」和「支那革命主義」兩種不同的構想，引起了眾人的興趣。民藏的「土地復權主義」大致上是這樣一種主張：土地本來與水和空氣一樣，都是造物主創造出來賦予人類共同享有的東西。只要是在這個世界上生活著的人類，每個人都應該擁有對土地的平等享有權，這個權利也是「天賦之權」。但是現行的土地制度卻剝奪了大多數人對土地的權利，只給予極少數人以土地的永久擅有權，放任土地兼併無限制地發展，使絕大多數人淪落到只有依託別人的土地才能謀求生存的可哀境地。所以，只有變革現行的土地占有制度，恢復人們對於土地的平等享有權，確立各人獨立經營的基礎，才能改變現今社會貧富懸殊的不平等狀況，建成一個理想的社會[73]。

　　「土地復權主義」雖然在一定程度上反映了窮苦民眾要求重新平均

---

[73]　參見宮崎民藏：〈土地復權同志會主意書〉，《宮崎滔天全集》第二卷，415-416 頁；中文譯文見《民報》第二號「來稿」欄。

社會財富、要求徹底廢止地主制、確立土地私有制的願望，但它卻是一種一廂情願的烏托邦思想，在日本當時的歷史條件下，已經無法將其實際施行。後來民藏以及相良寅雄等人為此成立了「土地復權同志會」，奔走日本各地，演說呼籲，但也沒有任何結果。不過，對於彌藏、滔天兩兄弟來說，民藏的思想卻給了他們啟示，他們由此看到了宗教作為改造現今社會武器的軟弱無力，在理性上否定了基督的神性，得出「浮世之旅程中最可依賴者，既非上帝，亦非基督，而在於人類之摯友」[74]的結論。於是，彌藏和滔天在思想上又出現了一個新的大轉折：由對基督的信仰轉向了「支那革命主義」的理想。

二、難能可貴的「支那革命主義」

「支那革命主義」最初是宮崎彌藏提出來的一種主張，1887年夏，宮崎滔天受洗皈依基督教後不久，彌藏就由大阪到達東京，向滔天宣傳這種主張。但滔天當時正潛心於從基督教的學說中尋覓「救世」的道路，認為彌藏的構想不切實際，所以沒有立即接受「支那革命主義」，反而勸說彌藏也改信了基督教。一年以後，「藪之內幫」裡關於人生、社會要義問題的研討，打破了兄弟倆對宗教的幻想，「支那革命主義」作為解決時弊、改革現行社會不合理因素的一種方案在彌藏的胸中復甦，同時也贏得了滔天的共鳴。

關於「支那革命主義」的具體設想、具體主張，彌藏曾經對滔天作過數次詳盡的解說，總括一下他所闡述的內容，「支那革命主義」的主張大致有以下三個層面：

第一，彌藏認為現實社會是不平等、不合理的，有悖於西歐啟蒙學者宣傳的自由平等的原則；造成這種狀況的根本原因，是民眾手中沒有自由、民主的權利。作為一個「自由民權主義」的信仰者，必須立即找到辦法，來恢復人民的「自由」和「民主」，為此，青年們要主動地承擔起這一歷史的責任：「吾等兄弟，生於自由民權之家庭，身受自由民

---

[74] 《三十三年之夢》，《宮崎滔天全集》第一卷，48頁。

權之教育，故以終生之力量貫徹自由民權，即應為吾等之決心」[75]。然而在目前，實現自由與民主制度的最大障礙，不是日本國內守舊、頑固勢力的阻撓，而是西方列強對東方各國的侵略：「世界之現狀，已為一弱肉強食之修羅場；強者逞其暴威日甚，弱者之權利、自由日削，此豈能漠然視之！苟欲重人權、尊自由，必先求恢復（人權、自由）之策。而今倘不堪防拒，則恐黃人將永為白人所欺壓矣！」[76]所以，改革不平等的現實社會、恢復人民大眾的民主、自由權利，都必須與反抗西方列強的侵略聯繫起來。這樣，彌藏通過對現實社會弊端的分析，首先在民主革命和民族革命的兩大任務之間發現了其內在的聯繫，並將民族革命任務的完成定為實現民主革命的前提。

第二，彌藏認為，處在當前的形勢下，每一個信奉自由民主思想的人都必須行動起來，通過實際行動來爭取理想社會的實現。就採用活動的手段而言，輿論宣傳工作固然重要，但參加實際的抗爭更是當務之急。人們不能只滿足於做一個「自由民權的傳道者」，必須做一個實行者，而且要講究實行的方法。要完成抵禦西方列強侵略、貫徹自由民主理想的原則這一任務，「言論畢竟不能效用於世事」[77]，唯一可行的辦法就是依靠「暴力之權」，用武力來對現今社會實行革命的批判。「社會改造學說與土地分配法案等等，皆為已陳腐之理論。最緊要者，惟在於能斷然實行與否，而實行之道，又惟有恃暴力之權一法。」[78]彌藏以世界現狀為例，指出沙皇俄國正是當時「逞野蠻之暴力蹂躪人道、剝奪民權」的最大禍首，如果要反抗俄國的這種行徑，維護民權，「亦必恃暴力之權」，[79]只有這種正義的暴力，才是反抗非正義暴力的最有效的手段。用暴力的方法來實現既定的理想，是「支那革命主義」的一個重要特點。彌藏在抗爭手段這個問題上的思想，與民藏的「土地復權主義」以及當時持有自由民主思想的一些人的主張，有了很大的不同，雖然尚缺具體

---

75 宮崎滔天：〈支那革命物語〉，《宮崎滔天全集》第一卷，295頁。
76 《三十三年之夢》，《宮崎滔天全集》第一卷，42頁。
77 同上引書，54頁。
78 《三十三年之夢》，《宮崎滔天全集》第一卷，54頁。
79 同上引書，54頁。

的內容加以詳細展現，但至少已使「支那革命主義」多少擺脫了空想的性格，找到了加以實踐的方向。

第三，彌藏認為，在天皇制集權政治已經立於確固不拔地位的日本，實行民主政治的改革非常困難，自由民權運動的失敗已經說明了這一點。而且即使在日本可以真正將自由、民主、平等的原則付諸實施，對於亞洲和世界的影響也十分有限。更何況實行民主制度首先要掃蕩西方列強的侵略、壓迫勢力，以日本一國微弱的力量能否膺此重任還是個問題，所以發動新的民主革命的重點或中心地區應該選擇在中國，而不是日本。彌藏指出，這樣選擇的理由有以下三點：中國的自然條件比日本好，「其處有十數倍於我國之面積，有十倍於我國之人口」[80]，革命一旦成功，進攻退守，無有不便，可以成為抵禦歐美列強侵略、貫徹實行自由民權主義的強大根據地，這是其一；中國現在正好具備了日本已經失去的革命危機，「現朝（指清朝政府——引者）執政柄三百年，以愚民為治世之要義，故人疲國危，終乃自受其弊政之禍而幾乎不能支持，此豈非創革命大業之絕好時機哉！」[81]這是其二；中國是亞洲第一大國，中國革命如果成功，又可以對亞洲乃至世界的政局產生巨大的影響：「若使支那復興，賴以樹立主義，則印度可興，暹羅、安南可振，菲律賓、埃及可救。……苟欲求在亞洲各國恢復人權、建新紀元於宇宙間之方策，舍此而外，豈有他術！」[82]此為其三。所以彌藏最後的結論是：「亞洲命運之歧路，懸於支那之興亡盛衰。支那今雖衰弱，但其地廣人多，若能一掃其弊政，統一治理，善加利用，非但黃種人之權力可得以恢復，且足以號令宇內，布道於萬邦也」。[83]

這種以中國為發動民主革命的中心和起點，以在亞洲各國和全世界範圍內確立民主制度為歸宿的構想，就是「支那革命主義」的核心。可是，日本在這場革命中居於什麼地位呢？彌藏以為，日本由於國小力

80　《支那革命物語》，《宮崎滔天全集》第一卷，206 頁。
81　《三十三年之夢》，《宮崎滔天全集》第一卷，54 頁。
82　《三十三年之夢》，《宮崎滔天全集》第一卷，54-55 頁。
83　同上引書，42 頁。

薄，不宜於先行革命，但一旦中國革命獲得成功，在中國建立起「自由
民主」的「理想國」之後，回過頭來便可以促進日本以及朝鮮的革命。
日本、朝鮮、中國只要成為真正自由民主的國家，就可以在民主、平等
的原則下建立起聯盟關係，而後「起倒救衰」，扶助其他弱小國家，「進而
蹂躪無視人道強暴國家之鼻梁」，最後不難「以正義人道號令宇內」[84]，「新
紀元於宇宙間」[85]的。所以，「中國革命→日本、朝鮮的革命以及日、朝、
中三國的聯盟→亞洲其他國家的革命和世界革命」，這才是「支那革命
主義」的全部構想，只有把這三段的內容都瞭解清楚，我們才能描繪出
「支那革命主義」的完整圖示。從這一點上看，「支那革命主義」正是
一種典型的大亞洲主義思想，又具有獨自的特色。不過，日本本國的民
主革命在這裡並不是無足輕重的東西，但它需要從屬和依附於中國的革
命；它的成功，又要與中國革命一起來構成亞洲革命和世界革命的前
提。彌藏最初提出「支那革命主義」構思的 1887 年，正是自由民權運
動的餘波——「大同團結運動」[86]曇花一現，明治政府發布《保安條例》
最後鎮壓了自由民權主義抗爭的關頭。所以，不管彌藏自己主觀上是否
意識到了，「支那革命主義」實際上可以說是日本的一部分自由民權主
義者在他們的抗爭遭到挫折失敗之後，轉而放眼於海外，試圖以發動中
國的革命來促進日本民主革命的迂迴戰略的反映。從時代的背景來看，
「支那革命主義」的出現雖然有其合理性，但是這種構想本身卻像是一
條前途遼遠、希望渺茫的巨大弧線，它一方而反映了自由民權運動退潮
之後日本社會的異常黑暗，另一方面也反映了一部分熱血青年不甘於專
制主義的壓抑，苦心積慮，以求社會進步與改革的頑強努力。所以彌藏
的呼聲儘管微弱，「支那革命主義」作為一種反映僅存的自由民權主義
者及新興的知識階層利益與願望的思想也顯得幼稚與單薄，但在當時的
歷史條件下，它仍然是大亞洲主義思潮中一種最積極、最進步的思想。

　　關於「支那革命主義」的實行辦法，最初是由彌藏提出了兩種設想。

---

[84] 《支那革命物語》，《宮崎滔天全集》第一卷，296 頁。

[85] 《三十三年之夢》，《宮崎滔天全集》第一卷，55 頁。

[86] 指 1887 至 1889 年間，日本各地民權派在後藤象二郎等人領導下開展的統一的反政府運動。

一種設想是彌藏親赴中國，廣泛宣傳「支那革命主義」主張，尋找、物色中國的革命者，促成革命：「吾是以決心自身親入支那，遍尋英雄而說服之。若得其人，則效犬馬之勞以助之；若不得其人，則自立而當其任」[87]。另一種設想是彌藏和滔天兄弟二人一起移居中國，從各方面把自己變成一個中國人，以中國人的身份掀起革命運動：「吾等可移住此國，成為其國民，鼓吹自由民權主義，實行國政革命，富國強兵，在茲建設一理想國」[88]。

為了尋找機會實現這些設想，從 1891 年開始，彌藏和滔天進行了種種的探索和嘗試。

最早的嘗試是在 1892 年，宮崎滔天隻身一人作為先行來到中國。他原打算在上海附近居住一個時期，學習中國語言和熟悉中國的民情風俗，為進一步深入中國作準備，但是由於經費發生了意外的困難，沒有多久他就匆匆地返回了日本。

此後，彌藏和滔天為了籌措活動經費，多方求助，先後尋找了朝鮮流亡志士金玉均和日本礦業資本家渡邊元等，但是都未能如願以償。最後兄弟二人接受了渡邊元的建議，滔天去暹羅，藉參加殖民事業之機接近僑居暹羅的華人；彌藏則到橫濱的中國商館去做管事，兩個人分頭進行今後到中國開展革命活動的準備工作。

1895 年 10 月和 1896 年 3 月，宮崎滔天兩度乘船前往暹羅，途中歷盡風浪之苦，在曼谷又受到霍亂病的襲染，九死一生。彌藏進入橫濱中國商館之後，也隱姓埋名，斷絕了以往與社會的各種聯繫（包括與母親的聯繫）。二人都抱定了一種頗有些悲壯色彩的堅定決心：「此之事秉諸天地之公道，……我等確信將此事訴諸實行乃奉上天之命及出於立身處世之本分，無論發生何等變故亦不得中止。故而不問生死存亡，不顧患難成敗，決心循此路逕行直進，義無反顧」[89]。

---

[87] 《三十三年之夢》，《宮崎滔天全集》第一卷，42 頁。

[88] 《支那革命物語》，《宮崎滔天全集》第一卷，296 頁。

[89] 1895（明治 28）年 10 月 19 日彌藏致滔天妻津知函，轉引自三木民夫：〈宮崎滔天在《三十三年之夢》前後的思想演變〉，民眾史研究會編輯發行：《民眾史研究》第 14 號，80 頁。

　　但可悲的是彌藏和滔天的這一番苦鬥並沒有達到預期的目的。1896年 7 月，彌藏積勞成疾，患腸結核去世，留下了「梓弓未射身先死，長使英雄恨無窮」[90]的悲嘆，期待滔天能夠繼續去實現「支那革命主義」的事業。但是，對於宮崎滔天來講，彌藏是他的「暗夜之明燈」、「指示余一生進程之羅盤」[91]，失去了彌藏，滔天受到的打擊是沉重的。以往，彌藏是通過諄諄的告誡，將自己的思想注入到滔天頭腦中去的。滔天雖然對「支那革命主義」表示贊同，但他思想上還缺少確立這些主張的土壤。他對中國、日本兩國的國情還缺乏深刻的認識，還沒有真正自覺地把「支那革命主義」當作指導自己行動的指南。所以彌藏的去世，使他感到「茫然若失，不知所措」[92]，他在彌藏的墓前「緬懷既往，思慮將來，彷徨而不能離去」[93]。宮崎滔天在思想上仍然還需要經歷一個重新確立「支那革命主義」思想的過程。

三、滔天思想的熔鑄與升華

　　在兩度遠航暹羅的過程中，透過對華人的接觸和沿途的一些見聞，宮崎滔天對中國以及對中國民眾的認識已經開始有了一些變化。

　　兩次赴暹羅，滔天都與許多出國謀生的華工同船。華工們在船上為了爭奪座位互相爭吵鬥毆，隨地大小便，還給船上帶來了令人難以忍受的鴉片煙味、臭蟲、跳蚤和滿地的污穢。這使得以接觸中國人為目的而遠涉大洋的宮崎滔天也禁不住對他們產生了反感，嫌惡他們髒而愚昧，說他們聚在一起時活像一個「豬市」和「菜市」[94]。但在產生這些想法的同時，滔天又感到了內疚。他想到這些中國勞工之所以無知並不是因為他們自己無心向學，而是因為生活的貧困；他們被迫流落異鄉也並非出於自己的本心，而是因為他們受到了別人的虐待。他為自己蔑視中國

90　《三十三年之夢》，《宮崎滔天全集》第一卷，102 頁。譯文據林啟彥譯注本：《三十三年之夢》，南寧：廣西師範大學出版社，2011 年，95 頁。

91　同上引書，54 頁。

92　《三十三年之夢》，《宮崎滔天全集》第一卷，104 頁。

93　1897 年 6 月 22 日滔天致津知函，《宮崎滔天全集》第五卷，350 頁。

94　《三十三年之夢》，《宮崎滔天全集》第一卷，91 頁。

的民眾而感到可鄙，他對這些被人目為牲畜的「苦力」又產生了同情和愛憐，胸中翻騰著「熱愛彼等之情」，轉而將他們看作了「余以一生相託之支那國民」[95]。

到達暹羅以後，滔天對在那裡生活的華僑進行了考察，他看到華僑們通過幾代人連續的辛勤勞作，推動了暹羅的社會發展和經濟繁榮，華僑正在暹羅社會的各個領域發揮著巨大的作用。他認識到：

> 我邦（即日本——引者）人從來過於輕侮支那人民，然而余堅信此（支那）人民決非可輕侮之人民，毋寧說乃較諸英俄之強盛（民族）而更可懼之人民。支那國家之存亡興廢，為當今世人均所注目，誠所謂重要之問題。而余猶望世人所注目者，即支那人為一奇妙之人種也。蓋戰爭之勝負為一時之事，其結局如何仍有待於人種生存之競爭；此競爭之終局，將依社會經濟之道理而支配統治也。知此理則須謹記：支那人於將來之世界，定將成為有絕大無比之勢力者也。[96]

這種認識在當時，真可以說是獨具慧眼，雖然「社會經濟之道理」究竟是指的經濟學的什麼原理還不清楚，但宮崎滔天對於中國人（此處也包括僑居海外的華僑、華裔）一般民眾中所蘊含的那種巨大的潛力還是有相當清楚的認識的。以這個認識為基礎，他逐漸擺脫了當時在日本人中普遍流行的蔑視中國和鄙視中國人的偏見，開始瞭解中國民眾的疾患痛苦，關心、同情中國的命運，將自己的理想託付給了中國。

當年，福澤諭吉乘船漫遊歐洲的途中，在中國和印度的港口看到東方的勞動者在英國人的役使下從事著繁重而刻苦的體力勞動，大發感慨，寫下了〈壓制亦愉快哉！〉的文章，其中有言：

> 倘我帝國日本亦能作幾億萬元之貿易，備幾百千艘之軍艦，使日

---

[95] 同上引書，第一卷，73頁。
[96] 宮崎滔天：〈暹羅之支那人〉，《宮崎滔天全集》第五卷，70頁。

章之旌旗（指日本國旗──引者）翻飛於支那、印度海面，遠航於西洋諸港，而得大耀國威，則（彼時我等）壓迫支那人等，束縛其手足之血氣獸心亦將難以自禁，一如彼英人之所為也。[97]

　　海外歸來，福澤就寫下了〈脫亞論〉，宣布日本要脫離亞洲，「衷心謝絕亞細亞東方之惡友」。但宮崎滔天在晚了若干年之後，也飄洋過海，去考察、接近福澤眼中的「亞細亞東方之惡友」，可他卻得出了相反的結論，產生了一種「親近亞洲」或者是「回歸亞洲」的傾向，原因究竟何在？除了國際國內局勢的變化以及這種變化給每個人思想上帶來的反應各不相同之外，這裡想著重指出一點，即兩個人的「文明觀」、「價值觀」的不同，也就是他們對於資本主義制度下政治、經濟體制優劣點認識的不同，發揮了決定性的作用。認識上的差異導致了結論的相左。

　　福澤諭吉把「文明」當作貫徹自我，當作弱肉強食、適者生存的手段而向之頂禮膜拜。而宮崎滔天卻是一個「文明」的批判者。他在自己的著作〈狂人譚〉中，藉書中人「狂乞食」曼遜的口宣布：「所謂文明者，道理（即所謂『宇宙萬物之道』──引者）之大賊」[98]，並進一步闡發說：「世上驕於富貴、耽於安樂者皆非怠慢遊惰之民乎？而終日營營服其勞，以飼養此遊惰之民者，天下大多數良民也。此大多數良民絞盡血汗，所得之勞動報酬又有幾何？唯饑餓凍餒而已」。「嗚呼！社會者，邪惡也；文明者，道理之賊也。不破壞此社會，不摧毀此文明，人類之自由、平等、仁愛無可得也！」[99]「若使現今社會循今日所謂文明逕行而進，即舉世界之人類陷於修羅場也。其結果，終將自取亡滅耳」[100]。字裡行間，充滿了對文明所帶來的剝削、壓迫、掠奪和欺詐等等醜惡現象的嚴厲批判精神。

　　當然，「狂乞食」曼遜並不完全是宮崎滔天自己的化身，而主要是

<hr/>

97 福澤諭吉：〈壓制亦愉快哉！（圧制も亦愉快なる哉）〉，慶應義塾編纂：《福譯諭吉全集》第8卷，東京：岩波書店，1960年，66頁。

98 《宮崎滔天全集》第二卷，62頁。

99 宮崎滔天：〈狂人譚〉，《宮崎滔天全集》第三卷，63頁。

100 同上引書，64頁。

曾給滔天以強烈影響的瑞典人伊薩克・阿布拉罕其人在文學上的再現。
但在當時，宮崎滔天確實接受了這種思想。在阿布拉罕那裡，滔天第一
次瞭解到歐美國家貧民大眾的生活情況，看到了「伴隨文明而來之貧富
隔絕之弊毒」，也學會了怎樣用「文明批判論」的眼光來剖析社會上的
不平等現象[101]。

　　近代文明觀，其實就是一種世界觀，它代表了近代社會各個階級、
階層對於近代文明的不同認識，反映了各個階級、階層不同的利益和願
望。不但不同階級對於「文明」的認識截然不同，就算是代表明治維新
後受益最大的統治階層的福澤諭吉，與受益甚少的一般知識分子如宮崎
滔天，在相同的問題上也有很不相同的態度，請看一下宮崎滔天對於「文
明」的基本態度：

> 人或曰，當今社會乃文明社會也，較諸古時，予亦承認今日之文
> 明也。各科學術競相進步，諸種器械相繼發明，電鐵之力廣為應
> 用，世界已至比鄰之勢，偉觀則偉觀矣。而與此等學術、器械之
> 進步、發明同時，兵器亦得以新造，戰艦亦得以改建，兵備愈益
> 擴張，戰爭愈益慘絕，壯觀則壯觀矣。然以此等之偉觀壯觀，可
> 得而稱之曰真文明耶？……以予觀之，今日之文明乃野蠻之文明
> 也。伴文明之力，野蠻之力亦得以進步。否，毋寧說世界因文明
> 之力而縮小，野蠻因文明之力而擴大也。……日本為新進國家，
> 然過去三十餘年之發達，實稱世界無比，尤以警察、兵馬之術為
> 然。即所謂野蠻文明之進步也。[102]

　　這段議論，不但抨擊了西方的「文明」，也批判了明治以後日本社
會中出現的一些「文明」現象。當時西方列強帶到東方來的「文明」，
雖然代表著新的生產力和新的社會關係，但是資產階級在東方各國傳播
文明的活動，往往以最野蠻的侵略和掠奪的方式表現出來。大部分東方

[101]《三十三年之夢》，《宮崎滔天全集》第一卷，48-50頁。
[102]宮崎滔天：〈孫逸仙〉，《宮崎滔天全集》第一卷，474-475頁。

國家在這種侵略、掠奪之下，無法真正地發展資本主義，使社會迅速產生向上的革命變革，反而陷於列強殖民地或半殖民地的悲慘境地。所以亞洲被侵略、被殖民各國的民族主義者以及代表中下層民眾利益的知識精英們，為了本民族的獨立、自由和本國民族的利益，對這種西方「文明」持否定態度者不乏其人。宮崎滔天通過自己的觀察，看到西方所標榜的「文明」，帶來的只是戰爭、壓迫、侵略和虐殺，所以他將其斥之為「野蠻的文明」，認為它們並不能代表真正的文明。什麼是真正的文明？宮崎滔天認為，它應當是一種純潔而美好的東西，它可以體現出社會在各個方面的真正進步；而「自由民權」正是這樣的一種東西，所以只有「自由民權」才是真正的文明。這種「文明批判論」雖然乍看與頭山滿斥西方文明為「野獸的文明」的觀點非常類似，但兩個人的出發點和歸宿還是存在明顯的不同。

明治維新以後，日本雖然自詡為「東洋第一強國」，邁進了「文明世界」的行列，但位於社會最底層的廣大工農勞動群眾的生活狀況不但沒有得到明顯的改善，反而每況愈下，日趨艱難。這使得與他們的地位最為接近的中小資產階級受到相當的影響，同時又覺得不安，認為這種狀況繼續下去一定會產生新的社會危機，導致整個社會的崩潰。這是促使宮崎滔天對「文明」進行反省的動力和起點。

1880 年代中期，日本許多地方特別是九州地區遇到連年自然災害，農業嚴重歉收。大藏大臣松方正義為了調整明治政府的財政，同時實行通貨緊縮政策，農產品價格急劇下跌，使農民的生活狀況更加惡化。在以農業為主的熊本縣，這種災難性的後果格外突出：「倘步入村中，即可見農家之狀況：一朝而遇米價下跌之變動，其收入頓生非常之差異，僅納地稅尚且不敷，而況歲計之餘裕哉！」[103]在宮崎兄弟母親佐喜的娘家（長州）附近的漁村，人們把海貝和雜糧混在一起吃，「據聞連此等粗糧，一日三餐尚不可得者又不知凡幾也」[104]。

---

[103] 1884 年 1 月 9 日《熊本新聞》論說，轉引自熊本女子大學鄉土文化研究所編：《熊本縣史料集成第十二集：明治の熊本》，東京：國書刊行會，1985 年，249 頁。

[104] 加藤政之助，〈地方下層社會〉，明治文化研究會編：《明治文化全集第 15 卷，社會篇　續》，

1887年，宮崎滔天由東京回到家鄉，他自己也親眼看到了這種場景：

> 出家門一步，全村一派秋風落葉光景。連續數年歉收之下，遑論
> 貯蓄之餘裕，每日僅三度芋飯亦難乎為繼。更況納稅之期既迫，
> 繳租之時已到，高利貸者毫不容情收走抵押低押之土地，農民唯
> 一財產之馬匹亦被擄去。余今猶記數十個農群集余家哭訴窮狀，
> 懇求母親減收地租……之情景。[105]

這些經歷給滔天留下了深刻的印象。尤其是當他聽到自己家的一個名叫阿仲的女佃戶的哭訴以後，更是一夜未眠，對佃戶們的境遇產生了深切的同情。這時，民藏向滔天宣傳平均、「恢復」地權的思想，引導滔天追究社會的根本弊病，尋找社會走上和平、幸福前途的道路。在民藏的誘導和現實社會的啟迪下，宮崎滔天開始對明治政府所標榜的「近代文明」感到反感，而帶來了這一切不合理現象的明治國家本身也引起了他的厭倦和憎惡。繼〈狂人譚〉之後發表的〈乾坤熔爐日抄〉一文，就集中地反映了滔天的這些思想變化。宮崎滔天借書中人「弄鬼齋」的口痛斥明治國家道：「無論何國，皆須有支配國民思想之精神要素，而日本卻漸失此（要素）也。政府無一定之方針，肆意橫行，議會專注於競爭，唯恐落後於他人；軍人爭較擄獲物之多寡；學者無定見，宗教界無信仰，國中悉為不認真、不誠實、無理義、無信仰（之行為）所充斥。長此而往，除亡國以外，別無他途。」[106]

字裡行間，憤懣與失望之情已經無可抑制。不過宮崎滔天的憤懣和失望，並不是對文明的全盤罵倒，也不是對明治以來日本近代化成果的完全否定。他的主要著眼點是政治和思想文化方面的專制主義餘毒，他的主要抨擊對象是明治政府的專制獨裁統治體系和泛濫於世的金權、強權崇拜主義等等醜惡、黑暗的東西。他厭惡那種「黃金指處，天下無敵」

東京：日本評論社，1982年，352頁。
[105] 《三十三年之夢》，《宮崎滔天全集》第一卷，43-44頁。
[106] 〈乾坤熔爐日抄〉，《宮崎滔天全集》第四卷，39頁。

的現象,痛斥那些向「黃金萬能主義」頂禮膜拜的政治家[107],更痛恨明
治天皇政府對各種新思想、新文化的壓制和取締,批評日本是「容不得
理想的國家、不允許研究道路的國家」[108],「沒有比日本更令人厭惡的
國家,厭惡得令人渾身顫抖」[109]。在光明與黑暗、理想與現實、野蠻與
文明、個人與國家、專制與自由的重重矛盾交織之中,宮崎滔天回天無
術,悲憤欲狂,失望與痛苦之餘,還是將一身的榮辱與改造日本與世界
的理想押到了中國的革命事業上。經過思想的熔鑄與升華,他終於再次
選擇了「支那革命主義」的主張作為自己的理想和今後的終身奮鬥目標。

四、純真的大亞洲主義者

在宮崎彌藏構想的「支那革命主義」理想中,有兩個突出的特點值
得注意。

第一個特點,是他對當時日本以外世界局勢演變發展狀況的關注。
彌藏最初萌生在中國首先進行革命、然後再來推動日本革命這一念頭的
起因,雖然可以說是他對日本國內政治狀況的失意和絕望所致,但另一
方面也可以說是世界局勢的演變發展越來越多地引起他的關注的結
果。彌藏年輕時曾在自由民權運動的中心之一──大阪求學,受到過自
由、民主思想的薰陶,他不但立志要在日本實現民主政治,而且還想把
它推廣到與日本情況相類似的其他亞洲鄰國。然而要實現這個目標,卻
是困難重重,最大的困難就是「近世以自由民權先覺者自居之歐美各
國,行自由民權於本國卻不行之於他國,反以蹂躪他國人民之自由民權
為能事」[110],這樣就使世界變成了一個「弱肉強食」的「修羅場」,離
「民主、平等」的理想世界越來越遠。而在這些歐美國家中,對東方各
國威脅最大的就是俄國,「俄國所計劃之西比利亞鐵路完成之曉,首先

---

[107] 同上引書,38 頁。
[108] 〈荒唐日記〉,《宮崎滔天全集》第三卷,304 頁。
[109] 宮崎滔天:〈被爐通訊〉,《宮崎滔天全集》第三卷,243 頁。
[110] 〈支那革命物語〉,《宮崎滔天全集》第一卷,295 頁。

入其口中者，支那、朝鮮也；次蒙其禍者，即我日本也」[111]。所以他也不主張只埋頭於日本國內的政治改革，而要更多地注意世界局勢的變化。為了堅持自由、民主的政治理想，必須要抵抗歐美各國對東方的侵略；而為了有足夠強大的力量來打退歐美各國的侵略勢力，又必須首先在中國、日本、朝鮮等國建立起民主制度，這樣才能從根本上拯救亞洲。這種把亞洲作為一個內部存在有機聯繫的整體，放在當時的世界環境中去思考的作法，是彌藏思想的一個重要特點。

第二個特點，是彌藏不以現實存在的國家界限、民族界限為亞洲各國實行聯盟的重大阻礙，試圖以「四海兄弟主義」為原則來處理亞洲各國之間關係的思維。在歐美列強對東方各國的侵奪壓迫之下，彌藏關心的並不僅僅是日本民眾的命運，而且念及中國、朝鮮等國的現狀與未來。他提倡首先在中國發動革命，他期待著這個革命成功之後，可以挽回東亞的局勢，拯救出中、日、朝三國的民眾，還可以振奮、激勵印度、暹羅、安南、菲律賓、埃及等國家被壓迫人民的革命。為了完成這個宏大的計劃，日本民族自身的解放是先是後可以不加計較，必要時日本民族的先進分子變姓易名，深入異國，為其他國家、民族的革命竭盡全力也在所不惜。他把這種作法叫做「四海兄弟主義」，認為亞洲各國的先進分子如果都有了這種「四海之內皆兄弟」的精神，亞洲的聯合和解放指日可待。這種思想多少展示出了一些為了亞洲各被壓迫民族的共同利益，不惜暫時和在一定程度上犧牲個人與本民族利益的胸懷和氣魄，在當時的日本已經是非常難能可貴的了。

彌藏的這些思想特點，對於宮崎滔天思想的形成，產生了很大的影響。

1892 年滔天與前田津知結婚前後，正是他尋求「處世之根本方針」思想活動最激烈的時期。他以「世界的公民」自任，冥思苦想，尋求「一變世界萬邦貧民狀態之策」。[112]雖然他當時並沒有找到明確的答案，但已經意識到要想解決這個問題，必須「溯人權之本源，一變現今之世界，

[111] 〈支那革命物語〉，《宮崎滔天全集》第一卷，295 頁。
[112] 《三十三年之夢》，《宮崎滔天全集》第一卷，51 頁。

統一宇內而使萬民安居」[113]。儘管循這條道路前進會遇到種種困難，他也決心用畢生的精力為之奮鬥。彌藏在這個時期反覆宣傳的「支那革命主義」，給滔天以啟示和激勵，他的目光隨著彌藏的指點集注於中國和亞洲大陸的舞臺。十九世紀末二十世紀初，中國、朝鮮、越南、印度等東方落後國家中爭取民族獨立運動的興起和少數先進分子開始走向革命化的動向，更從外部給滔天的思想變化以推動，使他看到了「支那革命主義」成功的可能和希望。這樣，宮崎滔天的思想才得以逐步形成、確定，並逐漸開始見諸於行動，成為他投身於中國民主主義革命運動的動力。

當然，宮崎滔天的「支那革命主義」理念從發展過程來看，可以說是對宮崎彌藏主張的繼承和重新確認。但經過滔天自己新的探索與思考，以及不斷變幻著的時代的鍛冶，滔天的思想已不再是彌藏主張的簡單翻版。與彌藏相比，滔天的思想思路更清晰、立腳點更廣闊，內容也更為豐富。

在《三十三年之夢・自序》中，宮崎滔天這樣表白自己的理想：

> 余信仰人類同胞主義，故忌恨弱肉強食之現狀；余奉行世界一家之說，故憎惡現今之國家競爭。忌恨之事，不可不除；憎惡之事，不可不破。……余因之遂以世界革命者自任。[114]

這裡的「人類同胞主義」、「世界一家之說」內涵與彌藏的「四海兄弟主義」相同，同時又由於它們是作為西方列強在東方「弱肉強食」，互相爭奪殖民地或勢力範圍的「國家競爭」活動的對立面而提出的口號，它又含有人類平等相愛、世界歸趨大同的意味，具有較濃厚的民主主義思想的色彩。它構成了宮崎滔天大亞洲主義思想的基礎，也是滔天提倡的處理國家與國家、民族與民族之間關係的準則。

在人與人之間的關係上，宮崎滔天也有自己的信念：

---

[113] 同上引書、頁。
[114] 《宮崎滔天全集》第一卷，12頁。

　　余素來以為，人之力量雖然無窮盡，然人生之要務首先在於個人
之自覺。而欲達此（自覺）之境界，唯向學之一途耳。余確信此為
社會之至理，故又謀教育之普及。雖然，社會卻又不平等也，貧
者多而富者少，而興教育又不可不仰賴時間與金錢，故而欲謀教
育之普及，不可不一變多數細民之狀態，於是余又以社會革命者
自任也。[115]

　　由「個人之自覺」來達到「社會之平等」，這是宮崎滔天提倡的處
理人與人之間關係的準則，其實行的基礎是「教育之普及」，但社會貧
富不均的現象又阻礙了教育的普及，「一變多數細民之狀態」又成為基
礎的基礎。從這個主張出發，改變社會財富貧富不均的現行分配制度的
口號已經是呼之欲出了，無怪乎他要以「社會革命者」來自任了。

　　從嚴格的意義上說，宮崎滔天的這種抱負還難以談得上是「世界革
命者」，更談不上是「社會革命者」，但他決心為此而獻身的那種熱情卻
是純真的，他真正從拯救亞細亞民族、拯救亞細亞命運的目的出發，提
倡亞洲國家聯合起來，驅逐西方列強的侵略勢力，在亞洲各國實現民主
政治的態度，在當時的大亞洲主義者中也十分罕見。

　　另外，受宮崎民藏思想的影響，宮崎滔天從改變貧富不均社會現狀
的願望出發，還提出要建設一個「車夫馬夫有車坐，窮苦農民亦富有，
四海兄弟皆自由，萬國和平自由鄉」的世界的主張[116]，將其編進自己創
作的文藝作品之中廣為宣傳，這也使他的思想有了更多的人民性。在尋
找中國革命者和參加中國革命運動的過程中，滔天開始注意到了社會下
層廣大民眾的生活境遇和政治動向，這在一定程度上也克服了彌藏思想
中的個人英雄主義和冒險主義的傾向。

　　如果說頭山滿的大亞洲主義思想的基調很像是幕末明治初年尊王

[115]《三十三年之夢・自序》，《宮崎滔天全集》第一卷，12頁。
[116]宮崎滔天：《落花之歌》，宮崎滔天：《三十三年之夢》東洋文庫版，東京：平凡社，1967
　　年，265頁；譯文據林啟彥譯注本。

攘夷派「志士」思想的延續和發展的話，那麼宮崎彌藏、滔天兩兄弟的「支那革命主義」也很像是自由民權運動中「清韓改造論」或建立「萬國共議政府」說的延續和發展。從主觀設想上看，宮崎兄弟的思想較諸自由民權派鬥士們要更為具體化，更為條理化，似乎有了更多的實踐上的可操作性。但是，由於時代的急劇變化，日本已在這短短的一二十年時間裡，用全力改變了自己在世界歷史上的地位和面貌，成了歐美列強在遠東鎮壓民族解放運動和民主革命的尖兵。與此同時，中國、朝鮮國內的政治局勢也發生了很大的變化。即便如「支那革命主義」所設想的那樣，在中國成功地進行了革命，中、日、朝三國也已很難結成同盟，共同反對歐美帝國主義的侵略了，所以，「支那革命主義」最後必然還是一場難以實現的「落花之夢」。

但儘管如此，「支那革命主義」以其獨特的理論色彩和政治主張異軍突起，公開呼籲日本的民眾起來全力支持中國人民及亞洲各國人民的民主革命，打破了十九世紀末二十世紀初大亞洲主義思潮全盛時期國權主義、擴張主義主張泛濫橫行的一統天下，點燃了日本青年一代為正義、為真理而奮進的理想之火，它在日本近代思想史上仍然具有重要的意義。

第四節 「苦節十年並合謀」──內田良平的大亞洲主義

一、一個「新世代」新國權主義者的誕生

> 苦節十年併合謀，嘗將長策壓時流。
> 黑龍結社剩餘銳，劍氣秋高沖斗牛。[117]

這是日本「併合」即吞併朝鮮後，時任日本駐朝鮮統監府警務總長的明石元二郎，為「稱頌」內田良平在「日韓合邦」中所做的「甚多」

---

[117] 黑龍會編：《東亞先覺志士記傳》，中卷，124頁。

「貢獻」而寫下的一首詩。如果除卻詩中粉飾、美化成分的話，它也可以說是對二十世紀初年內田良平涉外活動的一個概括。

內田良平（1874-1937），沒落武士階級的後代，福岡縣福岡市人。內田僅比宮崎滔天小三歲，與宮崎兄弟基本上可以說是同一時代的人。在對國際局勢與亞洲前途問題的認識上，內田也抱有大亞洲主義的思想，還與宮崎滔天等一起參加過中國的革命運動。但是，從思想性格和政治抱負來看，內田與宮崎兄弟卻又迥然不同。如果說宮崎兄弟是明治中葉以後成長起來的一代青年中，沿著自由民權道路去尋覓民主共和「天國」這一派人的代表的話，那麼內田良平就是這一代青年中，沿著國家主義、國權主義道路去開拓日本稱霸亞洲、稱雄世界「宏圖大略」這一派人的代表。

與宮崎兄弟樹立起自由民權主義人生觀的經歷相仿，內田良平樹立起國權主義的人生觀，也與他的家庭環境以及他所受的教育有著密切的關聯。

內田良平的父親內田良五郎[118]是舊黑田藩（明治所在今福岡市）的一個下級武士，明治維新之後，他對新政府的施政深懷不滿，「西南戰爭」時兩度謀劃起兵響應西鄉隆盛的薩摩士族軍，均未成功，家境從此下落。出身於福岡士族，「名儒」之家的母親鹿子是內田良平的發蒙老師，內田開始懂事之後，母親每日將其招至膝下，講述「古今之忠臣、英傑」的故事，教育他要「敬神、尊皇」。1878 年，內田四歲，被父母送入福岡當仁小學校讀書。十二歲小學畢業後，內田當上那珂郡郡公所的勒雜工，閑暇時喜讀文學、歷史書籍，時常延請附近學校教師為他講解《日本外史》和《十八史略》等書，從少年時代起就受到許多傳統思想的影響。

內田良五郎與其胞弟平岡浩太郎在對外問題上當時都是「征韓論」的贊成者，內田良平少年時常聽得父親與叔父在「征韓論」或「伸張國權」問題上的種種議論，給他正在形成中的思想以深刻的影響。而叔父

---

[118] 內田家族原姓平岡，內田良平之父良五郎 14 歲時過繼給內田家宗作嗣子，此後改姓內田。

參與組織、領導的玄洋社中的浪人們，在由自由民權主義轉向國權主義之後，傾全力於「經營大陸」的「事業」，他們更成了內田良平心目中呼風喚雨的英雄：「叔父向支那派遣諸多青年，策動東亞之經綸，以期達到征韓論之目的。出入其門下者，皆有仗劍席捲四百餘州之氣慨，余與之交遊，竊立其志。」[119]從叔父及玄洋社青年那裡聽到的有關中國地理、風土、人情等傳聞令他神往，使他心中暗暗躍動起了走向「大國支那」這一未知的新天地的志望。

1888 年，內田因病辭去郡公所的工作，寄居平岡浩太郎家中，進行「文武之修煉」。他一邊每天去玄洋社的武道場學習弓術、相撲、擊劍和柔道等技藝，一邊埋頭閱讀《太閣記》、《太平記》、《楠公記》、《三國志》和《水滸傳》等國學、漢學書籍，像一個普通的玄洋社成員那樣逐漸成長起來。

平岡浩太郎不僅是國權主義的巨頭、玄洋社「三杰」之一，而且還經營著筑豐煤田的赤池煤礦，是九州著名的實業家。為了按照自己的理想來塑造新一代的浪人，他在內田良平身上下了很多功夫。1889 年，平岡介紹內田認識了曾在中國居住過的關屋斧太郎，由關屋向內田介紹在中國的見識。1891 年，平岡又讓內田到赤池煤礦當工頭，學習實際經營企業和管理工人的經驗。翌年 2 月玄洋社協助吏黨參加「干涉選舉」時，內田在叔父的命令下也率領數十名礦工去福岡縣第二、三選區與民黨勢力肉搏，據說還取得了可觀的「戰績」。在對「政治活動」的第一次介入過程中，內田就親身體驗到了武力、威權的效用。

1892 年平岡浩太郎帶領內田良平由福岡去東京。對於出身於地方的青年來說，當時的東京是人生歷程中立身出世的絕好舞臺。但內田在這裡並沒有像其他大多數青年那樣，一到首都就接受基督教的宣傳走向西化，或者接受正規的新式高等教育以向政界「邁進」，而是按照自己的願望去「講道館」學習柔道和到「東邦語學校」去學習俄語。原來他此時已經開始萌生了「研究俄國」的想法：「余抵京後熟思再三，同志之中研

---

[119] 內田良平著，西尾陽太郎解説：《硬石五拾年譜——內田良平自傳》，福岡：葦書房，1978年，13頁。

究支那、朝鮮者為數雖多，研究俄國者卻無一人，故而以己當之」[120]。家庭及生活環境的薰陶，從此時起就開始使內田形成了一種不同於常人的思維方式和性格，使他偏離了同時代青年走向社會的一般軌道，自外於明治國家的統治體制，選擇了國權主義政治浪人的生活道路。

1894 年 1 月，朝鮮爆發了「東學黨」農民起義，數月間即蔓延到全羅、忠清、慶尚各道，聲勢十分浩大。早就在鼓吹「對清國開戰」的玄洋社社員們乘機向政府要員遊說，要求日本對中國、朝鮮開戰。參謀本部次長川上操六授意的野半介等人，要他們以「民間人士」身分去朝鮮「點火」，然後由政府來「收拾局面」。玄洋社立即以內田良平、大原義剛、鈴木天眼等人為主，組織了小團體「天佑俠」趕赴朝鮮。7 月上旬，內田等人在全羅道淳昌附近見到了東學黨農民起義領袖全琫準。他們一面向農民軍表示自己「擲產舍家、冒死而離父母之國」來到朝鮮的原因，是感於東學黨人「據於義，履大道，欲興（朝鮮）王家之衰運、救百姓之流離」的行動，緩解全琫準等人的戒備心理；一而指斥「朝鮮之時弊」罪在「清國」，對農民軍「妄予敵國（指中國——引者）以『上國』美名」的「迂愚之舉」表示責難，建議東學黨一改過去的抗爭方針，結交「義俠」的「日本國民」揮兵北上，進攻「包藏禍心」的「清國」[121]，試圖把原本起因於國內階級矛盾的東學黨起義，誘導到國家、民族矛盾衝突的軌道上來。

「天佑俠」的活動目的是：「聲援東學黨，使之實行朝鮮之改革，驅逐支那勢力」，[122]這是玄洋社對外活動中的一項重要行動，也是頭山滿、內田良平等人秘密配合軍部對外侵略擴張路線的嚆矢。「天佑俠」的活動雖然由於東學黨農民起義軍沒有聽從他們的「勸告」以及日本政府最終用不宣而戰的方式挑起了戰爭的兩方面原因而沒有獲得他們預想的「戰績」，內田良平卻通過此事件，得到了為國權主義理想而親赴海外從事陰謀策動活動的第一次磨煉。

---

[120] 《硬石五拾年譜——內田良平自傳》，15 頁。
[121] 吉倉汪聖著、清藤幸七郎編：《天佑俠》，東京：長陵書林，1981 年復刻版，96-100 頁。
[122] 黑龍俱樂部編：《國士內田良平傳》，東京：原書房，1967 年，61 頁。

　　甲午戰爭雖然以清政府的屈膝投降、無條件答應日本方面提出的全部條件而告結束，但《馬關條約》簽訂一周之後的「三國干涉還遼」事件，卻給內田良平以極大的刺激。早在三年前他隨平岡浩太郎一起上東京時，他就隱約感覺到：「支那、朝鮮之外，日本面前尚有露西亞（指俄國──引者）這一更為強大之敵存在，彼之磨其爪，斂其牙，虎視耽耽以狙我東亞。將來日本與此強敵衝突之事，恐在所難免也」[123]。「三國干涉還遼」證實了他的預見，他「憤慨之念，難以禁抑，由是決心渡航西比利亞，親自研究露西亞之內情，以圖復仇」[124]。

　　1895 年 8 月，內田良平由長崎乘船抵海參崴，在俄國的這個遠東重鎮居住下來。表面上他開設了一個「武術道場」，教授柔道及其他武藝，暗中卻聚集了一批由日本來此謀生的浪人、僧侶、商賈等作為他的「內弟子」，打探、搜集俄國的各種情報。有時他還同日本陸軍的諜報人員（如椎葉糾義等人）合作，直接為軍部提供情報。

　　1896 年年初至 1897 年 7 月間，是內田在海參崴最活躍的時期。他根據中俄關係的發展狀況，估計到中、俄、朝三國交界處的間島地區將來可能成為矛盾的焦點，就派出楠本正徹去進行先行調查。其後他自己又深入圖們江流域，搜集進一步的情報。1897 年 8 月，為了瞭解俄國歐洲部分的情況，內田良平隻身橫越西伯利亞荒原，歷盡艱辛，經伊曼、哈巴羅夫斯克、赤塔、伊爾庫次克等地到達俄國首都彼得堡。翌年 3 月，他又帶領陸軍少校野中勝明返回斯列謙斯克（尼布楚），復經西伯利亞，探查了正在建造中的俄國遠東鐵路沿線地區的情況後，回到海參崴。

　　橫斷西伯利亞的旅行，使內田良平得到了一個親眼觀察俄國自邊疆至腹地各種情況的機會。前往尼布楚的途中，他看到俄國加緊修建鐵路、積極東進的態勢，深為憂慮，在致其兄內田庚的信中說：

　　　　以余觀之，迄今為止俄國對西比利亞之開拓及支那之反應，危若
　　　　累卵。俄國對西比利亞荒原之開拓，已遠非日本人所能想像者，

―――――――――――――――――

[123] 《國士內田良平傳》42 頁。
[124] 《硬石五拾年譜──內田良平自傳》，30 頁。

實可警怖也。如此而往，不十數年，一新進強國當立於日本之面
前，支那之滅亡固不待論，貧弱之朝鮮恐亦不為俄國所介意。日
本唇破齒寒，其將步支那、朝鮮後塵之勢已瞭若觀火也。[125]

內田從俄國咄咄逼人的攻勢中看到了日本的危機，呼籲日本須對此
及早加以警惕和防範。這封信當時曾在《九州日報》上發表過，據說頗
「使血氣方剛的福岡縣人士氣為之振奮」[126]云云。

但俄國雖然在對外政策上西進東擊，聲勢奪人，在內政上卻是矛盾
重重、分崩離析，瀕於崩潰的邊緣。這一點內田良平在深入俄國內地後
不久就感覺到了。他評價俄國當時的形勢是：「人倫之頹壞、政治之腐
敗」已達到頂點，「國民之不平」鬱結胸中已難以抑塞；而俄國政府對
此全然不顧，「徒急功名」，一心一意「策動對外之大經綸」。當然，俄
國的當政者並不是不為內政擔憂，實在是因為國內問題「積弊既久，矯
正難期，到底難舉改善之功」才專注於外交問題的。這樣，「對外經綸
一旦蹉跌，露國立將陷於不可收拾之事態，則顯見之勢也」[127]。

此外，俄國「革命黨」的活動也引起了內田良平的注意。他認為在
俄國政府推行侵略「滿洲」政策的時候，「革命黨」不但不加以反對，
反而慫恿政府這一政策的實行，目的在於當政府一旦發動對外戰爭，他
們可以趁機獲得民眾的支持奪取政權。所以，從當政者和反對派的兩方
面看，俄國以西伯利亞地區為依託南下侵略「滿洲」都已成為騎虎之勢，
在所必行了。

在俄國義無反顧的攻勢下，內田認為日本為了確保自己在朝鮮及中
國東北地區的「利益」，與俄國發生衝突是不可避免的，衝突只有訴諸
戰爭才能解決。以羽翼未豐的日本與歐洲強國之一的俄國相抗衡，對於
當時多數日本人來說，還是難以想像的。但是內田分析了俄國的國內形
勢，認為日本不能退卻，只能迎擊，戰爭只會對日本有利。因為俄國雖

---

[125] 《東亞先覺志士記傳》上卷，577 頁。
[126] 《國士內田良平傳》，133 頁。
[127] 《東亞先覺志士記傳》上卷，583 頁。

然擁有強大的陸海軍，但多集中在歐洲部分，遠東地區的俄軍實力實際上劣於日本；其次，俄國如果與日本作戰，並沒有其他列強與之結成聯盟，它在戰略上是孤立的；再次，俄國國內「革命的威脅」也會不斷削弱其戰爭力量。所以「一朝兵戎相見」，「我國將立於必勝之地位，可毫無疑義也」[128]。

在對俄國邊疆及內地實地考察的基礎上，內田良平提出了「對俄必戰、對俄必勝」的主張。他對俄國內政、外交諸問題的分析雖然不一定完全切中要害，卻反映出他具備了較為敏銳的觀察力和冷靜的分析力，這是一般大陸浪人所不具備的特長。「天佑俠」、海參崴及橫斷西伯利亞三項活動，開創了內田良平向海外發展的時代，他逐漸脫卻玄洋社的活動範圍，闢出了自己的獨特活動方式和路徑。他的國權主義思想傾向通過這些活動也得到增強，「對俄必戰、必勝」主張的提出，表明「國家」第一、國權至上的思想性格在他身上已經基本定型。

二、支持孫中山革命事出有因

1898 年 7 月，內田良平結束西伯利亞「探險」後回到日本，向朝野各界的實力人物宣傳「對俄必戰、必勝」的觀點。在東京，他意外地遇到了中國革命派的領袖孫中山。據《硬石五拾年譜》的記載，孫中山是聽到內田回日本的消息後，由宮崎滔天的推薦和介紹才與內田相見的，見面時的具體經過如下：

> 孫向余說支那不可不革命之所以，切盼日本志士援助。余曰：「支那雖有革命之必要，然在支那革命之前尚有先決之條件，曰何？日俄之開戰也。日俄不戰無以挫俄國東侵之勢力；而俄國東侵勢力不挫，彼即有乘革命變亂而侵略支那領土之虞。殷鑒不遠，請觀日清戰爭之結果，或溯而觀英法聯軍攻陷北京之時，露國豈非已迫使（清廷）割烏蘇里一帶之土地耶？」孫答曰：「支那革命倘

---

128 同上引書，583-584 頁。

若成功，恢復俄國之侵地當為易事，不足為慮。更況尚有日支提
攜（可為憑恃）也。」余深為孫之意氣所感動，曰：「支那革命舉
事倘先於日俄戰爭，僕即中止對俄計劃以援助君。革命時機到來
之前，可各從事其所志之事。」孫大喜，自茲遂日夕往來。[129]

　　這段記述，介紹了內田良平與孫中山初次會面時的經過和主要交談
內容，它對孫中山的革命主張和對於俄國萬一乘革命混亂之機侵略中國
領土時孫中山準備採取的態度等作了介紹，但對於內田自己為什麼會「深
為孫之意氣所感動」的原因卻語焉不詳。內田良平與宮崎滔天不同，內
田當時雖然也有以日、中、朝三國的力量反抗歐美（主要是俄國）勢力
對東亞地區侵略的思想，但他基本上是從國權主義者的立場、以日本的
國家利益為核心來考慮這個問題的。在聯合中國、朝鮮的方式問題上，
他雖然還沒有形成明確的思想，但我們從他在此後不久（1899 年 1 月）
發表的〈興清策〉一文中也可窺知一二。在該文中，內田提出必須將中
國從清朝政府的「衰勢」中挽救出來，而最可依賴的對象是以康有為、
梁啟超為首的變法派。可見他在表示支持孫中山革命活動的同時，也將
希望寄託於康、梁等人的變法改良。內田良平基本上沒有受到多少自由
民權運動的影響，在這一點上他甚至也不同於頭山滿。內田之所以贊
同、支持孫中山的革命，出於思想信仰、政治抱負上的共鳴的可能性是
相當小的，顯然還有對於內田良平來講更為實際、更富於吸引力的原因。
　　後來，內田良平在《皇國史談・日本之亞細亞》一書中對他與孫
中山初次會面的情形，又作了一次內容與《硬石五拾年譜》略有不同
的敘述：

著者於日清戰後赴西伯利亞，至俄都，（明治）三十一年七月歸
國，九月上京。孫逸仙以宮崎寅藏為介至著者宿處來訪，力說欲
打破支那積弊、振興東洋，除革命手段外別無他途，切盼給予援

助等。著者曰:「支那革命不僅為支那之復活,亦乃亞細亞興隆
之基礎也。倘誤擇時機,內亂為俄國所乘,則勿言滿洲、蒙古,
即直隸、山東一帶恐亦為彼之所奪也。僕數年來遍訪露西亞,知
其經略遠東之情形,恰如騎自行車旅行,不停則已,停則傾覆也。
故其不得不取持續東進之策,早晚須與日本衝突。因之支那革命
之時機,當以日俄戰後為佳。」孫曰:「即令露西亞乘革命之機,
奪取支那領土,亦不足以深憂也。革命政府一旦成立,清朝政府
必走滿洲,以露西亞為後援維繫國命。新政府當與日本同盟以還
擊露西亞。既然無論如何措置,與露西亞之衝突終亦難免,則革
命之發動愈早愈有利也。原來吾人之目的,在於滅滿興漢,至革
命成就之曉,即令舉滿蒙西伯利亞送與日本亦可也。」著者聞此
言,知孫非尋常之人,遂與之訂下援助之約。[130]

　　這樣,我們就看到了內田良平的更為重要的動機:在中國革命黨人
最困難的時候伸出援助之手,以便等到革命成功之後與中國的新政府共
同抗擊俄國的南侵,並從新政府手中索得「滿蒙西伯利亞」地區。如果
孫中山的這些話屬實,那麼內田支持中國革命派活動的動機就十分清晰
地暴露出來了,這與他對待「俄國問題」的態度乃至他的國權主義思想
性格也是吻合一致的,使他突然由「對俄開戰」的宣傳轉向援孫活動的
變化成為一個合理的選項。

　　然而遺憾的是,內田良平與孫中山的這次交談,雖然是用筆談形式
進行的,但他們並沒有留下筆談原稿,使後人失去了判定內田良平敘述
內容是否可信的直接材料。因此,我們現在只能結合其他一些有關資
料,對這段歷史作些推論性探討。

　　《硬石五拾年譜》和《皇國史談・日本之亞細亞》兩書在對內田與
孫中山會見時基本情況的敘述上大體是一致的,最引人注目的不同之處
就是前者沒有提及孫中山流露過革命後要將「滿蒙」等地讓給日本的意

---

[130] 內田良平:《皇國史談・日本之亞細亞》,東京:黑龍會出版部,昭和 7 (1932) 年,
321-322 頁。

思，而後者則添上了這幾句對於瞭解內田良平和孫中山的思想來說都是
至關重要的話。日本學者久保田文次曾在論文〈論孫文的所謂「出讓滿
蒙」論〉中對《硬石五拾年譜》和《日本之亞細亞》兩書作過比較，認
為從成書年代上看，《硬石五拾年譜》（上卷原稿完成於 1927 年底）比
《日本之亞細亞》（1932 年出版）要早四、五年左右，它最初的寫作目
的並不是為了公開出版，在一些基本史實的敘述上又是《日本之亞細亞》
等書的藍本，所以《硬石五拾年譜》應該是比較接近於原始記錄的記載。
再考慮到《硬石五拾年譜》完稿之後，又發生過 1927 年 5 月日本出兵
山東和 1931 年的「九・一八事變」等中日外交史上的重要事件，這些
事件可能會使內田良平等人在《日本之亞細亞》等著作中為使日本占有
「滿洲」行為「正當化」而加以政治性潤色的情況，也應該認為《硬石
五拾年譜》的可信性要比較大些[131]。應該說這種分析是比較客觀的，在
沒有發現進一步的新的材料之前，斷定孫中山在與內田良平的初次會面
中是否向內田作出過「出讓滿蒙」的許諾是困難的。

　　但是，與這個問題相關的另外一些材料，可以推動我們的認識再前
進一步。

　　內田良平與孫中山訂下「援助」之約兩年以後的 1900 年，內田在
惠州起義即將爆發的前夕，突然中止了對孫中山等人的支援活動。據《硬
石五拾年譜》，內田向跟隨他參加起義準備活動的部下是這樣解釋其原
因的：

> 　吾人賭生命以援助孫（文）革命之所以，以其與日本利益相一致
> 之故也。孫以大義名分、滅滿興漢為革命旗幟，目的在於驅逐滿
> 人，建設漢人之中國。（吾人）以故助漢人，使滿人求助於俄，
> 而後日支提攜以破俄，收滿洲、西比利亞為我所有，奠定經營大

---

[131] 久保田文次：〈論孫文的所謂「出讓滿蒙」論（孫文のいわゆる「滿蒙讓與」論について）〉，
中島敏先生古稀紀念事業會：《中島敏先生古稀紀念論文集》（下卷），東京：汲古書院，1981
年，606-611 頁。

陸之基礎。[132]

內田良平在這裡雖然也沒有明言孫中山向他作過什麼承諾，但至少他是確信孫中山的革命成功之後，依靠中日兩國的對俄聯盟，日本是完全可以得到「滿洲」和西伯利亞地區的。他把中國的革命說成是「與日本利益相一致」的事物，也說明他把中國的革命僅僅看作是日本與俄國在東亞地區進行勢力範圍爭奪的一個可資利用的環節。為了實現這個計劃，他已經在俄國的邊陲和腹地往返奔波有年，數度出生入死，他完全可能也會為了這一計劃而以「生命」相「賭」來援助孫中山的。

此外，《硬石五拾年譜》中也有孫中山向日本人許諾「出讓滿洲」的明確記載，這是 1907 年 2 月 13 日伊藤博文就清朝慶親王奕劻要求日本將孫中山驅逐出境一事徵詢內田良平意見的談話時涉及到的，原文是內田的話：

> 孫文自前年以來，向我朝野諸人遊說，言日本若能援助支那革命，將以滿蒙讓渡日本。恐其情報已達北京，故而慶親王有此書以致閣下也。[133]

但這裡的「朝野諸人」究竟指的是哪些人，內田良平沒有一一點明，其他有關材料迄今也很少發現，所以仍不足以最後說明問題。但是如果將《硬石五拾年譜》上面的有關敘述聯繫起來看，可以推測當時大概是這麼一種情況：1898 年孫中山與內田良平第一次見面時，兩人就俄國乘中國革命爆發時侵占中國東北地區的可能性進行了交談，孫中山不以此事為慮，認為革命成功之後依靠新政府的力量和「中日提携」不難解決。內田良平聯繫到革命派強調的「滅滿興漢」主張，以為革命黨人將「滿洲」視同外域，革命勝利後日本不難居功從中國手中得到「滿洲」，於是將孫中山的一些言行理解為「出讓滿蒙」的諾言，並加以宣傳擴散。

---

[132] 《硬石五拾年譜——內田良平自傳》，77 頁。
[133] 《硬石五拾年譜——內田良平自傳》，151 頁。

於是，一些右翼浪人便以所謂「孫文公約」為招牌，鼓動朝野各界支持革命派。此後日本政界、財界、文化界中一些人在遇到孫中山向他們求助時，便公然以此為條件相要挾，強迫孫中山就「滿蒙」權益的問題向他們承諾[134]。這種活動一直持續到辛亥革命以後。

從內田良平當時的言行來看，不管他與孫中山第一次相見時是否得到了關於「滿蒙」地區權益問題的承諾，他後來在實際活動中是把「支持」孫中山當作在大前提上「與日本利益相一致」的事業來進行的。他在惠州起義前有一段時間表現得格外突出、激進，不但代表孫中山乘清朝海軍軍艦深入廣州與劉學詢談判，甚至還有過以生命相賭刺殺劉坤一、李鴻章等人的激烈計劃。但這些活動的目的並不是為了「中國革命」本身，而是為了革命之後「收滿洲、西比利亞為我所有」的目標。所以一旦當他看出惠州起義沒有成功的希望之後，他就不再顧及孫中山和宮崎滔天的任何懇求、挽留，抽身而退，率領幾個追隨他的浪人重新去進行「對俄開戰」的宣傳、策劃活動去了。

三、組織黑龍會與參與「日韓合邦」活動

內田良平脫離了與惠州起義的關係之後，聯絡了一些在「對俄開戰」問題上與他意見相合的「同志之士」二十餘人，於 1901 年 2 月在東京成立了一個新的小團體——「黑龍會」。黑龍會的成員有伊東正基、葛生玄晫、葛生能久、吉倉汪聖等人，多為過去玄洋社的成員或「天佑俠」的參加者，犬養毅、鳩山和夫、頭山滿、大井憲太郎、平岡浩太郎等老一代的「對外有志」則充任該會的贊助人，內田良平被會眾推為「主幹」（即主任、首腦之意）。

黑龍會的成立，是內田良平等人的大亞洲主義走向形成的一個重要標誌。在〈黑龍會創立趣意〉中，他們首先對當時東亞地區的局勢作了

---

[134] 在這一方面我們可以舉出下田歌子的事情為例。1900 年孫中山經清藤幸十郎之姊秋子的介紹，結識下田歌子，請求其幫助革命黨人籌措起義經費。下田問：「革命成功之日，是否有意將滿洲予以日本？」孫中山答：「可也。」下田於是說：「如此，當不惜盡力。」開始為革命黨籌措經費。事見《東亞先覺志士記傳》上卷，673 頁。

這樣的概括：

> 夙來機敏靈活之德、俄、英、法等國，窺透世界勢運之機微，航
> 其海，梯其山，不遠千里相爭而來，蹂躪我東洋之地久矣。而以
> 韓之屬，清之弱，固不能與之相敵，唯拱手閉目，但求保存己身
> 以求一日之安而已。[135]

東亞地區的這種現狀，使內田等人感到不安和憂慮，而對於早已「領
有烏蘇里一帶土地」，近來又「於遼東一角修築軍港、頻促兵馬，南下
以臨滿洲」、「拓地殖民、刻意經營」，「列國僅默視而不能阻害其事業」
的俄國，他們尤其感到不安和憂慮[136]。所以黑龍會宣布，它的主要目的
就是研究俄國及「滿韓之實情」，將其「宣示天下」，「以喚起國民之堅
定決心與輿論，雪三國干涉之屈辱」，推動日本確立對抗俄國、獨霸東
亞地區的「萬年長計」[137]。黑龍會之所以以「黑龍」命名，據說就是「欲
擔當以黑龍江為中心經營大陸之大業」的「表現」[138]，可見該會自成立
時起就帶有比較強烈的國家主義、國權主義傾向。

既然已經決心用強硬手段來對抗俄國勢力的南下，那麼又應當怎樣
來處理日本與中國、朝鮮的關係呢？內田良平等人並不贊成「提携」、「扶
植」之類的主張，認為它們是對中國、朝鮮局勢無知的表現：

> 彼蚩蚩庸庸之輩，鼠目寸光，妄作慷慨，狠然激昂，稱臥薪，號
> 嘗膽，動輒攘臂鼓舌，縱談扶植屏韓弱清之必要，然詳加詢之，
> 則於對岸之地理人情全然不辨者，比比皆是也……。[139]

---

[135] 《黑龍會會報》創刊號，轉引自初瀨龍平：《傳統右翼內田良平的研究（伝統の右翼內田良平の研究）》，福岡：九州大學出版會，1980 年，70 頁。

[136] 《黑龍會會報》創刊號，轉引自《傳統右翼內田良平的研究》，70-71 頁。

[137] 黑龍會編：《黑龍會三十年事曆》，東京：黑龍會，昭和 6（1931）年，5-6 頁。

[138] 《東亞先覺志士記傳》上卷，678-679 頁。

[139] 《黑龍會會報》創刊號，轉引自《傳統右翼內田良平的研究》，71 頁。

　　那麼，內田良平等人自身對這個問題是什麼主張呢？黑龍會成立前後，他們並沒有明白地表露過這方面的思想，但是透過此後黑龍會的一些活動以及內田良平本人的言行，答案並不難找到。黑龍會當時的活動，主要有以下幾個方面：

一、在日本內地（福岡、京都等）和海外（朝鮮釜山等）設置支部，作為開展活動的據點；向朝鮮、「滿洲」、西伯利亞等地派遣「調查員」開展搜集情報的工作。

二、將調查活動的成果（包括內田等人以往的調查成果）編印成《最新滿洲圖》（1901 年 4 月出版）和《露國經營東方方面全圖》（1902 年 5 月出版）等資料，提供給軍政當局及民間各界參考。這些資料有些據說比日本陸軍參謀本部編繪的軍事地圖都要詳盡，因而在日俄戰爭中起了重要的作用。

三、出版機關刊物《黑龍》（最初稱為《黑龍會會報》，1901 年 3 月創刊）及《東亞月報》（1908 年 4 月創刊）等，作為鼓動社會輿論的工具。

四、創辦「黑龍語學校」（1901 年 12 月創辦），招募青年學習俄語，培養對俄軍事、外交的後備力量。

五、在朝鮮大丘開辦「飛龍商行」（1902 年 9 月設立），藉販賣雜貨為名從事土地收買和搜集情報活動。同年 5 月，還籌資買下了具有戰略意義的鎮海灣口臥島和馬山浦灣口釜島等朝鮮領土，直接在朝鮮進行殖民活動。

　　以上各項活動，無不體現著以俄國為假想敵，在朝鮮及中國東北地區千方百計與俄國勢力進行爭奪的戰略意圖。內田良平本人也在 1901 年 9 月發表了一部長篇論著──《露西亞亡國論》[140]，圍繞著「對俄開戰」問題第一次全面闡述了自己對東亞局勢及前途的看法和主張。

　　二十世紀初，日本雖然已經開始意識到俄國在東亞地區的擴張是自己「對外發展」的主要障礙和威脅，日俄之間最終難免一戰，政府和軍

---

[140] 吉倉汪聖雖然也參加了《露西亞亡國論》的寫作，但該書的主要見解及觀點都是內田良平的。

部為此已經從多方面開始了戰爭的準備,但在社會上卻流行著一種「恐俄病」,對於同地跨歐亞兩洲、擁有眾多陸海軍力量的龐然大物——俄國開戰能否取勝沒有信心。另外,以政界巨頭伊藤博文為首的親俄派的力量也還相當強大。為了將日本引向對俄開戰的道路,內田良平根據自己對俄國研究的「心得」,在《露西亞亡國論》一書中,首先從政治、軍事、經濟、外交、宗教、教育等各方面對俄國的情況進行了分析。他指出俄國也同清朝政府統治下的中國一樣,存在著「九個大弊病、大缺陷」,不可能走向「發達隆興」;他斷言:「清朝之命運,即俄國之命運;清朝之今日,即俄國之來日也」[141],為患有「恐俄病」的人們打消疑慮而提供了現實的依據。

為了抵制親俄派的活動,內田良平又進一步把對俄開戰當作日本對亞洲及俄國的「神聖」「天職」來加以宣傳:「吾人既然有救濟支那四百州、四億萬人之天職,吾人於人道之上亦須對露西亞一億三千萬人執開導之勞」。而日本民族之所以能夠擔此重任,據內田說是由於「君子民族」的日本民族擁有著一種「當貢獻於世界文明之上最重要之物」,即所謂「大洋式(與內陸式相對而言——引者)的天然宗教也,亦即有三千年歷史特色的智仁勇之人道也」。內田把這種具體含義不甚清晰的「天然宗教」和「道」,奉為補足二十世紀物質文明之欠缺的最大「精神文明」,以為如果能以日本的「天然宗教」和「人道」去「改造二十世紀之世界,使之成為完美圓滿之天地,更打破人種上狹隘之黃白界限,弭兵氣於日月光輝之下,吾先王建國之精神於事實上即已征服世界、統一天下也」[142]。內田良平從歌頌日本的「天然宗教」和「人道」出發,把日本民族當作從精神上「征服世界、統一天下」的王者,從而最終得出「救濟支那」、「開導露西亞」等等都是上天賦於日本民族的「崇高」「天職」的結論,這種論證方式以及結論,與頭山滿的大亞洲主義思想幾乎如出一轍。

內田良平認為,日本民族在當時所肩負的「神聖」「天職」共有這

---

[141] 內田良平、吉倉凡農著:《露西亞亡國論》,東京:黑龍會本部,1901 年,31 頁。

[142]《露西亞亡國論》,154-155 頁。

樣四個方面：一、「扶植朝鮮」；二、「保全支那」；三、「守護滿洲」；四、「開導露西亞」。這四個方面的總和，就是內田良平的大亞洲主義思想。不過，《露西亞亡國論》一書雖然最早提出了「天職」說的觀點和「扶植」、「保全」、「守護」、「開導」朝、中、俄及「滿洲」地區的發想，但對這些發想的每個具體環節的充實和豐富，卻是內田花了很長的時間才逐步加以完成的，它大致經歷了「露西亞」──「朝鮮」──「支那」──「滿洲」這樣四個階段。在 1905 年以前，內田良平注意的重心在俄國，其思想發展的重點也是所謂「露西亞問題」。

在《露西亞亡國論》中，內田良平指出，日本民族雖然膺負「扶植朝鮮」、「保全支那」等四項「神聖」「天職」，但在當時，「開導露西亞」卻是最首要的「天職」，「急務中最大之急務」，「吾人為達到開導露西亞之目的，有時即便要訴諸戰爭亦在所不辭」[143]。這確實是用最簡潔的語言、最初步的論證方法為日本發動對俄戰爭所能找到的最「動人」、最「冠冕堂皇」的理由。

使用什麼具體措施來「開導」「露西亞」？內田良平認為它首先應該是日本以堅決的、毫不留情的戰爭手段來反擊俄國向東發展的態勢，並且在打敗俄國之後提出如下的媾和要求[144]：

1.限制俄國在「滿鐵」沿線守備軍的員額；2.在「滿洲」一帶給各國人以同等的權利；3.旅順、大連商港化並撤去俄國守軍；4.限制俄國自伊爾庫次克以東與中、朝交界處的兵力及要塞數量；5.限制俄國在遠東的軍艦數量；6.以西伯利亞鐵路為擔保，向俄國要求償款五億元；7.給各國人以黑龍江及其支流的航行權；8.給各國人以西伯利亞的土地所有權、採礦權及經營工業、漁業權；9.日本占領庫頁島；10.俄人、華人對東清鐵路的權利平等。

這些要求如果全部得以實現，日本不僅可以從俄國手中獲得巨額的

[143]《露西亞亡國論》，157-159 頁。
[144] 這一部分內容原為《露西亞亡國論》的第五章，發表後被日政府強令刪去，並改書名為《露西亞論》。現根據《黑龍會會報》第二號上刊載的內容基本相同的〈概算露國之實力及論和戰之利害〉一文歸納於此。

戰爭賠款和庫頁島全島，而且還將大大削弱俄國在東亞地區的侵略權益，使從西伯利亞到「滿洲」的遼闊地區變成列強共同的殖民地（實際上受益最多的將是日本）。雖然內田良平一再聲稱「吾人自始即無侵略土地的非分之望，唯願為天下之文明而扶植文明，擴大文明之領地。吾人之殖民事業亦足以為世界人類殖民事業提供一公明正大之模範」[145]等等，但他的目標最終仍是為了「將西比利亞鐵道（區域）建設成上天賦予我日本民族的第二鄉國」，為了使「我邦人」也能夠「利用此大有希望之土地，大大增進國利」等等[146]，可見，所謂「開導露西亞」、「扶植文明」云云，到頭來仍不過是為了排擠俄國侵略勢力、擴張日本侵略勢力的一句遁辭，用這樣的辦法來驅逐歐美列強在東亞地區的侵略勢力，於中國、朝鮮以及亞洲各國人民的共同利益毫無裨益。

內田良平的大亞洲主義，不僅是為日本帝國主義對外侵略擴張活動鳴鑼開道的一種思想，往往還包含有一些提示日本政府在對外交涉中如何才能取得最大收益的具體主張，《露西亞亡國論》中的十條「戰勝俄國後的要求」就是一個範本。1904 年至 1905 年日俄戰爭的結局，果然如內田良平所預想的那樣，以日本的勝利告終，內田在戰前所提出的要求大部分也得到實現，「開導露西亞」的活動暫告結束。然而內田良平等人並不以此為滿足，他又對日俄戰爭結束後的東亞形勢進行觀察，研究日本下一步的活動目標及辦法。首先，對於俄國，內田良平認為，日本雖然已用戰爭手段對其進行了「開導」，但它的「東漸之勢決難就此而止」，英、德、法等國都在背後鼓動著俄國向東方擴張，所以日本仍然不能對其掉以輕心；其次，日俄戰後「朝鮮問題」又日益變得重要起來：「韓國現在雖附從於我，然我若久久不舉統治之實，巴爾幹半島之覆轍即在眼前」[147]。所以，如何確立日本對朝鮮的統治權，鞏固日本在日俄戰爭中的成果，立刻成了內田良平等人新的課題，「扶植朝鮮」活

---

[145] 《露西亞亡國論》，208 頁。

[146] 內田甲（良平）：〈黑龍江沿岸州的地方及其移民〉，轉引自初瀨龍平：《傳統右翼內田良平的研究》，76 頁。

[147] 〈黑龍會振作要旨〉，轉引自初瀨龍平：《傳統右翼內田良平的研究》，96-95 頁。

動就成了他新的「急務」。

　　在此之前，內田良平已數度到過朝鮮，他說自己對朝鮮人觀察的結果是：「夫炎而附、寒而離，乃一般韓人之常情；內以殘忍酷薄之虎狼本性，包以巧言令色之羊皮，一瞥雖似可憐憫者，憫之則狎，親之則負」[148]。字裡行間，充滿了歧視和偏見。但是，對於朝鮮所處戰略地位的重要性，內田卻早有認識。1906 年 12 月，他在致「韓國統監」伊藤博文的信中指出，中國國內已經出現了極不安定的政治局而，清朝政府的統治不出明年就會崩潰；「愛新覺羅氏一旦失其主權，四百餘州將委諸外人之手。倘我不能先拔韓國之本，豫作我之基礎，則我中興無前之鴻業，將中道而瓦解」[149]。據此，他提出日本對朝鮮的根本政策應該是：「使（朝鮮）三千里疆土，變為我之萬里長城；二千萬人口，變為我之戰艦」[150]。從一開始，他就提出了一條赤裸裸地侵略、占領朝鮮的強硬路線（其強硬程度甚至超過了日本帝國主義侵略朝鮮的主帥——伊藤博文在當時所持的主張），敦促日本政府實行。

　　但在當時，日本雖然已經完成了軍事帝國主義的政治體制，但其經濟力量與其他列強相比還相當軟弱，短時期之內尚難以通過經濟侵略完全扼制住朝鮮的經濟、政治命脈，建立穩固的殖民主義統治秩序。於是，內田良平趁機提出「日韓合邦」這一「拔韓國之本」的計策，企圖藉由建立政治上的絕對統治權來推動日本對朝鮮的全面統治。

　　激起內田良平產生「日韓合邦」念頭的，首先是日俄戰爭後日本對朝鮮實行的「保護」制度。內田認為，作為權宜之計，「保護」制度是可取的，但從長遠的觀點來看，「保護」只能有兩種前途：或者日本逐步放棄在朝鮮的統治地位，或者建立對朝鮮的絕對統治。從日本的「國家利益」來說，只能爭取後一種前途，所以必須實現「日韓合邦」。其次，內田對具體體現「保護」制度的「朝鮮統監府」的施政也不滿意，

---

[148] 葛生能久著：《日韓合邦秘史》上卷，東京：黑龍會出版部，昭和 5（1930）年，13 頁。參見《國立國會圖書館數位收藏（國立國會圖書館デジタルコレクション）》（http://dl.ndl.go.jp/info:ndljp/pid/1225270）。

[149] 同上引書，上卷，60 頁。

[150] 同上引書，下卷，37 頁。

認為他們的改革不是改良而是「改惡」，徒使「民生日苦，人心日離，我統監府獨成怨望之府」[151]；從統監制度本身來講，也不應該繼續存在。再次，內田從極端蔑視朝鮮人民的立場出發，認為朝鮮民眾的生活環境極其低下，已不堪救治：「噫！生而寧為喪家之狗，毋為韓國之民！」[152]解決的辦法也只有「日韓合邦」。「合邦」後朝鮮的民眾就可以享受「日本國民」的待遇，遠離了現今痛苦生活的深淵，所以「合邦」是日本對朝鮮施行的亙古未有的「仁政」，是日本天皇「皇統」的體現等等。[153]

這樣，內田良平憑藉自己在政治上的觀察力，看出了日本為保衛在東亞地區的侵略權益，有必要進一步吞併朝鮮的趨向，及時地向日本統治集團獻上「日韓合邦」的計策，並且又為這個吞併活動設計出了動聽的藉口。

與此同時，內田暗中也開始了推動「日韓合邦」的實際活動。1905年 12 月，他被任命為「朝鮮統監府」的「囑托」（幕僚性質的官職），翌年 3 月到達朝鮮京城。為了促進日本統治者與朝鮮上層官吏、士大夫之間的交往，他曾發起「南山文社」等聚會，不久他又發現了以李容九、宋秉畯等為首領的民間組織「一進會」。

「一進會」據說原為東學黨農民起義軍流亞「天道教」演變而來的組織，主要從事創辦學校、發行報刊和開發資源等「維新」事業。日俄戰爭中，一進會曾協助日軍偵察敵情、運送軍需品等，受到國人的非難，後來宋秉畯又因窩藏逃犯罪被捕入獄，整個組織受到打擊，已瀕於崩潰。內田良平從一進會對日本侵略者的態度較為「友善」一點上看到了可以利用的價值，覺察到如果掌握住李、宋等人，就可以「使韓國秩序得以維持，成為我政策之一助動力」[154]。於是當李容九請他搭救宋秉畯出獄時，他就慨然允諾，同時與李以事成之後共同建設「日韓聯邦」的計劃相約。不久，宋秉畯獲釋出獄，一進會聘內田為顧問，將「指導」

---

[151] 《日韓合邦秘史》上卷，74 頁。
[152] 同上引書，80 頁。
[153] 《日韓合邦秘史》上卷，84-86 頁。
[154] 《硬石五拾年譜》，116 頁。

權讓給內田。內田良平又利用在「統監府」中的影響，為一進會搞到了
每月二千元的補助金（由「統監府」支付）和十萬元的機密費（由日本
陸軍省支付），幫助其渡過經濟上的難關。結果就使一進會一步步變成
了在內田良平等人的指揮下「不問事之是非善惡，不得不服從日本」統
治者的傀儡工具[155]。

其後，在內田良平的操縱下，一進會首先在 1907 年 7 月逼使朝鮮
皇帝高宗讓位於太子，與日本簽訂《第三次日韓協約》，規定日本統監
對朝鮮內政有「指導」、「承認」、「同意」、「推薦」之權。而後，以一進
會為中心又組成「自衛團」，參與鎮壓朝鮮愛國士兵的「義兵」運動。
最後，1909 年 12 月，一進會在內田良平鼓動下以「會長李容九及一百
萬人（會眾）」的名義，向朝鮮皇帝、日本統監呈上《關於合邦之上奏
文及請願書》，製造了由朝鮮人自己出面向日本要求「合邦」的「輿論」。
1910 年 8 月，日本政府終於在戒嚴令下與李完用傀儡政權簽訂了「日韓
合邦」的協定，正式將朝鮮「合併」到了「日本帝國」的版圖之內。

吞併朝鮮，早已是蓄意向大陸擴張勢力的日本統治集團的既定方
針，1909 年 7 月 6 日的內閣會議上也作出過「合併韓國，使之成為帝國
版圖的一部分，實為確立我實力於（朝鮮）半島最確實之方法。帝國當
比照內外形勢，於適當時機斷然實行合併」的決議。[156]所以即使沒有一
進會的「請願」，它也是勢在必行的。但是內田良平的活動亦非多餘，
它從多方而加速或「完善」了這一過程。通過對一進會的操縱活動，他
使日本對朝鮮的野蠻吞併蒙上了一層順從「民意」的騙人色彩，所以內
田在「日韓合邦」活動中所起的作用是極為惡劣的。

為日本吞併朝鮮而用盡權謀機詐之術的內田良平，是把「日韓合邦」
當作實現他的大亞洲主義主張的一個重要步驟——即所謂「扶植朝鮮」
這一環節來加以實行的。他接過樽井藤吉發明的「大東合邦」的主張，
宣稱自己的目的是「出於大東合邦即組織亞細亞聯盟之抱負」，為了實
現這一抱負，「第一著」就須「先實行日韓兩國之合邦，示範於全亞細

155 《日韓合邦秘史》上卷，204 頁。
156 外務省編：《日本外交年表並主要文書》上卷，東京：原書房，1965-1966 年版，315 頁。

亞各民族;而後使一進會大眾移住滿洲,漸次於滿蒙確立鞏固之地位,
以成日支提携之媒介」,最後就可以合日、中、朝三國為「亞細亞聯邦」
(有時他又稱之為「東亞聯邦」)了[157]。現在,「日韓合邦」已然告成,
於是如何「保全支那」和「守護滿洲」又成了他議論最多的話題。

四、從《東亞時務辨》、《支那改造論》到《支那觀》

1905 年,中國留日學生界中興起了新的革命高潮之後,內田良平又
重新向孫中山、黃興等革命派靠攏,表現出同情和支持中國革命的積極
姿態。

但是,和數年前援助惠州起義時的情形一樣,內田此時突然又恢復
與中國革命黨人的密切關係,目的也不是為了中國的革命。

1908 年,內田良平發表了〈東亞時務辨〉和〈日清時務辨〉兩篇文
章,集中表達了他在這一時期對中國問題的看法。

〈東亞時務辨〉首先論述了日中兩國在經濟上「相伴」、國防上「相
托」的關係。文中說,清朝政府內有滿漢的對立,教育、交通事業均不
發達,外有英、德、法的侵略,難以保證國家的統一。而日本已經成了
第一流的國家,可是由於經濟力的限制,發展勢頭受到阻礙,即使出於
「自衛」的需要,也必須向外發展。「清國根本性頹運之挽回,與日本
自衛發展大勢一致,實乃不可分離之關係。知此,自可明瞭根本性挽回
策略之歸趨。西歐之榮華即東洋之枯槁。自白人勢力東漸以來,東亞各
國中能夠維持獨立地位者,僅清國與日本。日本雖一時得以排斥否運,
走到今日之地步,但觀今日清國之情形,存亡尚難逆料。即便是當下之
日本,尚未確立千古不拔之基礎,更何況將來清國之興廢存亡,亦會直
接影響日本之國防、經濟」,為了安定日本的局勢,一定要挽回清朝的
衰運,使中國保持獨立、安定[158]。此外,中國的民眾缺乏軍事思想,軍

---

[157] 《國士內田良平傳》,501 頁。
[158] 內田良平:〈東亞時務辨〉,《東亞月報》1 號-4 號(明治 41(1908)年 4-8 月),內田良平
    文書研究會(波多野勝等)編:《內田良平關係文書》第 3 卷,東京:芙蓉書房,1994 年,
    6 頁。

隊中官兵隔閡嚴重，兵器五花八門，缺乏作為國家軍事力量的統一性。應當從「類似民族」的日本人中招募大批軍官，完成中國軍隊的統一化和組織化，這就是所謂國防上的「相托」關係[159]。在經濟上，中國富於勞動力和自然資源，但生產力低下；日本雖有較高的生產力，但勞動力過剩，自然資源不足。所以文章認為中國應當著重開發自然資源，日本著重發展工商業；日本從中國購買工業原料及農產品，中國從日本購買工業製品，使兩國經濟發展成為一種「共通」經濟，這就是所謂經濟上的「相伴」關係[160]。

　　這種主張表面上看來是注意了中、日兩國的對等發展、平等互利，但實質上受益的只有日本帝國主義一方。所謂經濟上的「相伴」，反映的是要將中國變為日本工業發展壟斷市場的設想；所謂國防上的「相托」，更是暴露出了企圖一舉包括中國軍隊自上而下各級統率大權的貪婪欲望。從這種設想和欲望出發，內由良平對於中國應當實行什麼樣的改革、採用哪一種政治體制也發表了意見。

　　他認為，一個國家採用何種政治體制，需根據那個國家「民性」的發展狀況而定。今日的中國，「民性」沒有統一，政治思想不發達，即使突然實行立憲政治，因國民無有其素養，國務也必然滅裂破壞。至於共和制，只要革命黨還沒有教育國民養成共和公民的資格，它就只不過是一種幻想。立憲制和共和制比較來說，共和制要好一些，但現在革命派「革新之大業」並沒有成功的希望，故而當今的最上策就是向清朝政府提出前述的提案，期望清政府與日本合作來從事軍事、經濟的「改革」[161]。

　　內田良平關於共和制的說法並不新鮮，它令人不禁想起了《新民叢報》上梁啟超等保皇黨人反對革命、反對共和的一些論調。與十年前的〈興清策〉相比，很難看出內田對革命還是改良的態度有過多少變化。

---

159 同上，22-23頁。
160 同上，24頁。
161 內田良平：〈東亞時務辨〉，《東亞月報》1號-4號，內田良平文書研究會（波多野勝等）編：《內田良平關係文書》第3卷，33-37頁。

他與中國革命黨人雖然恢復了密切交往，仍然缺少思想上的共鳴。

　　至於〈日清時務辨〉一文，據說主要也是強調中日合作以防禦「西力東漸之禍」的必要性，宣傳「以日本之強兵補支那國防之欠陷，以支那資源及市場之開發補日本人口過剩及物資之不足」等等[162]，內容與〈東亞時務辨〉大同小異。

　　然而，三年之後，武昌起義爆發，隨著中國局勢的突變，內田良平對革命的態度也發生了突然的變化。1911 年 11 月他連續發表的〈支那改造論〉和〈支那革命調停案〉兩篇文章，最突出地反映了這種變化。

　　〈支那改造論〉一文，首先對中國革命的地位和影響作了高度的評價：

> 支那革命，乃二十世紀世界最大之變局。十八世紀之法國革命推動了歐洲大陸之變局，支那革命亦當如是，將推動亞細亞諸邦之變局。其結果，於世界機運之影響亦不小矣。[163]

文章接著這樣追溯了革命發生的由來：

> 革命者，支那之「國性」也；支那之天下者，革命之天下也。支那帝國地占今日亞細亞大陸之上游，擁有古羅馬帝國般遼闊領土，有四千年之歷史，有四億之民眾，猶能存立於世界之所以者，無他，在國民之革命精神也。[164]

所以「此次之革命動亂，非如義和團一時突發之變亂，乃帶有永久持續性質之國民革命也」。[165]這些言論表明，作者對辛亥革命的性質雖然仍然缺乏認識，但他對革命的態度卻發生了十分迅速的變化。〈支那改造

---

[162] 《國士內田良平傳》，422 頁。

[163] 〈支那改造論〉，黑龍會本部編：《內外時事月函》，東京：黑龍會本部，1911 年 12 月號，3 頁。

[164] 同上引書，12 頁。

[165] 同上引書，11 頁。

論〉對辛亥革命的評價、讚譽之高，絲毫不亞於對這個革命運動一直表示了深切理解和同情的宮崎滔天，而與內田良平本人以往的言論相比，卻頗多相悖之處，令人不禁為之刮目相看。

但內田良平畢竟是內田良平，他在高唱革命讚歌的同時，又注意到了列強在中國的活動，對革命的前途表示擔憂。在內田看來，革命的動亂、清朝統治的瓦解，是列強各國（尤其是俄、德、法三國）暗中等待已久的日子。他們以為：「東邦非東邦專有之東邦，列國共有之東邦也」，企圖趁機對中國革命實行干涉政策。這樣中國就有可能被瓜分，「東邦之和平」也會被破壞殆盡，危及日本的「安危休戚」。「吾人於支那前途，不禁不生憂慮者，即在於此」[166]。

在這種情況下，內田良平認為日本政府應當不失時機地站出來，「運用主動的地位與主動的力量」，挑起「解決支那問題」的重擔。他為日本政府規劃了包括四個方面的辦法：

一、日本以主動者的身分指導列國，使之贊成中國「建設聯邦共和政治」，避免出現瓜分；

二、日本向清朝政府「善意助言」，使其鑒於民眾的輿論，將政權還給「支那國家」；

三、日本與列國協同充任革命軍與滿洲皇室之間的調停者，便之盡速終結戰局。滿洲皇帝退回陪都奉天後，當給予永遠的優待並保護其宗廟社稷；另一方面各省軍政府也須由諮議局選出代表，組織「國民議會」，維持全國秩序；

四、日本應使革命黨宣告門戶開放、機會均等，尊重外國的既得權利，嚴明紀律節制，免生外國藉機干涉之際等[167]。

四項建議集中到一點，就是日本政府應當支持中國革命黨人實行「聯邦共和政治」，完成「改造支那」的任務，而不要再去支持清廷。從評論到主張，儼然都是辛亥革命的熱情支持者和協助者。如果我們再

---

[166] 同上引書，11 頁。

[167] 〈支那改造論〉，黑龍會本部編：《內外時事月函》，1911 年 12 月號，24-25 頁。

看一下他為中國第一屆「國民議會」所設計的議事日程[168]的話，那就更可以說他的建議還帶有一些民主共和制度的色彩了。

但是，能否據此就斷定內田良平的思想已發生重大轉變，成為中國革命派的同盟軍或者忠實戰友了呢？仍然不能。就在同一篇文章裡，他就向人們表明了他對中國革命態度的轉變完全是出於一種利害關係的考慮。

內田認為，支持中國革命黨建立共和政府對於日本有以下有利之處：1.由於助成了「改造支那之大業」，日本既可以確立在「滿洲」的勢力，又可以奠定在華東、華中、華南地區的利益基礎；2.可以建立日、中經濟同盟的基礎；3.可以加強兩國國民的「和睦一致」，帶來「日清文明之共通利益」，4.可以擴大、發展對華貿易的「版圖」；5.在政治、經濟、軍事、教育各方面得以向全中國提供「技師、人物」等等。

反之，如果支持清朝政府、反對革命黨，就會給日本帶來以下的不利之處：1.中國由於保留了上下交困的苟安政府，會給日本的軍事、外交帶來不安定的因素；2.清政府愈益腐敗，將啟列國瓜分之心，威脅「東邦（指東亞地區）之和平」；3.今後日本若對自己的在華勢力或控制範圍稍加變動，就會受到列強各國的壓迫；4.此後中國每次發生內亂，日本的對華貿易都會受到損害；5.因為中國沒有一個「健全之新政府」，也難以實現「日中提携」等等。[169]

內田良平的這些分析、估計與事實相去是遠是近姑且不論，有一點是很清楚的，那就是他考慮問題的出發點是日本而不是中國。可以設想，如果支持清朝政府、反對辛亥革命可以給日本帶來較大的利益和較小的損害時，他是否會提出相反的建議呢？那是完全有可能的。因為內田良平最初在選擇他在中國開展活動的依靠對象時，就不是非革命派不可的。他對清政府、改良派和革命派都寄予過希望，只是對前兩者沒有

---

[168] 其主要內容是：建設聯邦共和政府；議定滿洲皇帝之地位及優待事項；選舉大總統；奠定國都；起草和公布憲法；通過國會組織法和議員選舉法；與列國進行交涉；議定政務大綱即行政、立法、司法、軍事等案；議定地方政治改革辦法與地方自治組織；整理財政等。

[169] 〈支那改造論〉，黑龍會本部編：《內外時事月函》，1911 年 12 月號，28-29 頁。

展開過實際的支持活動罷了。表面上看來，內田良平對於中國政局變遷的態度是不穩定的，但是這個不穩定的態度的背後，還有著日本的「國家利益」這一相對穩定的因素。不穩定的因素之所以不穩定，正是為了穩定這一必須穩定的因素的。徵諸內田在對待俄國、朝鮮問題上態度的變化以及他在此之前對於中國革命的態度，我們都可以看到這一點，隨著中國歷史過程的演進，他在此後態度的演變，也更加證明了這一點。

〈支那革命調停案〉在寫作時間上稍晚於〈支那改造論〉，它的主要內容是要求日本政府以調停者的身分出面，向清朝政府提出以下三個調停方案：

> 甲、使滿洲皇帝自動退位，以革命黨為中心建立聯邦制共和政府；
> 乙、聯邦制共和政府若難以實現，可實行君主立憲制的「聯邦政治」；
> 丙、君主立憲式聯邦制若為革命黨所不容，即以黃河為界兩分中國，北部為滿洲政府領域，南部為革命黨政府的領域。[170]

甲、乙、丙三案分別代表上、中、下三策，調停時可依具體情況任擇一案。與等於是只提出了甲案的〈支那改造論〉相比，〈支那革命調停案〉多出了君主立憲聯邦制的乙案和任滿洲朝廷苟延殘喘的丙案，政治態度上已經出現了明顯的後退。而且內田良平強調甲、乙、丙三案雖然有上、中、下三策的區別，但在具體施行中，只要能夠滿足日本擴張在華勢力的需要，不管採用哪個方案都可以。這更加說明，內田良平對於中國革命運動的支持與其說是出於信仰、目的，不如說是出於利害、策略上的考慮，它只是為了達到另一個目標而採取的一時的權宜之計。在吞併朝鮮活動中靠陰謀詭手段得手的內田良平大概總結出了這一條經驗：當日本準備向其他一個鄰國擴張勢力時，先行的工作不是出動軍隊，而是收買人心，扶植親近日本的政客或政治集團。由親日派勢力

---

[170] 內田良平：〈支那革命調停案〉，黑龍會本部編：《內外時事月函》，1911 年 12 月號，37-38 頁。

來幫助日本擴張政策的實行，這樣就可以事半而功倍。所以他在辛亥革命當時的態度，就和山縣有朋、寺內正毅等藩閥政治家、軍閥不同。他既不迫不及待地立即聲明日本在「滿蒙」地區的權益不可侵犯，也不拘泥於中國的所謂「國體」問題（實際上是政體問題），要求干涉革命，而是一意地支持、討好革命派，主張「保全」中國，儘早承認中華民國。其目的就是想要在中國樹立一個親日政權，為日本獲得一個源源不斷地提供新的權益的穩定來源。

但是以孫中山為首的中國革命派並不是朝鮮的一進會。他們在對外政策問題上雖然有自己的局限，犯過一些過失，但他們的根本出發點是愛國、救國而不是賣國，他們的最終目標是中國的獨立、自由而不是淪為任何一個帝國主義國家的殖民地、半殖民地，所以他們遲早是要與日本的國權主義者和侵略擴張分子們反目的。內田良平等人一旦開始清楚地認識到這一點之後，他們對中國革命的態度必然還會發生變化。

1913 年 6 月黑龍會出版發行的《對支策斷案》（即對華政策結論之意），是內田良平等人對中國革命運動的態度重新發生激變的起點。內田良平在這本小冊子中宣布，在中國，自從爆發革命以來，局勢「無一不令人感到失望」；其原因據說乃在於「政治機能之朽廢，國民精神之輕薄，缺乏擔當國家大事之人才，而黨派之流弊又達到頂點」[171]。不管是袁世凱的獨裁制還是革命黨的共和制或是南北兩立，其前途都是不安定的。尤其是在「孫黃黎派」領導下的共和制，「黨爭激烈，不便於統一，加上北方為袁世凱派所有，以及清朝宗社黨所有之地盤仍存，拼命反對國民黨。中央政府與地方政府之統一，絕非易事。更何況其大總統不論孫黃還是黎（元洪），事實上均缺乏政治經驗與政治能力」，對內無法實現國家的統一，對外又徒然招致列強各國的壓迫和引來借款的束縛，與袁政府並無二致[172]。所以日本必須一改過去「消極退嬰之方針」，

---

[171] 內田良平：《對支策斷案（對支策斷案）》，黑龍會本部，大正 2（1913）年 6 月，2 頁；內田良平文書研究會（波多野勝等）編：《內田良平關係文書》第 3 卷，東京：芙蓉書房，1994 年，237 頁。

[172] 內田良平：《對支策斷案》，17 頁；《內田良平關係文書》第 3 卷，241 頁。

鑒於「瓜分支那之大勢，欲與列強保持均勢，維護東亞大局，衛護帝國之利益，以保和平局面，則必須以斷然之決心，實行進取政策」：其具體內容就是「實行北守南進之政策」，「不以滿洲問題之解決為滿足，更進一步開拓在東蒙古地區之統治、經營」，如此才算完成了「帝國於二十世紀之一大使命」[173]。7月26日，內田在〈與山本首相書〉中更進一步批評中國各派政治力量，聲稱「支那南北抗爭」中的雙方於「主張、主義、人道、名分」上都沒有可以肯定之處。時至今日，不論是支持孫、黃的意見也好，或是扶植袁世凱的意見也好，都不過是「對支那國家的將來毫無識見野人之妄語」，沒有採擇的必要[174]，對南北兩方都表示出極度的失望。

　　為了解釋自己豹變的根由，同年10月，內田良平又發表了題為《支那觀》[175]的長篇著作，從解析中國人的「國民性」的角度出發，闡述他對中國、中國人以及對中國革命運動的認識。

　　《支那觀》中首先花費大量筆墨分析中國人的「國民性」問題。

　　內田將中國社會劃分為三個階層：(1)「讀書社會」，亦即「政治社會」；(2)「遊民社會」；(3)「農工商社會」，亦即「普通社會」。三個社會各有不同的特質：「讀書社會」因唐宋以來的科舉之法，養成了上下賄賂、妒忌排擠、言清行濁的「支那國民性之痼疾」。辛亥革命前後，「黨爭排擠達於頂點」，釀成「南北軋礫」，「暗殺、格鬥、暴亂、亡命」等事層出不窮，原因無不在於「讀書社會」的這種「國民性之劣惡」表現[176]。「遊民社會」是「秦漢以來以豪俠而自任者」組成的社會集團，他們的眼中無政府、無祖國、無仁義、無道德，其理想僅僅在於自己的快活，

[173] 內田良平：《對支策斷案（對支策斷案）》，47，50，60頁；《內田良平關係文書》第3卷，248-249，252頁。
[174] 內田良平：《滿蒙獨立論》，小川平吉文書研究會編：《小川平吉關係文書》(2)，東京，美篶書房（みすず書房）1973年3月發行，66-67頁。
[175] 《支那觀》由權藤成卿執筆寫成，經內田良平校閱並以內田的名義發表，其基本觀點是內田良平的。
[176] 內田良平：《支那觀》，黑龍會大正2(1913)年版，13-16頁。資料來源：《國立國會圖書館數位收藏（國立國會圖書館デジタルコレクション）》(http://dl.ndl.go.jp/info:ndljp/pid/949939)。

他們的行為代表了「支那國民性之慘厲狠毒」的一面[177]。至於「農工商社會」，是「僅為追逐個人利益而生活者」的隊伍，「彼等全然以個人為本位。倘個人之生命財產可得安全，則其君主遵奉亦可，不遵奉亦可；其國土屬何國所有亦非其關心之事也」。「農工商社會」遠離政治，不瞭解世界發展的潮流，「不解國家為何物、憲法為何物、民權為何物、自由為何物」，所以內田認為今天標榜「支那之覺醒」的革命運動「畢竟不過是一部分外國游學生等生吞活剝外洋書本（之結果）而已。於一般之國民，為政爭而妨害自家之產業，毋寧為更難以忍耐之事」[178]。

　　通過對中國人國民性和由此對「中國人社會」的分析，內田良平認定中國是一個「畸形國」，中國的革命雖然有革命的名義，但並不是發自與政治得失休戚相關的人民意願的產物，「與泰西之所謂革命，原因異、經過異、結果亦異、決不得彼此同一視之」[179]。由對中國人國民性的否定，內田否定了中國可以產生真正的革命的可能性，將中國所有的「革命」（包括辛亥革命）都歸結為「讀書社會」爭權奪利、改朝換代的「政爭」。所以他斷定：「彼等創成共和政治社會之希望，甚於緣木而求魚；縱退千萬步而論，（彼等）於形式上制定憲法，選舉大總統，組織共和新政府，然而欲使支那國民能運用其新政治，亦難於水中撈月矣」[180]，從而對中國通過民主革命實現共和政治的前途也作了徹底的否定。與僅僅兩年多之前內田良平本人對辛亥革命大加讚美的言論相比，相去何啻天壤！

　　打消了對中國革命的期待之後，內田良平開始設計日本今後的對華政策。首先，他將過去日本的對華政策歸結為「支那保全論」影響之下的產物，認為其所以產生，原因主要是由於日本與中國為唇齒輔車之關係，日本為了鞏固自己的國防，不能允許鄰國遭受瓜分，另外也是為了開發中國的市場等等。但看一下其他的列強的對華政策，皆與日本不

---

[177] 內田良平：《支那觀》，19-20 頁。
[178] 內田良平：《支那觀》，31-36 頁。
[179] 內田良平：《支那觀》，5-11 頁。
[180] 內田良平：《支那觀》，40-41 頁。

同，「除我帝國而外，……悉藉保全之名而行瓜分之實」[181]。與列強相比，內田認為日本以往的對華政策是日本外交上的一大錯誤，好比是「對衰亡腐朽鄰國徒然之情死、犧牲，是舍本而逐末」。他根據自己對中國社會的認識，提出了「支那以不保全方得保全」的主張，建議日本政府立刻改變對華政策，「一如列強之所為，冷頭冷血，以彼之存亡任彼自求存亡；我對之則專執高壓手段，大力扶植我之勢力，全面攫取我之利益」。在這個原則之下，如果再對中國社會的各個不同層面採取不同的分化政策：「一面以高壓手段，懾服彼等之政治社會；一面於放任主義之下，保護彼等之農工商社會。如此，則駕馭支那，較之反掌而猶易易」[182]。

具體來講，他要求日本政府「先經營南滿洲及內蒙古，為帝國占取大陸之優越地位，掣肘列國對支那本土瓜分之勢，向南方推進我之經濟勢力」[183]。從而為日本帝國主義擬定出了一條全力參加列強對中國的野蠻爭奪，以瓜分、占領中國領土和掠奪各種權益為最高目的的徹頭徹尾的侵略綱領。

以《支那觀》的發表為標誌，內田良平完成了他對中國社會的最終「認識」，他對中國革命的態度，也從贊同、支持，演變到了堅決反對的最後階段。1914年10月他提出的〈對支問題解決意見〉，正是《支那觀》中反映出來的思想演變發展的必然結果，也是《支那觀》中提出的對華政策的具體示例和圖解。

以俄國－朝鮮－中國三個國家為對象，內田良平的大亞洲主義思想經過了幾個階段的發展後終於完成。他雖然也有日、中、朝等亞洲國家聯合、「提携」以對抗歐美各國勢力東侵的言論，但他提倡的是以日本為宗主國、用吞併或控制他國的手段來建設「亞細亞聯邦」的構想，所以他的思想已經是一種典型的右翼大亞洲主義的主張。另外，他思想演變的過程也與宮崎滔天不同。在內田良平這裡，日本的未來是確定的，需

---

[181] 內田良平：《支那觀》，44頁。
[182] 內田良平：《支那觀》，59-67頁。
[183] 內田良平：《支那觀》，73頁。

要探索的問題不是日本的改造，而是對中國、朝鮮以及俄國進行「改造」使之適應日本的需要。內田思想發展中處於不停變化著的成分基本上不涉及對信仰、理念的追求，而是根據國際、國內環境的演變，對手段、辦法等的選擇。這可以說是他的大亞洲主義思想的一個最重要的特質。

第五節　革命渦漩下的逆流而動者
——川島浪速的大亞洲主義

一、浪人—間諜—客卿—陰謀家的生涯

　　川島浪速（1865-1949），舊信州（今長野縣）松本藩人川島良顯的長子，也是一個沒落武士家庭的後代。十歲時，川島隨雙親舉家遷往東京，進御茶水男子師範學校就讀。少年時代，川島浪速因性格懦弱，常受母親責罵，其後據說在十一、二歲時因受此刺激而立下志願：「自己無論如何也必須做一番人類中最偉大的事情」，以便今後可以在家中及眾人面前揚眉吐氣；而「人類中最偉大的事情」大概首先要屬「奪取天下」最難，所以川島當時就在心中暗暗發誓「我也要奪取（一個）天下」，使自己今後永遠出人頭地[184]。從此他開始刻苦鍛煉身體，磨煉意志，並隨時注意著尋覓「奪取天下」的機緣。

　　1880年，副島種臣、宮島誠一郎等人與曾根俊虎等一起創立「興亞會」，向社會各界大力鼓吹「興亞論」主張，川島浪速當時雖然僅十五、六歲，聞之也大為心動，自以為找到了「支那」這個安身立命的最大所在。於是他拒絕了擔任文部省大書記官的親戚辻新次讓他學習英語或法語、準備報考大學的建議，執意選學外國語學校的漢語課程。在學校中，川島自號為「吞洋猛士」，與從興亞學校（興亞會創辦）轉學而來的宮島大八、小田切萬壽之助等人結交為友，每日議論天下形勢，發抒胸中的感慨和抱負。當時，他作過這樣兩首詠志詩：

---

[184]《東亞先覺志士記傳》中卷，214頁。

雄心空屈書窗裡，枉拔寶刀試擊撞。
何時鞭起鐵蹄馬，踏破堅冰鴨綠江。

東海英雄姓是源，鐵鞭曾指大昆侖。
誰知萬里平沙草，已被神州雨露恩。[185]

　　文句雖然粗劣，但其以「大陸」為志，伺機一逞胸中志望的勃勃野心已經是躍然欲發了。

　　1886 年，通過參謀本部大尉軍官福島安正的斡旋，川島浪速被推薦為日本駐天津海軍武官關文炳的助手。當年 9 月他中途退學，乘船來華。但當他趕到天津時，關文炳已經另外找到了助手，他只得離開天津，南下上海。在上海，川島偶然認識了奉命來華偵察華東地區海防情況的海軍大尉新納時亮。在新納的邀約下，川島參加了測量江蘇、浙江海岸水文地質狀況及沿海炮臺設置情況的間諜活動，所得情報全部由新納轉交給日本陸軍參謀本部。間諜活動結束後，川島即卜居上海，與當時同在上海的大陸浪人井手三郎、宗方小太郎、田鍋安之助等結為至友，稍有閑暇即聚在一起大肆議論「改造支那」、「復興亞細亞」之類問題。

　　當時，在中國的西北部邊陲，沙皇俄國正在與英國進行著爭奪勢力範圍的競賽。1871 年，俄國支持阿古柏集團發動分裂中國新疆地區的叛亂，而後又藉口維持邊境秩序，直接出兵侵占了伊犁地區。自 1872 年起，清朝政府多次派代表與俄方交涉歸還伊犁問題，但直到 1881 年才簽訂了仍然是不平等條約的《中俄伊犁條約》和《陸路通商章程》。此後，中俄邊界雖然一度出現相對平靜的狀態，但沙俄暗中仍在進行著從中國的西北和東北兩個方向擴展侵略勢力的準備。以荒尾精為首的漢口樂善堂分店一夥大陸浪人，十分重視俄國對中國西北地區的擴張，以為是東亞地區「安定」的最大威脅。1888 年春，當他們聽到俄國加緊敷設西伯利亞鐵道和中央亞細亞鐵道的消息後，更加為俄國勢力的日益囂張

---

[185] 《東亞先覺志士記傳》中卷，221 頁。原詩為漢文，以下所摘錄數詩亦為漢文詩。

而憂慮。他們反復研討「防遏俄國南下」的「方策」，還派出浦敬一等人前往新疆活動。

但是，川島浪速的考慮卻與他們不同，川島認為俄國雖然會在中國西北部地區進行一些有限的侵略，但不必為此而深憂，真正值得憂慮的是中國東北部的滿洲地區，將來有機可乘時，俄國人一定會在這裡下手。俄國一旦奪得滿洲，中國、朝鮮就等於被人扼住了咽喉，最後的滅亡就只是個時間問題。由此再聯繫到日本的存亡安危，令人不寒而慄，所以不能不說「東洋死活之樞機，盡存於滿洲之上」[186]。由於大多數大陸浪人當時在如何抵抗俄國勢力南下的問題上，都傾向於荒尾精的「西北說」，而對川島浪速的「東北說」表示贊同者為數寥寥，川島異常激昂，決心孤注一擲，隻身前往中國東北，以當起「防護滿洲之任」[187]。

1889年2月，川島浪速由上海浦東出發北上，行前立下了這樣的「宏偉大志」：

> （此行）先入滿洲，加入土人一夥中，飼羊、飼豬亦甘為之。如此漸經若干歲月，漸與土人馴染熟悉，結為一體，徐徐收編馬賊隊伍，製造勢力。（而後）聯絡東部蒙古，建立一國家，以此新國家防止露西亞之侵入。其間，日本之勢力亦漸充實，日滿於是提攜，共當露西亞以救支那，東亞之大局即可得以保全。[188]

顯然，這也是一種大亞洲主義的思想，它的核心內涵是日本勢力占據滿洲，「日滿提攜」對抗俄國勢力的南下。值得注意的是，川島浪速的這一思想當時雖然尚處於萌發未久、朦朧不清的階段，但他已經提出了劃滿洲、東蒙之地，重新建立一個能與日本進行「提攜」的「國家」的計劃，這可以說是大陸浪人中關於「滿蒙建國」侵略目標的最早藍圖。

不過，川島浪速的「志望」雖大，他的身體卻不容他實行「冒險」。

---

[186] 《東亞先覺志士記傳》中卷，240頁。
[187] 《東亞先覺志士記傳》中卷，241頁。
[188] 《東亞先覺志士記傳》中卷，241-242頁。

他裝扮成中國普通百姓模樣徒步跋涉，僅行至江蘇楓州府北部就因身染熱病，不得已又折回上海。1894 年甲午戰爭爆發，川島以為「效命」「國家」的時機再至，充任了日本陸軍的隨軍翻譯，轉戰中國山東、臺灣等地，戰後又被侵臺日軍統帥乃木希典任命為駐守臺灣的殖民地官吏。

　　1900 年義和團運動興起時，川島浪速再次充任隨軍翻譯來到中國，參加了八國聯軍圍剿義和團的血腥戰爭。在對北京內外城的進攻中，他憑三寸不爛之舌說降了東華門守兵，使侵略軍不發一彈占領了紫禁城。嗣後他又協助日本占領軍「軍事警察衙門」的首腦柴五郎「治理」北京，大露鋒芒，漸被委為占領軍的「軍政事務官長」。翌年 4 月，川島為安定日本占領區域內的「軍政」秩序，一手操持在北新橋舊神機營兵舍開辦「北京警務學堂」，培訓由清朝步軍中選送來的預備巡警。由此，他得到了清政府重臣慶親王奕劻的格外賞識，1901 年 6 月列強將北京市政「歸還」清朝政府之後，奕劻又特意向日軍「借用」川島浪速擔任新成立的北京警務廳總監督，將他聘為拱衛清廷京師警政的「客卿」。

　　但川島在位僅兩個月，就因俄、法、德等國公使的反對而辭職，可清朝政府反而對他信任有加，又將他調任警務學堂，將學堂的培訓、用人大權全部託付於他。

　　1901 年冬，清廷官僚就是否裁撤在川島浪速策動下組織起來的警察制度問題上展開爭論，結果是與川島有著親密交情的善後營處大臣胡燏棻的意見取勝，由此又新設了工巡局，並任命肅親王善耆為督修街道工程管理巡捕事務大臣、鎮國將軍毓朗為督察統監，川島浪速在他們的庇護下益益得勢。善耆嗣後不久雖因反對派官僚的攻擊而離職，但他由於這段經歷已經與川島結成莫逆之交。據說他還曾與川島暢談對東亞局勢和世界局勢的看法，二人在中日「提攜」方面的意見完全一致，意甚相得，終至結拜為義兄義弟，以示「國與國提攜之先，須人與人提攜」之意。[189]

　　在經管北京警務學堂的時候，川島浪速也不曾須臾忘懷所謂「東方

---

[189]《東亞先覺志士記傳》中卷，282-285 頁。

問題」或「興亞之大計」,他對於俄國勢力不斷向滿洲南下的趨勢日益擔
憂,害怕其影響最終會擴大到關內的中原地區。他認為只有在蒙古方面
築起一道「無形之牆壁」,方可阻遏俄國的侵逼鋒芒,於是在北京利用一
切機會結交蒙古王公和活佛喇嘛等「滿蒙地區」的上層人物,向他們宣
傳俄國勢力南下的危害,並同他們聯絡感情,以備將來需要時加以利用。

　　1911 年夏,川島浪速因體質欠佳返回日本療養。8 月上旬,他應德
川賴倫、大木遠吉等人之邀,在東京華族會館介紹中國局勢。川島已經
覺察到當時的中國正處於即將爆發新的動亂的邊緣,他提醒日本政府必
須估計到時局的演變,預先決定應取態度等等。不久,武昌起義的消息
傳來,川島浪速立刻勾勒出一個「支那兩分策」的方案,前往朝鮮向日
本駐朝鮮總督寺內正毅宣傳。川島的方案是:以黃河為界,將中國北方
劃為「北清帝國」的疆域,南方則暫且聽任革命軍之所為。他以為,這
樣一來,由於清朝政府單純依靠自己的軍隊不可能維持統治,必然會來
請求日本政府的幫助,日本正好可以藉機派遣大批軍官加入清軍,控制
中國的軍事力量;如果革命軍興兵北伐,日本也可以協助清軍將其擊
退。[190]寺內正毅允諾為川島籌備挑選派往中國的軍人後,川島又趕到北
京,進一步向日本駐華公使伊集院彥吉宣傳「兩分」中國的設想。

　　但是,形勢的發展卻不能使川島浪速如願。不久,清廷在內外交困
的情勢下被迫啟用袁世凱來收拾局面,伊集院和川島在擁袁還是反袁的
問題上發生齟齬,川島的「兩分」中國策也因此失去了日本外交當局的
支持。1912 年 1 月底,清廷召開御前會議,最後決定宣布退位之後,川
島見大勢已去,於是力勸肅親王善耆在田鍋安之助、木內暢等人的護持
下秘密逃出北京,潛往旅順,預備將來一旦有合適的機會,就「使肅親
王以滿蒙為根據,成就回天之事業」[191]。數日後,川島也攜肅親王府的
全部家族六十餘人由北京抵達旅順。從此,川島浪速等人遂以善耆等宗
社黨人為依託,打起復辟清朝皇室的旗號,在滿蒙地區策劃起所謂「獨
立運動」的陰謀活動來。

---

[190] 《東亞先覺志士記傳》中卷,291-292 頁。
[191] 《東亞先覺志士記傳》中卷,301 頁。

二、站在革命對立面的「大陸經綸」

川島浪速基本上是一個行動型的大亞洲主義者，很少有可稱之為著作的思想成果。研究其思想的基本材料是他在辛亥革命後發表過的一些講演文稿或宣傳用的小冊子，其所謂「大陸經綸」就反映在這些資料之中。

1912 年，川島浪速首先發表了他「於長年累月間，以觀察支那為務」的心得——《對支那管見》，向世人披露他對於中國形勢和中國革命運動的大致看法。在這篇《管見》的〈緒言〉中，川島首先提出了一個觀察中國事務的眼光問題。他談到在日本不乏對中國時局變化感興趣旳人，但許多人往往患有短視病，僅就時時刻刻發生著的各種現象的細枝末節進行觀察，忽而樂觀，忽而悲觀，而事實發展的結果又常常出乎意外，於是就有人認為「支那不可解」，對中國問題失去興趣。川島認為，「解說支那」不能只看一時一事的現象，而要重視「支那人通有之性格」，因為從根本上說，「支那的事件多乃支那人通有之性格所激動、所沸湧之產物也」。[192]

那麼，這個「支那人通有之性格」究竟是什麼呢？川島浪速斷言，它是一種缺少所謂「社會膠結力」的「亡國式性格」。他說：

> 支那人因五千年來舊有之文明已爛熟腐朽，其民族的社會膠結力消耗殆盡。四億萬個分子如同沙礫，到底難以自動造出堅固的團結體。近數百年來，所謂亡國式性格更顯著成熟，不遠之將來期間，支那人無論由誰出面應用何種政體，都決難有達成統一之望也。[193]

把中華民族比做一堆「沙礫」，是川島覺得最為貼切的一個比喻。

---

[192] 川島浪速：《對支那管見》，無出版社及出版年代，應為非賣品。自序寫於「大正二（1913）年六月」，當為此時出版。〈緒言〉1 頁。
[193] 《對支那管見》，3 頁。

他一再論說，沙礫就其個體而言，堅固如石，有著頑強的保護自身的能力；但就總體而言，則缺少互相連結的紐帶，無論用什麼辦法也無法使其凝結成一個整體。他認為這正是中國人所特有的性格，而產生這種性格的原因，就是中國人身上過分強烈的「利己心」：「由來漢民族的最大缺點，在利己心的異常發達」；「利己心」「發達」的突出表現，是「巧黠而怯弱」，而這是一種「女性的特徵」，毫無「男性之氣質」，因此他把這叫做中國「國民性」的「陰化」，認為這正是中國的「亡國之兆」，所以中國人「通有」的性格自然也就是「亡國式」的性格了[194]。

在當時，就中國人的國民性問題進行分析，在一些關心中國局勢、中國前途的日本人那裡，似乎是個「熱門」。內田良平、井上雅二等人都曾以「行家裡手」的身分作過這類分析，導出了中國人的國民性「劣惡」，不足以自立、自強的結論，藉機宣揚日中「提携」、日本「幫助」中國抵抗列強，建立「亞細亞聯邦」之類的主張。他們的分析，基本上是出於軍國主義、侵略擴張主義政治宣傳目的的需要而進行的，只掐取了極少一部分事實為「論據」，談不上客觀性與科學性，所以只能說是對中國人民的侮辱和污蔑。川島浪速關於中國國民性問題的一番議論，也正是同樣性質的東西。

作為對中國人國民性問題分析的結論，川島認為，如果聽任中國人這種「亡國式性格」的「自然趨勢」發展下去的話，不出多久，中國必然出現「亡國狀態」。不管這種「狀態」具體表現為何種形式，中國在事實上都將被列強各國所瓜分。

日本在這種形勢下應當採取什麼對策呢？川島浪速接著就瓜分中國對日本的「利」與「害」進行分析。他指出，中國一旦遭到瓜分，日本必定也會割占一塊土地，但是這對日本來說，未必值得慶幸。因為過去與歐美列強之間一直隔有一定地理區域的狀況被打破了，日本從此與列強「肩肩相摩」，外交將陷於日益煩累、困難的境地。其時如果日本的勢力直接壓迫了其他列強的利益，就會「啟白色人種聯合之端」，壓

---

[194] 《對支那管見》，16 頁。

垮尚未得到充分發展的日本。所以從「帝國之利益」出發，在日本的國力未獲充實之前，有必要「彌縫、支持」中國的政權，使之遭受列強瓜分的時間盡可能地推遲。在此期間，日本要用一切辦法在中國領土上確立自己的實力，以保證將來無論發生任何變故時，都能經常地「占有優勝之地位」，以「發揮東方主人公之實力」。[195]

川島浪速要「彌縫、支持」中國政權、使之暫時免遭瓜分的思想，與近衛篤麿的「支那保全論」基本一致。避免在對日本不利的情況下讓中國受到瓜分，以便日本將來國力強大之後獨占中國，這正是右翼大亞洲主義者倡導「保全」中國的根本動機。

川島浪速對近衛篤麿思想的發展在於他還進一步提出了日本應當採取的具體措施，他認為日本為了要在中國「占有優勝之地位」，第一步就是要在滿蒙地區占據一個鞏固的「立腳之地」。

是時，俄國正在極力向蒙古地區伸展勢力，與日本侵吞滿蒙的欲望扞格不入。川島警告說，一旦聽憑俄國勢力南下，日本在滿蒙地區就會失去與俄國的均勢，將不得不由南滿退至朝鮮，又由朝鮮退回本土，嬰守孤島，難以再圖發展。因此日本不能輕信日俄關於劃分勢力範圍協定之類的空文，而必須及早「據滿蒙山河之形勝並嚴其守」，方能立於不敗之地[196]。

另一方面，從中國國內的政局來看，辛亥革命之後，民眾中的民族主義情緒高漲，所以川島認為，不管是由袁世凱統一中國也好，或是由「新興民國之官憲輩」來統治中國也好，在對待日本的態度上都難以做到完全屈從的地步，「帝國發展之策，雖一舉手一投足，悉成紛爭之種子，其煩累將不可名狀」。從這重因素出發，他認為日本也應當「為帝國生存之發展，滿蒙應成為（我）處理支那問題的立腳之地；無論中華民國的成立與否，當乘此良機而據有之，收入我勢力範圍之內」[197]。

那麼，用什麼具體方法在滿蒙地區建立「立腳之地」呢？川島認為

---

195 《對支那管見》，4-6 頁。
196 《對支那管見》，6-7 頁。
197 《對支那管見》，7-10 頁。

這又是一個需要講求手段的問題，千萬不可造次。他說：

> ……而今倘立即下手，正式割占滿蒙部分地區為我領土，固明快
> 之舉矣，然恐周圍之狀況不許之。尤為可慮者，在帝國先作其俑，
> 列國效之，瓜分之到來遂不可免也。故毋寧先對現今滿蒙人腦中
> 已經著著進行、隱露端倪的獨立思潮實行暗助引導，待時機成熟
> 時，使彼等表面上自動宣布與支那本土分離，成立一團體。日俄
> 協同予以暗中支援，建設一無名的保護國。（而後）漸次收其政
> 權，握其利權，不數年帝國即不難於南滿洲及內蒙古方面形成確
> 乎不拔之實力也。是即為省力、節資、避名、取實之辦法也。[198]

與同時代其他關注「中國問題」特別是所謂「滿蒙問題」的大陸浪
人相比，川島浪速雖然不是最先提出吞併中國滿蒙地區主張的人，但他
對當時列強圍繞著滿蒙地區利害衝突關係的局勢是作了一番仔細觀察
的。基於這些觀察，他對日本怎樣在最有利的時間，以最有利的方式一
步步地向滿蒙地區擴張勢力，直至最後建立一個「無名的保護國」等，
都列出了詳盡的步驟和規劃。二十年後在關東軍卵翼下成立的「滿洲
國」，幾乎就是按照川島在《對支那管見》中提出的「省力、節費、避
名、取實」標準製造出來的傀儡政權。

川島浪速思想的最大特點，除了在滿洲地區建立日本的「保護國」
藍圖之外，還有他對於中國的辛亥革命所採取的堅決反對的態度。對於
辛亥革命的性質，他也像其他許多大陸浪人那樣做了分析和觀察，結論
卻甚為不同。從一開始他就斷言：「世人往往視此次的革命變亂為漢民
族之覺醒，前途當出現嶄新之國家，此真大誤謬也」。他從中華民族是
一堆「沙礫」的觀點出發，認定清朝政府猶如一個包容了中華民族數萬
萬「沙礫」的「皮囊」，成立三百年來，它早已腐蝕朽廢，稍受外力衝
擊，即處處露出破綻。辛亥革命就是這些破綻的表現之一，它使沙礫衝

---

[198] 《對支那管見》，10-12頁。

出了皮囊，但卻不可能給沙礫以新的生命力。川島浪速對於民主、自由思想的認識十分淺薄，他推論辛亥革命不是「革命」的邏輯是：中國人歷來對於專制統治都是俯首貼耳的，民眾的意識不可能在短短十年左右時間裡產生那麼巨大的變化，所以辛亥革命前後中國社會上出現的要求民主共和的呼聲，只不過是「留學生輩」把在外國課堂兩三年間於「半醒半睡」狀態下記下來的、一知半解的新名詞輸入國內以投合時流、攫取利益的「營業意識」（案：即「營銷意識」）而已。中國歷史上歷朝之末造成的情況，都是先有「處士橫議」，再有「土匪蜂起」，然後是「群雄割據」，最後是「當朝的滅亡」。他認為辛亥革命也無非就是這種「處士橫議」的表現，建立共和制的臨時政府也無非是以水團沙，「一朝風雨襲來，即崩壞橫流」[199]。「亡國之命運」最終是不可避免的。

　　川島浪速的思想代表了大陸浪人中反對中國革命最為堅決的一派人的看法。他對辛亥革命加以徹底否定的態度，比頭山滿、內田良平等國權主義、擴張論者還要徹底和堅決。所以川島對中國前途何在的結論也比其他的大陸浪人要更加「直率」、更不帶任何掩飾：

> 以吾人之所見，與其聽任終無自治自立能力的（漢）民族永遠紛擾爭閱，相率沉淪於大地獄之界，則莫如取而歸我所有，方為我之至仁也。使彼等得沐浴我之皇恩，即對彼等之濟度，亦即伸張我王道於世界之途也。[200]

　　按照他的邏輯，中國社會永遠只會是一盤散沙，單憑中國人自身的力量，無論革命還是改良，改朝換代還是維持現狀，都無法避免被瓜分的厄運。解救之途只有一條，那就是依靠日本，在日本的「指導」或統治之下做日本的與國。而日本通過先對滿蒙、次對中原的逐步征服，也可以將勢力伸展到中國全境，壯大本國的力量；然後以「亞細亞的主人公」身分「制約、指導列強」，不難就此奠定日本「大帝國之基礎」，布

---

[199] 《對支那管見》，21-27 頁。
[200] 《對支那管見》，30 頁。

「皇道」的「深恩」、「厚澤」於天下[201]。中日「提携」的大亞洲主義思想在川島浪速的《對支那管見》這裡，被迅速地推向右轉，已經演變成了明目張膽地為日本帝國主義進行對外侵略擴張活動前驅開道的輿論手段。

《對支那管見》是川島浪速全面闡述自己思想的第一部作品。在撰述此文的同時，他已經將文中主張付諸實踐，實際活動就是所謂的第一次「滿蒙獨立運動」。1912 年 1 月川島浪速與蒙古喀喇沁王貢桑諾爾布簽訂的《契約書》（參見本書第四章第二節之四），實際上就是《對支那管見》中設想的在滿蒙地區開拓日本「立腳之地」第一個步驟的實踐。

第一次「滿蒙獨立運動」由於日本政府顧忌到列強各國可能採取的反對態度，先支持而後反對，所以未及正式舉事就破產了。川島浪速對於這種首鼠兩端的態度極為不滿，翌年 5 月，他又寫成了〈對支外交失敗的真因〉一文，集中抨擊歷屆內閣在對華政策上的「過失」。

川島認為，日本的對華外交從來都是在民間的非難聲中走過來的，從未使日本的國民為之感到快心。即便是在清朝瀕死，革命勃發之際，也沒有能夠使中國「生絲毫敬畏之念」，自己反而「陷入益愈棘手局促之窮境」。究其原由，是日本的外交缺乏一種「自主精神」[202]。

所謂「自主精神」，據說就是要求日本人要有以主人的身分君臨中國，頤指氣使，奴役、壓迫中國民眾的「覺悟」，沒有這種「覺悟」，中國人就會變成「驕妻、狎妾、豪奴、悍婢」，反過來欺負日本人。他認為當時的日中關係就正處在這樣一種情勢之下，所以必須立即糾正。糾正的「要訣」是以下兩點：

第一，日本人必須能「熟知支那人之性格且駕馭之」。所謂「支那人之性格」，一是指「大多數漢民族」已經失去了作為「國家組織中一分子所不可或缺」的「粘合力」，無法組成強固的團體——國家；二是指「支那人乃喪失絕對誠意之人種，妙於虛飾，巧於辭令，冠絕全球」，「其心情之冷酷，為日本人夢想所不及」。而日本人「往往以自己的理想、感情

---

[201] 《對支那管見》，32 頁。
[202] 川島浪速：《對支外交失敗的真因》，出版者不明，1914 年 5 月版，1-2 頁。

推測彼等，以為極盡我之人情，當獲彼俠義、理性之報酬」，結果卻適得其反，這正是日本外交屢屢「失敗」的「真因」（即真正原因）[203]。所以川島呼籲日本政府必須在對華外交中認清這一點，迅速拋棄「惟以迎合支那人感情以求操縱之」的「拙之又拙」的手法，以不帶絲毫「溫情」色彩的強硬、冷酷態度對付中國當局[204]。

第二，對華外交取得成功的關鍵，就在於要扼制住中國「利害之死命」的地方。川島宣稱，在真正瞭解了中國人性格特點的基礎之上，以日本人的長處去擊中國人的短處，「對支外交」就可以成功。中國人的短處，據川島說是生性怯懦柔弱而又對自己的利害關係十分敏感，所以，「若以足以制彼利害之死命的威猛氣勢以臨之，使其知抵抗之不利，彼定當儸服屈從而不敢違也」。在當時，制中國「利害之死命」的東西就是「滿蒙」的利益，所以川島認為即使不從日本「帝國」負有「保全東方大局」的「使命」的觀點著眼，僅從處理好對華外交事務的角度出發，日本也必須立即「解決」所謂「滿蒙問題」[205]。

作為對上述政見的實踐，1916 年 3 月，川島浪速等人趁中國國內反對袁世凱復辟帝制運動高漲之機，又結托巴布扎布集團發動了第二次「滿蒙獨立運動」。然而袁世凱暴卒後，日本政府又一次調整對華政策，強令「滿蒙獨立」的鬧劇淒慘收場。此後，川島浪速失去了再次發動陰謀活動的勇氣、資本和憑靠，他的老「相知」肅親王善耆也於 1922 年 2 月死於旅順，他只得返回信州老家，歸臥山林。不過，有時他仍不甘寂寞，在中日關係出現緊張局面的時候重新拋頭露面，發表自己的政見。1924 年發表的〈支那的病根〉及 1926 年發表的〈對支並對滿蒙的根本經綸〉兩篇演說，就是他後期言論活動的主要代表。

從內容上看，〈支那的病根〉和〈對支並對滿蒙的根本經綸〉基本上都是此前《對支那管見》和《對支外交失敗的真因》的老調重彈，沒有多少新奇之處。不過由於它們發表的時間較晚，其時日本帝國主義通

---

[203] 川島浪速：《對支外交失敗的真因》，8-14 頁。
[204] 川島浪速：《對支外交失敗的真因》，34 頁。
[205] 川島浪速：《對支外交失敗的真因》，35-37 頁。

過第一次世界大戰，已經進一步壯大了自身的經濟、軍事力量，更加加緊了對中國的侵略活動，另一方面以 1919 年的五四運動為標誌，中國人民反對帝國主義、封建主義的民族運動也進入了一個嶄新的階段。所以川島浪速在這兩篇演說中還用了大量篇幅為日本的侵華政策辯解，用「大和民族」的「天職」之類沙文主義宣傳為日本軍國主義者撐腰壯膽。

例如，在論證日本對外侵略擴張的「正當性」時，他說：

> 原來地球上的土壤，是上天賦予人類使之棲息的地方，其始未有領土之區劃。（其後人類）漸次繁衍而生自然之區劃。其中又有強而有力之種族，其棲息之地並非不足，卻為無限欲望所驅使，霸占微弱民族的棲息地，遂演成今日世界各國領土區劃之狀況，如英、俄等國，容括無垠之空地，為其最甚者。而如我國，以狹小的國土而繁殖眾多的人口，已經陷於難以生存之境況，請其讓出餘剩之空間，正符合天理與人道。……如滿洲之北部、如蒙古之東部、如西比利亞，正乃適宜於大和民族移植之空地也。[206]

這種推論方法，貌似宮崎民藏以前提出過的「土地復權主義」，其實卻是在處理國與國關係問題上的沙文主義主張。根據這種邏輯，川島浪速認為現行的國際公法只不過是過去的強盜之間為了互不侵犯對方的臟物而定下的規約，它雖然能防止眼前的爭奪，卻不能「合理」調配全世界的「空地」，「調節融合」「全人類的生活」，所以是不合理的。「大和民族」決沒有寧可餓死也要「死守」國際公法的道理，它應當做的事情是：

> ……先使支那及蒙古各得其所，次救亞細亞各民族出奴隸之境界，使各自建設其光輝的國家。而後糾合彼等，解除白種人所加的不正義的侵略羈絆，奉我天皇為亞細亞大領袖，以其力制止歐

---

[206] 川島浪速：〈對支並對滿蒙的根本經綸〉，54-55 頁。

洲人不正義、非人道的巨大罪惡，進而使歐洲諸民族亦各得其
所，推及世界。國以正義而不使相侵、人以大道而不使相爭的大
和平社會即由此而出現，……。[207]

　　這也是一種典型的大亞洲主義思想，它計劃讓亞洲、歐洲各國（當
然不包括作為實現這一計劃的主動者──日本）都「各得其所」，要幫
助亞洲各民族解除「侵略羈絆」，要制止歐洲人的「巨大罪惡」，甚至提
出了「國以正義而不使相侵、人以大道而不使相爭」作為未來的「大
和平社會」的道德標準；這個計劃的上層部分倒也頗像宮崎兄弟所勾勒的
「支那革命主義」那樣燦然有輝而又不乏浪漫之情了。但是，川島浪速
這個計劃的基礎，卻是建立在「滿蒙獨立」、「滿蒙建國」之類陰謀活動
之上的，是與日本軍部的軍國主義侵略、擴張活動完全合拍的，而且在
「大和平社會」的頂巔，還矗立著「亞細亞大領袖」──日本天皇的寶
座。所以究其實質，它還是雖然略經粉飾、修琢但仍掩蓋不住其企圖在
全球範圍內建立「大日本帝國」殖民統治體系的真正目的的一種構想，
歸根結柢還是不能與「支那革命主義」同日而語的。

　　從頭山滿到宮崎滔天、內田良平，再到川島浪速，辛亥革命時期大
陸浪人的大亞洲主義，融進了越來越多的思想內容，其間的互相融合、
影響的關係也日益複雜。他們每個人的思想，都不完全是個人的東西，
而是代表了日本社會上相當一部分人的利益和願望的結晶，而他們本人
則是自己那一部分人政治主張和思想上的代言人和行動上的引路人。如
果以對中國民主革命事業的態度來對他們進行歸類的話，頭山滿、內田
良平屬於企圖利用中國革命來達到侵略擴張目標的右派（雖然頭山與內
田有時在許多具體問題上的意見和行動也不一致），川島浪速屬頑固反
對革命的極右派，宮崎滔天則是抱有相當真誠的態度和熱情支持革命
的左派。

---

[207] 川島浪速：〈對支並對滿蒙的根本經綸〉，53-54 頁。

　　大陸浪人的大亞洲主義，是全盛時期大亞洲主義的重要代表，又是早期大亞洲主義思潮的延續和發展。從思想體系、思想內容上看，不論是頭山滿和內田良平的思想，還是宮崎滔天以及川島浪速的思想，都可以在以前大亞洲主義思潮主要代表人物的思想中找到一點雛形或淵源，他們的主要作用是將前人思想中的一些共同的因素加以「提純」，同時又將一些差異向反向加以擴大，使之更加明確化了。不過，大陸浪人作為大亞洲主義者，他們最大的擅長和最終目的還不是大亞洲主義思潮的繼承和發展，而是他們運用這些思想、主張所進行的種種實踐。辛亥革命與大陸浪人的關係，從政治思想史的意義上來說，也是大亞洲主義從理論走向實踐、應用於思維對象的過程。

第四章　　辛亥革命運動中的
Chapter 4　　大陸浪人

第一節　「流亡革命家」與「在野志士」
——興中會、同盟會時期的大陸浪人與革命運動

一、大陸浪人與中國革命黨人的結交

　　大陸浪人雖然不以理論見長，但他們卻不乏勇氣和毅力將大亞洲主義的主張付諸實踐，他們還給自己的行動起了一個相當嚴肅的名稱叫做「民間外交」。《東亞先覺志士記傳》的作者讚頌此類「民間外交」在日本近代史上的地位時說：

> 觀我國於東亞之國策，概由民間志士所奠定；此國策之實現，亦常為民間志士誘導乃至促進之結果也。廟堂之政治家於國家大事，常陷於優柔不斷之境地，而民間志士則鼓舞鞭躂之，強力逼迫之，遂使為政者不得不向國家高遠之使命邁進。此類事例真不勝枚舉也。[1]

　　字裡行間雖然充滿了大陸浪人驕矜自負、目中無人的傲慢語氣，但是考諸辛亥革命前後的史實，人們還是不應當忽視這種「民間外交」在日本對華政策中的地位和作用的。

　　大陸浪人在中國大陸開展活動的開端，雖然可以追溯到荒尾精在漢口開辦「樂善堂分店」的時代，但其受到日本政府的重視，將其作為日

---

[1]　黑龍會編：《東亞先覺志士記傳》上卷，4頁。

本外交不可或缺的一翼來加以考慮，卻是自 1898 年東亞同文會成立之後才開始的。這一年的 6 月，自由黨、進步黨聯合組成憲政黨，成立了日本歷史上打破藩閥官僚、軍閥把持政權局面的第一屆政黨內閣，這就是所謂「隈（大隈重信）板（板垣退助）內閣」。在「隈板內閣」成立過程中出過力的平岡浩太郎，當大隈重信執政之後，與犬養毅、神鞭知常、大石正巳等人相商，向內閣提出了增加外務省機密費的動議。平岡認為，日本「外交不振」的原因，一是因為外務省經費過少，二是政府的官方外交不能與「民間外交」相「協力」；解決的辦法就是增加外務省機密費，用這筆錢資助「民間有志」的對外活動，如是則可以大大振作「對外之經綸」[2]。大隈內閣採納了平岡等人的建議，引導東亞會和同文會合併為東亞同文會，向該會提供了供大陸浪人開展活動的補助金。在政府的資助下，東亞同文會公開豎起「保全支那」的大旗，揭開了大陸浪人大規模參與中國近代政治、經濟、軍事、外交等活動的帷幕。

在此之前的 1897 年 2 月，由犬養毅的斡旋，宮崎滔天、平山周和可兒長一這三人從外務省領到機密費，奉命到中國「視察」民間會黨活動的情況，已經是大陸浪人在日本政府的暗中支持下參與對華外交活動的一個起點。就在這次「視察」中，宮崎、平山第一次聽說「孫逸仙」的名字，瞭解到中國革命黨人的存在。

中國革命的先行者孫中山先生自 1894 年 11 月在檀香山創立了革命小團體——興中會以來，即以全力投入推翻清朝帝制政府、建立民主共和國的革命活動。翌年 10 月興中會在廣州發動反清武裝起義，因謀事不密為清政府所破壞鎮壓。孫中山偕鄭士良、陳少白逃出廣州，經香港抵達日本。在日本略作停留後，孫中山又踏上了經美洲至歐洲的旅程。歐美各國以其先進的文化，啟迪和影響了孫中山革命思想的發展，可是它們畢竟遠離中國，不但交通往來極為不便，就是消息也不很靈通。為了向海外華僑宣傳革命思想，籌措武器、經費，繼續發動革命，1897 年 8 月，孫中山結束了歐美之遊，返抵日本橫濱，計劃以地近中國的日本

2　黑龍會編：《東亞先覺志士記傳》上卷，609 頁。

為基地，開展革命活動。

孫中山的計劃由於和大陸浪人的結識而有了實現的可能。孫中山最早在 1894 年逗留檀香山時，就認識了一個日本基督教牧師菅原傳。1896 年前後，菅原傳又介紹陳少白認識了曾為興亞會主要成員之一的曾根俊虎，後來宮崎滔天又通過曾根找到了陳少白和孫中山。1897 年 9 月宮崎滔天、平山周與孫中山在橫濱相見後，他們立即將孫中山帶到東京。取得了外務省有關方面的諒解後，宮崎、平山安排孫中山在東京住下，並將孫中山介紹給日本的朝野各界人士、大陸浪人。

按照孫中山在《建國方略》中的回憶，他當時在日本結識的主要人物有以下數十位：宮崎滔天、平山周、犬養毅、大隈重信、大石正巳、尾崎行雄、副島種臣、頭山滿、平岡浩太郎、秋山定輔、中野德次郎、鈴木五郎（鈴木久五郎？）、安川敬一郎、犬塚信太郎、久原房之助、山田良政、山田純三郎、宮崎民藏、菊池良一、萱野長知、副島義一和寺尾亨等[3]。當然，這裡提到的諸人是孫中山「就其直接於予者而略記之」的名字，遠不是孫中山所結識的日本人的全部名單。據萱野長知在《中華民國革命秘笈》一書中說，在孫中山等人從事革命活動期間，參加過這一活動或者與革命活動發生過較為密切關係的日本人的總數，大概將近三百人[4]。在這將近三百個人中，除了犬養毅、大隈重信、尾崎行雄等政界要人和中野德次郎、久原房之助等財界人士之外，半數以上都是大陸浪人。如果按照支持、介入中國革命事業的動機的不同來劃分，他們基本上可以被分為自由民權主義者的宮崎滔天、萱野長知派、國權主義者的頭山滿、內田良平派以及政界中關心中國問題的犬養毅、大隈重信派這樣三個集團。

---

[3]　廣東省社會科學院歷史研究室等合編：《孫中山全集》第六卷，中華書局 1985 年版，232-233 頁。但，該名單倒數第二人，《全集》注解以為是副島種臣，誤，應為副島義一。

[4]　萱野長知：《中華民國革命秘笈》，東京：皇國青年教育協會，昭和 16（1941）年，59 頁。又，2011 年，日本孫文紀念館又編印、發行了《孫文與日本有關人名錄》（財團法人孫中山紀念會 2011 年 11 月發行），更進一步搜求各種資料，統計出與孫中山前後有過關聯的日本人大約為 1236 人（包括個別重複出現者）。然而與孫中山及中國革命運動等有過關聯的所謂「志士」、「浪人」等人物，基本上還是萱野長知書中所列的人物。

　　宮崎滔天、萱野長知等人是大陸浪人的左翼，他們在政治上持自由民權主義的主張。宮崎滔天在初見孫中山時，曾就各自的理想與主張等等與孫中山進行過推心置腹的交談。孫中山介紹自己在政治上「執共和主義」，以為「共和政治不僅為政體之極則，且適合於中國國民」，為了解救中國的危機和人民的厄運，願「自進而為革命之先驅，而以應時勢之要求」的宏大抱負⁵，使宮崎滔天從中發現了自己與孫中山在政治理想方面的共通點。孫中山在交談中又說：「余固信，為中國蒼生，為亞洲黃種，為世界人道，而興起革命軍，天必助之。君等之來締交於我黨，是其證也，朕兆發於茲矣。夫吾黨所以努力發奮，以期不負同胞之望。諸君又盡力所能以援吾黨之道。欲救中國四萬萬眾之蒼生，雪亞東黃種之屈辱，恢復宇內之人道而擁護之者，惟有成就吾國之革命，即為得之。此事成，其餘之問題即迎刃而解矣」⁶。這一番話更是引起了宮崎滔天的強烈共鳴，他為自己終於找到了能夠實現「支那革命主義」理想的「英雄」而慶幸。他對孫中山由衷地讚嘆道：

　　　　如孫逸仙，確實已近天真之境者。彼之思想何其高尚，彼之識見何其卓越，彼之抱負何其遠大，而彼之感情又何其誠摯！我國人士中如彼者果有幾人？是誠東亞之珍寶也。余實以此時許彼。⁷

　　這是建立在一種共同理想、共同主張上面的情感的交流，以此為基礎而建立起來的宮崎滔天等人與中國革命派的關係，也是一種互相支持、互相信賴的同志式的關係。但是宮崎滔天這一派大陸浪人為數很少，在全部的大陸浪人中，除了宮崎滔天、萱野長知以外，只有山田良政、山田純三郎等有限的幾個人屬這一集團，然而又只有這個集團的幾

5　宮崎滔天：《三十三年之夢》，宮崎龍介、小野川秀美編輯、解題：《宮崎滔天全集》第一卷，
　　東京：平凡社，昭和 51（1976）年，117-119 頁；中文譯文參見鄒魯：《中國國民黨史稿》，
　　上海：民智書局，1929 年，第一篇，22-24 頁。
6　《三十三年之夢》，《宮崎滔天全集》第一卷，117-119 頁；中文譯文參見鄒魯：《中國國民
　　黨史稿》第一篇，24 頁。
7　《三十三年之夢》，《宮崎滔天全集》第一卷，119-120 頁。

個大陸浪人，才真正稱得上是中國革命黨人的「同志」和「戰友」。至於與宮崎滔天等人私人交往並不算淺的另一個大陸浪人末永節，他雖然最初也有過「採革命（之主義），取謀叛（之手段），……將戰爭推進至窮極之地，方可求和平」和「與露西亞虛無黨握手，環西伯利亞一帶建設獨立國家，彼此相呼應，傾覆露西亞，以兩斷（世界之）東西，絕遠東之禍根，進而傾覆、容括支那帝國，於茲建立世界和平之基礎」[8]之類與宮崎兄弟的主張比較接近的思想，可惜他後來並沒有堅持自己的初衷，反而逐漸向右翼方面轉化。所以嚴格地說起來，他並不屬宮崎滔天、萱野長知這一派。

頭山滿、內田良平等人是大陸浪人的右翼，他們在政治上持國權主義的主張。內田良平接近孫中山和參與中國革命事業的動機已經如前所述，這裡再分析一下頭山滿的情況。頭山滿早年雖也有過參加自由民權運動的歷史，但他與孫中山在 1897 年結識時，早已成了一個熱情的皇權和國權主義者。他對中國民主革命的性質和目的，並沒有真正的理解。一直到 1924 年 11 月，他還向別人宣傳：「所謂支那革命，其實即是多年受虐待的漢族對滿洲族的復仇」[9]。可見他是把辛亥革命當作了一場單純的民族復仇運動。頭山滿對於孫中山個人的興趣，要遠遠超出他對辛亥革命的興趣。據《大亞細亞主義與頭山滿》一書，頭山滿晚年曾這樣對作者葦津珍彥談過他對孫中山人品的看法：「彼抱有熱烈的救國愛民革命志望，此固不待言。此外，彼亦是能集天下之財，散之於天下之人也。余有睹於此，乃信彼是足以統治四百餘州之英雄也」[10]。這就是說，頭山滿對孫中山最感興趣的地方，是孫中山所具有的能夠推翻清政府、在中國建立一個新的統治體系的能力。因為這對於頭山滿實現在日本「指導」下，進行「亞洲聯合」、「日支一家」的「東亞建設」計劃是至為重要的。在中國革命派的力量尚十分弱小，不能不依仗外來援助的

8　末永節：〈大道信念論〉，轉引自高橋正雄監修：《日本近代化與九州　九州文化論集 4》，東京；平凡社，昭和 47（1972）年，203 頁。

9　藤本尚則：《巨人頭山滿翁》，東京：文雅堂書店。昭和 17（1942）年，521-522 頁。

10　葦津珍彥：《大亞細亞主義與頭山滿》，東京：日本教文社，1965 年初版，1984 年增補版，191-192 頁。

時候，頭山滿帶領玄洋社的大陸浪人給孫中山等革命者以支持，目的就是希望孫中山將來能掌握中國的統治權，幫助在東亞建設日本「皇亞細亞」的「皇道樂土」。所以頭山滿表露自己動機和思想的言論雖然沒有內田良平那樣露骨、那樣氣勢逼人，但其思想的內核都是一樣的，並沒有本質的區別。

持與頭山滿、內田良平等人近似或相同思想動機的大陸浪人還相當多，這一派人在與孫中山有過交往的大陸浪人中占有絕對的優勢，他們的思想和活動決定了大陸浪人在辛亥革命歷史上的基本地位與作用。

犬養毅和大隈重信等一派政界人物，雖然一般來說並不屬大陸浪人範疇，但因為他們的思想和活動也與辛亥革命以及大陸浪人的活動有著密不可分的聯繫，所以對他們的活動也有必要進行一些研究。

日本學者藤井升三在研究犬養、大隈等人接近及支持孫中山的動機時指出：

> 與宮崎（滔天）站在民權的立場試圖援助孫文的動機相反，犬養、大隈等政治家援助孫文的動機，主要在於擴張日本的國家利益。日清戰爭中雖然取得了勝利，但在其後又不得不接受三國干涉的日本，當時的國力是劣弱的，在國際上的地位也是孤立的。有鑒於此，日本政府的當權者們於是開始了在亞洲建立承認日本的優勢地位、保障日本的發展而又能抵抗西歐列強壓力的友好政權的策動工作，由於採取支援外國革命勢力的單獨行動難免要招致列強各國的孤立政策，所以這種策動工作主要是在承襲著支持清朝政府這一歷來方針的同時，一旦發現可乘之機，就試圖先於列強與革命勢力之間達成一定形式的聯盟乃至默契這樣一種活動。正好在這個時期，鄰邦中國的政治亡命者來到了日本，犬養、大隈等就抱著將來建立一個代清朝而起的孫文親日政權的夢想，開始了與孫文結下親密交往關係的嘗試。[11]

---

[11] 藤井升三：《孫文研究：以其民族主義理論發展為中心（孫文の研究：とくに民族主義理論の発展を中心として）》，東京：勁草書房，1966 年，15 頁。

　　這個分析，基本上抓住了犬養、大隈等人在當時的主要政治目的。
　　犬養毅（1855-1932），號木堂，日本岡山縣人。青年時期曾在福澤諭吉開辦的慶應義塾讀書，「西南戰爭」爆發後又當過政府軍的隨軍記者。1881 年擔任「統計局權少書記官」的官職之後，他就成為大隈重信的得力股肱，以民黨（立憲改進黨－憲政本黨－立憲國民黨）的領袖和辯士而聞名。自 1890 年第一次眾議院大選開始，他連續十七次當選為眾議院議員，是議會內打倒藩閥和擁護憲政運動的一個主要推動者。在中國問題上，犬養毅的思想不像伊藤博文、山縣有朋等藩閥元老那樣刻板固執。他認為日本不應當一意追隨歐美，以歐美列強之是非為是非，應當有自己的靈活多變的對華政策。因此他對孫中山等中國革命黨人來到日本，不但不認為是外交上的麻煩，反而看作是日本進一步全面推進對華外交的天賜良機。所以他極力為收容孫中山等人奔走斡旋，對中國革命黨人的活動也表示了一定的理解和好感。例如他曾經這樣評價過孫中山：「孫逸仙跟普通支那人相比具有明顯不同的特色。第一，支那人是愛撒謊的國民，此風不但下迄支那商人輩，即便堂堂大官、政治家輩亦幾乎無不憑藉謊言保身。……但是孫逸仙絕不說謊，誠實而重然諾，一言九鼎，這是他能成為領袖人物的第一特點。其次是他篤信自己的學說，堅持共和主義，豎立平等的旗幟，誰也無法動搖他的信念，億萬的黃金也無法強迫他放棄學說。他的這種人格可能是由宗教信仰上而得來的，以這種偉大的人格有籠絡無數人心的威力是他的第二個特點。再次是他不看重金錢，……手上一旦有進項，立刻分與部下，絕不私吞。而其自身生活又極其樸素，僅以我輩所知，他的一套西服已經穿了三年；他呵護部下如同慈母之於赤子；心中常有國家，而毫無私心雜念」[12]。這種態度在當時的日本政界人物中是極為稀見的，因為他對中國的革命

---

[12] 犬養毅；〈孫逸仙之為人〉，犬養毅著、川崎克編：《木堂政論集》，東京：文會堂書店，1913年，201-202 頁，參見日本國立國會圖書館數位資源庫（http://dl.ndl.go.jp/info:ndljp/pid/949455）。中文譯文參考彭澤周：《近代中日關係研究論集》，臺北，藝文印書館，1978 年版，265-266 頁，筆者復依照日文原文做了多處修訂。

者並沒有完全採取歧視、排斥的態度，表現了某種程度上的同情和欣賞。犬養毅當時是大隈重信對內對外政策的主要策劃人之一，他的思想對大隈也有一定的影響。憑藉大隈的地位和權力，犬養在支持孫中山等人在日本開展活動方面發揮了重要的作用。

可是，儘管犬養毅與其他許多露骨地主張侵略中國的政客有些不同，但他對於中國革命的支持仍然不能說是無私的和真誠的。1898 年 2 月 3 日他在寫給陸羯南的信中說：

> 拜啟。持呈此函之平山周氏現與孫逸仙同寓一處，最近，除孫外，尚有王、陳二人來此。彼等亦廣東革命黨員。弟刻下臥病中，諸事不能兼顧。與神鞭（即神鞭知常——引者）君磋商結果，務請吾兄代為照顧彼等一切。至於生活費用由平岡浩太郎氏按月送上，他日當面謝平岡也。願吾兄將彼等掌握住，以備他日之用。但目下不一定即時可用。彼等雖是一批無價值之物，但現在願以重金購置之。自去歲以來，弟即暗中著手此計劃矣。……[13]

他孫中山等人當作暫時的「無價值之物」，姑「以重金購置之」，「以備他日」加以利用的用心，至此昭然若揭。

以上述三個集團與孫中山等中國革命黨人的結交為起點，大陸浪人及一部分日本政、財界人士在日本政府的默許和支持下，公開介入了中國的革命運動。

二、革命準備時期的浪人動向

辛亥革命前的十餘年間，是中國革命運動的準備時期。這一時期，因革命黨人規模和程度的差異，又可以分為兩個不同的階段，而大陸浪人在各個階段中的活動，也各有不同的動向和特點。

第一個階段自 1894 年孫中山在檀香山創立興中會始，至 1901 年初

---

[13] 梅溪升：〈關於孫文的幾封犬養毅致陸實書信〉，中文譯文據彭澤周：《近代中日關係研究論集》，312 頁。

惠州起義失敗時止，這是革命運動的興起階段。這一時期，中國雖然出現了最早的反清革命小團體——興中會，但它的成員多為海外華僑和廣州、香港的中產階級及其知識分子，活動範圍及社會影響都十分有限。另外，由於海外大部分華僑在當時都視孫中山等人的活動為「作亂造反」，不加贊同，興中會不得不在艱難而孤立的環境中奮鬥，這是中國民主革命史上最為艱苦的時代。

這個階段，大陸浪人為了支援興中會的革命事業，主要進行了以下一些活動。

首先是勸說同時流亡在日本的孫中山和康有為進行合作。

1898 年夏，宮崎滔天和平山周受平岡浩太郎之託，再度乘船來華，打探中國各派革新勢力有無實行聯合或舉事的動向，宮崎負責南方的調查，平山周則潛往北京。不久，「戊戌政變」發生，康梁等維新派為逃避封建頑固派的搜捕，紛紛向英、日等國求救。10 月中下旬，康有為和梁啟超分別在宮崎滔天和平山周的陪伴下逃到日本。

康、梁抵東京後，宮崎滔天和平山周等立即展開說服工作，勸康有為等與孫中山聯合。犬養毅也極力從中撮合，千方百計約請兩派人物進行對話。當時，孫中山對於聯合一事的態度相當積極，但康有為直到此時還不願放棄保皇的立場，以「無論如何不能忘記今上」和今後「惟有鞠躬盡瘁，力謀起兵勤王」的理由，完全拒絕了兩派合作的設想[14]。革命派與維新派的合作因此未能實現。

陳少白後來在〈興中會革命史要〉一文中回憶這段歷史時，曾這樣解釋宮崎滔天等人促成孫、康二派合作的動機：

> 宮崎平山為什麼要使康梁到日本呢？當時日本朋友的意思，以為孫先生和康梁同是要救中國的人，如果居間調停，或者可以聯合，中國事當更好辦到了。所以他們使兩方面都到了日本，就有

14 馮自由：〈戊戌後孫康二派之關係〉，《革命逸史》（全 6 冊），北京：中華書局，1981 年，初集，49 頁。

聯合的機會。[15]

　　事實上，宮崎滔天最初是把康有為看作「嶺南士林」中與孫中山齊名的人物的，認為他和孫中山都主張「民權共和之說」，思想主張上是一致的[16]。但戊戌變法的失敗，使宮崎看到了維新派變革手段上的弱點，便尋找機會向他們勸說：「欲以一紙上諭，而掃支那之積弊，何其愚也！積弊之由來，在乎人心。故欲使改革之有效，不可不預先握有罷黜大員之實力。實力者何？兵馬之後援是也。康君豫不備之，徒賴君權，以紙面之上諭而欲完成改革大業，此其所以敗也」[17]，對康梁等人僅僅抓住一個光緒皇帝就想扭轉中國乾坤的做法提出了中肯的批評。另外他在《三十三年之夢》一書中還交代自己向康門師徒宣傳反清革命的目的是：「當時余之甚為看重康君，乃因思其同志中亦有諸多英杰，故而生出利用此機使彼等結交孫黨，更為暗通哥老、三合諸會，以喚起風雲之夢想，……」[18]可見他的動機與孫中山基本相同，都是想藉康梁等人新敗之機，說服他們改弦易轍，放棄改良主義，與興中會合作，共同發動武裝革命，來推翻清政府的統治。

　　但犬養毅等人的考慮就和宮崎滔天不同，就在這一年的春天，平岡浩太郎、犬養毅等人發起組織東亞會的時候就商定過這樣一個協議：

　　……

　　一、邀請居住在橫濱、神戶的中國有志之士入會；

　　二、允許輔佐光緒帝、力任變法自強之責的康有為、梁啟超等入　　　會。[19]

---

[15] 中國史學會主編：《中國近代史資料叢刊　辛亥革命》，上海：上海人民出版社，1957 年，第一冊，57 頁。

[16] 《三十三年之夢》，《宮崎滔天全集》第一卷，113 頁。

[17] 同上引書，126 頁。

[18] 同上引書，127 頁。

[19] 井上雅二：〈故近衛霞山公與東亞同文會的誕生〉，原載《支那》第 25 卷第 2 號，1934 年 2 月 25 日，137-142 頁；轉引自酒田正敏：《近代日本對外硬運動研究》，110 頁。

　　文中明顯表現出了對康、梁等維新黨人的極大同情和好感。孫中山等到達日本後，犬養毅雖然出於搶在列國之先與革命黨人建立聯繫，以備他日之用的目的接近、籠絡中國的革命者，可是由於孫中山等人少勢孤，在海外華僑中影響有限，短時間之內難以看出可以替日本派上什麼用場，犬養等人於是就在康、梁來日後，極力慫恿孫、康兩派的聯合，以便增加自己手中握有的砝碼的分量，保證在將來的中國政治變局中，有更大的成功係數，擴大和發展日本的權益。不難看出，這是為了日本利益而刻意追求的中國「革新」各派的聯合，所以「反清」還是「保皇」，「革命」還是「改良」的原則在這裡是沒有什麼地位的。其後，當孫、康二派的合作絕望，大部分日本朝野人士為了親近中國革命黨人都遠離了保皇黨人之後，犬養、大隈等對康、梁仍不失同情，優禮有加（據說大隈下野後，還請康有為在自己家中住了半年左右的時間），甚至直到1912 年初，犬養毅還在勸說孫中山與岑春煊、康有為實行一種雜揉新舊各種勢力的聯合，可見其對康、梁的垂顧之情何等綿長。

　　援助菲律賓的獨立運動，則是大陸浪人協助孫中山開展的第二項重大活動。

　　1899 年初，菲律賓獨立軍領導人之一的馬利亞諾·彭西（Mariano Ponce）來到橫濱拜訪孫中山，請求代為設法在日本購買一批軍火。孫中山對於菲律賓人民反對美國殖民主義侵略的獨立運動非常同情，不但允諾代為籌辦軍火，而且與彭西約定自己還準備率領一批革命黨人赴菲，支援菲軍的抗爭，待菲律賓革命成功後，中菲兩國的革命者再一起進行中國的革命。

　　而後，孫中山趕到東京，把為菲軍購買軍火一事委託給宮崎滔天和平山周。宮崎、平山立即找到犬養毅商議，犬養推薦了憲政黨眾議院議員、東京材木公司經理中村彌六擔任此事，於是宮崎滔天等通過中村彌六由陸軍御用商人大倉喜八郎那裡買到了一批日本陸軍處理下來的武器、彈藥，於 1899 年 7 月裝上「布引丸」貨輪運往菲律賓，不料該船行駛到浙江海面時竟被強颱風打沉，擔任船務監督的林正文和長野義虎

也落水身亡。

　　數月後，彭西又託中村彌六買到了第二批軍火，但由於日本政府的嚴密監視，無法裝船運往菲律賓，只好存放在大倉組公司倉庫。不久，菲律賓獨立軍被美軍擊潰，獨立運動失敗，彭西於是將這批軍火轉送給孫中山。

　　援助菲律賓獨立運動的活動雖然沒有取得預期的成功，但它作為孫中山和宮崎滔天對於亞洲革命思想的一次實踐，仍然具有重要意義。這正像李大釗當年評價的那樣：

> 中山先生曾與日人宮崎滔天等共同援助菲列濱人的革命運動。中山先生並且說過，我們先援助菲島的革命，等到菲島的革命成功，他們必來援助中國的革命。這可以證明中山先生早已看清被壓迫民族的革命運動及全世界的革命者，均有互相聯合的必要。[20]

　　但是，除了宮崎滔天之外，另外一些大陸浪人以及日本陸軍中的一些軍官在援助菲律賓獨立運動中的表現也是不可忽略的。內田良平在1898年2月經西伯利亞前往彼得堡的時候，與日本駐俄海軍武官俊逸八代六郎和廣瀬武夫討論過日本在南方的「國防問題」。那時他就認為：「倘我國不能於南方自馬來半島至比律賓群島方面得一海軍根據地，以為國防第一線，從而握得太平洋的制海權，則難保帝國永遠之安全也」[21]。所以後來他一旦知道菲律賓獨立軍要購買日本軍火的消息，立刻積極協助，還說服他的叔父平岡常次郎（煤炭商人，平岡浩太郎胞弟）無償給「布引丸」提供燃料煤。他的動機不在於菲律賓人民的疾苦而在於日本在南方的「海軍根據地」是顯而易見的。同樣，日本陸軍內部也有一些人的見解與內田良平完全一致，參謀總長川上操六不顧外務大臣青木周藏的激烈反對（青木反對的原因是由於日本政府已經接到美國政府提出的不要向菲律賓獨立軍提供援助的請求），硬把陸軍的武器處理給大倉

---

[20] 〈中山主義的國民革命與世界革命〉，《李大釗選集》，北京：人民出版社，1978年，562頁。
[21] 《東亞先覺志士記傳》上卷，631頁。

喜八郎使之售於菲軍，他考慮的是：「雖然看來比律賓獨立難遂其目的，我國現今亦難以著手於彼方面之事，然國家的生命是永存的；須考慮五十年、一百年之後的事情，是以有不失比律賓土人歡心之必要」[22]，目的仍在於日本「國家」的長遠利益。

菲律賓獨立運動失敗之後，孫中山重新又將注意力移向國內，在廣東籌劃新的武裝反清起義，許多大陸浪人也參與了這一活動。

1899 年 7 月起，宮崎滔天奉孫中山之命前往香港，參加了興中會聯合兩湖、兩廣地區哥老會、三合會組織「興漢會」的活動。在此前後，他和末永節還共同拜訪過福岡的煤礦主中野德次郎，說服中野為興中會起事提供了五千元活動經費。12 月底，孫中山看到國內因義和團運動的發展時局激烈動盪，與宮崎、末永連名電告內田良平由俄返日，組織「義勇隊」，準備大舉起義。恰在此時，兩廣總督李鴻章突然派人傳信，說願與孫中山合作據兩廣「獨立」。孫中山雖然對李鴻章的誠意表示懷疑，但又覺得時機頗佳不妨一試，於是帶同宮崎滔天、清藤幸七郎等人於 1900 年 6 月上旬離開日本前往廣東。在廣州，宮崎、清藤和內田良平以孫中山代表的身分同李鴻章幕僚劉學詢進行了談判，但僅商量了孫中山的安全等問題，並未涉及「獨立」的具體事項。7 月，孫中山及宮崎一行自新加坡乘船返回番港，但港英當局禁止孫中山登岸，李鴻章此時也被清廷委以直隸總督兼北洋大臣的重任，北上議和，「兩廣獨立」的計劃於是破產。孫中山立刻在船上召開緊急會議，決定以鄭士良為起義軍主帥、原禎（別名近藤五郎）和楊飛鴻為參謀、福本誠為民政總裁、平山周為副總裁[23]，五人共同領導革命軍的起義，自己則與宮崎滔天返回日本，安排策應起義的辦法。

8 月，孫中山為了運動長江流域各省的響應工作，曾與內田良平一度前往上海，旋因當地形勢吃緊又轉赴臺灣，經山田良政的介紹與臺

---

22 《東亞先覺志士記傳》上卷，630 頁。

23 關於這個惠州起義領導集團的名單，有不同的記載。平山周的《支那革命黨及秘密結社》一書的說法是：起義軍司令官鄭士良、總參謀長原禎、財務長官楊飛鴻、民政長官畢永年、外務長官平山周。《東亞先覺志士記傳》的說法與此略同，只是畢永年的職務是內務部長。尚不知哪一種說法最為接近事實，這裡暫且採用了宮崎滔天在《三十三年之夢》中的說法。

灣總督兒玉源太郎和民政長官後藤新平取得了聯繫。本來，日本陸軍早已企圖藉義和團運動在中國北方造成內亂之機出兵占領廈門，為此已在 8 月下旬策劃了廈門本願寺的「放火事件」。只是由於日本內閣懼怕招致列強的抗議，才強令中止了出兵計劃。但兒玉等並不死心，現在當孫中山提出支援請求，他們立即提出革命軍舉義後須向廈門進發，為日軍出兵廈門製造口實，然後才給革命軍以援助的條件要孫中山允諾。不久，孫中山在臺灣設立了起義指揮部，招募日本將校軍官準備充實革命軍，並命令已於 10 月 6 日在惠州三洲田舉義的革命軍向廈門進軍。

這時，孫中山打電報給正在東京的宮崎滔天，命其速將彭西贈與的武器運往廈門接濟革命軍。宮崎和原禎來到大倉組公司倉庫後，才得知菲軍購買武器的款項早已被中村彌六中飽，所購者全是不堪應用的廢械，無法啟運。是時，日本政局也生變化，伊藤博文代替山縣有朋組閣，禁止臺灣總督幫助中國革命黨。孫中山看到外援希望全部落空，只得派山田良政赴革命軍陣前送信，命鄭士良等「自決進止」[24]。10 月 22 日，起義軍被迫宣布解散，山田良政也在前線與清軍戰死。

惠州起義的失敗，是興中會革命活動中的一大挫折，革命量因此而蒙受了重大的損失，從此興中會的活動進入低潮時期。而中村彌六貪污中飽行為的暴露更是一大危機，一部分日本「志士」唯利是圖、無信無義的行為在中國革命者和大陸浪人之間製造了最初的裂痕。孫中山雖然對宮崎滔天在本事件前後的所作所為表示了理解和原諒，但宮崎仍然抑制不住沮喪之情，憤而投身於曲藝界，學習演唱「浪花節」[25]以謀生。而內田良平及其他的大陸浪人們早在惠州起義失敗之前就已抽身而退，大陸浪人與中國革命黨人在第一個階段的關係就此而止。

第二個階段自 1901 年下半年中國留日學生和東南沿海地區先進知識分子中革命運動的興起而始，到 1911 年 10 月武昌起義前夕為止。這

---

24 陳春生：〈庚子惠州起義記〉，中國史學會主編：《中國近代史資料叢刊　辛亥革命》第一冊，
　　241 頁。
25 以三弦伴唱的一種說唱形式，類似中國的鼓書。

是革命運動的發展階段。

進入二十世紀之後，興中會的活動雖然走向低落，但由於中國大地上民族危機的加深和社會矛盾的激化，革命的氣運卻在潛行發展，醞釀著新的風暴。接受了西方社會思想和科學文化的海外留學生最先奮起，成為革命運動的先鋒。1901 年 5 月，秦力山等人創辦《國民報》，首先在留學生中宣傳排滿仇滿；翌年 4 月，章炳麟等人又發起召開「支那亡國二百四十二年紀念會」，以紀念明朝滅亡的形式號召反清革命。到了 1903 年 1 月 29 日中國留學生的團拜會上，馬君武、劉成禺更是公開發表排滿演說，鼓吹革命。從此以後，革命風潮的高漲日甚一日，革命開始發展成為左右中國社會局勢變化的政治運動。

大陸浪人在與中國革命運動普遍疏遠了一段時期之後，隨著中國留日學生界革命意識的高漲，又開始「回歸」中國革命。最先行動起來的還是宮崎滔天。

惠州起義失敗後，宮崎滔天雖已成浪花節舞臺上的藝人，心中仍縈懷著中國的革命事業。1901 年 6 月，他在《二六新報》上發表連載小說〈狂人譚〉，抨擊日本社會中的各種醜惡現象。次年 1 月他又將自己半生的經歷以及與中國革命者交往的史實凝諸筆端，發表了長篇傳記體小說《三十三年之夢》。這本書雖是宮崎滔天失意後的負氣之作，但由於它如實地介紹了孫中山的革命經歷和興中會的革命活動，不啻為引導、激勵當時中國的熱血青年走向革命之途的入門嚮導。金天翮和章士釗很快就將其譯成中文，「一時風行天下，人人爭看，竟成鼓吹革命之有力著述」[26]，發揮了宮崎滔天本人也完全沒有意想到的巨大宣傳作用。

由於《三十三年之夢》的發表，宮崎滔天在中國留日學生界中名聲大振，自 1904 年秋開始，就有越來越多的中國留學生與他來往。11 月上旬，在長沙發動華興會起義失敗流亡至日本的黃興也到東京，拜訪了宮崎滔天，宮崎旋又將黃興、張繼等介紹給了末永節。1905 年，宮崎一面在東京各劇場繼續演唱浪花節，一面關心著中國留學生的革命動向。

26　章士釗：〈疏《黃帝魂》〉，中國人民政治協商會議全國委員會文史資料研究委員會編：《辛亥革命回憶錄》，北京：文史資料出版社，1963 年，第一集，243 頁。

他雖然並沒有清醒地認識到中國的革命事業正面臨著一個革命力量由分散走向聯合、由初級走向高級的重要關頭，從直覺上似乎還是看到了革命黨人互相團結、聯合的必要。7 月 19 日，宋教仁、程家檉到宮崎家拜訪時，宮崎就向他們宣傳：「孫逸仙不日將來日本，來時余當為介紹君等」，「孫逸仙之為人，志趣清潔，心地光明，現今東西洋殆無其人焉」等[27]。7 月下旬，孫中山由歐洲返回日本後，宮崎滔天立刻引孫中山與黃興、宋教仁、陳天華等人見而，為革命力量的聯合穿針引線。7 月 30 日下午，為了避免日本警方的監視，宮崎滔天向內田良平商借了黑龍會總部召開中國同盟會的預備會議。8 月 20 日，通過佃信夫的交涉，中國同盟會又借到了赤阪靈南阪的阪本金彌宅召開正式成立大會，宮崎滔天、平山周、萱野長知三人被特許加入了同盟會。

同盟會成立之後，中國的反清革命運動有了統一的指導中心，革命派在政治、思想、軍事等方面的抗爭也得到了迅速的發展。對於同盟會員的這些抗爭，大陸浪人也從側面（有時甚至是從正面）做了一些配合、輔助的工作。

在政治和思想方面，1905 年 11 月，同盟會發行機關刊物《民報》，由末永節出面當印刷人。由於清朝政府的阻撓，《民報》社在東京一度難於租到合適的房屋作社址，末永又去央請擔任警保局長的友人古賀廉造當保證人，在牛込區新小川町租到了房屋。

不僅如此，為了配合《民報》的革命宣傳工作，1906 年 8 月，宮崎滔天、清藤幸七郎、萱野長知、和田三郎、池亨吉和青梅敏雄等人又協議共同創辦了《革命評論》，用鼓動輿論的辦法來為中國革命派吶喊助威。

宮崎滔天在《革命評論》的〈發刊辭〉中寫道：

余輩熱望完全的和平，故歡迎徹底的革命。欲破壞社會沉滯腐敗的要素，欲開闢清新的新天地，唯有革命能畢其功。革命哉！雷霆霹靂震盪天地，暴風猛雨滂沱一時，涸濁之氣為之掃蕩，乾坤為之一

---

27 宋教仁：〈我之歷史〉，陳旭麓主編：《宋教仁集》，北京：中華書局，1981 年，下冊，544 頁。

新，是為自然界之革命。自然界既有革命，而人類社會豈可無革命
哉？……[28]

那種振臂疾聲以呼喚革命的氣勢躍然紙上。

《革命評論》為半月刊，自 1906 年 9 月 5 日的創刊號至 1907 年 3
月 25 日的終刊號共發行了十號，前後刊登論說文、新聞稿、外國革命
文獻譯文、詩歌、小說等二百篇左右（不包括作為附錄頒送的〈土地復
權同志會記事〉上的文章）。每期幾乎都闢有《歐洲革命大勢》、《支那
革命大勢》、《東亞紀事》和《志士風骨》等專欄，對當時正在中國和俄
國大地上如火如荼發展著的民主革命的浪潮進行報導、評論，抨擊清朝
政府和沙皇政府的黑暗統治，讚頌中、俄革命黨人堅苦卓絕的抗爭。其
中的許多論說文章，如〈北京官憲的迂闊〉、〈支那立憲問題〉、〈支那留
學生的責任〉、〈支那的秘密結社〉、〈革命問答〉等等，筆鋒犀利，語言
酣暢，堪與《民報》上面刊登的鼓吹革命的文章並媲稱美。

《革命評論》第四號上刊登有孫中山的照片和宮崎滔天撰寫的介紹
孫中山生平、人品的文章。文中讚頌孫中山是歷史上少有的「據理義建
立主義，以拯救蒼生於困危之中」的「革命真英雄」，不僅是中國而且
也是世界上有「大本領」的偉大人物[29]。第七號的《革命評論》是「支
那革命號」，卷首刊登了「支那革命之先驅」──湖南會黨首領馬福益
臨刑前從容鎮定、氣宇軒昂的照片，第六版和第七版刊登了「支那革命
殉難者」史堅如、鄒容、陳天華和吳樾的大幅照片，還為每人作一小傳，
讚頌了他們短暫而壯烈的一生。另外池亨吉還在〈清朝之末路〉一文中
對革命黨人領導的萍瀏醴起義給予了較高的評價和讚揚。

《革命評論》出版當時，就受到了日本內外進步輿論的普遍歡迎。
「俄國革命黨」（似指民粹派）的機關報《烏利婭報》稱讚它是「在日

[28] 革命評論社：《革命評論》第一號，（一）頁。勞動運動史研究會編：《明治社會主義史料集，
第 8 集（東京社會新聞、革命評論）》，東京：明治文獻資料刊行會，1962 年，123 頁。
[29] 火海：〈志士之風骨：孫逸仙〉，《革命評論》第四號，（六）頁。

本的（新出現的）革命黨機關報」[30]。日本社會黨機關報《光》也表彰它「通篇以血淚為經，以熱火為緯，……於支那革命黨之事亦說之甚詳。……」[31]。而中國革命黨人對於該報的反應更是強烈，宋教仁數次致書報社，讚揚《革命評論》令人「不禁無限熱血奮起，三呼萬歲」[32]；陳家鼎也為它賦詩作唱：

> 地獄沉沉是夜叉，阿誰苦口托詞家；昨宵夢見盧梭筆，生出枝枝革命花。
>
> 專制千年是亞東，平權從此唱歐風，只教點點文章血，流作櫻花一片紅。[33]

對這份存在時間雖短但影響不小的報紙作了高度的評價。從《革命評論》在當時所起到的社會影響來看，這樣的評價它是受之無愧的。

這期間，革命派還舉行了多次大型或重要集會，如 1906 年 6 月，東京中國留學生召開大會，歡迎出獄東渡的革命文豪章炳麟。宮崎滔天、清藤幸七郎、萱野長知等也參加了會議。12 月 2 日，為紀念《民報》發行一周年，同盟會又在神田錦輝館召集會議，《革命評論》編輯部的宮崎滔天、池亨吉、北輝次郎（後改名北一輝）、萱野長知等均到會祝賀和致詞。宮崎在如潮的歡呼聲中講演，「略謂僕犧牲此身以贊助支那革命，十數年來，飲食夢寐、歌思哭懷，胥不忘此，……僕思所以勗諸君之精神者，無他語，第不怕死而已。聽者慷慨泣下，……」[34]。通過廣泛而深入的思想交流及互相協助、共圖革命事業發展的活動，宮崎滔天等人在這個時期與革命派之間的關係，已經達到了水乳交融的地步。

內田良平一派的大陸浪人這時雖然把主要精力放在「俄國問題」和「朝鮮問題」上，但一些偶然的因素卻使他們成了中國革命派和俄國民

30　《革命評論》第三號，〈本報之發行與俄國報紙〉，（二）頁。

31　《革命評論》第三號，〈飛雁紛紛〉，（八）頁。

32　《革命評論》第二號，〈飛雁紛紛〉，（八）頁。

33　《革命評論》第六號，〈革命風流〉，（八）頁。

34　《民報》第十號，〈紀十二月二日本報紀元節慶祝大會事及演説辭〉。

粹派建立聯繫的牽線人。日俄戰爭之後，一些俄國民粹派人士逃亡到日本的長崎等地。黑龍會的浪人們試圖接近他們，以遏止俄國繼續南下的欲望，於是派出粗通俄語的金子克己到長崎與他們聯繫。1905 年 10 月，孫中山偕萱野長知等自橫濱至越南籌款時，途經長崎，金子趁機介紹他認識了「俄國革命黨東亞本部」的首領、民粹派分子魯賽爾（Russel）。次年 11 月，《革命評論》編輯部的宮崎滔天、萱野長知、池亨吉、和田三郎等又將剛由西伯利亞越獄東逃、準備經日本前往美國的俄國社會革命黨首領蓋爾修尼（Gershuni）介紹給了孫中山。自此以後，中、俄兩國的革命黨之間就開始有了來往。

1906 年秋冬間，孫中山與黃興、章炳麟等制定了《革命方略》，作為指導革命黨人在各地發動反清武裝起義時的綱領性文件。從這一年的萍瀏醴起義開始，同盟會直接、間接地領導了一系列的武裝起義。而隨著中國革命派對武裝抗爭的加強，與同盟會有密切聯繫的大陸浪人們也開始將活動的重點由思想文化轉移到了軍事方面。

本來，對於中國革命黨人來說，由於以海外為基地發動革命，在國內既沒有穩固的群眾基礎，又沒有固定和長期的革命根據地，每次發動起義，不是派遣一支敢死隊由外向內進攻一兩個戰略要地或據點，就是利用一些現成的組織形式如會黨、新軍等實行少數人在局部地區的暴動。這樣的武裝起義不但很難在軍事上取得成功，而且由於起義的主要依託在國外而不是國內，迫使孫中山等人不得不把大部分的時間和精力都花費在國外的籌款、購械和由國外向國內的運輸問題上。而大陸浪人對於武裝起義的重要性往往也正表現在這些問題上。

1907 年初，一部分同盟會會員憤於萍瀏醴起義的失敗以及日本某些報紙對中國革命黨人的污衊攻擊，策劃在廣東發動武裝起義。孫中山邀請池亨吉也一起參加起義，並希望池「以日本的吟唎[35]自任」，「將親身見聞，自始至終，筆之於書」，糾正「天下人」對同盟會的「有所誤解之處」[36]。後來，鎮南關起義發生時，池亨吉果然追隨孫中山、黃興等

[35] 吟唎：(1840-1873)，英國人，曾參加太平天國革命，歸國後寫出《太平天國革命親歷記》。
[36] 孫中山：〈與池亨吉的談話〉，《孫中山全集》第一卷，332-333 頁。

親赴前敵，回國後又將所見所聞諸事寫成〈支那革命實見記〉，連載於
《大阪朝日新聞》。

1907 年 3 月，宋教仁、白逾桓前往遼寧大孤山地區聯絡「馬賊」綠
林武裝時，一個曾在「馬賊」隊伍中活動多年的日本軍曹古河清（又作
古川清）曾一同前往。5、6 月間，同盟會連續在廣東潮州黃岡和惠州七
女湖發動起義，孫中山又從河內致電平山周，請他運動「日本義士」「助
資」、「助械」[37]，還任命萱野長知為革命軍的「東軍（即廣東軍——引者）顧
問」，命其速返日本，為起義籌措武器彈藥。萱野回國後，與宮崎滔天
及神戶商人三上豐夷一起秘密採購武器，裝進租來的貨船幸運丸中，然
後同金子克己、前田九二四郎、三原千尋、吉田正平等人一起啟航前往
廣東。後因革命黨人未能按照約定在汕頭海面予以接應，幸運丸被迫原
船折回日本。

在運用會黨力量發動數次起義失敗之後，1909 年 10 月，同盟會在
香港成立了南方支部，著手運動南方各地的新軍舉行武裝起義。1910 年
1 月下旬，黃興赴南方支部主持軍事，臨行時託萱野長知籌措旅費，在
神戶他又致函萱野：「此次前途元氣甚旺，如能得手，萬事可棄，兄當
速來助我」[38]。抵香港後他又致函宮崎滔天，要其「速招集步炮工佐尉
官多名前來助援」[39]。但是，廣東的新軍起義旋起旋滅，萱野和宮崎甚
至來不及進行任何支援。4 月，宮崎滔天由長谷川好道引見，會見了陸
軍大臣寺內正毅。會見中，據說宮崎儘量誇大同盟會在中國的影響和力
量，請求日本陸軍予以支援。寺內為了核實情況，於 4 月下旬命兒玉右
二隨同宮崎赴香港視察，會見了一些中國革命者。

1910 年 6 月，孫中山在舊金山接到同盟會同志的來信，「知中國內
地各情更急」[40]，大舉進行革命的時機已到，於是經由檀香山秘密返回
日本，潛伏在宮崎滔天寓所，與黃興、趙聲、宋教仁等密商革命進行方

37 《孫中山全集》第一卷，337 頁。
38 湖南省社會科學院編：《黃興集》，北京：中華書局，1981 年，14 頁。
39 湖南省社會科學院編：《黃興集》，15 頁。
40 《孫中山全集》第一卷，461 頁。

略。6 月 25 日，因清政府再次向日本政府提出驅逐孫中山的要求，孫中山不得已又乘船前往檳榔嶼。7 月中旬，社會上風傳宮崎滔天、萱野長知、中村彌六和兒玉右二等與中國革命派密謀，操縱股票行市以謀取革命資金等。日本政府向宮崎嚴屬追究黃興的所在，黃興也被迫離開日本前往香港。

1911 年春，黃興在香港設立「統籌部」，主持武裝起義的籌備工作。「統籌部」一面發動新軍，組織「選鋒隊」以作起義中的突擊力量，一面在南洋、越南及日本等地籌款購械，進行物質準備。在日本採購軍火的工作，由宮崎滔天通過其內弟前田九二四郎向倉地鈴吉購買，然後由黃一歐和毗井一郎負責押送至香港。4 月 27 日，革命黨就是用這些武器，在廣州發動了英勇壯烈的「黃花崗起義」。

接踵而起的武裝起義雖然都以失敗而告終，但革命黨人英勇不屈的精神卻鼓舞了全國民眾的反清鬥志。黃花崗起義失敗後，全中國各地抗爭都呈現出急劇高漲的局面，清政府的封建統治秩序處在風雨飄搖、隨時可能發生覆亡的關頭，在這種情勢下，遠在美國的孫中山十分振奮，於 1911 年 2 月 3 日、2 月 15 日、4 月 1 日、5 月 20 日和 9 月 12 日連續給宮崎滔天寫信，託其直接向陸軍大臣或通過頭山滿、犬養毅等向日本政府交涉，協商是否能夠允許自己轉赴日本，就近指導中國的革命運動。5 月 20 日和 7 月 16 日，他又分別向萱野長知和宗方小太郎寫信，提出了相同的請求。但日本政府直到此時，仍然不改敵視革命黨人、討好清政府的政策，結果孫中山的這個願望一直未能實現。

三、「支援」活動背後的分裂與摩擦

儘管大陸浪人們由於所抱志望和目的的不同，各自以不同的動機投入了中國民主革命運動，但在興中會、同盟會時期，大多數大陸浪人在「支援」中國革命這一點上，基本上還是能夠協同一致、互相配合的。例如 1897 年宮崎滔天在找到孫中山之後，立刻就將其介紹給犬養毅、渡邊元、宗方小太郎、內田良平諸人。由於宮崎的中介，孫中山又進而通過犬養毅結識了頭山滿、平岡浩太郎等，使左、右兩派浪人同時與中

國革命黨建立了聯繫。其後在安排孫中山定居東京、勸說孫康合作、幫助菲律賓獨立軍採辦軍火和籌劃、策應惠州起義的過程中，兩派大陸浪人的活動也是互相協同的。東京警視廳在向外務省呈遞的監視報告中描述宮崎滔天和內田良平二人在這一時期「與孫（中山）常相來往，其交情不啻膠漆」[41]。宮崎自己在敘述內田的活動時也說：「硬石（內田良平字）與其他同志同至東京、九州等地，為募集活動經費而奔走；又且嘯集年輕同志，作一聲令下即馳赴（中國）的準備」；又說他「遇事有獨立之見解，其深刻性不讓於此道之專家，使人不得不佩服其造詣之深」，是一個「非尋常浪人輩可企及」的人物[42]。字裡行間，不無誇獎、讚許之情。

本來，宮崎滔天對於大陸浪人在中國的活動並不是無條件一概贊成的。1892 年他第一次到中國，原計劃在上海附近居住一個時期，但因旅費被同鄉借去不肯歸還而進退兩難。這時宗方小太郎找到他，勸他去「日清貿易研究所」解決食宿問題。但宮崎此時「目其校長荒尾精及其一派為『支那占領主義』之集團、異主義之集團，不願食其粟」[43]，拒絕了宗方的勸誘，毅然回國。

1898 年東亞同文會成立時，因其以「保全支那」為標榜，又且網羅了大批政界要人及大陸浪人參加，背後還有政府的資助，宮崎也列名參加了這個組織，並參與了該會在中國的一些活動，如幫助高橋謙、原口聞一設立廣東支部等。但其後他與東亞同文會的關係並不融洽。在日本外務省檔案中有這樣一件材料：

〈關於東亞同文會會員之行動〉

〔前略〕詢以宮崎寅藏之意向，則云：吾等最終之希望在於扶植孫逸仙遂其初志。吾為一介書生，無信望於海內外，而欲成全此

41 近藤秀樹編：《宮崎滔天年譜稿》，《宮崎滔天全集》第 5 卷，671 頁；中文據辛亥革命史叢刊編輯組編：《辛亥革命史叢刊》第一輯，禹昌夏譯，北京：中華書局，1980 年，130 頁。
42 宮崎滔天：〈浪人生活〉，《宮崎滔天全集》第二卷，433、442、444 頁。
43 《三十三年之夢》，《宮崎滔天全集》第一卷，58-59 頁。

事，故不得已而借助東亞同文會之勢力；然而，如果該會之一舉一動，均需與政府商量，則終不能成事。[44]

可見宮崎滔天參加東亞同文會的動機，除了「保全支那」大亞洲主義旗幟的號召力之外，想「借助東亞同文會之勢力」來「扶植孫逸仙遂其初志」是一個最重要的原因。以東亞同文會的人力、財力而言，雖有達成此一目標的可能，但因為根本志向的不同，宮崎對於自己的希望能否實現，心中還是頗多疑慮的。

東亞同文會中人對於宮崎滔天的離心性也有覺察。外務省文書中說，宮崎和平山周於 1898 年將康有為、梁啟超帶回日本後，二人即投宿於東京的小旅館「對陽館」同住，交情十分深厚。但是「此後當東亞同文會派人去中國時，僅平山一人得遴選，宮崎不得參與其事；此乃因東亞同文會內諸人如陸實、國友重章、佐佐友房等皆傾向保守之輩，而彼等視宮崎為準進步派，以至於茲。為此宮崎居常悒悒，圖謀不依東亞同文會之力而獨立赴中國，……」[45]。1899 年 7 月宮崎滔天的香港之行，其主要任務雖然是奉孫中山之命參加興中會與哥老會、三合會的聚義聯合活動，但上述一事也當是其背景之一。

1900 年 6 月，宮崎滔天與孫中山等一同應李鴻章之邀，赴廣州談判「合作」一事時，東京警視廳曾派偵探就此事詢問「東亞同文會會員中最為通曉遠東情勢者」的某人，據稱：「……彼等（指宮崎等——引者）常懷不滿於同文會，同文會亦不以彼等為有利用價值之輩視之；因未曾互開胸襟，故不知彼等究用何策，亦不知彼等起事之規模，……」[46]。三個月後，正當宮崎滔天為籌劃惠州起義的策應工作而奔走時，東亞同文會竟將他除名。與此同時，山田良政也被指為「參與孫文獨立計劃的過激派」，解除了東亞同文會上海支部幹事的職務[47]。宮崎滔天等人終於被迫

[44] 近藤秀樹編：《宮崎滔天年譜稿》，《辛亥革命史叢刊》第一輯，131-132 頁。
[45] 近藤秀樹編：《宮崎滔天年譜稿》，《辛亥革命史叢刊》第一輯，128 頁。
[46] 近藤秀樹編：《宮崎滔天年譜稿》，《辛亥革命史叢刊》第一輯，130 頁。
[47] 近藤秀樹編：《宮崎滔天年譜稿》，《辛亥革命史叢刊》第一輯，132 頁。

早早地與東亞同文會及其屬下的大陸浪人們分道揚鑣了。

　　宮崎滔天與玄洋社——黑龍會一派大陸浪人的關係，則較為複雜些。

　　首先，宮崎滔天與以玄洋社為代表的福岡地區大陸浪人的關係，非比他與東亞同文會的關係，有其一定的歷史因緣。福岡是大陸浪人的誕生地，又是其集中之區。如果以大陸浪人的出身地區來看，在日本全國範圍內，九州的大陸浪人最多，而在九州的範圍內，又以福岡地區最多。福岡的浪人由是自然而然地成了大陸浪人的主流。玄洋社的頭山滿、平岡浩太郎等不但是浪人界的頭面人物，而且又都是擁有一定資產的煤礦主，為了實現自己的主張，他們不惜破費資材，搜求各方面人才（最具有代表性的一個例子是 1907 年前後，頭山滿賣掉了自己所有的夕張煤礦，所得七十五萬元現款沒有用來重新開辦企業，卻將其贈送給對自己有「恩」、「義」者以及玄洋社在海外活動的「同志」，不出一個月便全數散發）。這就使他們在政界和民間逐漸擁有較大的影響力，福岡地區的浪人不僅圍繞著他們結成了一個有聲有勢的集團，社會上許多勢單力孤的浪人也來投靠他們，以求獲得生存和發展的機會。正如宮崎滔天自己所說：「筑前（舊地名，地域相當於今福岡縣西北部地區）玄洋社乃浪人之發源地，未曾入此門者，即為浪人亦不得以浪人自稱」[48]。宛如欲浪迹江湖的「浪人」們，不到玄洋社來拜過「山門」，便無法在大陸浪人的江湖上立足一般。

　　宮崎滔天雖然也是九州的一個大陸浪人，但在其家鄉熊本縣卻是「曲高和寡」，漸失去了鄉里的理解和同情。在「借助」東亞同文會的力量以援助孫中山的革命運動之前，他就已經同玄洋社的浪人們發生聯繫，從他們那裡得到不少「助力」。特別是平岡浩太郎，在 1897 年至 1898 年間曾兩度慷慨解囊，為孫中山提供在東京居住的費用並資助宮崎、平山赴中國考察，這對於當時的宮崎滔天來說，簡直是莫大的幫助，所以他有時自稱是「與玄洋社因緣非淺的肥後（舊地名，地域相當於今熊本縣）浪人宮崎滔天」[49]，說「予雖生於肥後，然未受肥後先輩之關照，

[48]　〈浪人生活〉，《宮崎滔天全集》第二卷，404 頁。
[49]　〈浪人生活〉，《宮崎滔天全集》第二卷，404 頁。

卻受筑前玄洋社先輩諸君之恩顧，有賴於該社中同志之處甚多也」[50]。

從根本上說，宮崎滔天與玄洋社的關係和他與東亞同文會的關係相同，都是一種「借助」和「被借助」性質的聯繫，但宮崎對於玄洋社諸人的態度又和對東亞同文會的態度有所不同，彼此之間似乎更融洽些，關係也保持得長久些。這中間的主要原因就在於玄洋社對中國革命黨人的態度比東亞同文會要親近些，他們中的大部分人都和宮崎同時參加了支援中國革命的活動（當然還有態度真誠與否的區別）。

頭山滿、內田良平介入中國革命的目的與宮崎滔天不同，但他們在支持孫中山，使其領導的革命黨取得勝利，能夠掌握將來中國的政權這一點上的願望卻是相同的，加之在大亞洲主義的思想抱負上也都有一些共同語言，所以他們在許多情況下採用合作的辦法來進行活動。玄洋社有一定的人力、物力，是開展支援中國革命活動的物質基礎，宮崎滔天等又有來自孫中山的信賴，是浪人聯繫中國革命黨人的橋樑，為了使自身的活動能夠產生實際的效用，他們互相都覺得有必要聯合起來，通力合作，於是在互相「借助」的基礎上共同負起了興中會、中國同盟會友軍的責任。

但是，這種合作對雙方來說都只不過是一種權宜之計，所以在實際活動中，稍有不順利之處，就會橫生齟齬，釀成風波。1900 年末，宮崎滔天正在處理中村彌六侵吞中飽事件時，內田良平突然發難，將內情透露給報界，製造交涉僵局，後來又在犬養毅宅鬥毆，打傷宮崎的額角之事就是一例。1907 年間，由於同盟會內部的糾紛波及大陸浪人，《革命評論》雜誌社內部也發生分歧，宮崎滔天、萱野長知的「擁孫派」和平山周、北一輝等的「反孫派」相持不下，《革命評論》被迫終刊。嗣後，「反孫派」繼續散布謠言，攻擊孫中山，破壞萱野長知回國購械的活動，使孫中山聞訊後也非常氣憤。9 月 13 日，孫中山致信宮崎滔天，指斥平山、北等人「非惟無以維持團體之精神、增進團體之勢力，且立意欲破壞團體，既將日本人的方面破壞無餘，且進而侵入內部，幾致全域為之

---

[50] 渡邊京二：《評傳　宮崎滔天》，東京：大和書房，1976 年，96 頁。

瓦解」，表示「弟以後不復信任此數人」，將同盟會在「日本之運動」的全權委託給了宮崎[51]，給宮崎滔天、萱野長知等人的活動予以極大的信任和支持。

但這場風波之後，頭山滿一派的大陸浪人並未從根本上放棄籠絡、接近中國革命黨人的方針，所以宮崎滔天等人和他們的關係雖有所疏遠但還沒有最後斷絕。

兩派大陸浪人又都與日本政府有一些聯繫。宮崎滔天由於其父母和兄長們的教育，自來是十分厭惡官府和官吏的，但後來他由可兒長一的介紹認識了犬養毅之後，卻對其產生了意外的好感。這固然與犬養本人長年以來總是以在野黨領袖的身分批評政府，要求實現民主、憲政的經歷有關；同時也與犬養其人在與孫中山、宮崎滔天等人交接過程中，喜以自由民主、亞洲聯合之類主張相標榜，不公開表露自己在中國革命問題上的真實目的，反而給予他們以較為切實的幫助和較大的行動、意志自由（指不以利權之類相要挾、束縛孫中山）的政治家手腕不無關係。

1905 年 7 月，宮崎滔天在與宋教仁、程家檉二人談話時，曾說過這樣的話：

> 現今各國無一不垂涎於支那，即日本亦野心勃勃，日本政黨中始終為支那者，惟犬養毅氏一人而已。余前往支那一切革命之事，皆犬養氏資助之，現今大隈重信之政策皆其所主張者也，孫逸仙亦深得其助動力，蓋純然支那主義者也。君等既有作事之志，不可不一見犬養毅氏，余當為介紹，改日偕余去可也。[52]

從宮崎滔天這方面看，他大概是把犬養毅當作一個「始終為支那」的「純然支那主義者」而誠心誠意地加以信任、倚為憑靠的。

從犬養毅這方面看，情況卻不相同。犬養毅後來回憶起當時的往事時說：「宮崎滔天實在是一位有趣的男子漢，外務省本來是派他去調查

---

51 《孫中山全集》第一卷，342-343 頁。
52 《宋教仁集》下冊，544 頁。

中國的革命秘密結社的，他卻適得其反變成中國革命黨的同路人，回來後在橫濱結識孫文，意氣相投，反而把孫文帶回東京」[53]，令犬養本人也哭笑不得。最初派宮崎等人去中國「調查」的犬養毅，把這件事用日本的一句俗語來比喻：「去偷木乃伊的人，自己也變成了木乃伊」。不過事情的結果雖然與犬養的預計大不相同，但對於犬養等人來說，已經變成了「木乃伊」的宮崎也不是沒有用處。犬養、大隈等關心中國政局變化的政界人物早已確定了聯絡中國各派政治力量、伺機促進日本利益擴張的方針，由於有了宮崎滔天等人的活動，一條一端是孫中山及中國革命黨、另一端是犬養、大隈派日本政界人物的聯繫管道便形成了。

頭山滿與犬養毅之間的關係也很好，但由於頭山在興中會、同盟會時期與孫中山等人的直接交往並不多，所以這種關係還沒有對中國革命派的活動產生過多少明顯的影響。

內田良平雖然也是「在野精神」極強的一個浪人領袖，比頭山滿、平岡浩太郎等人距離政府及其側近勢力的距離更近，與日本陸軍的首腦人物也有很深的交往，千方百計要把自己一派的活動納入政府和軍部對外擴張活動的軌道。1894 年大陸浪人在陸軍教唆下組織「天佑俠」前往朝鮮挑動戰爭時，內田良平就是其中的一員猛將；1903 年 11 月日俄之間戰爭危機迫近時，內田又主動向參謀本部次長兒玉源太郎請戰，要求承擔破壞俄國西伯利亞一帶後方補給線的任務。日俄戰爭中，黑龍會會員或從軍、或充翻譯、間諜等，為日本帝國主義的對外侵略戰爭直接貢獻了力量。此後，內田一派浪人更積極向軍部靠攏，用輿論的力量鼓動日本統治集團採取更為強硬而又不失成功把握的外交政策。日本政府的要人們對內田等人的作用逐漸也有了認識。1907 年 2 月，當清政府要求日本驅逐孫中山離日時，伊藤博文居然向內田良平請教處理這一外交難題的辦法。內田則從日本的「國家」利益出發，反復權衡，以為強行驅逐或繼續收留孫中山都於日本不利，於是獻了「勸孫中山自動離日」一計，並與外務省政務局長山座圓次郎相商，親自「勸說」孫中山離開了

53　〈破爛西服下的孫文　仍然不失革命志士之風骨　犬養毅訪談〉，1930 年 7 月 21 日《東京朝日新聞》第 2 版。

日本。

通過頭山滿、神鞭知常等與政界關係密切的浪人以及「對外硬派」影響政府的施政方針，或者與軍部上層人物保持密切聯繫，在維護和發展日本侵華權益的前提下介入孫中山等人的革命，這是內田良平等人在處理與日本政府及與孫中山的關係時，有別於宮崎滔天等人的最突出的特點。內田良平等人正是由於時刻不忘自己所處的日本「國家利益」保衛者的地位，才在與孫中山等人的接觸中，不但沒有使自己也像宮崎滔天那樣變成「木乃伊」，反而更磨煉出了「盜竊」「木乃伊」的本領。

大陸浪人中的宮崎滔天、萱野長知派和頭山滿、內田良平派之間，雖然互有聯繫、交往，卻又矛盾迭生、貌和神離；他們與日本政界、軍界及與中國革命黨的關係也是形似神不似，各有不同的地位與意義。造成這些區別的根本原因，仍然是因為他們參與中國革命事業的動機不同。如果我們再來就若干具體事例加以考察的話，更可以看出宮崎滔天等人和內田良平等人在處理中國革命和日本「利益」之間衝突時的不同態度和立場。

宮崎滔天本人並沒有固定的職業與豐厚的家產，父母留下的田地幾乎被他賣盡，作為活動經費注入到了中國革命事業之中。為了支持孫中山等人的革命活動，他經常拋妻別子，四出奔波，置家庭生計於不顧，致使妻子兒女有時不得不靠賒欠和借貸為生，「一族困窮，衣食不安」[54]。當然，在他面前，並不是沒有擺著另外的生活道路供他選擇，但他自從在頭腦中確立了「支那革命主義」的理想，後來又與孫中山結為摯友以後，就義無反顧地沿著這條道路走了下去，不再過多地彷徨。晚年他回憶起一生時說：

> 三十年前由家兄處分得之財產蕩盡以後，余即完全陷於乞丏生活之中。……余若有變通之才，朝低首於官僚，夕折腰於軍閥，日復一日，甘受若輩之頤使，則家計豐足，何煩之有？或許尚可獲

54　〈筆談殘稿〉，《宮崎滔天全集》第五卷，179 頁。

得些許美食而成為乞丐中之成功者亦未可知。然此類作為，既非余之性好所在，亦必至妨害余之志向之實行，余遂甘為不工心計之怪乞丐而了此一生。[55]

　　宮崎的這段表白，表明他確實是為了「支那革命主義」的志向而甘於清貧一生的。

　　宮崎滔天又長期處在日本政府警察機關的嚴密監視之下，言行舉措常有人跟踪上報。1910 年前後，他甚至被警視廳列為「甲號社會主義監視對象」加以重點監視。[56]可他並不因此畏縮，依然冒著風險為革命黨人採辦軍火和進行輿論宣傳。1908 年《民報》被日本政府禁止發行時，他協助章炳麟等據理力爭，進行法庭上的抗爭。不久，日本警察機關變換花樣，由赤阪警察署長本堂平四郎出面，建議由宮崎滔天向日本政府提供中國革命黨的活動的情報，日本警方支付報酬。這個提議當場就遭到了宮崎滔天的嚴辭拒絕。事後，孫中山從新加坡寫信給宮崎，表彰他對中國革命的耿耿忠心：「足下為他人國事，堅貞自操，艱苦備嘗如此，吾人自問，慚愧何如！弟以此事宣之同志，人人皆為感激奮勵。則此足下天性流露之微，已有造於吾人多矣，弟安能已於言佩謝耶！」[57]在中國革命和日本「國益」的關係這架天平上，宮崎滔天的標尺幾乎總是偏重於前者的。

　　內田良平等人則不然，如前章所分析，他們最初約定「支持」中國革命運動就是別有用心的。1900 年籌劃惠州起義時，內田分擔了兩項主要工作：募集資金和組織日本浪人的「義勇隊」。兩項工作雖然他都努力地完成了，但隨著起義籌備工作的具體展開，他看出了起義成功的無望，就不顧對革命大局的影響如何，突然宣布與孫中山分手，帶領屬下的浪人退出起義的籌備工作。已經深深介入起義活動的內田等人拒絕聽從孫中山的指揮，不按原定計劃前去接應革命軍，這也是惠州起義遭受

---

[55] 宮崎滔天：〈被爐通訊〉，《宮崎滔天全集》第三卷，234 頁。
[56] 《宮崎滔天年譜稿》，《辛亥革命史叢刊》第一輯，156 頁。
[57] 《孫中山全集》第一卷，403 頁。

慘重失敗的一個原因。

　　1905 年中國同盟會成立之後，隨著中國革命勢力的迅速發展，內田良平等人企圖藉中國革命擴張日本「國權」的野心也大大地膨脹起來。1906 年 12 月，黑龍會召開評議會，通過了〈振作黑龍會要旨〉，公然申明：「清、韓之危殆，即皇國之危殆；皇國欲求自我保全，則需先斬除禍根與四鄰。……欲免韓國之危，唯有略取滿洲」[58]，自覺地把維護「帝國」的侵略權益當成了自己的天職。此後，內田良平等人的活動更加活躍。1908 年 2 月，日本商船「二辰丸」因秘密運送武器賣給中國商人，在澳門附近被清朝海軍截獲。日方藉機大作文章，提出放船、賠款、懲官、謝罪等無理要求，強迫清廷承認。中國民眾為日本政府的蠻橫行徑所激怒，在香港、廣州等地掀起了聲勢浩大的抵制日貨運動。這是近代中日關係史上的第一次排貨運動，它給日本的對華貿易帶來了嚴重的影響，當年日本向香港出口商品的總額竟比 1906 年減少了五百八十萬日圓。看到這種嚴重事態，內田良平主動向日本政府「請戰」，表示「能夠撫平此排貨運動者，當今惟有不肖」[59]。在日本政府的支持下，內田良平一方面給正在新加坡的孫中山打電報，請孫中山幫助安撫新加坡、暹羅、安南各地華僑的反日運動；另一方面又在東京的中國留學生中間多方活動，鼓動他們起來反對國內人民的正當抗爭。由於孫中山等中國革命黨人當時正專心注重於依靠少數勇敢分子由國外輸入武器在華南地區發動武裝起義的工作，因而為日本政府和內田良平等人所利用，站出來指責了抵制日貨運動的正當性。這件事使內田良平受到了日本外相林董的褒獎，而中國的革命者卻因此而疏遠了理應成為自己的基礎和強大後盾的國內群眾。同樣是中國革命和日本「國益」的關係這架天平，內田良平的指針卻經常是清楚地偏向後者的。

　　大陸浪人與中國革命之間，存在著一個關係繁複、派系與個人交往

---

[58] 〈振作黑龍會要旨（黑龍會振作の旨趣）〉，黑龍會本部編：再刊《黑龍》第七年第一號，明治 40 年 5 月，105-106 頁。又見龍溪書舍，1980 年復刻版（全 6 卷）第 5 卷。

[59] 內田良平致伊藤博文函，葛生能久著：《日韓合邦秘史》上卷，東京：黑龍會出版部，昭和 5（1930）年，558 頁。

錯綜交雜的結合面，大陸浪人之間在「支持中國革命」這一旗號後面的分離與聚合活動，使這一局面更趨複雜。我們除了可以從各派大陸浪人、日本軍政界人物及日本政府幾個方面來分析這種局面形成的原因之外，還可以從中國革命黨人身上作些分析。應當指出，孫中山在這一時期對日本的認識與態度，與大陸浪人之間複雜關係的形成也有影響。

孫中山是一個偉大的革命家、中國民主革命的先行者。早在 1894年檀香山興中會成立時，他就提出了「驅除韃虜，恢復中華，創立合眾政府」的革命綱領，把民主、民族革命作為主要的奮鬥目標。但是，孫中山的民族革命思想在當時卻有一個重要的缺陷，那就是對帝國主義國家侵略本性的認識不足。在發動民主革命的過程中，他不但沒有隨時注意防範帝國主義國家對革命的干擾、破壞，反而不恰當地輕信他們，幻想依靠帝國主義者的「幫助」來完成中國的革命。

孫中山在領導興中會、同盟會成員進行革命活動的時候，歐美日本的一些政府官員、軍人、商人及其他各界人士多次對他有過一些或真或假的友好表示，由此使他產生了對帝國主義的幻想，以為只要恰當的借助外力，不難完成中國革命的理想。孫中山又素性清廉耿直，接人處事無不如此，尤其是對待「文明國家」的各國人士，更是多從善處著眼，多設想較好的結果，這也使他易於相信別人的許諾，將成功的希望寄託在一些極不可靠的「外援」之上。

列強各國中，日本距中國最近，日本的國勢自明治維新之後蒸蒸日上，成為遠東地區新崛起的帝國主義強國。孫中山對日本社會進入近代以來所產生的巨大變化一直十分關心，加之在他所結交的外國人士中，日本人占絕大多數，這些人從多方面勸說、慫恿孫中山向日本尋求幫助，於是孫中山自然也就對日本寄予了越來越多的幻想和希望。1897 年結識宮崎滔天、犬養毅之後不久，孫中山就通過他們探聽「隈板內閣」是否有支援中國革命事業的可能。發動惠州起義時，他又不惜把成功的關鍵繫之於日本統治集團中侵華欲望最為強烈的陸軍將領、殖民地長官兒玉源太郎的許諾和大陸浪人中對外擴張意識最為濃烈的內田良平等人的活動之上。起義失敗後，孫中山也沒有將責任歸結於日本軍國、擴

張主義者及投機政客的背信棄義與蓄意破壞,以為原因首先在於革命軍彈藥的不足[60],仍然對來自日本的「援助」充滿了期望。

1905 年日本戰勝了沙皇俄國之後,對於國內的工農群眾運動以及在日本境內蓬勃發展的中國革命運動開始了較為嚴厲的取締鎮壓政策。隨著《清國留學生取締規則》的頒布和《民報》的被查禁,孫中山終於也無法在日本立足,被迫流亡歐美。這其間,孫中山雖然由親身的體驗已感覺到日本「政策已變,既吞高麗,方欲併支那」,對日本政府的侵華政策漸抱警懼之心[61],但他卻沒有認識到這是日本統治集團及其後盾——帝國主義侵略本性的必然表現,只是希冀能夠通過更迭內閣來改變日本的對華政策。所以日本政府一有變動,他就立即致信宮崎滔天等人,希望他們能夠運動「有勢力之當道」「援臂一助」,促成中國革命的成功[62]。

中國革命黨人在外國侵略面前之所以顯得十分軟弱,除了他們本身經濟基礎的薄弱和對帝國主義本質認識上的原因之外,還有一個重要原因,那就是革命黨人看不到民眾的力量,缺少堅實的群眾基礎作為發動革命的強大後盾,使自己在內外敵人面前孤立無援,因此才不得不向驅使中國走向半殖民地半封建社會的元凶——帝國主義各國尋求「同情」和「支援」。要改變這一狀況,除了有待於孫中山等人認識的提高之外,還有待於中國革命形勢的進一步發展。

但在當時,孫中山對日本帝國主義的幻想和依靠,對於宮崎滔天等人的思想和活動難免也要產生影響,黑龍會一派大陸浪人由於積極參與「日韓合邦」活動,暴露了其侵略、擴張主義分子的面目,孫中山對於他們是有所戒備的,但對於未公開參與侵略中國、朝鮮活動的其他日本朝野人士,孫中山在當時卻又缺乏應有的警惕。1911 年 7 月 16 日,他在致宗方小太郎的信中說:「弟所交游者以貴國人為多,則日本人之對於支那之革命事業必較他國人為更關切,為吾人喜慰者必更深也。他日

---

60 〈與林奇談話的報導〉,《孫中山全集》第一卷,209 頁。
61 〈致宮崎寅藏函〉,《孫中山全集》第一卷,508 頁。
62 〈覆宮崎寅藏萱野長知函〉,《孫中山全集》第一卷,501 頁。

唇齒之交，將基於是」[63]。看來他往往是從善良的願望出發來解釋日本朝野人士的活動的。1911 年 1 月 18 日，孫中山聽說以陸軍大臣寺內正毅為首的陸軍將校及一部分民間人士組成「東邦義會」，對革命黨表示「同情」的消息後，「喜報欲狂」，以為從此「吾事」即可「無憂矣」，對寺內等人的真正用心又作了不切實際的評估。孫中山的這些看法在一定程度上也會感染宮崎滔天等人，緩和兩派大陸浪人的隔閡與矛盾。而孫中山為了取得在日本登陸的許可等事，反覆多次地托請宮崎滔天、萱野長知等人向犬養毅、頭山滿、日本政府及日本軍部周旋、活動，也會迫使宮崎等人不斷地主動改善或密切與政府、軍部及其他大陸浪人之間的關係，更促進了各派大陸浪人在與中國革命相結合的同時，在縱向及橫向等各個方面形成圍繞著不同的利害關係而結成的複雜關係的局面。

　　概括一下這一時期大陸浪人與中國革命的關係，那就是：在這一時期，以宮崎滔天為代表的左翼大陸浪人與以頭山滿、內田良平為代表的右翼大陸浪人幾乎同時與中國革命派建立了聯繫。由於中國革命派本身力量的弱小以及他們對日本政府與日本民間擴張主義分子侵略欲望的認識不足，他們過多地依賴日本的「支持」來進行革命活動。左翼和右翼大陸浪人出於不同的目的參與中國的革命運動，並對這個運動極力施加自己的政治影響。日本統治集團中以犬養毅、大隈重信為首的「民黨派」人物和以山縣有朋、桂太郎、寺內正毅為首的軍部首腦也分別通過大陸浪人與中國革命黨人建立了聯繫，還利用政治權力和提供活動經費等手段來操縱、控制大陸浪人。中國革命派的力量從興中會時期到同盟會時期雖然有了巨大的發展，但由於他們遠居海外，始終處於無權和流亡的境地，日本政府、軍部以及多數的右翼大陸浪人對他們的態度是冷淡的。到了辛亥革命前夕，這種態度達於極端。所以在這一時期，孫中山等人的主要依靠對象，實際上只是宮崎滔天等極少數左翼大陸浪人。左翼大陸浪人與中國革命黨人的親密合作，構成了這一時期浪人與中國革命運動關係的一個重要特色。

---

[63]　《孫中山全集》第一卷，524 頁。

第二節　大風起兮「塵」飛揚──武昌起義前後的大陸浪人

一、活躍在革命戰爭前後方的大陸浪人

　　從武昌起義爆發、南京臨時政府成立到「南北議和」告成、政權移交到袁世凱的手中，這是中國革命運動的高漲時期。這一時期時間雖短，但由於中國大地上發生了翻天覆地的大風暴，對中日兩國之間的關係也產生了重大的影響。各派大陸浪人全都活躍起來，不管是在中國或是在日本國內，一時間他們也成了中國革命這部歷史活劇中一些重要場面的主角或配角。應當說，大陸浪人的活動也是辛亥革命風暴的一個側面、是中日關係史上不可或缺的一段重要內容。以下以時間為序，追蹤一下武昌起義爆發後在中國大陸上活動的大陸浪人們的踪迹。

　　黃花崗起義失敗之後、湖北的革命黨人就計劃在武漢發動新的革命起義，居正作為代表還專程到香港向黃興彙報了起義的準備情況。10月11日，黃興得知武昌起義爆發，立即促裝北上。途中他用密碼致電萱野長知，告以武昌起義成功的消息，並囑萱野要「盡量多購炸藥，携來武昌」[64]。四天後，萱野邀集金子克己、布施茂、三原千尋、龜井祥晃、岩田愛之助等人一同啟程、由下關乘船來華，11月中旬抵達漢陽。是時，先於萱野等人到達武漢的，已經有末永節、大原武慶和陸軍大佐寺西等人。

　　原來，武昌起義發生時，末永節正在大連，聽到起義的消息，他就乘船由上海趕往武漢，是最早到達起義軍前線的大陸浪人。途經上海時，末永節曾與宋教仁相見，受宋委託他還給內田良平和北一輝打了電報，請其速來「支援」[65]。宋教仁本人也在10月17日至22日給內田良平連發三電，請求內田「盡力向貴國當局者交涉，要求他們承認革命軍

[64] 萱野長知：《中華民國革命秘笈》，148頁。
[65] 《東亞先覺志士記傳》中卷，404頁。

為交戰團體」和盡速派人來華[66]。10 月 30 日或 31 日前後，北一輝受內田良平之遣，由東京來到了上海。

宮崎滔天雖然也及時地知道了武昌起義的消息，但因旅費無著，一直到 11 月 15 日才得成行。等他自上海溯江而上時，革命軍已失去了漢陽，所以他只行至鎮江就與黃興、萱野長知等會合，一同返回了上海。

大陸浪人在辛亥革命中的實際活動首先從武漢保衛戰開始。1911 年 10 月 18 日至 11 月 27 日的武漢保衛戰，歷時一個月有餘，前後大約有近三十個日本人參加了此役，其中半數以上都可以判明為大陸浪人。戰爭一開始，末永節受革命軍的委託，帶同吉田親一和川村氏去漢口租界負責對列強各國的交涉工作，其餘浪人則多投入戰鬥，幫助革命軍與清軍作戰。在武昌，大原武慶等人在督府附近設立了辦事處，為革命軍出謀劃策；在漢口、漢陽，陸軍少尉野中保教率領小鷹氏等參加第一線作戰；黃興率軍自琴斷口渡漢水夜襲敵軍時，工兵上士齋藤氏等還為其趕造了浮橋。在清軍優勢兵力和新式槍炮的猛烈進攻下，革命軍蒙受了相當大的傷亡，日本浪人中也有數人為此而付出了代價。在戰鬥中，岩田愛之助被槍彈傷及大腿，金子新太郎在退卻過程中墜落水後戰死，甲斐靖被子彈擊穿了肩部，石間德次郎則為清軍內應所欺，半夜被殺於漢水碼頭上。

11 月 27 日漢陽失守後，大部分浪人也隨黃興乘船東下，由漢口抵達上海。為了牽制北洋軍不再向南方增派部隊，萱野長知不久又指派金子克己、三原千尋、高橋正夫等北上，與已在北京的平山周、小幡虎太郎配合，試圖刺殺袁世凱。平山周等還與革命黨人白逾桓籌謀攻打天津，但因約同起事的內應早已為清軍抓獲，岩田愛之助、布施茂在放火現場被捕，谷村隆三被炸死。其後，萱野長知又受孫中山、黃興的委託由上海到達大連，聯絡樋口滿、侯野義郎、糟谷陽二等人準備攻打營口，然事未發清帝即宣布退位，浪人們於是在大連星散。

在此前後，末永節也在山東胡瑛的革命軍中效力，他聯絡了三菱公

66 《宋教仁集》上冊，347-349 頁。

司上海支店店長中島久萬吉，以山東漁業權為抵押，借款充革命軍軍費，準備進攻芝罘，旋因和議告成也中途作罷。

另外，革命軍在進攻南京時，大陸浪人岡本柳之助、中田群次、長江靖介等也隨黃一歐一起參加了戰鬥。

與萱野長知、末永節等人在辛亥革命戰場上的衝鋒陷陣相呼應，留在日本國內的大陸浪人在得到武昌起義爆發的消息後，也用各種方式對中國的革命黨進行了聲援。

首先是在同盟會時期與中國革命派已漸疏遠的黑龍會一派大陸浪人突然活躍起來。在派出北一輝赴華視察革命戰爭形勢及與革命黨人進行了聯絡之後，黑龍會又接連派出清藤幸七郎和葛生能久，前往中國瞭解革命發展的詳細情況，同時還命令以前派駐北京、漢口、成都等地的會員也抓緊搜集情報，隨時送回日本國內。

接著，黑龍會成員又聯合其他大陸浪人組織各種團體，響應武昌起義。10 月 17 日，頭山滿、三浦梧樓、內田良平、宮崎滔天和鈴木天眼等二百餘人在東京日比谷公園召集「浪人會」[67]大會，就對待中國革命的態度，作出「不拘於去就，促使我國嚴守中立，以為大局之砥柱，不誤機宜，爭取內外支持」的決議，準備提呈政府制定新的對華政策時注意[68]。

11 月上旬，由內田良平、小川平吉首倡，頭山滿，古島一雄、宮崎滔天和美和作次郎等人又在東京組織「有鄰會」，聯合各派大陸浪人共同進行援助中國辛亥革命的活動。該會的宗旨是：「一、設立事務所開展統一的運動；二、派遣同志去中國與革命軍聯絡；三、增進官方與民間人士之理解」。[69]

「有鄰會」成立後，立即派遣宮崎滔天、伊東知也、尾崎行昌前往中國，命令正在北京的平山周與已在武漢的末永節聯繫，及時將革命發

---

[67] 浪人會並不是一個有嚴格組織系統的團體，成員之間聯繫鬆散，似乎並無日常的固定組織形式，只在發生重大事件時臨時召集一些集會。
[68] 《宮崎滔天年譜稿》，《辛亥革命史叢刊》第一輯，156 頁。
[69] 同上引書，157 頁。

展的情報送回國內。不久，「有鄰會」又派出了一支包括有醫生、藥劑師和護士多人組成的醫療隊前往中國，救護在戰場上負傷的革命將士。

12 月下旬，頭山滿、河野廣中、杉田定一、根津一和小川平吉等人又成立了一個「善鄰同志會」，針對中國時局的發展也作出了如下的決議：「吾人顧善鄰之誼，照其國利民福，熱誠以禱革命軍速貫徹其目的，且望列國之善鑒時局之情勢，無出如政體干涉之謬舉矣」[70]。

「善鄰同志會」的成立目的據說在於「大力喚起輿論，努力予南方革命派以聲援」[71]，它的實際活動主要是在東京、大阪等地召集演說會，鼓動社會輿論支援中國革命。

三個團體中雖然只有「有鄰會」作了較多的聲援辛亥革命的實際工作，但「浪人會」和「善鄰同志會」兩團體各自在其決議中提出「嚴守中立」、「無出如政體干涉之謬舉」的口號，也是值得注意的動向。因為在它背後，隱藏著大陸浪人對日本政府對華政策演變趨向的擔憂。

辛亥革命發生時，日本正是當年 8 月剛剛成立的「第二次西園寺（公望）內閣」時期，主要閣員有內相原敬、外相內田康哉、遞信相林董、陸軍相石本新六和海軍相齋藤實等人。在制訂對華外交政策上起主導作用的，是原敬和內田康哉二人。

武昌起義的突然爆發以及革命軍控制、影響區域的迅速擴大，都大大出乎列強各國的預料。為了及時更換外交方針以適應中國局勢的變化，1911 年 10 月 24 日日本內閣召開會議，根據外相內田康哉的意見作出了下述決議：

一、鑒於帝國在政治上和經濟上與清國之間具有極密切之關係，故我政府應不斷努力，以求對清國占有優勢之地位；

二、關於滿洲問題，可暫時維持現狀，防止我權益遭受侵害，並相機逐步增進我國權益；

---

[70] 小川平吉文書研究會編：《小川平吉關係文書》（2），東京：美籌書房（みすず書房），1973 年，62 頁。原文為漢文。
[71] 《東亞先覺志士記傳》中卷，481 頁。

三、根據以上兩大方針，1.「今後應著重致力於在清國本土培植
　　勢力」；2.在「滿洲地區」，「務和俄國採取協同步調，以維
　　護我國權益」；3.「要盡可能不傷害清國的感情，並設法使
　　清國對我國寄予信賴；4.要與英、法等「與清國本土有利害
　　關係的各國」，「探討協調的途徑」等等[72]。

　　這就是西園寺內閣在辛亥革命時期對華政策的基本原則，其核心就
是強調在與列強各國相協調的基礎上努力扶植在中國的日本勢力，是一
種以相對消極的態度來靜觀事態演變的姿態。根據這一精神，日本駐漢
口領事會同各國領事，於 11 月 26 日派代表面見黎元洪，表示了「認民
軍為交戰團，各國嚴守中立」的立場。[73]

　　但是，西園寺內閣的「中立」政策，引起了以山縣有朋、桂太郎為
代表的元老重臣和軍閥的強烈不滿。他們抓住所謂「政體」問題大作文
章，揚言中國革命黨人力圖實現的民主共和制度將對天皇制的日本帶來
不利影響。已經成為國權主義右翼政治評論家的德富蘇峰在桂太郎的煽
動下發表文章，宣揚「鼠疫乃有形之病，共和制為無形之病」，認為中
國出現了「共和政體」以後就會給「新歸附之鮮民（指朝鮮民眾──引者）
帶有莫大惡劣之影響」，並會威脅「我帝國之皇帝中心主義」；他主張為
了維護日本的天皇制，必須堅決干涉中國的共和制。[74]與此同時，山縣
等人也在明裡暗裡鼓動日本朝野速下決心，出兵干涉中國，以抵消中國
革命對日本的影響。

　　原敬、內田康哉等人在中國官（清廷）、革（革命黨）兩方的衝突
中實際上也傾向於支持清廷，日本駐北京公使伊集院彥吉更是個「出兵

---

[72] 日本外務省編：《日本外交文書　別冊　清國事變（辛亥革命）》，東京：嚴南堂書店，昭和
　　57 年，50-51 頁；中譯文據鄒念之編譯：《日本外交文書選譯──關於辛亥革命》，北京：
　　中國社會科學出版社，1980 年，109 頁-110 頁。

[73] 張國淦編著：《辛亥革命史料》，上海：龍門聯合書局，1958 年，101-103 頁。

[74] 山根幸夫：〈日本對中國共和制的反應〉，《亞非問題研究》（北京大學）第 1 期，1982 年，
　　48 頁。日文載辛亥革命研究會編：《中國近現代史論集：菊池貴晴先生追悼論集》，東京：
　　汲古書院，1985 年，352-353 頁。

干涉論」派，只是由於顧忌到列強的掣肘，清朝政府的失去民眾以及革命黨人堅決反對外國干涉的態度等原因，他們才遲遲不敢下定出兵的最後決心。但在山縣有朋、桂太郎等人的煽動之下，日本政府暗中也進行了一些調兵遣將的準備，以便一旦下定決心隨時能對革命進行武力干涉。武昌起義爆發當時，日本在長江水面上已有「伏見」、「秋津洲」、「對島」、「隅田」四艘軍艦，10 月 14 日，日本又從旅順、橫須賀和瀨戶內海調來了「龍田」、「千早」等六艘軍艦增援。陸軍參謀本部為了加強在武漢日軍的戰鬥力，也從國內抽出五百人的精銳陸軍，替換了在漢口駐守的海軍陸戰隊。

這些就是「浪人會」和「善鄰同志會」呼籲「嚴守中立」和反對列強干涉中國革命事件的背景。當時，只要是與中國革命黨人有過交往的大陸浪人，不論是宮崎滔天一派，還是頭山滿、內田良平等人，在出兵干涉中國革命問題上，幾乎都持反對態度，留在日本國內的內田良平等人為了阻止出兵還進行了一些遊說活動。

武昌起義的消息剛一傳到日本，內田立刻就去拜訪山縣有朋、桂太郎，「教以此次武昌起義乃制清朝於死命的一大轉機，當此之時，使支那本土革命成功，同時防止革命波及滿蒙，使滿蒙得日本之領導而獲獨立，方為日本應取之策」[75]，設法打消他們對中國革命的不安，其後內田還和杉山茂丸一起多次向山縣遊說，勸其改變看法，並發動「浪人會」、「有鄰會」等浪人組織的力量，製造反對出兵的輿論，向政府施加壓力。為了說服寺內正毅，內田還渡海赴朝，面見寺內等，勸說他們不要懼怕辛亥革命對日本的影響，而要準備「藉機解決滿蒙問題」[76]。後來，由於中國革命形勢的迅速發展以及對內外利害關係的權衡，日本政府終於不得不放棄了武裝干涉中國的企圖。

與暗中調兵遣將準備干涉中國革命的活動相呼應，日本政府在對待中國官、革兩方的對立問題上，還採取了袒官而抑革的政策。表面上他們是「嚴守中立」的第三者。但根據內閣會議確定的「要盡可能不傷害

75　黑龍俱樂部編：《國士內田良平傳》，506 頁。
76　黑龍俱樂部編：《國士內田良平傳》，508 頁。

清國的的感情，並設法使清國對我寄予信賴」的方針，暗地裡他們還是
早就開始了向清朝政府輸血的活動。1911 年 10 月 16 日，內田康哉在致
伊集院彥吉的電報中說：「帝國政府鑒於清國政府為剿討革命軍而急需
槍支、彈藥等迫切情況，已決定由本國商人設法供應，予以充分援助。
為此，已經採取各種必要措施」[77]。10 月 23 日，由大倉公司、三井物產
公司和高田商會聯合組織的「泰平公司」以及北京大倉洋行和清朝陸軍
部之間達成了總額為二百七十三萬餘日圓的武器銷售合同，清軍從日本
手中獲得了大批的機關槍、炮彈和各種子彈。

　　但是，日本政府通過泰平公司向清政府提供武器的事情很快就被
內田良平察覺。當時他正在前往朝鮮的途中，於是就在船上寫信給三
井公司總經理益田孝，指出「此次華中起義之革命軍並非突然，乃十
數年來支那先覺之士指導、宣傳，革命思想瀰漫全國之結果」，「武漢
之革命軍縱令為官兵所討滅，然其核心力量之革命黨仍健全保存，到
底難以刈除淨盡」；所以日本如果在這種情況下向清廷提供武器，就是
「買大多數漢人之惡感」，將「招致將來之不利」；而「此際失革命黨
之感情，將來無論是否對支那實行瓜分，都將大大有損日本國家之利
益」，因此他勸告益田立刻去說服三井、大倉、高田各公司，不要再向
清政府出售武器[78]。

　　益田孝接到信後，立即同三井公司的靠山、元老井上馨相商。井上
頗為內田的言辭所打動，後來在徵得了桂太郎和西園寺公望的同意後，
三井公司作出了向南方革命黨人提供武器的決定。1912 年 1 月，內田良
平作為上海都督府的代理人，與三井公司達成借款三十萬日圓的合同，
南方革命軍用此款購買了大炮、機槍和子彈[79]。

77　鄒念之編譯：《日本外交文書選譯——關於辛亥革命》，43-44 頁。
78　高橋正雄監修：《日本近代化與九州　九州文化論集 4》，附錄，445-446 頁。
79　三井公司向革命軍出售武器，雖美其名曰「援助」南方革命黨人，實際也是藉出售日本陸
　　軍的廢棄軍火牟取暴利。這些武器運到中國後在作戰中經常發生故障，1912 年 1 月 25 日
　　北一輝在致內田良平的電報中說：「自三井、商田、大倉購入之武器，多不配套或純然龐物
　　者，為此全體日本人也開始不被信用」（高橋正雄監修：《日本近代化與九州》附錄，465
　　頁），說的就是這種情況。

　　不過，由三井、大倉等日本公司出面向中國革命軍提供武器一事的實現，並不全是內田良平的「功勞」。因為參謀本部早在日本政府決定向清廷出售武器的同時，就提出了也需要向革命軍方面出售武器的動議。儘管西園寺公望和內田康哉加以反對，內相原敬卻以「今日之情勢下，無論對叛徒（指革命軍——引者）或官軍兩方面之發展前途皆全然不明，自外交理論而言，一邊倒到底對我國不利」[80]為理由，使政府默許了向革命軍提供武器的行動。正因為有了這個背景，內田良平與三井公司以及三井背後的井上馨才能一拍即合，促成了三井與革命軍之間的武器買賣。

　　革命軍買到的這些武器彈藥，儘管多是窳劣之品，但對於同清軍的戰鬥來說，仍然是十分必需的補充。所以宋教仁在 1912 年 1 月 25 日還致電內田良平，就借款購械事表示了謝意[81]。

　　除了以上的活動之外，這一時期大陸浪人在輿論界也很活躍。不少人撰寫文章或發表演講，闡述對辛亥革命的認識與看法，鼓動日本社會各界都來關注中國的革命戰爭。

　　向來以文筆豪放、敘事翔實而又富於感情色彩聞名的宮崎滔天，武昌起義前後在報紙上連續發表了〈清國革命軍談〉和〈孫逸仙是一代大人物〉兩篇文章。〈清國革命軍談〉是對孫中山與興中會革命活動的介紹，與《三十三年之夢》的內容互為補充；〈孫逸仙是一代大人物〉一文則飽蘸筆墨介紹孫中山的品行人格，以為孫中山「其學問、其識見、其抱負、其膽力、其忠誠、其操守，無論何點，皆優於現代所有的日本人。即令犬養木堂，亦僅在十餘年如一日以全苦節之一點上可與彼相媲。後世之史家若以成語比諸孫逸仙，吾以為當用『其仁如天，其智如地』之一語而已」[82]。對孫中山的讚譽之高，可以說已經達到了崇拜的程度。

　　內田良平除了〈支那改造論〉和〈支那革命調停案〉之外，在報刊

80　10 月 20 日日記，原奎一郎編：《原敬日記》第三卷，東京：福村出版，1965 年，177 頁。

81　陳旭麓主編：《宋教仁集》下冊，374 頁。

82　《宮崎滔天全集》第一卷，504 頁。

雜誌上也發表了數篇談話或文章讚揚革命黨人和革命運動。剛一聽到武昌起義的消息，他就認為：「此次暴動，孫逸仙雖未親赴戰場，仍乃其畫策之舉」[83]。在《中央公論》1911 年 11 月號上，他表彰孫中山是「學問該博，知識廣泛，乃沉著而有風度之紳士」；「孫且有親赴戰場發動革命之決心，前年鎮南關之亂即可作為證明。余信彼無愧為革命黨首領之人物也」[84]。言論基本上與〈支那改造論〉中的思想相類似。

池亨吉在《新日本》上發表對辛亥革命的感想時說：「予很久之前即同孫逸仙氏相識，深為其人格所敬服」[85]。在《新日本》組織的〈清國時局之中心人物〉一組文章中，他又介紹黃興的為人是「生性極為率直，寬仁大度能容人」，「勇敢沉毅」，「具臨機應變之才膽」。對於黎元洪，他認為此人既有「謙讓恭敬」、「溫情」的一面，又有「深智遠謀」、「號令指揮」的「奇才」，更是「革命軍之巨魁」、「繫眾望之鎖鏈」等等[86]。

大陸浪人中的另一活躍人物是平山周。他在一次談話中對中國是否可能出現妥協的局面進行過分析：「支那之富源為揚子江畔，此揚子江畔及廣東方面縉紳均歡迎革命軍，募集些許內債當非難事；而況各地之革命軍一旦得充分之聯絡，更可形成一極為鞏固之團體，固其前途當益益有望」。[87]看來他對革命的成功也抱有相當大的期望和信心。

此外，一些平素與中國革命黨人很少聯繫的大陸浪人，這時也開始對辛亥革命產生興趣，在報刊上發表看法。如根津一認為：「湖北此次之叛亂，其事態甚非易易，……不可與從來之亂匪等同視之」[88]；「今後之形勢，當取決於北京政局之推移」，「尤其可注目者，乃袁世凱之立

83　《讀賣新聞》1911 年 10 月 15 日，轉引自《傳統右翼內田良平的研究》134 頁。

84　內田良平：〈評孫逸仙與黃興（孫逸仙と黃興とを評す）〉，東京：《中央公論》第 26 年第 11 號，160 頁。

85　池亨吉：〈突發之湖北亂事（突発せる湖北の亂）〉，《新日本》第一卷第九號（十一月號），東京：富山房發行，29 頁。

86　池亨吉：〈革命軍巨魁黎元洪〉，〈革命軍首領黃興〉，《新日本》第一卷第十號（十二月號），東京：富山房發行，51-60 頁。

87　《太陽》第十七卷第十六號，100-101 頁。

88　根津一：〈可乘之絕好良機（乘じ得たる絕好機會）〉，《新日本》第一卷第九號（十一月號），27 頁。

場」，他勸告日本政府要牢記「欲速則不達」和「見小利而難成大事」的格言，「最慎重、最沉著，以觀時局之變轉」[89]。對日本政府有可能輕率出兵干涉的動向提出了委婉的警告。

總括以上幾個方而，可以看出：辛亥革命發生之後，大陸浪人不論是在革命戰爭的前方或是後方，幾乎都以空前的熱情、空前的規模甚至還有空前的獻身精神，在中國和日本國內掀起了一場聲援中國革命的熱潮。不管每個人的主觀動機如何，這些活動客觀上壯大了辛亥革命的聲勢、擴大了辛亥革命的影響，對中國革命事業的發展起了一定的作用。這個時期，是大陸浪人活動史上的最高峰。

二、大陸浪人與南京臨時政府

武昌起義爆發時，孫中山正在美國。得到起義的消息後，他認為「此時吾當盡力於革命事業者，不在疆場之上，而在樽俎之間」[90]，於是決定歷訪歐洲各國，為即將誕生的革命政權進行外交活動。

離開美國之前，孫中山在紐約會見了奉日本總領事水野幸吉之命前來拜訪的鶴岡永太郎，通過鶴岡向日本政府提出希望前往日本略作停留的願望：

> 當此之際，本人無論如何亦願前往日本一行，為此曾致電宮崎探詢日本政府意向。本月二十四日接到萱野覆電，略謂：如肯更名，則登陸或停留均無妨礙。但本人不論時間如何短促，總願以公開身分停留。如是，則日本方面所寄予之同情態度既可鼓舞革命軍之士氣，又可消除外界認為日本國政府暗中庇護北京政府之疑慮，對雙方均為有利。[91]

然而，日本政府對於孫中山的要求似乎並無回答，11 月 2 日孫中山

---

89 《太陽》第十七卷十六號，109-111 頁。
90 《建國方略》，《孫中山全集》第六卷，244 頁。
91 鄒念之編譯：《日本外交文書選譯——關於辛亥革命》，181 頁。

離開紐約前往英、法等國，11 月 24 日由歐洲乘船歸國。同日萱野長知致電孫中山：「倘不速歸收拾局面，僅靠黃、黎難以支撐；有大將而無統帥，將妨大事之成功」[92]。11 月 28 日，孫中山致電宮崎滔天，告以歸期。宮崎與緒方二三、山田純三郎和池亨吉乘船前往香港相迎。12 月 25 日一行人與孫中山一同返回上海，數日後孫中山被推選為臨時大總統，組織了南京臨時政府這個中國歷史上第一個具有共和國性質的革命政權。

以往，自從與中國的革命黨人建立起最初的聯繫以來，各派大陸浪人就是把實現各自的理想主張與孫中山等人即將在中國建立起的革命政權聯繫在一起的。現在，這個政權已然告成，使他們極度地興奮，為了扶植、護衛這個政權，不少人又以更大的熱情開展了支持南京臨時政府的活動。而把以前對革命黨人提供的「支援」當作預先支付的定款的右翼大陸浪人，這時也覺得收回當初投資的時機已經到來，逐漸地開始向革命黨人進行「索取」的活動。

南京臨時政府成立之初，首先碰到的是財政困難問題，為此，革命黨人以日本為主要對象交涉借款問題，不少大陸浪人也參加了這些交涉活動。

本來，日本政府之所以默認泰平公司向中國南方革命派提供武器，而三井、大倉等日本巨商也十分積極地響應內田良平的提議向革命派輸出軍火，除了利用中國內部的革命動盪，乘機向長江中下游地區擴張日本的經濟利益以及牟取高額利潤等目的之外，還暗藏以「支持」革命軍為條件，暗中與革命黨人做交易，換取日本在滿蒙地區特權的用心。內田良平積極地從中穿針引線，促成這些軍火生意，目的也是希望革命派就此上鉤，走上不得不依附於日本勢力而生存的道路。1912 年 1 月初，內田在三井公司已決定向革命派出售武器之後，立即給正在上海的宮崎滔天打電報，請他轉告孫中山、黃興：「給西園寺、井上、桂等發一適當籠絡彼等意志之電報」[93]，暗示革命黨人須向日本政府賄之以利益，

---

92 《東亞先覺志士記傳》中卷，428 頁。
93 《東亞先覺志士記傳》中卷，442 頁。

以換取日本的支援。孫、黃接到電報後，就按內田的要求分別給西園寺等人發了電報。這些電報的原文如何現在雖然無從得知，但據原敬在1912 年 1 月 10 日的日記中說，益田孝曾經對三井公司上海分店職員森恪這樣說過：革命黨既然已經向我們請求援助，日本就「有乘此機會向革命黨提出一旦得志即將東三省割讓於我的秘密協約之必要」；森恪的答覆是：「此事當可辦到，因（黃興）在致井上書簡中有東三省是與日本有因緣之土地，已戒同志不可在該地興起騷擾之語，故此事必能辦到」[94]。嗣後，益田又與山縣有朋談及此事，據說山縣亦「對藉此機會與革命黨達成將東三省變為我物（即日本領有之意——引者）之密約事表示贊成」[95]。1 月 12 日，日本內閣舉行會議，原敬在會上提出：「於今對於革命軍當取主動予以少許援助關係之政策；此外，俄國如在助成外蒙古自治名義下（向支那）伸手，此時亦即我對東三省採取相當處置之時機」。對此，法務相松田正久和海軍相齋藤實均表同意[96]。從日本統治集團的這些秘密協商，人們不難看出南京臨時政府時期來自日本的「援助」究竟是什麼性質。內田良平、森恪等人為了讓革命黨接受這些「援助」，做了種種的說服、勸誘工作。

南京臨時政府成立前後，孫中山、黃興等人對於如何舉借外債問題並不是沒有過認真的考慮。如孫中山 1911 年 12 月 21 日在香港與胡漢民、廖仲凱談話時，提出新政府對外借款的原則是「一不失主權，二不用抵押，三利息甚輕」[97]。黃興在委派何天炯赴日本借款時，也在委任狀上特別寫明：「茲因軍事需財孔亟，特委明何君天炯赴東借募巨款，所以訂立條件悉有全權，但不得損失國權及私利等弊」[98]。可見，革命派的領導人對於帝國主義乘中國之危，以借款為誘餌攫取中國利權的可能性，事前還是有所估計和警惕的。但是，南京臨時政府成立之後，財

[94] 原奎一郎編：《原敬日記》第三卷，210 頁。
[95] 《原敬日記》第三卷，211 頁。
[96] 《原敬日記》第三卷，212 頁。
[97] 《孫中山全集》第一卷，568 頁。
[98] 顧廷龍主編：《盛宣懷檔案資料選輯之一，辛亥革命前後》，上海：上海人民出版社，1979 年，233 頁。

政問題之艱難竟大大地超出革命黨人事先所能想像的程度。一方面，獨立各省不但不向臨時政府提供財政支援，反而不停地索要餉、械；另一方面，列強把持著海關關稅管理權，不許革命軍動用關稅盈餘款項的一分一文，蓄意從經濟上扼制革命政府。而南京臨時政府向國內募捐的有限款項又遠遠不敷使用，革命黨統率下的數十鎮軍隊嗷嗷待哺，「每日到陸軍部取餉者數十起，……前敵之士，猶時有嘩潰之勢」。[99]為了解救這些燃眉之急，南京臨時政府最後不得不依靠外債來度此難關，即使這些外債附加了一些侵害中國利權的苛刻條件也在所不顧了。1912 年2 月中旬，孫中山在回答章炳麟就漢冶萍借款問題對他提出的指責時說：「此事弟非不知利權有外溢之處，其不敢愛惜聲名，冒不韙而為之者，猶之寒天解衣付質，療饑為急」。[100]這句話，真實地反映了孫中山在進退維谷的情況下被迫商借外債的無奈心理。

　　1911 年 12 月底孫中山由香港返上海的途中，與專程去香港迎接他的宮崎滔天、山田純三郎交談過向日本借款的事情。山田當時正在三井物產公司上海分店工作，船抵上海後他即向分店店長藤瀨政次郎彙報了此事，並請孫中山至三井洋行，就三井向革命新政府提供五百萬日圓貸款一事與藤瀨和森恪等洽談，這就是後來的「漢冶萍借款」交涉的開端。

　　1912 年 1 月 1 日孫中山由上海前往南京就任臨時大總統時，為應付新創政府之急需，託萱野長知向三井物產公司上海分店臨時商借一百萬日圓。森恪說動用百萬元以上款項需報東京總店批准，分店只對三十萬日圓以下款項便宜行事的權限，第二天就帶了十五萬日圓（也有一說是三十萬日圓）現金託萱野贈送給了南京臨時政府。事後，益田孝責備森恪越權，森恪卻反駁說：「革命成功之曉，揚子江一帶之利權可歸三井即我帝國所有，方為國家百年之大計」[101]。不久，森恪被提拔為上海分店的肥料部部長（目的僅在於提高森氏的地位），專任對南京臨時政府的折衝，三井公司以借款為名，向長江流域伸出了搜取利權的觸手。

---

[99] 孫中山：〈覆章太炎函〉，《孫中山全集》第二卷，85-88 頁。
[100] 《孫中山全集》第二卷，85 頁。
[101] 山浦貫一編：《森恪》，東京：森恪傳記編纂會，1940 年，384 頁。

　　有了三井的「創舉」，其他一些日本銀行、公司也不甘落後，爭相表示願意「援助」南京臨時政府。1月27日，蘇省鐵路公司以蘇省鐵路（上海至杭州間）財產和營業權為擔保，同大倉公司簽訂了三百萬日圓的借款合同，南京臨時政府財政部得到了其中的二百五十萬日圓。2月6日，孫中山、黃興又以輪船招商局的名義，以招商局的財產為擔保，同日本郵船公司簽訂了一千萬日圓的借款合同。但是英國聞訊後，對日本向長江流域擴張的企圖十分不安，最後又聯合其他列強壓迫日本放棄了這項貸款。

　　2月2日，南京臨時政府與三井公司之間的借款交涉以中日合辦漢冶萍公司為條件，草簽了款額為五百萬日圓的借款合同。但是這項借款後來也由於漢冶萍公司臨時股東大會的反對以及其他方面的原因而告撤銷，三井公司向長江中下游地區擴展勢力的計劃受到挫折。但森恪等人執意不願放棄這一計劃，為此他們又圍繞著孫中山等人進行了數次策動活動。

　　據森恪在2月5日寄給益田孝的信所說，2月2日他在南京與孫中山、黃興草簽了漢冶萍借款的合同之後，他就勸告孫、黃用三井公司的暗語致電井上馨：「萬事當從尊意之所勸，今後凡與日本之關係，當仰承閣下之指導，以期統一」[102]。要中國革命黨人再次向井上馨等日本政界元老表示「順從」。此外，據說三井公司還迫使孫中山、黃興同意了借款合同附加的三項秘密條項，其中的第二項是：「中華民國政府在將來許可外國人於支那開辦礦山、鐵道、電氣及其他事業之場合，在同等條件下，承諾將其交予三井物產公司開辦」[103]。三井公司藏在漢冶萍借款一事背後的侵略野心，至此已經昭然若揭。

　　此後，森恪等人仍繼續加緊活動。2月3日，他邀請宮崎滔天、山

[102] 三井文庫收藏：《井上侯爵家提供文件(井上侯爵家より交附書類)》，轉引自藤井升三：《辛亥革命時期有關孫文資料——圍繞「滿洲問題」的森恪書簡（辛亥革命時期の孫文關係資料—「滿洲問題」をめぐる森恪書簡一）》，東京：亞洲經濟研究所所內資料《戰前日本的中國研究 No.4》1982年3月，11頁。
[103] 《井上侯爵家提供文件》，轉引自藤井升三：《辛亥革命時期有關孫文的資料——圍繞著「滿洲問題」的森恪書簡》，11頁。

田純三郎陪同，在南京拜訪了孫中山和胡漢民（胡作為黃興的代表出席），進一步提出了日本以借款從南京臨時政府手中交換「滿洲」的建議。森恪從黃白人種在東亞地區形成對立的角度出發向孫中山等人遊說，論述了「滿洲」對日本的「重要性」，斷定在當時的形勢下，中國不論哪一個政府都「難以安全地保有滿洲」，因此他建議孫中山要「速下決心」，「捨棄命運已被確定之滿洲，一任日本勢力經營，以其代價而得日本之援助，從而完成革命之大業」[104]。森恪還明確指出，這是桂太郎通過益田孝透露出來的意見，請孫中山三思。

　　孫中山回答森恪時說：「……本人為支那而苦心、為黃色人種而憂慮亦久矣。為東洋之和平慮，滿洲固最終非保留於東洋人之手而不可，故當此次舉事之初，余等嘗乞於日本，將滿洲聽憑日本處置以換取對我革命之援助。然日本遠余等不使接近，余於發亂之初請求在日本逗留，日本官憲亦不許余之入國。如此余漸次認定日本之政治家無包容余等之度量，遂遠去美國也」。可以看出，日本政府採取的歧視中國革命黨的政策，早已使孫中山深為不滿，但由於環境的逼迫，他仍然不得不同這樣一個敵視中國革命的帝國主義政府繼續交往，並幻想在犧牲中國一部分重要利權的條件下換取對方的支持。對於森恪的建議，孫中山認為「時至今日，業已失去時機」。因為現在的南京政府「乏於金權與兵權」，各省自主行動，萬事決於眾議，自己和黃興的意見已經失去權威，而財政問題尤其令人焦慮，如果在舊曆新年（2 月 17 日）之前得不到安撫軍心的資金，就只有解散軍隊，將政權交給袁世凱。所以他要求日本方面在五天以內立即就可否將招商局借款及漢冶萍借款的一千五百萬日圓提供給南京臨時政府一事做出答覆。如可，則拖延對袁和談，「以兵力橫掃南北之異色分子，建立完全共和政體，杜絕它日政爭之源」，「與日本之密約也可得以實現」[105]。

---

[104] 《井上侯爵家提供文件》，轉引自藤井升三：《日中關係中的森恪——從實業家到政治家(日中關係の中の森恪——実業家から政治家へ)》，陶德民、藤田高夫編：《近代日中關係人物史研究的新的地平線》東京，雄松堂 2008 年版，361-363 頁。
[105] 《井上侯爵家提供文件(井上侯爵家より交附書類)》，轉引自藤井升三：《辛亥革命時期有關孫文的資料——圍繞著「滿洲問題」的森恪書簡》，16-18 頁。

但是，對於孫中山的這個反建議，桂太郎、井上馨等人的反應就不那麼熱烈了。經孫中山幾次催促，2 月 8 日才從東京發來了由益田孝署名的電報，說：「與袁世凱之和議，非予等置喙之事，謹請轉告孫、黃予等之同情」，並「祈祝孫、黃於有利地位上達成妥協」，不再堅持要革命派在反袁的基礎上同意日本的條件了[106]。這樣孫中山等人所期望的日本方面的主要財政支援都落空了，革命黨人不得不坐下來繼續南北議和。

南京臨時政府時期革命黨人與日本方面至少進行過十七筆借款交涉，大陸浪人們至少參加過其中的五筆交涉，除了穿針引線的作用外，許多大陸浪人都為日本向中國進行的經濟滲透活動立下了「功績」。

與中日借款交涉暗中秘密進行的同時，這一時期又有更多的大陸浪人及日本政客來到中國，圍繞在南京臨時政府的革命黨人周圍，或作說客，或當「諍友」，試圖直接影響革命新政權內外政策的制訂。這些人的主要代表，是頭山滿和犬養毅二人。

原來，在武漢保衛戰吃緊的時候，萱野長知除了向美國打電報請求孫中山趕快回國「收拾局面」之外，同時還給頭山滿和犬養毅打了一封電報，大意謂：「縱得天下，亦不知繼續之法，請來一人」，請求頭山或者犬養親自來華「聲援」革命黨[107]。1911 年 12 月中旬，犬養毅約請古島一行、寺尾亨、副島義一和松平康國等同行，先期到達上海。月底，頭山滿也帶領浦上正孝、美和作次郎、藤井種太郎、柴田麟次郎和小川運平等趕到上海。

《東亞先覺志士記傳》一書敘述頭山、犬養率領大軍人馬來華的原因時說：「當此時，日本有勢力之代表人物有必要前赴支那，作革命黨之後盾，對其實行指導及勸告，並比照當地情勢，調整日支間之關係。而與支那革命黨志士關係非淺的頭山滿和犬養毅於是乃有此行。」[108]犬

---

[106] 日本國會圖書館憲政資料室藏：《井上馨關係文書》。另：桂太郎、井上馨等人後來又突然改變態度，除了孫中山的反建議與他們的設想相左的原因之外，據說還有山縣有朋的反對（理由是：「滿洲」早已是日本的勢力範圍，沒有必要再拿錢來「購買」）等原因。

[107] 《東亞先覺志士記傳》中卷，428 頁。

[108] 《東亞先覺志士記傳》中卷，466 頁。

養毅在出發之前，據說還特地拜訪了西園寺公望，詢問日本政府對中國革命的基本態度和打算[109]。可見頭山、犬養的這次中國之行，除了對中國革命派表示「聲援」的意義之外，確實含有根據實際情況，調整日本對南京臨時政府的關係和對中國革命黨人的行動進行「指導」、「勸告」的意義的。例如犬養毅準備的一個主要的「指導」內容，就是勸說孫中山與岑春煊、康有為合作，共同反對袁世凱的提案。

但是，頭山、犬養等抵達上海後，革命派和他們的關係並不融洽。首先是犬養毅聯合岑、康的提案被孫中山以「岑春煊在湖南總督（原文如此——引者）時代，曾殺了許多（革命黨）同志；康有為受西太后指使，想改革清朝，我們不能跟這兩人合作」為原因加以拒絕[110]。接著是頭山、犬養得知南北議和的消息後，向孫中山等人提出激烈的反對意見，引起了他們和革命派之間關係的僵持。特別是頭山滿，反對議和最力。當他聽說孫中山和黃興一度有意應袁世凱之邀北上相會的消息時，立即連聲反對：「這太荒唐！孫文進了北京，一不小心就會被殺掉，決不可這樣做，相反應當把袁世凱叫到南京來」。於是他和犬養毅、寺尾亨、宮崎滔天、萱野長知等人一起由上海趕到南京，勸說孫中山[111]。孫中山雖然接受了頭山等人的勸說，打消了去北京的念頭，但「南北和談」並沒有因此而中斷。頭山、犬養看到孫中山的主意難以更改，只好又乘船西溯，去武昌拜會黎元洪，重申反對妥協的主張。但黎更聽不進他們的意見，一行人只得掃興而歸。不久，頭山和犬養就率領著各自的人馬怏怏而歸。

對於革命黨人與袁世凱北方軍閥勢力所進行的和談，大陸浪人幾乎都持反對意見，右翼大陸浪人的反對尤為堅決，這是一個有趣而又複雜的歷史現象。大陸浪人反對革命黨人對袁妥協的動機或原因，大致有以下幾種情形。

首先我們研究一下頭山滿等人反對對袁妥協的原因。

109 古島一雄：《一個老政治家的回想（一老政治家の回想）》，東京：中央公論社，1951 年，122 頁。
110 《一個老政治家的回想》，123 頁。
111 《東亞先覺志士記傳》中卷，475-476 頁。

　　返回日本後，頭山滿向人談他對辛亥革命的看法時說：「支那此次革命，乃膏藥治療法；因其未動開膛剖腹之手術，故現在已可見各處均有膿腫陸續發生也。」[112]不錯，辛亥革命無論從政治、經濟、思想文化哪個方面來看，對舊秩序的觸動都是很不徹底的，所以，如果從堅持民主革命、反對向半殖民地半封建制度的新老代表——清朝政府及袁世凱妥協的觀點來看，頭山滿這句話可以說頗有見地。但現在的問題是，頭山滿一派的大陸浪人當時究竟是不是這樣看的？驅使頭山滿等人反對革命黨人向袁世凱妥協的原因何在？

　　根據其他一些有關材料，首先我們可以做出判斷的是：頭山滿雖然反對孫中山等向袁世凱妥協，但並不一定反對革命派與其他舊官僚、新軍閥妥協或合作。因為與頭山一同來華的犬養毅就帶來了一份勸說孫中山與岑春煊、康有為實行聯合的建議，頭山對此從未表示過反對意見。後來，當孫中山欲北上與北洋軍閥集團新首領段祺瑞相見時，頭山滿不但不表示反對，反而對段大加讚揚，說他是敢於以「獨力斷然反對袁氏帝政」的「奇骨」男兒，還說「段與孫倘能互傾肝膽，共謀大計，當從此開闢支那之前途」[113]。這樣看來，頭山滿並不從根本上反對革命派與舊勢力的妥協、合作，他反對南北和談，實際上是對袁世凱個人抱有反感，不願孫中山向他實行妥協。將辛亥革命比作「膏藥治療法」，主要也是抱怨革命黨人不該輕信袁世凱，將政權拱手相讓，致使革命徒有虛名的意思。

　　造成這種反感的原因，據葦津珍彥說，是因為當年鎮壓朝鮮開化黨政變、驅趕金玉均的主要人物是袁世凱，而後金玉均在上海被暗殺事件的背後也有袁世凱參與策劃痕跡的緣故[114]。這大概可以算做歷史方面的一個原因，但卻不是所有的原因。從袁世凱的個人經歷看，雖然後年他為了實現帝制夢想，曾經千方百計地討好、屈從日本政府，卑躬屈膝地接受了喪權辱國的「二十一條要求」。但在辛亥革命之前，特別是在中

---

[112] 《東亞先覺志士記傳》中卷，479 頁。
[113] 藤本尚則：《巨人頭山滿翁》，521-522 頁。
[114] 葦津珍彥：《大亞細亞主義與頭山滿》，117 頁。

日甲午戰爭之前，他所參與的一些外交活動（主要是駐朝鮮時期的一些活動），基本上都是與日本向朝鮮進行侵略擴張的企圖格格不入的。「天佑俠」在致東學黨農民軍的檄文中指斥「清國使臣袁世凱」是扶持、助長「閔族惡政」的罪魁禍首，對袁氏揚言三年之後定將朝鮮併入清帝國版圖、廢朝鮮王為庶民一事尤為憤慨[115]。從中我們不難窺見玄洋社大陸浪人仇恨袁世凱的又一個歷史淵源。1902 年清廷宣布實行「新政」之後，袁世凱由日本延聘軍官、學者，改革軍務，刷新教育，以親日主義相標榜，一度贏得了日本軍、政、外交界某些人的好評。可是日俄戰爭後，袁繼李鴻章之後任外務部尚書，一改「親日主義」，實行聯英美以制日的外交路線，在安奉鐵路、新（民屯）法（庫門）鐵路等問題上向日本在中國東北地區的侵略權益挑戰，由此又引起了日本擴張主義者的惡感。《東亞先覺志士記傳》總結說：「……回顧日俄戰後至清朝末期的日支關係，居支那外交活動中心之本尊人物，乃奸雄袁世凱也。鼓動排日風潮、使日支關係長期籠罩於陰雲翳霧之中者，亦此袁氏也。」[116]袁世凱成了日本鞏固和擴大在華侵略權益的主要障礙，自然也成了右翼大陸浪人眼中不共戴天的大敵。害怕孫中山將政權交給袁世凱後會給日本的「國家」利益帶來損害，這才是頭山滿等人激烈反對革命黨人向袁世凱妥協的最重要的原因。

極右翼的大陸浪人集團──川島浪速等人對袁世凱也是恨之入骨。他們痛恨袁世凱的原因與頭山滿等人相同，而態度之堅決還要超過頭山一夥。川島浪速早在革命黨人尚無同袁世凱實行妥協的任何明顯跡象的時候就反袁。1908 年 11 月清廷攝政王載灃藉口「足疾」將袁世凱趕出朝門時，川島就勸告過清廷某大臣，應殺袁以絕「後患」。武昌起義後，清政府為挽救大局，不得已又召還袁世凱進京組織責任內閣，「川島氏素來洞察袁氏之肺腑，知其若再起必執反日主義無疑，遂全力進行排擊袁氏之活動」。[117]在袁世凱由河南進京途中，他設計了三次刺殺袁

[115] 吉倉汪聖著、清藤幸七郎編：《天佑俠》，98-99 頁。
[116] 《東亞先覺志士記傳》中卷，535-536 頁。
[117] 《東亞先覺志士記傳》中卷，295 頁。

的活動，但均未成功，不得已他才保護肅親王善耆及其家屬由北京逃到旅順。

　　黑龍會內田良平一派大陸浪人對於革命派搞南北和談、向袁世凱許諾讓出大總統職位一事也極為反感。1912 年 1 月，內田良平等人在東京得知南北和談的消息之後，「頗感意外」。他們認為：「一旦將政權讓予袁，尚不知老奸巨滑的袁氏會做出何等樣事，其結果定將使革命之目的歸於泡影，故決心此時決不允許實行妥協」[118]。他們對南北和談前景所感到的不安，與頭山滿、川島浪速等人是相同的。內田良平於是派出葛生能久到南京，勸說革命黨人中止議和。但宋教仁對議和的前途充滿希望，託葛生轉告內田，政權移交袁世凱後當實行責任內閣制，不必擔心袁的跋扈。內田看到革命黨人決心已下，遂不再正面反對「南北和談」，改為要求宋教仁於和議告成後到日本一遊，「介紹宋教仁與日本當局者充分交談，使彼得其憑賴」[119]。但是，宋教仁一直忙於迎袁南下等事，最終沒有前往日本，內田對宋教仁的指望也落空了。

　　本來，內田良平在一個多月前寫成的《支那革命調停案》中，已經提出了劃黃河為界，「兩分支那」的方案，可見他在原則上是並不反對南北妥協的。他反對向袁世凱妥協的主要目的，只不過是不願讓政權從自信可以加以操縱的革命黨人手中，轉入既難以操縱，背後又有英、美勢力支持的袁世凱手中而已。

　　不過，右翼和極右翼的大陸浪人之外，宮崎滔天等人的態度也值得注意，因為他們也是對「南北和談」持有異議的反對派。

　　最早，頭山滿和犬養毅到南京總統府中勸說孫中山停止南北議和活動時，宮崎滔天和萱野長知也是在座的。但在其他大陸浪人對「南北和談」發動圍攻時，他們的態度卻相對地比較克制。直到這一年秋天孫中山北上，從北京給宮崎滔天拍來電報，說袁世凱為了酬謝宮崎對中國革命的功勞，準備贈送給宮崎一部分大米出口權利時，宮崎才回電：「縱

[118] 《東亞先覺志士記傳》中卷，446 頁。
[119] 《東亞先覺志士記傳》中卷，450 頁。

渴亦不飲盜泉之水，足下之北上，余亦不贊成也」[120]，藉機表明了對孫
中山等人妥協態度的不滿。其後，宮崎滔天對南北議和活動仍很少表
態，但與中國革命黨人的關係仍親密如常。10 月下旬，孫中山決定正式
訪問日本，宮崎滔天先行回國籌備，這時應《大阪朝日新聞》記者之邀，
他才發表談話，談及南北和談問題。他說：「……（孫、黃）既失去以
漢冶萍及招商局為擔保籌集北伐軍軍費之時機，終至不得已而為南北之
妥協，……」；他還用黃興的話解釋當時的形勢是：「外國人視吾等之北
上為折節屈服，彼等作為旁觀者毋寧願吾等不與之妥協而南北相爭到
底；然而吾等認為民國目前處境絕不容內亂，值此國家存亡之秋，妥協
實為最佳之方案」[121]。看來，宮崎滔天雖然從自己的是非觀出發，認定
袁世凱是「盜賊」一般的人物，不是革命黨人尋求妥協的最好對象，但
他從當時的實際出發，後來還是逐漸體諒了孫中山等人不得已而妥協的
苦衷。

　　雖然同樣都是中國「南北議和」的反對派，但由於各派大陸浪人採
取了不同的姿態和手段來表達自己的意見，使他們與中國革命黨人之間
的關係也發生了不同的變化。「南北和談」告成以後，大陸浪人與中國
革命黨人的「蜜月時代」就宣布結束了。

三、齟齬、背叛與疏遠

　　武昌起義爆發前後，雖然是大陸浪人與中國革命黨人之間以及大陸
浪人之間的關係相對來說比較緊密的時期，但由於浪人們各自主張、信
念和目的的不同，隔閡仍然沒有消除，齟齬時有發生。

　　大陸浪人之間本來就有各自的系統，互不統屬，聯繫散漫，由是浪
人們的思想也五花八門，即便是一派之中的浪人，思想也不能統一，對
同一件事情往往各有各的主見，各有各的計劃，各有各的行動。而大陸
浪人的活動時常又與中國革命派內部的派系分歧糾纏在一起，更增加了

---

[120] 宮崎龍介：〈先父滔天的一些往事（父滔天のことども）〉，東洋文庫版《三十三年之夢》，
　　東京：平凡社，1967 年，309 頁。
[121] 轉引自《宮崎滔天年譜稿》，《辛亥革命史叢刊》第一輯，16 頁。

問題的複雜性。

　　總的來看，左翼宮崎滔天一派的大陸浪人，其思想與活動的軌迹無大曲折，較為平坦。他們在辛亥革命時期基本上堅持了自己一貫的思想主張，在行動上也基本上是與孫中山、黃興等人保持一致的。儘管他們對「南北議和」有不同的意見，但是為了維護革命的大局，他們採取克制和諒解的態度，因此更加博得了中國革命黨人的信任和好感。1912 年孫中山辭去臨時大總統職務後，曾致函萱野長知，謂：「……念我故人，盡瘁民國之事，窮且益堅，百折不懈。……私意殊未愜，茲特倩溥泉兄賫上三千元，一餽左右，……」[122]。對左翼大陸浪人表達了中國革命黨人的慰問。

　　然而，黑龍會內田良平一夥浪人在辛亥革命中的表現，就不是那麼尋常了。武昌起義爆發後，與說服三井公司向南方革命軍提供武器和勸告山縣有朋等放棄干涉中國革命動機的同時，黑龍會接連派遣浪人到中國活動，窺測著向革命新政權提出「解決」「滿蒙問題」要求的最好時機。在中國革命派的領導者中，內田良平等人此時最注意宋教仁的一言一行，想盡各種辦法去拉攏、說服宋教仁按黑龍會設想的意圖行事。內田等人和宋教仁在這一時期的關係特別密切，其原因當然並不僅僅是由於宋在歸國前與內田有過「一旦革命事起，速來相助」的諾言，主要還是內田等人看中了宋教仁、陳其美等在革命陣營中作為突然崛起的實力派的政治力量，以及他們比較偏右的政治傾向的結果。1911 年 11 月 1日，由內田良平派往上海與宋教仁取得聯繫的北一輝給內田寫信說，《民立報》等處的革命黨人多為「有力量者」，以陳英士為主任，而「宋大人之勢力」更為超凡，以至於其他人無論何事都要提到宋教仁怎麼講[123]。11 月 13 日，北一輝又在發自武昌的信中，向內田敘述宋教仁在當地如何深得人心，而孫中山在中國「全無勢力」的狀況[124]。翌日，北一輝還在致清藤幸七郎的信中，對孫中山在革命發生後遲遲不返回國內一事提

[122] 《孫中山全集》第二卷，569 頁。
[123] 高橋正雄監修：《日本近代化與九州　九州文化論集 4》附錄，425 頁。
[124] 高橋正雄監修：《日本近代化與九州　九州文化論集 4》附錄，438 頁。

出尖刻的指責，認為「孫君之愚，何其甚也」，竭力貶孫而揚宋[125]。此後，北一輝就極力向宋教仁靠近，慫恿宋教仁訪問日本。

最早在孫中山回國之前，在組織革命新政府的過程中，宋教仁是發揮過很大作用的，所以北一輝早在 1911 年 12 月初就向內田報告過黃興可能出任大元帥、宋教仁出任總理大臣的消息。但孫中山回國後，革命派以孫中山為中心形成了新的領導陣容。北一輝為此頗感不快，於是同內田良平起商議，計劃由宋教仁以南京臨時政府遣日全權代表的身分訪日，以提高宋的威望，恢復他在革命派中的地位和勢力。1912 年 1 月 25 日，北一輝在致內田的電報中說：「宋君日本之行若以無意義而告終，將傷及彼之勢力，從而亦將影響日本之利權。……日本之（在華）優勢將決定於歡迎彼（指宋教仁——引者）及使彼成功一事。親美派諸人今日雖僅為表面之招牌，然彼之不成功，將使親日派與日本勢力同時衰落，使親美派得以掌握全權。現在，各省之次官幾乎全為彼之盟友，法制院總裁（按：宋教仁當時任南京臨時政府法制局局長——引者）之地位亦如伊藤公（指制定《大日本帝國憲法》時代的伊藤博文——引者）。因於參議院已有失敗之經驗，故彼今日已將過半數者拉入自己陣營。使彼於日本獲得成功，日本即可（在中國）大獲全勝。……」[126]北一輝、內田良平等人執意邀請宋教仁訪問日本，背後就是隱藏著在革命黨中擴張「日本之勢力」這樣不可告人的目的。他們將中國革命派的領袖分為「親日派」、「親美派」，使用陰謀手段拉一派、打一派，對於革命派內部的團結也是一種破壞。有學者認為，宋教仁後來在同盟會、國民黨內部獨樹一幟，不尊重孫中山的意見和領導，與北一輝、內田良平背後的派別活動有關[127]，也不是沒有道理的。

邀請宋教仁訪問日本的努力失敗後，北一輝和內田良平也因意見分歧而分手。在右翼大陸浪人中，北一輝雖然在利用強權政治推行日本「國權」的擴張主義思想上與內田的大亞洲主義思想有一致之處，在組織上

---

[125] 高橋正雄監修：《日本近代化與九州　九州文化論集 4》附錄，439 頁。
[126] 高橋正雄監修：《日本近代化與九州　九州文化論集 4》附錄，465 頁。
[127] 彭澤周：〈辛亥革命與日本西園寺內閣〉，《近代中日關係研究論集》，423-424 頁。

也與黑龍會有密切的聯繫，但他的基本思想體系（以 1906 年 5 月出版的《國體論及純正社會主義》為代表）與內田等人是不大相同的。他對中國也有著強烈的欲望和野心，但更關心日本本國的「國體」問題，在藉黑龍會的經濟、政治勢力活動了一段時間之後，他就甩開了黑龍會一派浪人，獨自尋求新的活動道路去了。這是右翼大陸浪人內部較早的一次分化。

辛亥革命期間，除了過去一直與中國革命黨人保持有某種聯繫的大陸浪人成群結隊地來到中國之外，還有許多形形色色的日本浪人也來到中國活動。這些人對於中國的革命幾乎談不上什麼理解和同情，他們的活動完全是一種趁火打劫，藉中國的內亂為日本的國家或為自己掠奪利權、撈取私利。他們和「老資格」的大陸浪人的活動交織在一起，在革命陣營內部製造了數不清的糾紛和矛盾。

C. S. 巴比阿回憶他於 1911 年末在上海拜訪宮崎滔天時，在日本浪人居住的旅館裡看到了這樣一個場面：「滔天先生扔給萱野長知先生一封信，上面寫著『君膽大而能計劃、有決斷』，末永[節]先生在論述他的計劃：由他在山東省方面另闢一戰線以牽制袁世凱；北輝次郎先生（即北一輝——引者）則在談論他的想法：拉攏三井，以漢冶萍礦山為後盾，在日本志士之間另建一國。……」當時巴比阿對此不能理解，質問田鍋安之助：「為什麼諸位不能團結一致呢？有些人手頭闊綽，而有些人連旅宿費都沒有著落。如果我對人們推心置腹，有人就說我泄漏秘密，挑撥離間。現在北方團結一致，軍力強大；而南方則各行其是，毫無兵力可言。日本志士本來應該率先垂範，團結一致，來促使孫、黃、張、宋、胡、柏諸公團結，可你們卻隨聲附和他們的分歧，擴大他們的分歧！」對此，田鍋無言以對，只得承認：「你說得對，可是沒有辦法」[128]。這就是大陸浪人彼此之間和大陸浪人與中國革命黨人之間矛盾、糾紛狀況的真實寫照。

武漢保衛戰的大陸浪人中，固然有為支援革命而身赴前敵的志士，

---

[128] 轉引自《宮崎滔天年譜稿》，《辛亥革命史叢刊》第一輯，157 頁。

也不乏勇猛善戰之人，但也有相當一部分參加者乘機打劫，暴露出了種種劣迹。1911 年 12 月 2 日日本駐上海總領事有吉明為大陸浪人在武漢保衛戰前後的活動曾致電外相內田康哉，說「此次革命軍在漢陽戰敗」的原因，蓋由於「在武漢側身於革命軍中」的許多日本浪人「簇擁黃興，作威作福，致與湖南兵發生矛盾之所致」，「徵諸各方情報，此點殆已無可懷疑」；他還說：「聞彼輩此次撤離武昌時又各自攫取財物。此等劣迹，不獨有害於大局，且將來終必惹起革命軍之惡感。……」[129]看來，一些大陸浪人在革命動亂中混水摸魚的行為甚至已經引起日本外交當局的注意，開始憂慮其是否會影響日本對中國以及列強各國的關係，可見其程度之嚴重。1911 年 12 月底頭山滿之所以追隨犬養毅之後也匆匆趕來中國，一個重要的原因，據說就是要鎮服那些「藉助成革命之名，介入當時支那運動，使革命志士大為惱喪」的「不良浪人」、「不德漢」，以免因浪人們的小不忍而亂了歷經十數年寒暑策劃而成的大謀[130]。

不過，與辛亥革命之前相同，這一時期各派大陸浪人之間儘管存在著重重的矛盾，但在多數場合下，他們往往又互相協同，共同參加了支援中國革命的一些活動。這種表象在一定程度上妨礙、干擾了人們對於大陸浪人之間分歧、矛盾的觀察與認識。最突出的例子就是在進行「漢冶萍公司借款」交涉時，森恪約同宮崎滔天、山田純三郎一起去與孫中山進行談判，以及頭山滿、犬養毅等在反對孫中山向袁世凱妥協時也不忘帶上宮崎滔天、萱野長知等人一同去南京實行「勸告」等幾件事情。

據森恪在致益田孝的信中說，他在與孫中山進行以貸款交換日本在「滿洲」的侵略權益時所以要邀請宮崎滔天和山田純三郎一起前往，是因為「宮崎乃最早的支那革命運動參加者，性格極其純善率性，孫文、黃興等一黨之黨員當其不遇之時代，悉受宮崎幫助。宮崎亦以至誠為彼等，不辭辛勞，始終如一，努力活動，故不僅孫黃，至其幕下諸人亦宛然以待叔父之感情而愛重宮崎」；山田純三郎的情況也是如此，「其兄乃

---

[129] 《日本外交文書選譯——關於辛亥革命》，189 頁；但此書將「徵諸各方情報」錯植為「徵儲各方情報」，今據日文原文訂正之。

[130] 《巨人頭山滿的話》，429 頁。

與宮崎同為最早之革命黨員，又為革命軍而犧牲於廣西省（原文如此——引者），……彼因其兄之故，尤為革命黨一派所敬重，孫、黃對其亦視若兄弟，信任有加」。正是考慮到宮崎、山田都有這樣的經歷，都是「日本人中得孫、黃信任最篤之人物」，森恪才特意邀了他們作這場秘不可告人的交涉的「見證人」的[131]。其他右翼大陸浪人在進行與中國革命有關的一些活動時，之所以特別看覺或借重本身既無勢力又無財力的宮崎滔天等人，情況也與此類似。所以兩派大陸浪人對一些事件的共同參與，並不能說明他們對一些問題持有共同的態度和立場，右翼的大陸浪人往往利用了左翼大陸浪人與中國革命黨所保持的親密關係來向中國的革命者進言，以便更好地達到自己的目的，這似乎也是他們所慣用的一種「外交」手腕。

　　1912 年 2 月中旬，由於清帝發布了退位詔書，按照「南北議和」達成的協議，南京臨時政府參議院選舉袁世凱為繼任臨時大總統。3 月，袁在北京宣誓就職，革命派將政權移交給了買辦階級的政治代表，革命還沒有發展到它的最高峰就戛然而止了。南京臨時政府從成立到結束只存在了數月時間，許多右翼大陸浪人由於沒有在此期間為日本獲得任何顯著的侵略權益，而對南京臨時政府和中國革命派心懷不滿。此後，雖然宮崎滔天、萱野長知、山田純三郎等少數大陸浪人依然與革命派人士保持著較為密切的關係，繼續給孫中山等人以經常的幫助，大多數大陸浪人對於中國革命黨的熱情開始減退，走上了逐步疏遠中國革命的道路。

四、「滿蒙建國」陰謀的發動——第一次「滿蒙獨立運動」

　　辛亥革命時期日本政府的對華政策雖然變化多端，動盪不定，但其基本方針不外是兩大內容：首先，利用革命發生之機，向中國尤其是歷來被英國殖民主義者視為禁臠的長江流域擴張勢力，而後伺機用「和平」或者強硬的手段「解決」所謂「滿蒙問題」。早在 1911 年 10 月 24 日的

---

[131] 《井上侯爵家提供文件》，轉引自藤井升三：《辛亥革命時期有關孫文的資料——森恪關於「滿洲問題」的書信》，14 頁。

內閣會議上就已經確定了在「滿洲地區」「相機增進我國權益」的方針，所以其後一些右翼的大陸浪人在與革命黨人的交往中不僅注意發展日本在中國南方的經濟、政治勢力，同時也就「滿蒙問題」對革命黨提出了一些侵略性的要求或要挾。而以中國北方為基地進行活動的以川島浪速為代表的一小撮極右翼大陸浪人，更是趁南方革命動亂、清廷無暇北顧之機發動了所謂「滿蒙獨立運動」，企圖以獨立為名來實現「滿蒙建國」的侵略藍圖。

1912 年 2 月，川島浪速等人保護肅親王善耆逃出北京到達旅順之後，就開始在日本政府、陸軍參謀本部和朝鮮總督寺內正毅等方面的支持與慫恿下暗中策劃「滿蒙獨立運動」。

武昌起義勃興之際，退役陸軍大佐、後來成為日清貿易研究所幹部之一的小山秋作曾向日本陸軍參謀本部提出過「支那兩分論」的方案，建議以長江為界將中國分為兩個國家，日本在南方支持革命黨人，在北方支持清朝勢力，雙管齊下，攫取更多更大的利益。陸軍首腦雖然還不敢把這個方案當作陸軍的對華方針公開下達給各部隊加以貫徹實行，但一部分將校軍官對這個「支那兩分論」很感興趣。不久，上原勇作升任陸軍大臣、長谷川好道被任命為參謀總長，參謀本部以為時機已到，於是陸續向中國北方地區派出軍官，並把川島浪速等人的「滿蒙獨立運動」也納入陸軍的行動計劃中加以支持。

有了陸軍軍方的支持，川島等人更加膽大妄為。他暗中勾結喀喇沁王、巴林王、賓圖王等蒙古王公，首先策動蒙古的所謂「獨立」。1912年 1 月 29 日，川島浪速與喀喇沁王貢桑諾爾布簽訂一個有十項內容的《契約書》，作為蒙古「獨立」的指導綱領。《契約書》規定：蒙古「獨立」運動要「聯合內蒙為一強固之團體，以自衛蒙古之利益和援護大清皇位之存立為目的」；「喀喇沁王以川島為總顧問，使其得以參劃商量文武一切事宜」；「內蒙古團體與日本帝國須保持特別良好之友誼，以維持大局，並務必維護日本人之實業計劃，以期兩利」，最後還有「內蒙古團體對俄國之外交事件，宜務必與日本政府秘密會商、處置，未經商明，

不得隨意訂立條約」等等[132]。這裡計劃的雖然只是一個所謂「內蒙古團體」的不倫不類的東西，但川島浪速已經設法使它帶上了日本帝國主義卵翼下的傀儡政權的性質。

2月末，袁世凱為了抵制革命黨人要他南下就任臨時大總統職務的要求，指使曹錕在北京發動兵變，川島浪速手下的松井清助和木村直人等陸軍軍官乘機劫持喀喇沁王和巴林王逃出北京，陸軍少佐多賀宗之再暗中將武器、彈藥偷偷由旅順通過公主嶺運往內蒙境內。早已混迹於「馬賊」隊伍之中的薄益三（號「天鬼」）等一夥約二十餘名的大陸浪人也參加了偷運軍械的活動。

為了支付「獨立」舉事所需的各項費用，1911年底喀喇沁王就以自己的「所轄全部領地」作抵押，通過川島浪速向橫濱正金銀行借到白銀二萬兩。日本外相內田康哉暗中推動了這次借款契約的達成[133]。1912年1月30日，川島浪速又讓高山公通大佐致電參謀總部次長福島安正，說喀喇沁王願以卓索圖盟五旗內所有礦山為抵押，向日本再次商借五十萬日圓。參謀本部將情況通報外務省後，內田康哉非常贊成，認為「帝國政府鑒於內蒙古東部與南滿洲之間具有密切關聯，若能在該地區建立某種利權關係，在萬一時可能對我國有利」[134]。於是決定以大倉洋行的名義，向喀喇沁王提供九萬日圓、向巴林王提供兩萬日圓的借款，其費用「全部由政府支付，其所發生之權利、義務關係亦由政府承擔」[135]，對川島等人的陰謀活動給予了全力的支持。

然而，1912年5月下旬，多賀宗之和薄益三等人在將武器彈藥由公主嶺運往內蒙境內的途中，受到奉天將軍趙爾巽派出軍隊的攔截，雙方發生戰鬥。後來雖經日本駐長春領事的營救，松井清助和薄益三得免一死，但「滿蒙獨立」的陰謀至此已全部暴露，日本內閣只得作出了停止這一計劃的決定，外務省和參謀本部分別向川島浪速和高山公通等人下

---

[132]《東亞先覺志士記傳》中卷，326-328頁。
[133]《日本外交文書選譯——關於辛亥革命》，87頁。
[134]《日本外交文書選譯——關於辛亥革命》，89頁。
[135]同上引書，96頁。

達了停止「滿蒙獨立運動」的指令。據統計，當時參加第一次「滿蒙獨立運動」的日本浪人有井上四一、阿部岩吉、薄益三、植木徹世等數十人，戰鬥中被擊斃的就有上田道治、君山武雄、秋野清治等十三人[136]。

第一次「滿蒙獨立運動」雖然以可恥的失敗而告終，但川島浪速等人並沒有就此罷休，他們仍然在不停地觀察著中國的風向，計劃著「滿蒙獨立運動」的死灰復燃。

總結一下辛亥革命時期大陸浪人與中國革命事業的基本動向，可以看到，隨著自武昌捲起的革命風暴的突然興起，各派大陸浪人幾乎無一例外地立刻進入興奮的狀態。不管是置身於革命的內部或外部，也不管是充當革命的「友軍」或「敵軍」，他們都按照自己的意志和願望，在最大的限度內施展了自己的才能。一心一意促進中國革命事業成功的宮崎滔天等左翼大陸浪人自不待言，連頭山滿、內田良平一派右翼浪人以及軍部系統的許多浪人也以十分積極的姿態投入了革命，有些人甚至在戰場上捐出了鮮血或生命。不過，南京政府成立之後，右翼大陸浪人很快就開始提出攫取中國利權的要求，暴露了他們侵略主義者的本來面目。雖然南京臨時政府本身的基礎尚十分脆弱，在經濟等方面還不得不仰賴於外援，但革命黨人並沒有完全屈從於這些浪人的要求。於是，不久之後，這一派浪人就主動疏遠了革命黨人，並在革命陣營中搬弄是非、製造分裂，企圖從內部瓦解革命派。至於極右翼的大陸浪人則公開站在革命運動的反面，同清室遺老和個別蒙古王公勾結起來，發動所謂「滿蒙獨立運動」，企圖直接「合法」地掠奪侵略權益。如果說在支持革命的大陸浪人中，宮崎滔天一派與頭山滿、內田良平一派的關係因其目的不同而只不過是「同床異夢」的話，那麼川島浪速一派與頭山滿、內田良平等人在擴大日本侵略權益等方面的關係上倒可以說是「異曲同工」的。

---

[136] 《東亞先覺志士記傳》中卷，344-346 頁。

第三節　「反省」和新的「確立」
　　　　——辛亥革命之後的大陸浪人

一、「二次革命」與大陸浪人

　　1913 年 2 月，孫中山在辭去臨時人總統的職務後，以「中華民國全國鐵路總辦」的身分訪問了日本。當時，曾有日本記者詢問此次訪日的目的，孫中山回答：「圖中日兩國親交，並訪舊友」[137]，還說「會舊友，溫舊交，且向日本學習余作為終生事業所謀劃之鐵路經營」是他最大的願望[138]。可知孫中山此行的主要目的，當在考察日本鐵路發展狀況及聯絡中日民間人士之間的感情。

　　對於孫中山的這次正式訪問，日本政府並不表示歡迎。西園寺內閣為此曾作出決議，要求陸、海軍大臣以及其他閣僚、元老等不要與孫中山見面，桂太郎還派出《二六新聞》社社長秋山定輔前往上海勸阻孫中山。但孫中山對於此次日本之行寄於頗大的希望，表示即便不與日本政府中的當權者會面也要訪問日本，毅然登輪離滬赴日。

　　與日本政府的態度相反，許多大陸浪人卻對孫中山的來訪表示歡迎。山田純三郎從上海起就充當了孫中山的主要隨員之一，負責與日本各方的聯絡。孫中山抵達長崎以後，宮崎滔天等人也加入了孫中山的一行。2 月 14 日孫中山抵達東京新橋車站時，東亞同文會、東邦協會、東洋協會等大陸浪人團體的成員以及日本政、學各界、中國留學生二千餘人前往歡迎。2 月 15 日、16 日，東亞同文會和東邦協會又分別舉行歡迎會，迎接孫中山的訪日，犬養毅、頭山滿、副島義一，寺尾亨，伊東知也、根津一等「與孫逸仙有舊交」的諸人也紛紛來把盞懷舊[139]。在東

---

[137] 〈在日本下關答記者問〉，《孫中山全集》第三卷，12-13 頁。

[138] 《時事新報》，大正 3（1914）年 2 月 15 日，轉引自藤井升三：《孫文研究——尤其以民族主義理論的發展為中心》，80 頁。

[139] 〈孫中山在福岡〉，中國社會科學院近代史研究所編：《近代史資料》總第 55 號，北京：中國社會科學出版社，1984 年，4 頁。

京，孫中山由宮崎滔天、山田純三郎等陪同，還拜訪了山縣有朋、桂太郎、牧野伸顯等政、軍界要人，希望他們能對中華民國的建設事業予以支援。三月中旬，孫中山又乘火車經橫濱、名古屋、大阪、廣島等地抵達九州，繼續參觀訪問。

九州是大陸浪人的薈萃之地，又是多數大陸浪人的故鄉，過去孫中山就曾多次到過這裡。這次，孫中山除了參觀工廠、學校、醫院和名勝而外，還特地憑弔了福岡聖福寺的玄洋社墓地，拜訪了熊本縣荒尾村的宮崎兄弟故居。在荒尾村村長舉辦的酒宴上，孫中山致辭說：「……宮崎兄弟是我之契友。對他們弟兄為我國革命事業奔走，盡力竭力，極為銘感。希望日中兩國間親密關係，猶如我與宮崎弟兄間之關係，日益加深。……」[140]既盛讚了宮崎滔天等兄弟數人為中國革命事業所作的艱苦努力，又對中日關係發展的前途提出了期望。

九州之行結束後，孫中山預定還要返回東京稍作逗留。但 3 月 20 日，袁世凱為了實現其專制獨裁的野心，指使凶手在上海車站行刺宋教仁。第三天清晨，宋教仁即因傷重去世。孫中山聞訊後，立刻變更行程，於 23 日乘船離開長崎回國，宮崎滔天、島田經一和菊池良一等也隨船來華。

不久，「宋案」真相大白於天下，袁世凱的陰謀策劃暴露無遺。孫中山提出「聯日」、「速決」的武力解決方案，積極籌備反袁軍事抗爭。5 月 17 日，他致函井上馨，歷數「敝國雖經革命之餘，而政治之本源未清，新舊之黨爭愈烈」的情況，判斷袁世凱「知不能見容於國人，個人祿位將不可保，遂思以武力為壓服國民之舉」，袁政府隨時可能用強硬手段壓制革命黨人；進而他又呼籲井上運用其影響，阻斷日本對袁政府的支持，幫助中國革命黨人反袁[141]。但孫中山的這封信在日本政府內部並沒有引起任何反響。7 月 12 日，李烈鈞在江西宣布獨立，舉兵討袁，「二次革命」正式爆發。

「二次革命」中，日本政府雖然對於革命黨人請求支持的呼籲不加

---

[140] 〈孫中山在福岡〉，《近代史資料》總第 55 號，14 頁。
[141] 《孫中山全集》第三卷，60-61 頁。

理睬，許多大陸浪人卻繼續以民間人士的身分參加了革命黨人的反袁軍
事活動。

李烈鈞發難之前，革命黨人吳玉章為了實現革命軍對上海的占領，
曾與宮崎滔天、金子克己和野中保教等人一起研製魚雷，計劃炸沉黃浦
江上的北軍軍艦。後因準備用來施放魚雷的汽船被憲兵扣留，才被迫作
罷。未久，居正、白逾桓等人率革命軍攻打吳淞炮臺，中田群次、志村
光治、今泉三八郎等日本浪人追隨黃一歐之後投入居正軍中效力，金子
克己則負責從日本募集援兵。在江西戰場，山中未成、新田德兵衛等人
參加了李烈鈞部革命軍的戰鬥；江蘇討袁軍中也有日本浪人多人，林傳
作及建部氏等人還在戰鬥中戰死或受傷。在東北地區，金子克己與《安
東新報》職員南部露、小濱為五郎等人曾協助戴季陶等人聯絡「馬賊」
首領王雲峰等人的舉事，一直到翌年 6 月，志村光治、金子克己等人還
在奉天、法庫門等地投放炸彈，攪擾張作霖對當地的統治。

「二次革命」一役，革命黨人雖然動員了全部的軍事力量討袁，但
由於袁世凱得到英、美、德等帝國主義國家的大力支持，勢力日益囂張；
而國民黨反袁軍組織渙散，行動不一，長江流域各省更在此時以「和平
免戰」為遁詞，或苦勸孫、黃息兵，或向袁政府輸誠，背叛了自己的政
治代表。所以開戰僅兩個月，革命軍就在戰場上徹底失敗，孫中山、黃
興、李烈鈞、胡漢民等人不得不再次逃往日本安身。

革命軍戰敗後，孫中山原計劃再去歐美，但由於日本駐福州領事館
武官多賀宗之的勸說，他又決定改赴日本，8 月 9 日經臺灣基隆抵達神
戶。然而，關注於改善與袁世凱北洋政府關係的山本權兵衛內閣，看到
「二次革命」之後袁世凱的統治愈益強固，對於中國革命黨人的態度也
愈益冷談，宣布禁止孫中山在日本登陸，以博取袁世凱的好感。孫中山
事先估計到日本政府可能採取的敵視態度，在從臺灣前往神戶的途中就
給萱野長知打電報，告以準備前往日本或歐美避難，尤其希望在日本避
難的願望，請其設法相助：「文如遠去歐美，對我黨前途實多影響，故

無論如何，希在日暫住，請至神戶船中密商」[142]。萱野接電報後，立即與頭山滿、犬養毅等人商量辦法。頭山先讓寺尾亨出馬與山本內閣交涉，接著又請犬養毅親自出面交涉，同時還派古島一雄和萱野長知到神戶去，囑咐他們要作好多種準備，到最後「即使使用非常手段也要把（孫中山）救出來」[143]。

　　數日後，孫中山在古島、萱野等人幫助下從神戶來到東京，這時犬養毅也說服山本內閣默認了孫中山的登陸，孫中山於是在赤阪靈南阪頭山滿邸宅隔壁的海妻豬佐彥家住了下來，開始了又一段漫長的亡命日本的生活。

二、大陸浪人的「反省」與「確立」

　　以孫中山等人發動的「二次革命」失敗的前後為界限，與辛亥革命運動有過關係的大陸浪人們從不同的角度出發，對中國的革命都感到了若干失望和不滿足之處，開始「反省」過去的所作所為，以「確立」在新的形勢下對中國革命的立場和態度。

　　《東亞先覺志士記傳》提到促使大陸浪人們不得不重新考慮中國問題的原因時說：

> 支那第一次革命因袁世凱出現，變成種瓜得豆之結局。我國志士原期待革命成功後日支國交可得以調整、滿洲問題可得以解決，故而不惜為革命黨付出大量援助。值此際卻不得不對以往之對支政策加以重新檢討。如前所述，孫逸仙等來日本為籌備革命而奔走時，多次說日本若能給革命黨以援助，革命成功之曉即將滿洲讓予日本。我國志士等豫期，孫等將來縱令不會完全如約拋棄滿洲，至少也會將其完全劃入日本之勢力範圍，妨礙東亞和平之因素當可因此而易於得以調整。然而，奸獪之袁世凱出現後，反利用滿洲問題同胞鬩於牆，宣揚因日本欲奪滿洲，須速止內爭以當

---

[142] 萱野長知：《中華民國革命秘笈》，198 頁。
[143] 葦津珍彥：《大亞細亞主義與頭山滿》，123 頁。

日本等語，將其作為妥協之楔打入革命黨，從而登上大總統之寶座。孫逸仙與日本志士間所定之約束突忽化為一片煙雲，圓滿解決滿洲問題遂成難於企及之願望。參與援助支那革命之我國志士，……以一片義俠之情馳驅於炮火之間，其目的不外推倒積弊深重之滿洲朝廷，建設健全之新支那，以挽救東亞之大局。……革命之結果以梟雄袁世凱獨得漁夫之利而告終，受我國志士多方援助之革命黨一派竟甘於不徹底之妥協。當面之目標清朝雖倒，然僅此尚難下支那可救之決斷，東亞形勢亦難由此而得頓然之改觀，更況日本與支那關係亦遠未達到可以祝福之狀態。我國志士反復吟味以不妥協之妥協而完成革命之經過，不由生出意猶未足之感嘆，更由此而發現支那人與日本人心理狀態迥然相異之處。歷來即給予革命黨以幾多同情之我國志士，於是不得不重新返回冷靜自我之立場，以之考察支那問題。[144]

　　這一段話反映的主要是黑龍會內田良平一派浪人在當時的思考過程。從中可以看出，他們進行「反省」的出發點主要是兩個內容：一是由於袁世凱的出現，使他們利用革命新政權割占滿洲的願望落空；二是由於孫中山等人向袁世凱進行了妥協，使他們覺得中國革命黨人也難以憑靠，無法幫助日本「挽救東亞之大局」，因此對中國革命的局勢和中國革命黨人同時感到了失望。

　　內田良平本人的失望更大，他覺得辛亥革命的結局不光是中國革命黨人的失敗，而且是整個「黃漢民族」不堪救治，難以與日本共同擔當起「解放亞細亞之使命」的標誌。內田良平認為，中日兩個民族的民族性格極其不同：「想過去四千年來，黃漢民族社會中，既無人知道世上尚有『活神仙』（原文為『現人神』，指以活人形體出現的神仙，當時的日本天皇即被統治階級宣傳為『現人神』——引者）或『活佛』等神聖人物之存在，又無有可作為信仰對象的民族神祇。被尊為聖人的孔、孟亦不信神，儒教倫理僅以

---

[144]《東亞先覺志士記傳》中卷，318-319頁。

修身、齊家、治國、平天下中的平天下為政治之理想，且其『天下』、『中
國』思想又與『東夷、西戎、南蠻、北狄』等夜郎自大的侮外思想相表
裡，與大和（民族）的救濟精神毫無共通之處」[145]。內田據此斷定中國
人自古以來就缺少宗教信仰和政治信仰，難以理解何為「國家理想」，
何為「國家、民族之使命」，從而得出結論云：「對於此等徹底利己主義
之民族，強使其分擔我日本民族身膺的解放亞細亞之使命，誠為我國人
士之淺慮也」[146]。

　　正因為內田良平等人對中國革命的態度以至對中華民族命運的認
識已經發生了這樣一百八十度的激變，所以「二次革命」以後，他們最
先開始疏遠中國革命和中國革命黨人，指責孫中山、黃興等人在辛亥革
命以後對日本的政策和態度是「恩將仇報」，是對日本的「忘恩負義」。
孫、黃「二次革命」失敗後被迫亡命日本時，內田良平更嘗罵孫中山是
「怯懦極甚」，再也不願為之籌措「救助」之策。此後，黑龍會的成員
們基本上不再與中國的革命運動保持聯繫。

　　1914 年第一次世界大戰在歐洲爆發之後，內田良平等人以為這正是
「由支那驅逐橫暴之獨逸（德意志）、振興東亞」，將全部「黃漢民族」
置於日本控制之下的好「機會」，主張日本應立即對德國開戰，乘機「解
決」「支那問題」[147]。10 月底，內田起草了一份《對支問題解決意見》，
頒送總理大臣大隈重信為首的全部閣僚和山縣有朋、松方正義等政界元
老以及其他參與制訂外交政策的頭面人物，提出了「解決」「支那問題」
的具體方案。

　　《對支問題解決意見》是內田良平事先估計到第一次世界大戰結束
以後東亞局勢可能發生的演變，而為日本設計的對應辦法。對於戰後的
局勢，他是這樣估計的：「及至歐洲戰局終結，和平恢復之日，不論獨
（德）、奧與露（俄）、佛（法）、英之勝敗如何，歐洲勢力必定益益向
東亞大陸實行膨脹」，日本趁歐洲列強忙於戰事而乘機在中國攫奪的大

---

[145] 《國士內田良平傳》，538 頁。
[146] 《國士內田良平傳》，538 頁。
[147] 《黑龍會三十年事曆》，20 頁。

量利權有可能得而復失。為此，內田強調指出：「我帝國必須在此（局面到來）之前豫作綢繆，制服其將來之壓力於未然；而制服之策，唯在於迅速解決對支問題，確立東方和平基礎之一事耳」[148]。

如何才能「解決」「支那問題」呢？內田良平認為，首先需要日本政府採取一種「使支那不得不信賴於我（日本）」的政策；如何使中國不得不信賴日本？關鍵又是日本要「主動圖謀日支之提攜，握有支那政治、經濟之優勢實權並從而指導之」。而要做到這一點，當務之急就是趁歐洲大戰的「好時機」，與中國締結一個「國防協約」。這個「國防協約」至少要包括以下的十項內容：

一、中國發生內亂或與外國宣戰時，必須請求日本軍隊支援；

二、中國承認日本在南滿洲及內蒙古的優越地位，將其統治權委任給日本；

三、日本享有德國在膠州灣的一切利權，青島則在和平恢復後歸還中國；

四、中國向日本提供福建省沿海要港及省內鐵路和礦山的開辦、採掘權；

五、中國將改革、教練陸軍之事委任給日本；

六、中國統一使用日本武器，並開設軍器製造廠；

七、中國將海軍的建設及教練權委任給日本；

八、中國將整理財政、改革稅制等事委任給日本，聘日本財政專家為政府最高顧問；

九、中國聘日本教育專家為教育顧問，並於各地設置日語學校；

十、中國與外國訂約、借款、租借或割讓土地，宣戰或媾和時，均須與日本協商並取得同意。[149]

這份「國防協約」企圖奪取的中國利權比大陸浪人在南京臨時政府時期以及前此向中國革命黨人提出的要求多了不知多少倍，是右翼大陸浪人對外侵略擴張野心迅速膨脹、擴大的突出表現。它的基本精神與翌

[148] 黑龍會：《對支問題解決意見》，《小川平吉關係文書》（2），75頁。
[149] 黑龍會：《對支問題解決意見》，《小川平吉關係文書》（2），76頁。

年1月大隈重信內閣向袁世凱政府提出的「二十一條」要求幾乎完全一致，以至於有些人據此而認定它就是「二十一條」的藍本。當然，內田良平所提出的「國防協約」草案與「二十一條」要求也可能並無直接的關係，但把它的內容與「二十一條」作一比較，則可以看出它甚至比臭名昭著的「二十一條」所提出的侵略性條款更全面、更過激、更露骨，更不能令中國人民接受。在當時的日本社會輿論中，它也要算是姿態最強硬、要求最苛刻的一份全面攫取中國權益的侵略宣言。通過對以往參與中國革命運動有關活動的反省，內田良平等人終於認識到中國革命與自己所從事的「事業」的不相容性，從而拋棄了「支持」、「同情」中國革命的偽飾，確立了帝國主義殖民侵略者的政治立場。

但是，右翼大陸浪人中以頭山滿為代表的另一夥人的活動，這時卻與內田良平等人出現了一些歧異。當內田良平等人正在憤憤然地痛罵中國革命黨人「忘恩負義」的時候，頭山滿對於「二次革命」失敗後亡命日本的孫中山等人，表現得卻相當熱情。他先是指揮古島一雄、萱野長知等人幫助孫中山在神戶登陸，孫中山到東京後，他又從生活上多方照料。這種態度，與半年前孫中山正式訪日時，日本政、財界要人盛情予以歡迎，款待唯恐不周，而今又視孫、黃為洪水猛獸，避之唯恐不及的情況，恰好形成對照。

然而分析一下原因的話，可以得知頭山滿這樣做並不是因為他比內田良平等人更「溫情」、與中國革命的關係更「密切」的緣故。古島一雄臨去神戶接應孫中山之前，頭山滿曾經特地叮囑他：「無論如何，總要先聽聽孫文自己的意見，是願去美國，還是打算留在日本。他若是希望留在日本，那我們不管怎樣也要讓他留下。你去神戶就按此方針辦事，如果他想留下，就一定要設法讓他登陸」[150]。《頭山滿翁一代記》一書的作者薄田斬雲認為，頭山滿這樣做的原因是：「對頭山翁來說，早已看穿像三國志中董卓一般人物的袁世凱，看出他的天下長不了，將來的支那，還是孫文的天下。縱令孫文現在只是路過日本往美國去，日

---

[150] 《巨人頭山滿翁》，405頁。

本也應當歡迎，哪能反而將其驅趕呢？」[151]這個分析應當說還是道出了頭山滿的真心。頭山滿在對中國革命本質的認識上沒有內田良平等人敏銳，但他對中國革命黨人的耐心卻比內田等人更多一些。他對孫中山等人在將來可能會發生的作用仍然沒有絕望，仍然希望收留孫中山以為「奇貨」，待將來當中國國內局勢重新發生有利於革命的轉變時為日本收穫利益，這是他在當時與內田良平等人思想上、活動上的重要不同之處；但他的最終目的仍然還是要利用中國革命，擴大發展日本在中國的帝國主義利益，這一點又是他與內田良平等人的最大共同之處。

宮崎滔天對自己以往的活動進行「反省」的思想萌芽，最早表現在1912 年 5 月他在寫給鈴木天眼的一封信中。在那封信裡，宮崎把中華民國比喻為不足月的早產兒，認為其「能否健康成長，乃今後（須慎重關注）之問題」，他又認為，包括自己在內的許多日本人過去雖然也以「保護者」的身分支援過中國的革命，但收效甚微，「過去之作法於事全然無補，使支那革命中誕生不足月之中華民國，我國亦當負其責任之半，……」[152]這段話的意思雖然朦朧，但可以看出宮崎滔天由對中華民國現狀（實際是中國革命運動的現狀）的不滿足出發，已經開始從自己及日本方面來尋找使革命不能順利發展的原因。對中國革命進行「反省」的同時，也注意對日本各方面人士的對華活動進行「反省」，這是宮崎滔天「反省」思維活動的特點。由這種「反省」出發，回過頭來又開始關注日本國內的一些問題，力圖通過宣傳、鼓動工作使其有所變革，則是宮崎思想發展過程中的一個新的動向。1915 年初，他在犬養毅、副島義一等人和「國民外交同盟」、「對支聯合會」的推薦下，參加熊本縣郡部區的眾議院議員競選，大概就是這種新動向的表現。可是，由於被人指為「社會主義者」，他又以最末位落選。自此，他打消了步入政界的念頭，專心從事寫作。

1919 年 2 月，宮崎滔天在《上海日日新聞》上發表連載文章〈被爐

---

[151] 《頭山滿翁一代記》，317-318 頁。
[152] 《宮崎滔天全集》第五卷，452 頁。

通訊〉[153]，開始就日中以往各個方面的關係，一一回想和檢討。他首先把自己以往的工作比喻作中華民國的接生婆，說：「僕雖不及，民國出生之前亦曾幫助接生，為諸事而擔憂、奔走。民國出生後，又送牛奶，又遞尿布，亦做過種種援助。而今卻不見其可愛之成長，原因何在？」他分析說主要是三個方面的原因：第一是日本政府採取了錯誤的對華政策，「若夫寺內內閣之對支外交，惟知於援段政策之下，貸其款、貸軍械，延長支那南北紛憂，激成中國排日之感情，愚笨已極矣。更思第一次革命當時，一千五百萬元借款契約達成後，日本又中途違約，結果陷南京政府於中止北伐、實行妥協之窮境。……如斯雖千萬遍高呼日支親善又何功之有？僕於是不得不斷然言明：其罪當全在日本及日本人之方面也」。第二是日本國民中有敵視中國、侵略中國的一派人：「一部分日本人頭腦之中，被征服支那、占領支那乃至將其變為保護國之舊思想牢牢禁錮，頑迷不悟。彼等之理想，在將日本之國家主義推行於支那，其當面之敵為共和主義者，軍國主義者則為其思想所共鳴。彼等助段君（段祺瑞）以壓服南方派，乃發於其思想感情而上之自然歸結也。如斯，我等對支那之努力，悉為我國官僚所阻害；支那之進步與發展，同時又被彼等所阻害。是彼等即我等思想上之仇敵也」。第三是自己以前對中國革命的認識也有不正確的地方：「余曾斷定，無論日本如何偉大，終無撼動五大洲之能力；倘能使支那成為理想國家，以其力量號令宇內、道化萬邦，則足矣。於是委自己一身於支那革命，沿自我誇大、妄想之路徑踽踽而來。於今余方到達由此妄想中覺醒之時機也」。「余如斯觀察支那，……彼民族之前途當如何焉？……今後之社會，倘有以民眾生活為經、以人類共有為緯實行改造時期之到來，以勤奮努力與簡樸生活二要素組成之四億民眾，當可具備資格成為（支那）社會之最大權威者」；「如斯觀來，今後之支那已無須余等無力之支援，……余等於支那已成無用之長物也。」[154]

---

[153]「被爐」是日本冬季傳統取暖器具之一，一個小方桌蒙上特製的棉被，裡面放上發熱器具，全家人即可圍坐在一起取暖、閑話。從語義上講類似中國的小炕桌。
[154]《宮崎滔天全集》第三卷，242-249頁。

　　達到了這樣的三點認識，對於宮崎滔天的思想發展歷程來說，是又一次重大的飛躍。過去他基於「支那革命主義」的理想參加中國革命，雖然有與孫中山在思想上的志同道合的因素，有對於中國人民在帝國主義壓迫掠奪下苦難生活的深切同情，但由於他對日本政府對華政策的主導性格、本質缺乏認識，對其他大陸浪人懷抱的對外侵略野心缺乏警惕，以及對於建立在依靠個把英雄偉人救世濟民基礎上的「支那革命主義」活動方式的熱衷，使他在二十餘年的活動中屢屢失敗，始終未能獲得預期的成功。〈被爐通訊〉是宮崎滔天對於這些問題進行反思，回顧的開端，自此以後，他開始用更加清醒的眼光來觀察自己、日本和中國革命的關係，用他那蘸滿悲憤和激情的筆鋒來抒發政見和感念。

　　1920 年 4 月，宮崎滔天在日記中痛斥日本軍閥的禍國禍民罪行，認為日本軍閥是出兵西伯利亞、破壞中俄接近的罪魁禍首。他疾聲向日本民眾呼籲：「嗚呼！軍閥存在一日，國民一日不得安寧，國家亦一日不得泰然。掃蕩彼等果為誰之責？誰之責？！」[155]數日後，他又在日記中對日本政客、軍官者流欺詐中國人的醜惡行為予以抨擊：「如斯，我國於軍閥國家、偵探國家之外，尚須戴上詐偽國家之名譽冠冕也。往昔之事不論，僅列舉第一次革命（指辛亥革命──引者）以來，我等耳目所及之日本人詐騙事件，足亦寫成一書。倘將此類事件全部搜集，更可聚成一部煌煌巨著也。……曰虛偽、曰驕慢、曰貪婪、曰無情、曰非道，是等皆為我國所謂有知識中流階級以上人物之特有物也。我雖愛我國之美麗山川、愛我國溫柔而又近乎卑屈之下層農民，到底卻不能愛彼等。」[156]這些指斥，不但義正辭嚴，而且幾乎讓人真切觸摸到了宮崎滔天對權貴者流的刻骨憎恨和對下層民眾超越國界、民族的關愛。

　　1921 年初，宮崎又在《上海日日新聞》上連載〈廣東行〉一文，向日本讀者介紹中國廣東革命政府的近況，並就日本社會上最為關心的所謂中國「排日風潮」問題發表自己的見解。宮崎認為，釀成排日風潮的根本原因並不在中國，而在日本，它是「日本之惡外交」所賜；「若以

---

[155]〈荒唐日記〉，《宮崎滔天全集》第三卷，350 頁。
[156]同上引書，358-359 頁。

善外交以臨支那，兩國之親善指日可待。」他進一步說明，所謂「惡外交」，就是「胸中包藏野心」的外交行徑，雖可得計於一時，到頭來不免被世界各國所孤立；所謂「善外交」，是「以人類同胞主義之立場而立國」，如此，世界人類皆會成為自己的友人。接著，他還站在中國民眾的立場上，對日本朝野上下的對華政策與態度提出批評：「細思之，大隈內閣之二十一條問題過於非道，寺內內閣之援北（北方軍閥）主義過於亂暴，商賈人等過於追求私利，而一般國民亦過於驕慢不遜。苟一國之國民而欲自立，焉有甘受此等侮辱之道理！」[157]等於是立場鮮明地站在中國民眾的方面指斥了日本政府蠻橫而又貪得無厭的對華政策。

宮崎滔天對日本的外交政策既加以批判抨擊，又以溫言規勸說服，目的是期待日本統治集團能改「惡」從「善」，走上以「人類同胞主義」立國的道路。但是，當時的日本，正是帝國主義經濟、政治體制日益成熟，對外侵略擴張欲望日益強烈的「膨脹」時期，宮崎所呼籲的「善的」對華外交遲遲沒有到來。1918 年 6 月，山縣有朋鑒於對第一次世界大戰結束之後亞洲可能出現列強互相爭雄、角逐局面的分析，制訂《國防方針改訂意見書》，指出日本要想衝破這種局面，只有一條路可走，那就是「日支親善，戮力以當此強大之壓力」；而「日支親善」的第一步，就是日本「帝國須親自護持、指導支那」，「即以我之強大兵力安撫彼，使支那倚助我國，我亦時以臨之，進行應援救助。惟是，我帝國之國防當不止於守備帝國領土之用，更須進而負起防衛支那全土之責」[158]。與內田良平等人《對支問題解決意見》極其相似的這份意見書，實際上就成為第一次世界大戰結束後日本帝國主義對華侵略擴張的指導綱領。此後，日本一方面積極參加列強各國的擴張軍備競賽，一躍而成為世界第三位的海軍大國，一方面繼續支持北洋軍閥在中國的黑暗統治，挑撥中國南北政權的對峙，坐收漁人之利。在這種大局面下，儘管宮崎滔天對日本政府、軍閥等在中國問題上的種種醜惡行徑盡最大可能予以揭露和批判，但他的呼聲並沒有在社會上得到多大的同情和反響。他苦悶、悲

---

[157] 宮崎滔天：〈廣東行〉，《宮崎滔天全集》第一卷，587-589 頁。
[158] 家永三郎、黑羽清隆共著：《新講日本史》（增補版），東京：三省堂，1976 年，506 頁。

憤，而又無計可施，最後不得不接受當時正在日本下層社會中流行起來
的「大本教」的思想，向宗教「大死大生」的「慈濟」世界尋求解脫。

在辛亥革命之後通過對中日關係史的「反省」，再次確認並深化了
「支那革命主義」的初衷和政治指向，使宮崎滔天的思想帶有了更多的
人民性和革命性，從而得以超越「國益」的視野批評時政，呼籲日中兩
國人民真正的和平「親善」。但中日兩國之間關係的日益險惡以及近代
日本民主力量的軟弱，限制了他的作為，使他最終也沒有找到真正實現
「支那革命主義」、「人類同胞」理想的坦途，反而再度成為宗教思想的
奴隸。這是他人生的悲劇，也是在帝國主義、軍國主義體制禁錮下左翼
大亞洲主義者的悲劇。

經過了這樣一個「反省」過程之後，左翼大陸浪人由於找不到思想
困境的「出口」，還沒有完成新的「確立」就走向解體，逐漸銷聲匿跡；
而右翼大陸浪人由於按照軍國主義的利益需求重新「確立」了一條赤裸
裸的侵略、掠奪中國的政治路線，其活動與日本軍國主義的發展完全合
拍，勢力反而得到了更大的發展。

三、第二次「滿蒙獨立運動」

內田良平一派浪人在對中國革命運動失去了期望之後，於 1913 年 7
月組成「對支研究會」，試圖通過這個團體將「滿蒙之重要性」「斷然訴
諸輿論」，「以國民之力而解決之」[159]。這樣，他們與原先極右翼的大陸
浪人集團——川島浪速一夥就在思想上、行動上有了更多的共同之處。
當月月底，兩派浪人通過秘密會商，互相交換了對「滿蒙問題」的政見
之後，實行合流。他們又拉來了東亞同文會、對美同志會的 些會員，
在東京神田會館召開「對支問題有志大會」，結成了一個名叫「對支聯
合會」的聯合團體。

「對支聯合會」的主要活動是所謂「喚起國論」，其成員們在東京
市內的各大劇場和會堂舉行過多次演講會，宣傳「根本解決滿蒙問題之

---

[159] 《東亞先覺志士記傳》中卷，552 頁。

必要」、「日本於滿洲之地位」之類論調，並叫囂日本必須趁第一次世界大戰爆發前後的天賜良機，「一刀兩斷，明快地決定滿蒙之處置，以奠定遠東和平之基礎」[160]。「二次革命」中，據說張勛部下的士兵在南京城內有過加害日本人和「侮辱」日本國旗的舉動。對支聯合會的浪人們聞訊後，立即在日比谷公園召開「國民大會」，要求膺懲「南京事件」的肇事者，並乘機出兵中國，「占領滿蒙之要地，以作為談判解決條件」，從而「根本解決滿蒙問題」[161]。數日後，外務省政務局長阿部守太郎對新聞記者發表談話，從國際法的觀點解釋說對國旗談不上侮辱，不值得憤慨。對支聯合會的成員宮本千代吉和岡田滿認為這是外務省官員對中國缺乏採取強硬態度決心的表現，竟設法刺殺了阿部，而後岡田滿又坐在中國地圖上切斷頸動脈自殺，讓鮮血濺滿地圖上的「滿蒙」部分。大陸浪人們此時對於「滿蒙問題」的執著，已經幾近瘋狂的程度。

1914 年 11 月底 12 月初，以對支聯合會為首的在野黨各派又召開「對支問題意見交換會」和「對支問題座談會」，聯合更多的團體新組了「國民外交同盟會」。伊東知也、小川平吉、渡邊國重、田鍋安之助和內田良平任幹事，會議並制定了「據自主外交之本義，確立舉國一致對外政策之基礎，以期根本解決對支問題」的活動綱領[162]。

第一次世界大戰爆發後，黑龍會的活動幾乎全部納入了日本陸軍參謀本部的陰謀活動軌道中。日本陸軍利用右翼大陸浪人，在中國東北和山東地區進行了大量策應侵華軍事行動、扶植親日勢力的活動，將大陸浪人逐步改造成供自己驅使的別動隊。1915 年 8 月，大隈重信利用處理內相大浦兼武瀆職事件之機改造了內閣，從此內田良平等人與內閣的關係也突然發生了重要變化。

8 月 27 日和 9 月 7 日，河野廣中、箕浦勝人、武富時敏等內閣成員兩次把內田良平招到大臣官邸，聽取他對於處理中國問題的建議，以作為日本政府確定對華政策的參考。其後，內田又把兩次所談的意見歸納

[160] 《東亞先覺志士記傳》中卷，554-556 頁。
[161] 《東亞先覺志士記傳》中卷，557-558 頁。
[162] 《東亞先覺志士記傳》中卷，574 頁。

整理成冊,題為《對支政策意見》,致送各大臣隨時參閱。在該《意見》中,內田對於如何「徹底解決」「支那問題」,提出了三個選項:

　　一、「維持支那現狀,日本掌握其政治指導權」;

　　二、「令支那割讓滿蒙,使支那本土獨立,而日本掌握其指導權」;

　　三、「立愛新覺羅後裔為滿蒙王,置於日本保護之下,另使支那本
　　　　土獨立,其政治指導權亦歸日本掌握」[163]。

　　內田良平從當時的中國局勢與日本的「國家利益」出發,對第二個選項格外推崇,建議政府予以實行。後來這三個選項在內閣會議上雖然由於軍部大臣的反對而被否決,但內田等人並不洩氣,依然窺伺著中國時局的變化和日本政府內部的動態,尋找進行新的陰謀活動的時機。

　　1915 年末,袁世凱復辟帝制的倒行逆施活動趨向高潮,全國各階級、階層的反袁抗爭也勃然興起。12 月 25 月,蔡鍔、唐繼堯等通電各省宣告「雲南獨立」,起兵討袁。翌年年初,貴州、廣西、廣東等省也紛紛「獨立」。袁世凱方寸大亂,被迫宣布取消帝制,但已無法阻止席捲全國各省的反袁浪潮。

　　日本統治集團看到中國局勢劇烈動盪,以為又有機可乘,於 3 月 7日召開內閣會議,大幅度修訂了對華政策。內閣決議案指出:「就支那現狀觀之,袁氏權威之失墜、民心之離散、國內之不安漸已顯著,該國前途已入不可預測之境地。帝國此際應執之方針是:在支那確立優越之勢力,使該國國民認識帝國之勢力,以建設日支親善之基礎」。為此,會議不但作出了「一俟適當機會即承認南軍為交戰團體」的決議,同時還決定:「帝國之民間有志者對以排斥袁氏為目的的支那人之活動寄予同情或通融金錢,政府雖不公然執獎勵之責任,然予以默認」[164]。內田良平、川島浪速等人終於盼到了時機,於是在政府的「默認」之下,立即策劃發動了第二次「滿蒙獨立運動」。

　　原來,1915 年 6 月,出沒於內蒙古南部地區的「馬賊」首領巴布札布,憤於袁世凱逼迫清帝退位一事,曾派遣特使跟隨日本浪人宮里好麿

---

[163] 《小川平吉關係文書》(2),92 頁。

[164] 日本外務省編:《日本外交年表並主要文書》上卷,418-419 頁。

前往日本，試圖在日本尋求資金、武器的援助，以幫助清室復辟。川島浪速、柴四郎、大竹貫一等浪人當時正在為「成就滿蒙獨立大業」之事躍躍欲試，注意搜羅中國的土匪武裝。雙方於是一拍即合，川島等人很快就確定了以巴布札布軍為主力擁肅親王善耆宣布「滿蒙獨立」的計劃。為了籠絡巴布札布，川島浪速派其堂弟川島浪平等數名浪人前來中國與巴布札布聯繫，任命其為「蒙古宗社黨」首領，還將養女川島芳子（善耆之女，原名金璧輝）嫁給巴布札布的次子甘珠爾札布為妻。同時，川島還讓善耆和巴布札布互相將兒子送往對方家中，使「雙方易子為質，以堅信誓」[165]。這樣，肅親王善耆、巴布札布、川島浪速等三者之間便結成了一個互相勾結、互為利用的活動集團。「獨立活動」所需經費，則由川島等人通過變賣善耆由北京帶出的金銀首飾和以鴨綠江上游的森林利權作擔保，向大倉組公司抵借等手段來籌措。

川島浪速等人這一次舉事的具體計劃是：「以川島浪速為總帥於總部執總指揮之權，入江（種矩）等奉肅親王第七子奎憲王，率馬賊隊固守遼陽東方險要之地千山，舉討袁之烽火，吸引支那軍隊。其間，青柳（勝敏）等指揮下之巴布札布軍翻越興安嶺，侵入滿洲地帶，而後鼓動滿洲各地忠於清朝之馬賊於各處舉事，與之策應，陷滿洲於大混亂之中。乘討伐軍疲於奔命之虛，木洋（暢）、後藤等一舉攻取奉天城。奉天省一旦歸我，黑龍江、吉林二省之響應料非難事。其後更三軍並進蹴破長城，直衝北京，於茲遂可將內外蒙古、滿洲三省及北支那地區聯為一氣，建設一大國家，以奠立東亞永久和平之基礎，完成增進亞細亞民族福祉之大業」[166]。除了預想的起事步驟更為詳盡和計劃的活動範圍更加擴大兩個特點之外，它與第一次「滿蒙獨立運動」所定計劃的性質毫無二致。

第二次「滿蒙獨立運動」的大本營，設在日本帝國主義侵略我國東北地區的前沿陣地——大連，川島浪速為首的數十名大陸浪人、陸軍下

---

[165] 正珠爾札布：《巴布札布事略》稿，引自盧明輝編：《巴布札布史料選編》，呼和浩特：中國蒙古史學會，1979 年，21 頁。

[166] 《東亞先覺志士記傳》中卷，633-634 頁。

級軍官、士兵及退役軍人等都參加了這次陰謀活動。他們事先還在大連和安東等地招募了四五千名「馬賊」，施以軍事訓練，編入巴布札布軍。

舉事之前，善者之子奎憲以「滿洲宗社黨領袖」的名義，聯合二十四個蒙古封建王公，向袁世凱北京政府提交了由日本浪人幫助起草的備忘錄，大意謂：「（一）不管任何困難，中國應恢復君主政體；（二）中國皇帝溥儀應該復辟；（三）如果以上各條件不能履行，全蒙古王公將脫離中國，擁戴清朝皇帝溥儀即全蒙古皇帝大位」[167]。袁世凱聞訊後立即派遣米振標、姜桂題率軍前往彈壓。1916 年 6 月 27 日，巴布札布軍也在哈拉哈河畔改編為「勤王師護國軍」，祭旗出師，奎憲及許多日本浪人都隨軍出發。7 月 22 日，巴布札布等在內蒙古突泉縣與洮南鎮守使吳俊升部遭遇，雙方展開激戰。巴布札布軍一路突擊，於 8 月 14 日進抵「滿鐵」沿線重鎮郭家店，在此紮下了營盤。

正當此時，因袁世凱的猝死，中國政局又為之一變。日本政府隨即修改對華政策，對第二次「滿蒙獨立運動」的態度也由支持變為阻止。陸軍省和外務省都先後命令川島等人立即停止活動。8 月下旬，北洋政府軍與巴布扎布軍在郭家店激戰，巴軍許多士兵及日本浪人本告辰二等戰死。後由日本駐當地官吏出面調停得以休戰。9 月 2 日巴布札布率軍折回內蒙，此時仍有日本浪人三十餘人與之同行。10 月上旬，巴軍在林西縣與米振標的毅軍發生戰鬥，毅軍雖被擊退，但緊接著在進攻林西縣城的戰鬥中，巴布扎布中彈身亡，大部分日本浪人也由於日本政府的壓力而退出了巴軍。10 月下旬以後，「勤王師護國軍」終於在海拉爾附近潰散，第二次「滿蒙獨立運動」又一次以可恥的失敗而告終。

黑龍會內田良平等人雖然沒有直接參加第二次「滿蒙獨立運動」，但對川島浪速等人的活動卻予以了積極的支持。當年 5 月至 6 月間，內田曾親赴奉天、大連、旅順等地，與參與「滿蒙獨立運動」的有關人物進行洽談、磋商。在朝鮮，內田良平向「朝鮮總督」寺內正毅遊說說：「歐洲大戰亂使列國不得伸展其力量於東洋，支那各地又勃發動亂，時

---

[167] 《巴布札布與毅軍米振標之戰爭》，《巴布札布史料選編》，36 頁。

局愈益紛擾，是誠為千載一遇之良機」[168]，勸告寺內給「滿蒙獨立運動」以支持。同時他又在奉天與張作霖、于沖漢等人接觸，企圖鼓動張作霖擁立溥儀與「滿蒙獨立運動」合流，為日本「徹底解決滿蒙問題」計劃的推行多方策應。由內田良平策劃的挑撥、駕馭張作霖和宗社黨兩方互相獨立而又不得不同時依附於日本的計策雖未完全得以實現，但張作霖及宗社黨成員卻因此而更增強了對日本帝國主義的依附性。

　　綜覽辛亥革命以後大陸浪人與中國革命事業的關係，可以說至此各派大陸浪人已經壁壘分明，對立日益顯著而激化了。右翼大陸浪人和左翼大陸浪人雖然都經歷了一段「反省」和「重新確立」的過程，但他們反省的內容幾乎無一相同，新確立的政治指向更是截然相反，漸成水火不能相容之勢。雙方之間基本上已拋棄了「借助」對方以開展自己活動的欲望和需要。左翼大陸浪人的反省是十分可貴的，但他們並沒有真正完成自己的「新的確立」，他們的活動亦因失去了來自社會其他方面的支援悄然而終。右翼大陸浪人在這一時期出現了一些較小的分歧，一部分人（如頭山滿等）仍然繼續堅持過去的活動方式，與孫中山等人保持著較多的聯繫，懷抱一線僥倖心理作最後一次賭博；另一部分人（如內田良平等）更加向右傾斜，終於與極右翼大陸浪人川島浪速一夥走到了一起，他們的活動已經逐漸脫卻了「在野」的色彩，完全蛻變成為日本政府、軍部侵略中國的尖兵、爪牙、便衣特別行動隊。中國的革命運動仍在黑暗中艱難地摸索前進，大陸浪人作為一個整體來看，已經逐漸地不再對這個革命產生任何主觀或客觀的積極作用了。

---

[168] 內田良平：〈旅行經過〉，轉引自《傳統右翼內田良平的研究》，191 頁。

第五章 同時代人的批判與歷史的反思
Chapter 5

第一節 孫中山的〈大亞洲主義〉演說和大亞洲主義的終結

一、李大釗的「新亞細亞主義」和孫中山的〈大亞洲主義〉演說

　　自 1898 年近衛篤麿提出「支那保全論」以來，大亞洲主義在日本一部分關心中國與東亞時局發展的人們中間風靡一時。第一次世界大戰爆發之後，政界、輿論界中一部分人為了對抗西方國家中流行的「黃禍論」宣傳，推動日本帝國主義在亞洲各國的侵略活動，又一次掀起宣傳大亞洲主義主張的高潮。眾議院議員小寺謙吉是當時主唱大亞洲主義論調的代表人物之一，他的主要觀點都集中反映在 1916 年出版的《大亞細亞主義論》一書中。在這本書裡，小寺謙吉提出：「支那其國土雖大但武力衰弱，日本武力雖強國土卻十分狹小。只有日本在政治上幫助支那，支那在經濟上補日本之不足，聯袂而立，則此一對東亞之雙生兒始得共存。在現今列強均勢之下，此計雖不過乃戰兢股慄以保獨立之策，然將來白色人種一旦將恐怖、妒嫉與野心相結合，定將（對黃色人種）掀起一大風潮，吾人不得不先講防備之策，是即為不得不倡言大亞細亞主義之緣故也」[1]。日本應在政治上、軍事上「幫助」中國，中國也應在經濟上為日本提供原料與市場等等。這類主張，過去的右翼大亞洲主義者們早已多次闡述或「論證」過，小寺謙吉等人也沒有提出任何新的內容。所以，大亞洲主義思潮的這一次高漲，從本質上看，不過是十九世

---

[1] 小寺謙吉：《大亞細亞主義論》，東京：寶文館，大正 5(1916) 年，1270 頁。

紀來二十世紀初大亞洲主義思潮的延續或餘波而已。是時,由於左翼的
大亞洲主義在思想基礎方面沒有找到新的社會政治力量作為依附,行動
上又受到國際局勢演變的限制失去了發展的餘地,已經早於右翼的大亞
洲主義思想走向終結。至此,大亞洲主義的論壇完全成了右翼分子的獨
擅之場,軍國主義、沙文主義色彩愈益濃烈,幾近飽和。

對於此類來自日本的大亞洲主義宣傳,許多中國人也表示出了極大
的關心。不少人在報刊雜誌上多次撰文,介紹日本大亞洲主義者的代表
性言論及該思潮的演變過程,同時也有一些進步的知識分子對於日本大
亞洲主義宣傳中的侵略、擴張言論公開進行了抨擊和批判。李大釗對大
亞洲主義的評價,就是近代中國進步、激進知識分子認識、批判大亞洲
主義活動的一個代表。

1918 年 7 月,李大釗發表了〈Pan...ism 之失敗與 Democracy 之勝利〉
一文,指出:「Pan...ism 者,譯云『大……主義』。持此主義者,但求逞
一己之欲求,不恤以強壓之勢力,迫制他人,使之屈伏於其肘腋之下
焉」;「故『大……主義』,者,乃專制之隱語也」。他還認為「大……主
義」之類主張,從政治學的原則上講,是對他人權利的侵凌,所以它是
民主、平權思想的大敵;自第一次世界大戰爆發以來,世界各國民主運
動都有長足的發展,這正是「Democracy」(民主主義)的勝利,「Pan...ism」
的失敗。[2]這篇文章雖然沒有明確言及日本的大亞洲主義主張,但已經明
確地把「大……主義」之類主張(當然也包括大亞洲主義)放在民主主
義的對立面,揭示其為了達到自私的欲望不惜使用各種野蠻手段壓制他
人的專制主義實質。

1919 年 2 月,李大釗又在《國民雜誌》上發表〈大亞細亞主義與新
亞細亞主義〉一文,集中論述自己對於大亞洲主義問題的觀點。文章首
先從兩個方面來解剖「大亞細亞主義」主張的內容與性質:「第一,須
知『大亞細亞主義』是併吞中國主義的隱語。中國的命運,全靠著列強
均勢,才能維持,這也不必諱言。日本若想獨吞,非先排去這些均等的

2　朱文通等整理編輯:《李大釗全集》,石家莊:河北教育出版社,1999 年,第 3 卷,87-91 頁。

勢力不可。想來想去，想出這個名辭。表面上只是同文同種的親熱話，實際上卻有一種獨吞獨嚥的意思在話裡包藏」;「第二，須知『大亞細亞主義』是大日本主義的變名。就是日本人要借亞細亞孟羅主義一句話，擋歐、美人的駕，不令他們在東方擴張勢力。在亞細亞的民族，都聽日本人指揮，亞細亞的問題，都由日本人解決，日本作亞細亞的盟主，亞細亞是日本人的舞臺」[3]。用「大亞洲主義」的口號驅趕歐美侵略殖民勢力、儷服亞洲各落後民族、建立以日本為霸主的東洋帝國，這確實是日本右翼大亞洲主義者們夢寐以求的目標。李大釗的這些分析犀利而明快，幾句話就揭下了右翼大亞洲主義主張的偽裝，暴露了它為日本帝國主義侵略政策作掩護的反動本質。為了反對日本的「大亞細亞主義」，李大釗主張:「亞細亞人應該共倡一種新亞細亞主義以代日本一部分所謂的『大亞細亞主義』」;這種「新亞細亞主義」必須「拿民族解決作基礎，根本改造」，在「新亞細亞主義」的旗幟下，「凡是亞細亞的民族，被人吞併的都該解放，實行民族自決主義，然後結成一個大聯合，與歐美的聯合鼎足而立，共同完成世界的聯邦，益進人類的幸福」[4]。「新亞細亞主義」主張提出了一條亞洲各民族民族自決、平等聯合的原則，它是對日本「大亞細亞主義」宣傳的否定，適切地表達了中國人民反對世界帝國主義（尤其是日本帝國主義）侵略、壓迫的強烈呼聲，同時也反映了亞洲各被壓迫民族在第一次世界大戰後新的覺醒以及要求實行聯合的反帝抗爭，爭取民族自決、民族獨立的急切願望。毛澤東在論述中國人民對於帝國主義認識的歷史時指出:中國人民對帝國主義認識的「第一階段是表面的感性的認識階段，……第二階段才進到理性的認識階段，看出了帝國主義內部和外部的各種矛盾，並看出了帝國主義聯合中國買辦階級和封建階級以壓榨中國人民大眾的實質，這種認識是從一九一九年五四運動前後才開始的」。[5]李大釗對於「大亞細亞主義」的分析和批判，正是中國人民對於帝國主義本質認識過程中的重要一環。

---

[3]　朱文通等整理編輯:《李大釗全集》，第 3 卷，146 頁。
[4]　朱文通等整理編輯:《李大釗全集》，第 3 卷，148 頁。
[5]　〈實踐論〉，《毛澤東選集》第一卷，北京:人民出版社，1966 年橫排本，265-266 頁。

　　孫中山在辛亥革命之後對於大亞洲主義思潮認識的變化，則反映了中國先進分子對帝國主義的認識以及民族主義思想演變、發展的基本歷程。

　　辛亥革命以前，孫中山的思想中本來就有一些把中國革命看作是亞洲人民爭取獨立與主權的一環、以中國的革命來推動亞洲革命的思想。最早在橫濱與宮崎滔天第一次見面時，他也曾披露過這些思想，博得了宮崎的讚嘆和共鳴。加之孫中山自始就沒有把中國的革命運動看作是一個封閉的體系，所以他在思想上是易於與大亞洲主義的某些觀點（主要是亞洲聯合、驅逐歐美列強的主張）產生共鳴的。後來，在與日本的大亞洲主義者的接觸過程中，通過思想的交流，孫中山難免也會受到一些感染和影響。所以我們如果看一下孫中山在日本活動期間就亞洲局勢、中日關係問題所發表的一些言論，是不難發現共中的大亞洲主義傾向的。如 1913 年 2 月，孫中山正式訪問日本時，曾在東亞同文會召集的歡迎會上演講，提倡：「亞細亞者，為亞細亞人之亞細亞也」，「亞細亞之和平，亞細亞人應有保持之義務」；又說：「現今在亞洲之獨立國，即日本與中國二國，而維持現今之東亞和平，猶不能不多所望於日本。日本及中國實兄弟之國也」[6]。3 月，他在大阪對日本工商業界發表演說，更把中日提攜與抵制西方侵略聯繫起來，希望從此以後中日兩國「益提攜共同防禦西歐列強之侵略，令我東洋為東洋人之東洋」[7]。這些話，與當時日本大亞洲主義者闡述自己理想時所慣用的語言幾乎毫無二致，而且其態度比右翼大亞洲主義者們還要誠懇、認真得多。及至 1917 年，孫中山更在〈中國存亡問題〉一文中提出「夫中國與日本，以亞洲主義，開發太平洋以西之富源，而美國亦以其門羅主義，統合太平洋以東之勢力，各遂其生長，百歲無衝突之虞[8]」的思想，相當於公開認可了與門羅主義相並行的大亞洲主義。

　　當時，孫中山對於日本各類大亞洲主義主張之間的分歧、差異缺乏

6　《孫中山全集》第三卷，13-16 頁。
7　《孫中山全集》第三卷，42 頁。
8　《孫中山全集》第四卷，95 頁。

認識，對於以「支那保全論」等面目出現的右翼大亞洲主義的侵略本質也缺乏認識。他曾經認為：「現在日本在朝在野之政客，均有世界的眼光與智識，且抱一大亞洲之主義」[9]；他對近衛篤麿等人的一些宣傳也信以為真，以為：「我兩國人本出同種同根，決無相異之理」[10]，誠心誠意地希望中日兩國能夠真正地提携合作，挽救中國與亞洲的沉淪。

　　當然，孫中山當時對「支那保全論」等大亞洲主義主張表示贊可的同時，對於右翼大亞洲主義者的利己動機並不是絲毫沒有覺察。他在對一部分國民黨黨員發表演說時說，由於中國與日本在地理上的接近，日本「與中華有唇齒相依之利害關係，若中華滅亡，日本亦終不適於生存」，所以「日人為自衛計，在形式謂之贊成中華民國，在事實上即是維持日本帝國」[11]。這在當時應當說是很犀利的見解，然而孫中山卻沒有把自己的思想繼續深化，把「為維持日本帝國」而提出的「支那保全論」等與日本帝國主義對中國的侵略野心聯繫起來，反而把「形式」當作了本質，以為：「日人對於中華政治之革新，政府與人民均表同情」[12]，還把近衛篤麿、鍋島直大諸人都當作了「皆以熱誠圖東亞之幸福」的和平天使[13]，這就不能不說是認識上的失誤了。

　　不過，儘管孫中山在思想上認可了大亞洲主義的宣傳，並且呼籲中日兩國在大亞洲主義的基礎上實行「提携」合作，但在「提携」內涵的具體規定上，他與日本的右翼大亞洲主義還是有著絕大的不同。1913 年2 月他在東京中國留學生舉行的歡迎會上說：「亞洲人口，占全地球三分之二，今日一部分屈伏於歐人勢力範圍之下。假使中日兩國力進行，則勢力膨脹，不難造成一大亞洲，恢復以前光榮之歷史。令世界有和平，令人類有大同，各有平等自由之權力」[14]。顯然，孫中山的目標是要通過中日「提携」，解放「屈伏於歐人勢力範圍之下」的亞洲民族，使之

9　〈在上海國民黨交通部宴會的演說〉，《孫中山全集》第三卷，51 頁。

10　〈在大阪歡迎會的演說〉，《孫中山全集》第三卷，42 頁。

11　〈在上海國民黨交通部宴會的演說〉，《孫中山全集》第三卷，51 頁。

12　〈在上海國民黨交通部宴會的演說〉，《孫中山全集》第三卷，51 頁。

13　〈在日本東亞同文會歡迎會的演說〉，《孫中山全集》第三卷，13-16 頁。

14　《孫中山全集》第三卷，27 頁。

得享「平等自由之權力」，在全世界實現「和平」、「大同」，這與日本右翼大亞洲主義者所憧憬的「皇道樂土」在本質上是衝突的。1917 年 6 月，孫中山在致日本首相寺內正毅的信中又指出，中日兩國達到「真正之提攜」、「真正之親善」的關鍵，是日本對中國的態度；日本政府必須拋棄以往支持北洋軍閥政府、攫取中國利權的政策，「援助正義」、援助中國的革命黨人，如是，「親善之感情可結，東亞之和平可期也」[15]。這就更明確地把對中國民主革命事業的態度，作為檢驗中日「提攜」、「親善」關係真誠與否的試金石，劃出了與日本右翼大亞洲主義者擴張主義宣傳相區別的分界線。

所以，儘管孫中山眩於「支那保全論」的動聽言辭，對大亞洲主義的各個流派一度都不加區別地表示過積極的響應和贊成，但他從中國的民族立場出發，本能地排斥和剔除了大亞洲主義宣傳中反映日本侵略擴張利益的一部分內容，套用「提攜」、「親善」之類語言曲折地表達了中國的利益和願望。從孫中山所提倡的亞洲聯合的方法、手段來說，他的思想與日本左翼大亞洲主義者的主張十分接近，與右翼大亞洲主義則有著原則上、本質上的不同，這是孫中山後來揚棄、改造大亞洲主義宣傳中一些侵略擴張成分，重新闡釋大亞洲主義的重要的思想基礎。

孫中山用大亞洲主義、中日提攜一類思想向日本朝野各界呼籲支援，反映了他對日本帝國主義侵略本質認識上的侷限。孫中山對日本態度發生重大轉變的轉折點，是在 1919 年。

1914 年到 1918 年的第一次世界大戰，是帝國主義重新瓜分世界和爭奪勢力範圍的罪惡戰爭。日本帝國主義把這場戰爭當作是「發展國運」的「天佑良機」，它趁歐美列強忙於戰事，無暇東顧的關頭，始而強占了德國在山東膠州灣的租借地，繼而藉袁世凱欲帝制自為的時機提出了旨在全面奪取中國政治、經濟、軍事權益的「二十一條」要求。寺內正毅內閣上臺後，通過西原龜三向段祺瑞政府多次提供巨額貸款，幫助北洋軍閥鎮壓中國人民的革命，日益暴露了日本帝國主義對華政策的反動

---

[15]　《孫中山全集》第四卷，108-109 頁。

本質和侵略野心。1919 年 4 月，巴黎和會無視中國代表提出的取消「二十一條」、收回山東權益的正當要求，曲徇日本方面的請求，在《凡爾賽條約》上寫明由日本「繼承」德國在山東權益的條款。消息傳來，中國人民義憤填膺，爆發了轟轟烈烈的「五四運動」。透過這一系列事件，孫中山逐漸加深了對日本帝國主義的認識，而中國人民在五四愛國運動中表現出來的巨大革命熱情也使他逐漸看到了中國革命的新的大陸，找到了進行反帝、反封建抗爭真正可靠的憑藉力量。

　　1919 年 6 月 24 日，孫中山在答日本《朝日新聞》記者問題時，開始公開抨擊日本的對華政策：「曩者日本之勸中國參戰，而同時又攫取山東權利，是何異賣中國為豬仔」；「日本武人，逞其帝國主義之野心，忘其維新志士之懷抱，以中國為最少抵抗力之方向，而向之發展其侵略政策焉，此中國與日本之立國方針，根本上不能相容者也」[16]。翌年 6 月，他又在致田中義一的信中，對日本政府、軍部的「東亞政策」直接了當地進行了更為激烈的批判：「近代日本對於東亞之政策，以武力的、資本的侵略為骨幹，信如世人所指；而對於中國，為達日本之目的，恒以扶植守舊的反對的勢力，壓抑革新運動為事」；「近年以來，中國人民對日惡感日深，根本原因，實由於日本之政策與民國國是不相容，故國人咸認日本為民國之敵」[17]。通過切身的體驗，孫中山已經看到了中國革命與日本帝國主義侵略利益的根本對立，他對日本態度的主導面也從求助、依賴轉變為批判。

　　1921 年，中國共產黨成立，在中共和蘇俄代表的幫助下，孫中山開始放棄對包括日本在內的一切帝國主義的幻想，重新思考中國社會落後、革命遲遲不能成功的根源。他認識到，中華民族「在政治上、經濟上久已淪為外國藩屬之地位矣！滿清鼎革，僅去一枷，而吾民族之獨立自由，尚未除其束縛」；西方列強為「彌資本制度之潰裂」，「奉所謂經濟上之帝國主義」，將包括中國在內的許多國家淪為殖民地或半殖民

---

16 《孫中山全集》第五卷，72-73 頁。
17 同上引書，276-277 頁。

地,「吸其膏血,以滋養其個人資本主義下之生產」[18]。透過帝國主義的
對外政策,他已經約略看到了帝國主義對外侵略擴張的經濟要因。正是
出於這種要因,帝國主義才需要掠奪殖民地和半殖民地;而為了達此目
的,帝國主義者又必定支持那些被侵略國家的反動、落後勢力,壓制社
會的進步改革。所以,「帝國主義不僅是中國達到民族獨立的主要障礙,
同時又是反革命勢力最強大的部分」[19]。面對帝國主義在中國的種種侵
略行徑,他公開宣布:「從前有一時期,為努力推翻滿清;今將開始一
時期,為努力推翻帝國主義之干涉中國,掃除完成革命之歷史的工作之
最大障礙」[20]。經過三十餘年革命的不倦探索,孫中山終於以不妥協的
姿態,揚起了反對帝國主義侵略中國的革命大旗。

　　孫中山對帝國主義侵略本質認識的不斷深化,也帶動了他對大亞洲
主義問題認識的不斷深化。1919 年以後,孫中山對大亞洲主義問題的態
度,已經與他在此之前所發表的言論有了明顯的不同。題名為〈大亞洲
主義〉[21]的著名演說以及孫中山在 1924 年前後所發表的一些有關言論,
集中反映了他在晚年對大亞洲主義問題認識的變化。

　　〈大亞洲主義〉是 1924 年 11 月 28 日孫中山應神戶商業會議所、大
阪每日新聞社等五個日本團體的要求,在日本兵庫縣縣立高等女子學校
禮堂所作的演講,主要有以下三方面的內容:

> 一、亞洲是人類最古文化的發祥地,但近幾百年來,亞洲各民
> 　　族漸漸萎靡、衰弱,受到西方國家的侵凌。然而日本的國
> 　　民有先見之明,在三十年前廢除了不平等條約,建成亞洲
> 　　最早的獨立國家,這是亞洲命運的轉機,是「亞洲復興的
> 　　起點」。日本在 1905 年戰勝俄國,是亞洲人對歐洲人的勝

---

18 《中國國民黨黨綱草案》,轉引自廣東省哲學社會科學研究所歷史研究室等編:《孫中山年
　譜》,北京:中華書局,1980 年,321-322 頁。
19 〈與外國記者的談話〉,《孫中山全集》第十一卷,40 頁。
20 〈為商團事件對外宣言〉,《孫中山選集》,北京:人民出版社,1981 年第 2 版,941 頁。
21 神戶商業會議所五團體事先為孫中山擬定的演說題目是〈大亞細亞問題〉,但孫中山在演講
　時,將其改為〈大亞洲主義〉。

利，給了亞洲各國、各民族以極大的影響和希望。此後埃及、波斯、土耳其、阿拉伯、印度都興起了獨立運動，亞洲各民族間也出現了「聯絡」起來的趨勢。

二、歐洲文化雖然是科學的文化，但它重功利、重武力，壓迫亞洲社會使之不能進步，是「霸道的文化」。東方文化以仁義道德為本，不壓迫人，「不是要人畏威」，重感化人，「要人懷德」，是「王道的文化」。「霸道的文化」與「王道的文化」相比較，王道的文化更有益於正義和人道，有益於民族和國家。中國古代的統治者以王道德化天下，使萬國來朝，剽悍的尼泊爾廓爾喀民族至今仍稱臣於中國就是證明。所以王道的文化才是「真正的文化」，實現大亞洲主義必須以王道文化為基礎，兼學歐洲的科學技術以自衛。蘇維埃俄國是主持王道的國家，蘇俄最近的新文化與東方文化完全一致。

三、宣傳大亞洲主義的目的，在於對抗歐洲的強盛民族，為亞洲受痛苦的民族打不平。歐洲也有受壓迫的民族，亞洲也會出現「行霸道的國家」。「近來亞洲國家學歐洲武功文化，以日本算最完全」。「日本民族既得到了歐美的霸道的文化，又有亞洲王道文化的本質，從今以後對於世界文化的前途，究竟是做西方霸道的鷹犬，或是做東方王道的干城，就在你們日本國民去詳審慎擇。」[22]

這篇演說篇幅雖然不長，內容卻相當豐富。它既追溯了大亞洲主義產生的歷史背景和發展趨勢，又論述了實行大亞洲主義的方法和原則。由於日本將在大亞洲主義的實行中扮演一個非常重要的角色，所以又特別對日本今後的發展前途提出尖銳的警告和殷切的期待，希望日本國民在新的歷史發展關頭作出正確的抉擇。演說通篇反映出來的思想，既是

---

[22] 《孫中山全集》第十一卷，401-409 頁。

孫中山以往對大亞洲主義問題認識及對日本態度的合理延續，又是自
1919 年之後孫中山在「民族主義」方面的思想發生了重大變化的反映和
結晶。

　　從〈大亞洲主義〉演說的具體內容以及孫中山在此前後的其他有關
論述來看，孫中山的對外思想和主張尤其是有關「大亞洲主義」問題的
思索，已經在以下幾個方面產生了跨越式發展，與日本大亞洲主義者的
主張有了更多的不同。

　　首先，日本的大亞洲主義者（這裡主要指早期的「日清提携論」者
以及後來的右翼大亞洲主義者）強調亞洲聯合，強調驅逐歐美勢力，但
其歸著點或是要恢復亞洲國家的舊有統治秩序，或是要建立一個以日本
為霸主的新的殖民統治秩序，基本上都沒有反映亞洲各國人民要求獨
立、民主、自由的共同利益與願望。而孫中山的〈大亞洲主義〉演說，
則是從中國人民的反帝抗爭必須與其他國家的民族獨立運動相結合的
角度出發，來闡述大亞洲主義的必要性的。這就使傳統的亞洲國家聯
合、協作的口號，跟上了時代發展的潮流。孫中山在論述當時中國的國
際地位時說：「中國現在是世界中最貧最弱的國家，受各國的種種壓迫，
所處的地位是奴隸的地位。中國現在所處的這種奴隸地位，比較各國殖
民地的地位還要低得多」[23]，而這原因就是帝國主義列強的侵略。中國
人民要反抗帝國主義的侵略，改變這種「奴隸地位」，就要與世界上一
切被帝國主義壓迫的民族聯合起來。在國民黨第一次全國代表大會上，
他提出國民政府對外的責任是：「要反抗帝國侵略主義，將世界受帝國
主義所壓迫的人民來聯絡一致，共同動作，互相扶助，將全世界受壓迫
的人民都來解放」[24]。後來孫中山還借用列寧的說法，號召四萬萬中國
人民與全世界十二萬萬五千萬的被壓迫民族聯合起來，「共同去打破二
萬萬五千萬人，共同用公理去打破強權」[25]。〈大亞洲主義〉演說中提到
的亞洲國家的「聯絡」，就是在這個意義上提出的聯合主張。以這種「聯

23　〈在廣州市工人代表會的演說〉，《孫中山全集》第十卷，144 頁。
24　〈對於國民黨宣言旨趣之說明〉，《孫中山全集》第九卷，126 頁。
25　《三民主義·民族主義》，《孫中山選集》，655 頁。

絡」為基礎的大亞洲主義，實質上是亞洲各被壓迫民族爭取民族獨立，實現民族、民主革命的一種手段。這種思想與日本左翼大亞洲主義者的觀點基本一致，而且在其「聯絡」的廣泛程度上比宮崎滔天等人還更勝一籌。

　　其次，在實現大亞洲主義的原則、方法問題上，孫中山也有了新的標準和主張。〈大亞洲主義〉演說用「王道」和「霸道」的概念來說明東方文化與西方文化的特點，這當然談不上是科學的概括，說明孫中山對於東方封建主義文化和西方文化的本質及特點還缺乏深刻的、辯證的認識。但孫中山在這裡所談的「王道」和「霸道」不單純是個文化優劣之爭的問題，而是對實現大亞洲主義應當採用什麼樣的原則、方法這一至關重要問題的論述。把蘇維埃俄國對中國的外交政策作為實踐「王道文化」的楷模，正說明了孫中山的這個用意。

　　孫中山雖然數十年來奔走於世界各國，請求歐美日本各「文明國家」統治階級對中國革命予以同情和支持，但他所得到的，不是冷漠無情的拒絕，就是暗藏禍心的「支援」。所以儘管中國的革命黨人歷盡千辛萬苦，推翻了封建帝制，卻無力打碎帝國主義在中國的統治體系，中國的社會黑暗如故，形勢日非。然而，蘇維埃俄國誕生不久，就宣布無條件地放棄帝俄在華的一切特權，並且幫助國民黨進行反對帝國主義和軍閥的革命。孫中山由此得出結論：「俄國的新主義，是主張公理撲滅強權的」[26]；「俄國革命成功，他們一萬萬五千萬人脫離了白種，不贊成白人的侵略行為，現在正想加入亞洲的弱小民族，去反抗強暴的民族」[27]；「蘇維埃聯邦共和國以推翻強暴帝國主義，解除弱小民族壓迫為使命」[28]。在這種認識的基礎上，他制定了以「聯俄」為首要內容的三大政策，並在〈大亞洲主義〉演說中把蘇俄國家對待弱小民族的態度作為實行大亞洲主義的典範和基本準則。孫中山這個思想的提出，是對日本右翼大亞洲主義者企圖以日本為盟主，用「霸道」的方式實現大亞洲主義主張的

[26]　《三民主義・民族主義》，《孫中山選集》，655 頁。
[27]　同上引書，660-661 頁。
[28]　〈歡迎蘇聯軍艦祝詞〉，《孫中山全集》第十一卷，141 頁。

間接否定。

　　第三，在發表〈大亞洲主義〉演說前不久，孫中山通過對第一次世界大戰結束後國際局勢的觀察，已經認識到未來的戰爭將不會是種族戰爭，而是階級戰爭。1923 年 11 月 16 日，他在致犬養毅的信中說：「夫再來之世界戰爭，說者多謂必為黃白之戰爭，或為歐亞之戰爭，吾敢斷言其非也，其必為公理與強權之戰也」。他看到亞洲固然有許多被壓迫民族，「但歐洲受屈人民亦復不少」，所以他主張「受屈人民當聯合受屈人民以排橫暴者」[29]。所以，未來的戰爭只能是「白種與白種分開來戰，黃種同黃種分開來戰」的「階級戰爭」；這是「被壓迫者和橫暴者的戰爭，是公理和強權的戰爭」[30]。孫中山在〈大亞洲主義〉演說中呼籲要為「受壓迫的民族」「來打不平」，要人們警惕亞洲也可能出現的「行霸道的國家」，就是在這個意義上提出的思想。這種思想批判了日本各種大亞洲主義主張的狹隘民族性，將世界劃分為壓迫民族與被壓迫民族兩大陣營，號召聯合「外洲」、「外國」的被壓迫民族共同反對「強權」，伸張「公理」，這是孫中山民族主義思想體系中最新、最高的認識，它甚至大大超越了宮崎滔天等左翼大亞洲主義者所能達到的思想境界。它以被壓迫民族反對壓迫民族的民族革命這一全新內容，改造了一味強調種族差別、掩蓋階級壓迫與侵略實質的大亞洲主義，這種思想正好與李大釗在 1919 年所提倡的、用以取代日本「大亞細亞主義」的「新亞細亞主義」的精神異曲同工。

　　如果把 1919 年以前孫中山有關大亞洲主義的言論與思想看作孫中山與大亞洲主義關係的第一階段的話，那麼，大亞洲主義演說以及孫中山在此前後發表的其他有關言論與思想就是孫中山與大亞洲主義關係的第二階段。不難看出，與第一階段基本上沿用日本大亞洲主義者的慣用語言來表達中國反對帝國主義侵略、要求民族獨立、自由願望的情形相比，在第二階段，孫中山不但已經跳出了日本大亞洲主義者所固守的狹隘民族主義的窠臼，而且用新三民主義的思想對大亞洲主義思想體系

29　《孫中山全集》第八卷，403 頁。
30　《三民主義‧民族主義》，《孫中山選集》，624-625 頁，

進行了比較徹底的改造，使之成為直接反映中國以及亞洲各國乃至非洲、歐洲等各被壓迫民族、人民爭取民族獨立、自由的意志，反對帝國主義侵略、奴役的輿論工具。應當說，這是孫中山晚年思想發展中所取得的一個偉大的成果。

二、「大亞洲主義」的沒落與消亡

　　恩格斯在《德國的革命和反革命》一書中評價十九世紀中葉在歐洲大陸上興起的「泛斯拉夫主義」時說，泛斯拉夫主義起源於波希米亞和克羅地亞，是這兩個民族為爭取民族獨立、反對德意志壓迫而提出的口號，但它是「公然想使文明的西方屈服於野蠻的東方，城市屈服於鄉村，商業、工業和文化屈服於斯拉夫農奴的原始農業」的一種「荒唐的理論」，而「俄羅斯的政策是用種種陰謀手段支持新發明的泛斯拉夫主義理論（這種理論的發明是最適合於俄羅斯政策的目的的），……因此捷克和克羅地亞的泛斯拉夫主義者都是自覺或不自覺地直接為俄國的利益服務；他們為了一個獨立民族的幻影而出賣了革命事業，而這個獨立民族的命運至多也不過同俄國統治下的波蘭民族的命運一樣」[31]。這裡揭示了歐洲一些弱小民族在對待泛斯拉夫主義問題上的一場悲劇：第一，他們沒有把斯拉夫民族的團結、自立與資本主義制度的建立聯繫起來，使泛斯拉夫主義成為一場「荒唐的、反歷史的運動」；第二，他們在號召驅逐德意志人的侵略奴役的時候，沒有對沙皇俄國的侵略野心予以足夠的警惕，反而使自己成為俄羅斯帝國的犧牲品。

　　大亞洲主義在亞洲國家的傳播過程中也有一些類似的現象，如朝鮮「一進會」首領李容九，很早就對樽井藤吉提出的「大東合邦」主張發生共鳴，結果放鬆了對內田良平等人的警惕，墮落成為其工具，促成了日本對朝鮮的強行吞併活動。與李容九等人相比，孫中山對大亞洲主義問題的態度，特別是他在發表〈大亞洲主義〉演說前後的態度，就有了極大的進步。內田良平等人之所以一直不能把中國革命派變為第二個一

---

[31] 《馬克思恩格斯選集》第一卷，545-546 頁。

進會來實現吞併中國的夢想，與孫中山在大亞洲主義問題上持有較為冷
靜清醒的態度（而且這種態度愈至後來愈益清楚而明確）是有較大關係
的。雖然孫中山在大亞洲主義問題上直至最後都未能完全擺脫對日本的
幻想，也未能從形式上對當時已經日益成為日本軍國主義對外發動侵略
擴張活動工具的大亞洲主義予以徹底的否定，但他藉大亞洲主義的宣傳
形式，批判歐美日本帝國主義的侵略政策，表達中國人民及世界各國人
民爭取獨立、自由的正當願望，仍然可以說是中國革命派在中國近代對
外關係史上所進行的一件有積極意義的活動。

本來，第一次世界大戰結束前後，由於日本帝國主義一意推行侵略
擴張政策，使它與亞洲鄰國（特別是中國和朝鮮）之間的矛盾日益激化；
又由於中國民主革命的不斷發展以及朝鮮等國民族獨立運動的勃興，大
亞洲主義的口號逐漸失去了其賴以容身的場所，已經為人們所冷落。但
是，自 1920 年開始，美國一些州為了排斥日本移民，制定了《外國人
土地法》。1924 年，美國參、眾兩院又通過排日移民法案，推動了全美
各地的排日風潮。日本國內對此反應極為強烈，《東京朝日新聞》等十
九家大報聯合發表宣言，敦促「美國官民的反省」，眾議院也全場一致
通過了反對美國排日移民法的決議。政界及文化界中一部分人乘機重提
大亞洲主義，宣稱美國排日移民法是「對全亞細亞民族大宣戰之布告」，
必須「確立大亞細亞主義，喚起內外輿論」，以進行黃白人種的戰爭等
等[32]。

孫中山對於日本國內出現的這一動向十分重視。正如〈大亞洲主義〉
演說本身所反映出來的那種傾向一樣，他對日本及日本統治集團還沒有
完全絕望。他仍然認為與其他列強不同，日本畢竟是亞細亞東方國家，
有著東方「王道」文化的悠久傳統，在「公理」、「正義」的感召之下，
它有可能「幡然覺悟」，「以扶亞洲為志，而舍去步武歐洲帝國主義之後
塵」[33]。所以在 1924 年前後，他或者電囑李烈鈞在日本籌組「亞洲大同

[32] 《日本及日本人（大亞細亞主義特輯號）》第 58 號，大正 13(1924) 年 10 月，4 頁。轉引
自藤井升三：《孫文研究──尤其以民族主義理論的發展為中心》，219 頁。
[33] 孫中山：〈致犬養毅書〉，《孫中山全集》第八卷，402 頁。

盟」,「以抵抗白人之侵略」,宣傳「吾人之大亞洲主義」[34];或者致電大阪朝日新聞社的澤村幸夫,請他轉告日本國民:「現今之中國正遭遇即將邁上統一路途之重大時機」,「中日兩國國民必須在真正瞭解之下救中國,確立東亞之和平,同時鞏固黃色人種之團結,藉以對抗列強不法之壓迫」[35]。孫中山甚至還殷切地希望頭山滿、犬養毅等人能夠運用在朝野中的影響力,推動日本率先廢除與中國的不平等條約,表現出了他寄託在日本統治集團和擴張主義分子身上的最後一絲幻想。孫中山對大亞洲主義問題和對日本統治集團的這種既有嚴厲批判而又不失期待與幻想的態度,就是他欣然同意在神戶發表〈大亞洲主義〉演說的出發點。

　　然而,〈大亞洲主義〉演說儘管仍然未能完全擺脫對日本帝國主義的幻想,但它並不苟同日本社會上的大亞洲主義宣傳。它不僅沒有贊同一切黃色人種反對一切白色人種的種族戰爭,反而以正義、公理為基礎重新改造了大亞洲主義,逼請日本就「西方霸道的鷹犬」和「東方王道的干城」兩個前途迅速作出抉擇。這無疑是對日本右翼大亞洲主義者和擴張主義分子的當頭棒喝,所以在當時的日本輿論界中引起了不少報章的責難和謾罵,只有少數進步知識分子才對孫中山的呼籲表示了一定程度的理解或贊同。如細川嘉六當時認為:孫中山的〈大亞洲主義〉演說,明白表露了「亞洲各民族國家期望打破列強強加的條約及其他一切不平等,在獨立平等的立場上推動各國國內改革,實現亞洲各民族聯合」的要求;「為了實現這樣的大亞洲主義,孫文對日本最大的願望,就是身為亞洲唯一的先進國家,跟蘇聯一道成為這個運動的核心」[36]。這種認識,可以說基本上抓住了孫中山思想的真髓。

　　然而,日本統治集團並沒有聽從孫中山的勸告放棄其「霸道」的行徑,反而變本加厲地推行帝國主義侵略政策。1931 年,關東軍策劃了「九一八事變」,公開發動對中國的武裝侵略。1937 年,日軍又在蘆溝橋挑

---

[34] 《孫中山全集》第十一卷,180 頁。
[35] 同上引書,310 頁。
[36] 細川嘉六:《亞洲民族政策論(アジア民族政策論)》,東京:東洋經濟新報社,昭和 15(1940)年,46 頁。

起事變，全面開始了侵華戰爭。與武力的侵略政策相並行，大亞洲主義
在此前後也被日本統治集團接受過來，以「大東亞共榮圈」、「東亞新秩
序」的面目出現，使它從「民間」的輿論改造成為「官方」的侵略擴張
宣傳工具。1938 年 12 月 22 日，近衛文麿內閣發表第三次對華聲明，公
開宣稱日本發動全面侵華戰爭的目的是「和中國同感憂慮、具有卓識的
人士合作，為建設東亞新秩序而邁進」，同時又號召「日、滿、華三國
應以建設東亞新秩序為共同目標而聯合起來，共謀實現相互善鄰友好、
共同防共和經濟合作。」[37]這些論調，與當年內田良平、頭山滿、川島
浪速等人所散布的「大亞洲主義」主張如出一轍，不同的只是它以日本
政府的名義被加以重申，已經成了日本帝國主義手中最主要的欺騙、宣
傳工具。

　　對於日本帝國主義藉「大東亞共榮圈」的名義侵略、屠殺中國及亞
洲其他國家的罪惡行徑，亞洲各國人民幾乎異口同聲地予以揭露和譴
責。1937 年 9 月，一度曾主張日、中、印三國提攜，發揚光大「亞細亞
文化、東洋思想」的印度詩人泰戈爾致電蔡元培等人，表示自己雖有許
多日本友人，但「對於彼勇敢之日本人民，為其統治者所誤導以自陷於
背棄東方至善理想之途」的結局表示憤慨，「今日不得不祈望彼等之失
敗」，同時又祝願中國人民取得抗日戰爭的勝利[38]。泰戈爾的電報傳遍世
界，對日本帝國主義者的欺騙宣傳當然是一個打擊，當年曾受頭山滿、
內田良平等人庇護而得以在日本定居的印度人拉什伯哈里·波斯從東京
打電報給泰戈爾，勸其不要再發表「反日言論」，遭到泰翁的嚴正拒絕。
1938 年，當日本詩人野口米次郎寫信向泰戈爾宣傳「大東亞共榮圈」的
思想時，泰翁又覆信予以嚴屬駁斥：

　　　　……人類雖曾遭受了許多的失敗，畢竟相信一個社會的基本

---

37 外務省編：《日本外交年表並主要文書（1840-1945）》，東京：原書房 1965-1966 年，下卷，
　　《文書》407 頁；譯文據黃美真、張雲編《汪偽政權資料選編　汪精衛集團投敵》，上海：
　　上海人民出版社，1984 年。
38 潭雲山編：〈詩聖泰戈爾與中日戰爭〉，轉引自何乃英著：《泰戈爾傳略》，天津：天津人民
　　出版社，1983 年，196-197 頁。

道德的結合。因此，當你說到「手段雖然是極端的可怕，為了在亞洲大陸建立一個新的偉大世界，卻無可避免」——我想，你是指的對中國婦女兒童的轟炸以及對於古代廟宇及大學等的毀滅，是為了亞洲而拯救中國的手段——你實在是以在獸類之中尚非不可避免的一種生活途徑諉諸於人類。這種途徑，當然不能應用於東方，即使東方有時亦不免誤入歧途。

　　你是在骷髏的塔頂，建造你的亞細亞的觀念。我相信亞洲所負的使命，誠然如你所指出的那樣。但我決未夢想，這種使命是與那助長鐵木耳殺人的恐怖勢力的行為可以一致的。[39]

　　詩人的這些言辭，已經揭穿了日本軍國主義所散布的、建立在血腥侵略戰爭基礎之上的「東亞共榮」的謊言。

　　然而，為了繼續推動侵略中國的戰爭，進一步混淆中國、日本及全世界民眾的視聽，日本軍國主義還需要利用大亞洲主義進行欺騙宣傳。1939 年，平沼騏一郎內閣在日本議會上提出要汪精衛集團「把三民主義肯定抗日政策和容共政策的解釋加以修改」[40]，「使三民主義不與建設東亞新秩序相抵觸」[41]的設想。嗣後，汪精衛等人即秉承這一意旨，招取孫中山思想中強調「中日提携」的隻言片語，大講特講被他們修改、閹割了的「孫中山的大亞洲主義」。他們宣揚：「孫文先生的三民主義，本來完全是著重中日提携」[42]；他們又歪曲孫中山在神戶演說的主要精神是「中日是兄弟之邦，亞洲是我們的家庭，我們應該怎樣的互相幫助，互相合作，來復興我們的家庭」，進而斷言「善鄰友好正是大亞洲主義的理想，也就是三民主義的根本精神」[43]，絲毫不再提及孫中山對日本帝國主義侵略罪行的批判。這一夥人甚至還把「中國國民黨總理孫先生

---

[39] 〈詩聖泰戈爾與中日戰爭〉，轉引自《泰戈爾傳略》，202 頁。

[40] 影佐禎昭：《曾我路走記》，出版者不明，1943 年 12 月打印本，27 頁。譯文據黃美真、張雲編：《汪偽政權資料選編　汪精衛國民政府成立》，138 頁。

[41] 〈汪精衛與近衛會談內容〉，黃美真、張雲編：《汪精衛國民政府成立》，106 頁。

[42] 同上。

[43] 汪精衛：〈三民主義之理論與實際〉，黃美真、張雲編：《汪精衛國民政府成立》，215-217 頁。

之大亞洲主義」的思想與汪偽政權的「六全大會宣言」相提並論，為日本帝國主義「建設東亞新秩序」、建立「東亞協同體」的侵略宣傳尋找根據[44]。從這一點上看，他們也已完全墮落成了日本帝國主義發動侵華戰爭的忠實奴僕和御用工具。

與此同時，在孫中山發表〈大亞洲主義〉演說後一度沉寂的日本輿論界也活躍起來。一些軍國主義者、法西斯主義者以及政府、軍部的御用文人爭相撰文，把汪精衛奉為「孫文主義的忠實信奉者」，忝然宣布「孫文主義未必妨害『東亞新秩序』的建設」，還盛讚汪偽集團的所作所為是「發揚了孫文胸中蘊藏的大亞細亞主義的理想」[45]等等，盜用「孫文主義」的名義為汪精衛集團辯護，為對華戰爭的侵略性質遮醜。另外還有一些所謂「學者」、「理論家」如大川周明、鹿子木員信、三木清等人則著書立說，為「東亞協同體」、「大東亞秩序」、「皇亞細亞」之類侵略主張與宣傳思想潤色、轉圜，宣揚「亞細亞大戰的必要性與建設大陸式之皇國」的「意義」等等[46]。1943 年初，世界反法西斯戰爭出現了有利於民主陣營各國的轉折之後，為了挽救走向覆滅的危途，日本帝國主義在輿論上也把宣傳「大亞洲主義」、「大東亞共榮」思想的活動發展到了登峰造極的地步。1943 年 11 月，在日本政府及統帥部的操縱下，日本內閣總理大臣東條英機與汪精衛國民政府、「滿洲國」政府、菲律賓、泰國、緬甸等各方代表在東京召開所謂「大東亞會議」，通過《大東亞共同宣言》，宣布「大東亞各國應互相提携，力求完成大東亞戰爭，使大東亞解脫英美之桎梏」，建設「以日本帝國為核心」的「大東亞」等等[47]。與「大東亞會議」約略同時，「日本文學報國會」也邀請日本、「滿

---

[44] 汪精衛：〈中國與東亞〉，黃美真、張雲編：《汪精衛國民政府成立》，197-199 頁。

[45] 宮澤俊義：《孫文主義與共產主義(孫文主義と共產主義)》，《改造》昭和 15 年 1 月號，94-96 頁；河野密：《孫文的生涯與國民革命(孫文の生涯と国民革命)》，昭和 15 年，166-169 頁。轉引自藤井升三：《孫文研究——尤其以民族主義理論的發展為中心》，274-275 頁。

[46] 鹿子木員信：《皇亞細亞(すめらあじあ)》；轉引自河原宏、藤井升三編集：《日中關係史的基礎知識(日中關係史の基礎知識)》，東京：有斐閣，昭和 49（1974）年，316 頁。

[47] 祖父江昭二：〈大東亞會議、大東亞文學者大會〉，轉引自河原宏、藤井升三編集：《日中關係史的基礎知識》，364 頁。中央檔案館、中國第二歷史檔案館、吉林省社會科學院合編：《日本帝國主義侵華檔案資料選編　汪偽政權》，北京：中華書局，2004 年，889 頁。

洲」、「蒙古」、中國所謂「四國」的文學工作者連續召開三次「大東亞文學工作者大會」，強迫中日兩國的文學家們為「完成大東亞戰爭之目的」尋求「共榮圈內文學工作者的合作方法」和進行「大東亞文學建設」的途徑[48]。這些活動，當時就受到了中國人民、亞洲各國人民以及日本社會上一部分有識之士的抵制和批判。

經過醞釀、形成、全盛幾個時期的發展，到了「大東亞共榮圈」主張提出前後，日本的大亞洲主義思潮終於走上了它的沒落時期。與前幾個時期相比，沒落時期的大亞洲主義思潮，不但再也沒有民主主義、民族自決思想的容身之地，其內部各個流派之間的特異色彩也完全被「大東亞共榮圈」的口號禁制、抹殺，只留下了所謂「共存共榮」、「東亞新秩序」的虛幻空殼。一種思潮或思想，當它已經發展到不得不依靠歪曲、篡改歷史，製造謊言、謬論以欺騙輿論、欺騙民眾的時候，那麼，不管它在一時一地還擁有多麼大的聲勢，而在實際上已經宣布了自身的死亡。果然，不出數年，隨著日本法西斯勢力的滅亡，作為右翼大亞洲主義思想最後結晶的「大東亞共榮圈」主張終於也被包括日本民眾在內的亞洲和世界各國民眾所唾棄、成為歷史的陳迹和「負的精神遺產」。

第二節　大陸浪人的墮落與歷史的反思與教訓

一、是「先驅者」還是「無賴之徒」？

對於大陸浪人在中日關係史以及辛亥革命史上的地位與作用的評價，依時代、論者的不同，歷來就有著互相歧異的不同結論。

黑龍會編纂的《東亞先覺志士記傳》一書，是第一部系統地敘述大陸浪人活動情況的著作。作者在該書上卷的第一章〈總說〉中，用自己心目中最高規格的褒獎之辭謳歌了大陸浪人們的活動。在這裡，大陸浪人被奉為「國民雄飛（海外）的先驅者」、「日本精神的發揚」者、「國

---

[48] 河原宏、藤井升三編集：《日中關係史的基礎知識》，364-365 頁。

策的建設者」等等；大陸浪人們在歷史上的「功績」也被歸納為這樣一
些內容：「彼等對東亞之形勢夙懷深切之憂慮，為使祖國日本得以強大，
並使東亞全體得以復興，讓東方之光輝顯揚於世界，（彼等）甘於拋擲
身家性命，滿懷一腔義俠熱血，演出種種義勇之行動。彼等胸懷高遠之
理想與雄大之經綸，將剛健敢為、三千年來流傳不絕之日本精神發揚無
遺，正所謂東方民族之花也」[49]；「彼等為國家所盡功績之大無庸贅言，
我（帝國）之版圖日漸擴大，又得以合併朝鮮，彼等先覺志士所殉之志
已酬矣。最近，滿洲建國（活動）又見告成，幾多志士之英魂毅魄，今
日可含笑而長眠於地下也」[50]。這篇〈總說〉竟然把吞併朝鮮、建立「滿
洲國」之類侵略擴張活動當作大陸浪人的最大「功績」來加以歌頌，可
見本書作者自始就是以大陸浪人的「代辯者」、「繼承人」的政治立場和
思想情感來編纂此書的。類似的評價在約略同時成書的其他一些有關著
作，如《對支回顧錄》、《續對支回顧錄》、《玄洋社社史》等書中也比比
皆是。這些書的作者本人往往就是大陸浪人或大陸浪人之流亞，他們從
軍國主義者、侵略擴張主義者的立場出發來美化、歌頌大陸浪人的活動
不足為怪。

　　不過，大陸浪人中也不是沒有頭腦清醒者。宮崎滔天最早就是大陸
浪人中左翼力量的一個代表，其思想、抱負與節操都遠非當時的其他大
多數浪人可以比擬。晚年，宗教宿命思想雖然逐漸在他的頭腦中占據了
上風，但對於自己過去的所作所為，他還是能夠進行一些有益的反思和
省察的。宮崎在 1921 年寫成的〈廣東行〉一文中說：「世間有所謂浪人
者。古時之浪人，不乏可尊可敬之輩，而近世之浪人則漸次墮落，多淪
為吹（牛）、飲（酒）之徒。余亦為其中之一員也。然而，時代已急轉
直下矣，浪人以吹、飲為事而得志於世之時代已逝去，新露（俄）國之
口號——不勞動者不得食，已風靡全球之人心，浪人之名稱亦成過去之
事也。倘有人不顧此世勢，依然以吹牛、飲酒為樂，且恬然以浪人而自

49 《東亞先覺志士記傳》上卷，1-4 頁。
50 同上引書，6 頁。

任，是落後於時代而至其極也。」[51]這一段話，從生活方式、行動方式
上對大陸浪人進行了批判，點出這種寄生於官場政治、外交黑幕及陰謀
活動的「浮浪之徒」已經失去了其存在的價值，即將被歷史所拋棄。文
中雖然並不牽涉到從政治意義上對大陸浪人活動的評價和批判，但身為
大陸浪人一分子的宮崎滔天能在社會主義思想的影響下指出大陸浪人的
寄生性與墮落的趨勢，並決心自此「遠離『浪人』此一侮蔑性名稱」[52]，
仍是當時其他大陸浪人難以做到或不願做到的創舉。

　　此外，當時的中國革命黨人對於日本大陸浪人的活動也有不少評價
言論。不過他們的評價多集中在與中國革命事業關係最密切的少數一些
浪人身上，而且由於革命黨人與大陸浪人之間存在著求助與被求助的關
係，所以這些評價（尤其是需要公開的評價）往往是褒多於貶。如孫中
山，就曾多次在文章、函電或演說中讚揚過大陸浪人及其他各界日本人
士對中國革命事業的幫助，許多大陸浪人也從孫中山那裡得到過飽含激
情寫就的題詞、條幅等贈物。另外，黃興之於宮崎滔天、內田顧一、萱
野長知、秋山定輔、山田純三郎，章炳麟之於平山周等等，都有不少文
字上的交往，間或他們也對大陸浪人的活動作一些肯定或讚揚。黃興有
一首題贈宮崎滔天的詩曰：

　　　　獨立蒼茫自詠詩，江湖俠氣有誰知。
　　　　千金結客渾閑事，一笑逢君在此時。
　　　　浪把文章震流俗，果然意氣是男兒。
　　　　關山滿目斜陽暮，匹馬秋風何所之？[53]

　　這首詩著重從精神氣質方面描繪了宮崎滔天的風貌，對宮崎在辛亥
革命前後的各種活動予以嘉許。孫中山在 1913 年 2 月東亞同文會舉辦
的歡迎會上也說過「……文以菲才，奔走國事，流離歐美，赴貴國者且

51　《宮崎滔天全集》第一卷，582-583 頁。
52　同上。
53　湖南省社會科學院編：《黃興集》，91-92 頁。

十餘次，貴國人士多進而教之。是貴國者，予之第二故鄉，貴國人士更予之良師友也」[54]之類的話，對包括大陸浪人在內的日本各界人士給予中國革命的支援作了較高的評價。

不管是中國革命黨人對大陸浪人的評價，還是大陸浪人自己的自我評價，都屬歷史事件當事者的評語。由於主、客觀因素的種種限制，這些評語容易帶有某種程度的侷限性、片面性乃至嚴重的偏頗、錯誤，需要後世的人們去依據歷史的事實重新加以檢核、認證。

武昌起義的爆發距今已有百餘年，辛亥革命和大陸浪人的活動早已成為歷史的過去。然而，生活在今天的人們通過對這段歷史往事的回顧，是否能夠正確地描敘和理解這些歷史，總結其中的經驗、教訓，並對大陸浪人在辛亥革命中的地位和作用作出恰如其分的評價呢？檢諸第二次世界大戰結束以來出版的有關歷史著作，可以看出這方面的成績仍然很不容樂觀。

戰後日本學術界出版過一批有關辛亥革命史及大陸浪人活動史方而的著作，有些著作，如藤井升三的《孫文研究》、上村希美雄的《宮崎兄弟傳》、初瀨龍平的《傳統右翼內田良平的研究》、木村蒔夫的《近代日本民族主義論》以及小野川秀美、島田虔次主編的《辛亥革命研究》等等，都是在徵引、考訂了大量原始資料的基礎上，力圖用歷史主義實證分析的方法乃至用歷史唯物主義的觀點來解明辛亥革命時期紛紜繁複歷史現象的力作，對於推動辛亥革命史和大陸浪人活動史的研究發揮了積極的作用。但是，也有一些書籍，雖然以「公允」相標榜，以「嚴肅」的學術著作的面目出現，但翻檢一下作者在書中所反映出來的政治立場、研究手法以及由此做出的對大陸浪人活動的一些評價，就會發現它們與《東亞先覺志士記傳》等書，仍有著驚人的相似之處。

如葦津珍彥在 1965 年曾出版過一本《大亞細亞主義與頭山滿》，在該書中的序文中他說：

---

[54]　《孫中山全集》第三卷，15 頁。

當今時代，對於大陸浪人的評價相當低下。事實上，被稱為大陸浪人的一夥人中，有不少心狠手毒的無賴之徒，本書在辛亥革命一章及大正末期一章裡對這些不良的大陸浪人也有觸及。特別是在中國因軍閥政治而出現混亂、日本的國策也出現不安定的大正中期到昭和初期這個時代，大陸浪人中有許多人做了傷害（中國人）對日本人的信賴心的事情，這一事實也是難以否認的。

但是我認為，儘管大陸浪人中存在許多無賴之徒是個事實，另一方面，也有的人保持了日本人足以引為自豪的大陸浪人的理想和節操，我們對這一事實也不能視而不見。繼承了明治以來日本民族理想的精粹，將命運託付於豪邁壯大的理想，為了亞洲、為了日本不願一身一家之安危，貢獻了畢生的力量，這樣的大陸浪人是存在的。筆者堅信，他們為日本民族的歷史留下了永遠值得誇耀的記載，這個記載是永遠不能被遺忘的。[55]

這裡，作者並沒有公開諱言大陸浪人中有「心狠手毒的無賴之徒」，而且也將大陸浪人分為有「理想」、「節操」的浪人和「不良的」浪人兩個陣營，褒前者而貶後者，似乎並無不允當之處。但是，所謂「不良的大陸浪人」究竟是指哪些人？他們在整個大陸浪人隊伍中占多大的比例？作者對這些問題的闡述並不清楚。在該節的〈辛亥革命前後〉和〈第三次革命的時代〉兩章中，作者雖然在行文中有涉及「不良的」浪人的文字，卻沒有點明他們究竟是些什麼樣的人物，只說他們是趁中國革命的「混亂之機」，加入中國的「政治戰線」、「擾亂政論」、獲取利權的無名之輩，人數極為有限，頭山滿一行來華後，這些人的活動便人為收斂云云[56]。這實際上是對《玄洋社社史》和《東亞先覺志士記傳》中說法的沿襲。因為就連大陸浪人自己親手寫成的這兩本書，也是承認有「不良浪人」、「不德漢」的存在的，只不過所指對象並不是那些在對外侵略活動中表現得最為突出、激進的大陸浪人而已。據《玄洋社社史》的說

---

[55] 葦津珍彥：《大亞細亞主義與頭山滿》，序，3-4 頁。
[56] 《大亞細亞主義與頭山滿》，110-111，148-150 頁。

法,「不良浪人」主要指宮崎滔天和清藤幸七郎等相對獨立於玄洋社活動的少數浪人,其餘的絕大多數大陸浪人都不在此列[57]。《大亞細亞主義與頭山滿》一書看來也是用同樣的辦法來圈定大陸浪人的兩個陣營的。這樣一來,左翼大陸浪人代表的宮崎滔天等人成了「不良浪人」,而始終從攫取中國利權的目標出發「支援」中國革命的右翼大陸浪人以至拚命反對革命的極右翼大陸浪人卻成了有「理想」、有「節操」的時代英雄。歷史的是非被完全顛倒了。

本來,大陸浪人的主流都是右翼和極右翼分子,他們在中國所從事的主要是侵略擴張活動,這一點,是人們在對大陸浪人的活動進行總評價時不能不注意到的問題。但是,葦津珍彥卻認為:「對於政治大局來說,不良浪人的犯罪行為,並不是決定性的重大問題。日本人中不乏清廉、剛直的大陸浪人,即使在中國人看來,這也是顯而易見的事實」[58]。於是,大多數大陸浪人及其活動就在「清廉」、「剛直」之類不涉及政治原則、政治立場的讚美之辭下被加以肯定了。

在那些「繼承了明治以來日本民族理想的精粹,將命運託付於豪邁壯大的理想,為了亞洲、為了日本不顧一身一家之安危,貢獻了畢生的力量」的大陸浪人中,葦津珍彥最為推崇的人物,就是右翼浪人的巨頭頭山滿和內田良平。1969 年,他在另一本著作中公然以頭山、內田的私淑弟子自居,亮明了自己的政治立場:

> 說起我自身的思想立場,是從少年時代就相信頭山(滿)先生是絕世的英雄而加以敬仰,並偷偷地以頭山的門下生自認的。所以對於內田(良田)和幸德(秋水)的對立,我自身的立場明明白白是屬內田方面的,決不是第三者的、折衷主義的立場。內田那種思想認識,存在著某種意義上的缺陷或者弱點,本文對此也不加否認。但我堅信,克服這些弱點,進一步增強和發揚這種立場,

---

[57] 《玄洋社社史》,580-581 頁。
[58] 《大亞細亞主義與頭山滿》,150 頁。

正是作為日本人而應遵循的真正道路。[59]

　　所以葦津珍彥雖然也將大陸浪人區分為兩個不同的陣營，指斥了破壞中國革命、攫取中國利權的「不良的大陸浪人」，似乎在進行著認真的「歷史研究」，但對於當時大陸浪人中破壞中國革命事業、攫取中國利權的魁首，他卻並沒有予以批判，反而認為他們是「為了亞洲、為了日本」奮鬥終生的「日本民族理想」的化身，並將他們的所作所為奉為日本民族歷史上「永遠值得誇耀」、「永遠不能被遺忘的」記錄，這是對歷史是非原則的顛倒，也是對日本民族大多數人的褻瀆。

　　除了葦津珍彥的這些著作，長谷川義記在《頭山滿評傳》一書中對以頭山滿為首的大陸浪人集團也作過類似的評價。長谷川認為：「頭山滿並不是作為一個革命者或革命運動的共鳴者來觀察中國的，也不是被人們認為的那種干涉者。他的立場應當是對亞洲民族將來前途抱以關心的人性的立場」；「頭山滿的亞細亞主義、對中國的態度，從一開始就不是從行為或利益出發來考慮問題的」，而是出於一種所謂「民族的『生』的意義」的「人性」的體現，所以他斷言：只有「看不到頭山滿這種『人性』的人，才往往把他的亞細亞主義誤認為亞細亞侵略主義」[60]。作者在這裡實際上是以一種近於虛無飄渺的、沒有界定其特定意義的所謂「民族的『生』」的概念，來為頭山滿的沙文主義、軍國主義言行開脫，用意是十分清楚的。此外，被某些人讚為「清新活潑的鄉土史研究者」的石瀧豐美氏，在他的一本關於玄洋社研究的著作中，更進一步指責加拿大歷史學者、外交官 E.H. 諾曼對玄洋社的歷史抱有誤解。認為正是由於諾曼的研究，玄洋社才在 1946 年 1 月被美國占領軍總司令部強令解散，並且使玄洋社背上了「日本帝國主義侵略的尖兵」、「日本帝國主義的前衛」之類惡名沿襲至今，「妨礙了對玄洋社正當的批評和評價」[61]。

[59] 葦津珍彥：《武士道：戰鬥者的精神（武士道：戰鬥者の精神）》，東京：德間書店，1969年，177-178 頁。
[60] 長谷川義記：《頭山滿評傳：人格與生涯（頭山滿評伝：人間個と生涯）》，東京：原書房，1974 年，107、114、119 頁，著重點為原作者所加。
[61] 石瀧豐美：《玄洋社發掘：另一個自由民權(玄洋社発掘：もう一つの自由民權》，福岡：

　　上述諸書作者的這些視點，令人難以苟同。研究歷史，首先應當尊重歷史；這尊重歷史就包括全面地、客觀地分析、評價材料，依據材料來描摹、再現歷史的各個層面，而後在此基礎上作出盡可能接近、符合歷史客觀的評判和結論這樣幾個方面。然而上述作者在這些方面的許多作法，卻不能使人信服。例如葦津珍彥在將內田良平與幸德秋水加以對比，談到內田為什麼對沙皇俄國的社會弊病和內情有敏銳的觀察力，而對日本本國卻缺乏這種觀察力、批判力時，把內田良平「這種認識與戰鬥力的根蒂」歸結為「對日本國無限的信賴感和作為日本人的無限的自負」；認為正是由於這個「無限的信賴感」，導致了內田認識判斷的錯誤，它就像對父親表示信賴的兒子只能看到父親的優點（儘管這個父親受到天下萬人的詈罵）而看不到父親的缺點一樣[62]。這裡不但用一個不對社會承擔實際政治責任的所謂「無限的信賴感」，抹殺了當時日本社會上作為右翼和左翼思想對抗主要代表人物的內田良平與幸德秋水之間在思想立場上存在著的原則性區別，混淆了軍國主義侵略分子和社會主義革命者之間水火不相容的政治界限，而且運用了近乎狡辯的手法來曲解歷史，為與作者本人有著思想上、組織上親緣關係的右翼大陸浪人著意粉飾。用這種手法對大陸浪人所作的「研究」是不可取的。至於石瀧豐美對諾曼的指責，認為某個人的研究成果就可以輕易地蒙蔽全世界歷史學家的眼睛，則可說是對其他大多數中日關係史及大陸浪人活動史研究者通過辛勤勞動所得出的科學結論的污蔑。

二、瑕瑜互見的群體怎樣走向集體墮落？

　　為了澄清上述作者在大陸浪人研究問題上所製造的混亂，我們有必要結合大陸浪人自身的所作所為和各派大陸浪人的不同結局，本著尊重歷史、還歷史以本來面目的精神，對辛亥革命前後大陸浪人的活動重新給予歷史的評價，並透過這個群體走向集體墮落的進程總結出歷史的教訓和啟示。

　　西日本新聞社，1997 年，204-206 頁。
[62] 葦津珍彥：《武士道：戰鬥者的精神》，174-176 頁。

　　大陸浪人和日本歷史上廣義的浪人一樣，都是一個寄生性的遊民集團，其中的大多數人沒有固定職業，沒有固定的資產和收入，需要依附於一種或數種政治勢力的豢養、庇護以求生。大陸浪人是封建士族階級進入近代以後分崩離析的產物。大多數士族階級的成員在明治維新以後，或上升為新興的地主資本家，或匯入工農下層群眾的海洋，或淪落為極端的頑固守舊分子為社會所淘汰。同樣，大多數的大陸浪人也因其各自所處社會地位、環境的不同而形成了不完全相同的思想抱負或政治取向。雖然由於大亞洲主義思潮的鼓蕩，他們都產生了一種藉中國及亞洲各國為舞臺以完成人生奮鬥目標的約略相同的欲望，但在實現既定目標的方法與手段問題上，他們之間又存在著一些原則性的分歧，自然而然地形成了若干派別或集團。左翼大陸浪人雖然「志趣高潔」，較少或基本上沒有沙文主義、軍國主義思想，但由於他們本身勢單力孤，又由於大陸浪人本身的寄生性和依附性的特點，他們在開展活動時不得不依靠日本政府、軍部以及右翼、極右翼大陸浪人的庇護或幫助。右翼和極右翼大陸浪人集團，本來就在大陸浪人中占絕大多數，左翼大陸浪人在其最為活躍的時期，其力量亦遠遠不能與右翼、極右翼大陸浪人相匹敵。1920 年代以後，左翼大陸浪人的代表人物有的去世，有的改營實業或從事其他事業，大陸浪人隊伍更成了右翼、極右翼勢力的一統天下。與此同時，右翼浪人與極右翼浪人之間的差異也開始消失，合為一股，成為日本帝國主義對中國、朝鮮等亞洲國家發動侵略戰爭的一支重要的先鋒部隊。所以，以主體上看，大陸浪人應當說是一支沒落的、反動的政治力量，是日本帝國主義對外實行侵略、擴張活動的幫凶和爪牙。

　　與此相關，大陸浪人在辛亥革命歷史上的地位和作用，也可以從總體上作出一個概略性的估價。左翼大陸浪人在思想上和行動上與中國的革命派志趣相投，作過許多支持辛亥革命的工作；右翼大陸浪人從利用中國革命擴張日本在華勢力的目的出發，在某些時期和某些場合下也幫助過中國的革命黨人，所以孫中山、黃興、宋教仁、章炳麟等人對於大陸浪人的活動時常給予較高的評價是不足為怪的。但是，左翼大陸浪人

的人數畢竟極少，其活動還常常要受到右翼浪人及日本統治集團的牽制和利用；而右翼大陸浪人到後來也逐漸脫離了中國革命，與極右翼浪人一起來反對革命，對中國革命事業的發展起了阻礙和破壞的作用。因此，從問題的主導方面來看，大陸浪人對於辛亥革命運動功不抵過，他們並不是所謂「復興東亞」的「先覺志士」，也沒有給日本民族的歷史留下多少「永遠值得誇耀的記載」。

當然，對大陸浪人的歷史地位與作用的這種概括性的評價，並不妨礙我們再對大陸浪人的每個個人或各集團、群體再作進一步的具體分析或評價。對於瞭解大陸浪人與辛亥革命之間的歷史關係來說，僅有這樣一個總的、概括性的評價還是遠遠不夠的，還需要結合大陸浪人自身的活動，對一些主要的大陸浪人集團及大陸浪人的主要代表人物作出歷史的評價。

左翼大陸浪人是中國革命派的友軍。從對政界、軍界以及財經界的關係來說，他們的交際面和影響力都遠不及其他幾派大陸浪人；從人力、物力上看，他們也是大陸浪人隊伍中最為弱小的力量。但是，由於他們對中國的革命事業有著比較深刻的理解和同情，能夠自覺地把中國革命當作自己的事業來完成，所以他們與辛亥革命運動建立了同命運、共悲歡的密切關聯。孫中山在為《三十三年之夢》寫的序言中，把宮崎滔天比作隋時的「東海俠客」「虬髯公」，稱讚他「識見高遠，抱負不凡，具懷仁慕義之心，發拯危扶傾之志，日憂黃種陵夷，憫支那削弱，數遊漢土，以訪英賢，欲共建不世之奇勳，襄成興亞之大業。聞吾人有再造支那之謀，創興共和之舉，不遠千里，相來訂交，期許甚深，勖勵極摯；方之虬髯，誠有過之」[63]。是時，孫中山結識宮崎滔天雖僅四載，然揆諸宮崎滔天在此之後的言論與活動，孫中山的話亦堪為的評。1922 年12 月，宮崎滔天因病去世，孫中山、廖仲愷、陳少白、章炳麟等立即在上海發起追悼宮崎滔天的大會。「追悼大會籌備處」的第一號通告中說：「宮崎寅藏先生，日本之大改革家也，對於吾國革命歷史，尤著有極偉

63　《孫中山全集》第一卷，216 頁。

大之功績，此為從事於中華民國締造之諸同志所諗知也。……蓋以先生之死，惟於鄰邦為損失一改革運動之領袖，而於吾國前途上亦失去一良友，不有追悼，何申哀忱！……」[64]措辭懇切，語句深沉而哀婉，表達了中國革命黨人對於這位異國戰友的深切悼念和敬重。宮崎滔天等左翼浪人雖然還未必可以稱作日本「改革運動之領袖」，但他們以自己始終如一的言行和熱情，支持了中國的革命事業，卻堪稱中國革命的「良友」。

極右翼的大陸浪人與左翼大陸浪人的思想和行動恰恰相反，站在中國革命相反的方向，以扶植清朝封建統治集團以及清室遺老們復辟封建王朝的辦法來反對革命，要把已經前進了的歷史拖向倒轉。第二次「滿蒙獨立運動」的陰謀破產後，川島浪速等人雖賦閑在家，從此再無大的舉動或突出的言論公諸於世，但他們提出的所謂「滿蒙建國」計劃卻被日軍侵華的主力之一的關東軍繼承下來，於 1932 年策劃建立了「滿洲國」傀儡政權，正式將「滿蒙」劃為日本帝國主義的獨占勢力範圍。1935年 4 月，傀儡皇帝溥儀「出訪」日本時，還特意派遣侍衛官長工藤鐵三郎前往東京九段的川島浪速寓所致謝慰問，以示對川島在「滿洲建國運動」中「隱績」的表彰[65]。利用中國封建統治階級中的殘渣餘孽，拼湊日本勢力卵翼下的傀儡政權，以達到獨占並進而吞併「滿洲」地區的侵略目的，是日本帝國主義對華政策中的極為關鍵的一環。而川島浪速等人在辛亥革命前後的陰謀活動，正為這一侵略政策的制定和實施起了開道前驅的作用。

右翼大陸浪人頭山滿、內田良平等人在思想和行動上的表現，則不同於極右翼的大陸浪人。他們並不是站往革命的反面來反對革命，其至也不是用混迹於革命運動中的辦法蓄意瓦解、破壞革命運動。他們的目的是要利用中國的革命攫取利權，所以最初他們還是在一定程度上支持了中國的革命的。但是右翼大陸浪人與中國革命派並沒有思想上的共鳴。他們把對革命的「支援」完全看作一種政治性的「冒險投資」，指

---

64 〈日本宮崎寅藏先生追悼大會籌備處第一號通告〉，轉引自宮崎龍介、小野川秀美編輯、解題：《宮崎滔天全集》，東京：平凡社，昭和 51（1976）年，第五卷卷首圖片。
65 東亞同文會編：《續對支回顧錄》下卷，東京：原書房，1973 年，205 頁。

望著將來革命黨人掌握政權時能夠一攫萬利。武昌起義爆發後，革命黨人一度掌握了中國南方的革命政權，一部分右翼大陸浪人（以內田良平為首）以為收穫成果的時節已到，乘機邀取中國的利權。一旦他們的要求不能得到滿足，立即就反唇相譏，謾罵孫中山等人「忘恩負義」，從中國革命中抽身而退，轉而與極右翼的大陸浪人混在一起，搞所謂「滿蒙獨立」，徹底暴露了其軍國主義、帝國主義者的本來面目。另外還有一些右翼大陸浪人（以頭山滿為首），辛亥革命之後暫時還沒有對中國革命黨人反戈相向，仍舊以「援助者」的面目出現，與中國革命派保持著不間斷的關係，但他們遲早也是要向革命黨人索要「報酬」的。1924年11月底孫中山取道日本北上時，曾用密碼打電報給頭山滿和犬養毅：「現離上海，不日可得拜眉之機」。途中，他又向日本政府當政各要人、各政黨首領等分別致電：「此度為收拾敝國時局，特經神戶赴北京，欲就東亞大局事有所商談，閣下倘能枉駕神戶，則幸甚」[66]。頭山滿接到電報後，命令當時正在大阪的內田良平代他去見孫中山，但內田認為這正是頭山滿親自向孫中山提出要求的最好機會，又慫恿頭山連夜由東京趕到神戶，住進孫中山投宿的東洋飯店。

孫中山此次日本之行的主要目的是要求日本幫助中國廢除不平等條約的束縛，頭山滿深知孫中山在會面時肯定會提出這一要求，於是剛一見到孫中山，就「先下手為強」，發表了一通表明自己態度的宣言：「以貴國四億之國民，甘受外國輕侮與侵害，愛國志士豪傑為之奮起，乃理之當然也。滿蒙地方曾受露國侵略，幸賴我日本尚有相當之實力，為保全唇齒輔車之貴國，付出巨大犧牲，才使之免遭蹂躪。故我國在滿蒙已擁有之特殊權益，待將來貴國國情有大的改善，再無受他國侵略之虞時，必定歸還貴國；然目下若貿然答應（中國）歸還之要求，恐我國國民之大多數將不應允也」。[67]通過這種形式，頭山滿當面拒絕了孫中山的請求，強迫中國革命黨人默認日本在「滿蒙」地區的「特殊權益」，不再向日本提出類似要求。

---

[66] 藤本尚則：《巨人頭山滿翁》，518頁。
[67] 藤本尚則：《巨人頭山滿翁》，524-525頁。

　　其實，頭山滿對中國「滿蒙」地區抱有野心遠非自此日始。1912 年初，他從華南途經東北地區回日本時，就曾眺望著滿洲大平原發出感嘆：「何等遼闊啊！日本如果得到它如何呢？支那是沒有辦法（治理它）的」[68]。後來在 1924 年秋，即與孫中山在神戶會面的前夕，他在談到中國發生的「直奉戰爭」時，又以斬釘截鐵的口氣說：「吳佩孚若膽敢邁入我勢力圈（指中國東北地區——引者）內一步，就只有一舉消滅他！」數日後，他在與三浦梧樓談論中國時局時又說：「在我滿蒙勢力圈內，斷不容任何紛擾（發生）！」[69]。這種口氣，將頭山滿視「滿蒙」為私產，不容任何一個中國人再重新對它行使一點點主權的蠻橫態度，表露得淋漓盡致。所以，若不是孫中山到達北京後很快就一病不起，那麼頭山滿與孫中山之間在「滿蒙問題」上的矛盾遲早還會進一步激化，所有的右翼大陸浪人最後都會成為孫中山廢除不平等條約、爭取中華民族獨立自由外交政策的敵人的。

　　所以，從本質上看，右翼大陸浪人和極右翼大陸浪人並沒有根本的不同，他們都是日本對外侵略擴張意欲的代表、日本帝國主義侵奪、凌辱亞洲人民的忠實爪牙。1920 年代以後，右翼浪人在政治上更加右傾，以其在日本社會擁有的一些影響力及活動能量迅速取代了一蹶不振的川島浪速等人，成為新的極右翼政治勢力。頭山滿本人到了晚年，甚至被一部分軍國主義者竭力拔高，奉為所謂「大東亞戰爭」的「守護神」[70]、「日本鎮世的國民英雄」[71]等等，變為日本帝國主義發動侵華戰爭和太平洋戰爭的一面旗幟，終於墮落為日本歷史上的戰爭罪人，這是右翼大亞洲主義者、右翼大陸浪人的必然結局。

　　辛亥革命前後二、三十年的歷史，不僅對中國的革命派是個檢驗，檢驗了他們對於歷史使命自覺意識的深淺和對革命運動領導水準的高低；對於日本的大亞洲主義者與大陸浪人也是一個檢驗，檢驗了他們政

68　藤本尚則：《巨人頭山滿翁》，402 頁。
69　藤本尚則：《巨人頭山滿翁》，517 頁。
70　吉田鞆明：《巨人頭山滿翁的話》，403 頁。
71　藤本尚則：《巨人頭山滿翁》，673 頁。

治立場的或左或右及對中國革命事業態度的真誠與否。宮崎滔天等左翼大亞洲主義者、大陸浪人在這面歷史的稜鏡中向人們展示了他們思想中純潔、高尚而又矢志如一的美好面向，他們是中國革命派的真正朋友、辛亥革命事業的功臣，理當受到中國人民的尊敬和懷念；而頭山滿、內田良平以及川島浪速等右翼與極右翼的大亞洲主義者與大陸浪人，則曝露出他們思想中陰險、橫暴而又唯「利權」是圖的齷齪方面，他們是中國革命派的假朋友、辛亥革命事業的破壞者，理當受到中國人民的蔑視和責難。

後記

　　研究辛亥革命時期日本的大陸浪人與大亞洲主義，對我來講，是多少有些「偶然性」因素促成的因緣。一是 1979 年秋，我進入華中師範學院（今華中師範大學）歷史系中國近現代史研究室，師從章開沅先生攻讀「研究生」（當時還沒有碩士研究生和博士研究生的區分）課程時，章先生考慮到辛亥革命時期的中日關係研究是當時的學術「短板」之一，又是辛亥革命研究不可或缺的領域，加上我的第一外語是日語，於是建議我研究這個時期的中日關係史，但是具體突破口要由我自己來定。改革開放起步不久的當時，外語閱讀能力和外文資料的獲得是研究中外關係史兩大障礙。萬幸的是，章先生是改革開放後最早同日本學術界建立了學術交流關係的國內學者之一。除了日本學者的饋贈之外，他還利用出訪時節約下來的經費購買和複印了大量中日關係史方面的寶貴史料。屬於章先生私人的這些資料於是就成為我撰寫碩士學位論文《宮崎滔天與興中會》的基本史料。1981 年秋「紀念辛亥革命七十周年國際學術討論會」在武昌召開之際，我的〈試論宮崎滔天與支那革命主義〉有幸入選參會論文，並且作為該會「最年輕的學者」與會。在這次學術盛會上，我不但見到了野澤豐、島田虔次、久保田文次、藤井升三、中村義、狹間直樹、森時彥等等一批從事中國近現代史研究的日本學者，向他們當面請教了許多問題，更重要的是在分科會上聽到狹間直樹教授對中國學者至今沒有人正面研究「大亞洲主義」和孫中山的「大亞洲主義」講演深感不解的批評，感到深深的震撼，於是暗暗立下了攻克這個「難關」的決心。這是第二個「偶然性」的因緣。

　　好事願逢三。1983 年 1 月我成為章開沅教授指導下的第一個博士研究生之後，便將「大陸浪人」和「大亞洲主義」作為相互有機關聯又各

成體系的兩大歷史要素，作為開拓和深化自身學術研究的方向。這個時候，又是章先生通過島田虔次、狹間直樹教授的推薦，促成了我前往日本京都佛教大學文學部史學科的留學機會。攻讀博士學位期間，為期十個多月的這次留學，是我的博士學位論文《辛亥革命與大陸浪人》得以順利完成的治學機緣。這也可以算作第三個「偶然性」的因緣吧。然而這三個因緣，其實每一步都包含著我的終身導師章開沅教授對弟子的關愛之情和培育之恩，可以說這才是推動我在治學的道路上不斷攀登並且樂此不疲的真正的治學機緣，也是可以將一切「偶然性」機緣不失時機地化為「必然性」因素的動源。值此 2020 年的「中國教師節」來臨之際，我謹在這裡再次向章先生表示衷心的感謝！

本書即是基於我的博士學位論文修訂而成。本來在 1991 年 4 月由中國大百科全書出版社出版。但是由於當時提交的是手寫稿，而且我人在國外，聯繫、校對不便，所以錯漏之處較多，給讀者帶來了不便。更要命的是當時的編輯自作主張，在封面上標注的是「趙軍譯」，結果誤導世人，導致不少人向我打聽「原作者是誰？」之類讓人笑不起來的笑話發生（該出版社後來對一部分書的封面做了更正），使這本書的價值無形中也受到傷害。

2014 年我在北京大學歷史學系進行學術訪問，閑暇中承蒙北京大學王奇生教授、臧運祜教授和臺灣的中研院近史所潘光哲教授、政治大學劉維開教授垂詢鄙人的昔年之作，並鼓勵我對舊作修訂後再版，於是使我動了出版本書增修訂版的念頭。本書於是得以透過修訂版的形式，再次呈送給關心這一課題和領域研究的各位學者和讀者，實在也是了卻了我多年心願的一大幸事、一大快事。

修訂版主要從以下幾個方面對筆者的舊作做了新的更動：①對全書的結構進行了必要的調整。在不大面積更動原書結構的前提下對部分章節的標題和內容進行了調整，比對當年的手稿，對誤排、錯排之處進行了更正，對行文不準確和不清晰、簡潔之處進行了適當的修改；②對徵引史料的全部引文、出處進行重新校譯和文字推敲。當年限於資料條件，不得不從某些學術著作中二次轉引史料。這次修訂則最大限度地利

用日本當地圖書資料的利用環境和網路化、數位化的成果，盡最大可能找到最原始的史料進行校譯和推敲，努力提高史料運用的精度；③追加了附錄的部份。當年出版時其實已經預備了文獻一覽和解題等附錄，但是由於篇幅的限制未能一起出版。此次藉修訂版之機，又重新找到了當年的讀書卡片等，錄入後一併呈獻給各位讀者。

　　最後，最令人慶幸的是，當年出版本書初版時未能事先跟章開沅先生聯繫上，故缺了章先生的序言，使我長久引以為憾。此次萬幸有了出版修訂版的機會，並事先求得了章先生執筆的序言，實在也是一大幸事、一大快事。章先生在序言中提到的「知難而進」、「沒有辜負大家的熱切期望」等情，都是事過三十多年後導師對弟子一片不變的關愛和垂顧。我願銘記於胸中，鞭策自己時時不忘初心，繼續勤奮治學，不稍停歇。謹以此以自勉。

趙軍

2020 年 9 月 10 日中國教師節，於東京世田谷喜多見書齋

追記

　　本書從初版到修訂版可謂命運多舛。前半段的經緯我已經在〈後記〉中有了說明，恩師章開沅教授聽說我準備出修訂版的消息後也非常高興，在 2019 年冬為拙著賜撰〈序言〉。開沅師對我的努力有些地方評價較高，令我不安和汗顏。但另一方面我也把恩師的評價當作對學生的期許，定爲今後奮鬥的目標。未承想新冠疫情和隨之而來的變化改變了世界，也改變了出版界。大陸的兩位編輯為拙著的出版聯繫了幾個出版社都沒有結果。這其間，恩師章開沅教授也不幸於 2021 年 5 月 28 日仙逝，這令我因愧對恩師而感到格外沮喪。

　　所幸的是，我跟臺灣的中研院近代史研究所潘光哲教授談到此事後，他為我推薦了秀威資訊科技股份有限公司作為拙著的出版社，從此出版才有了眉目。秀威公司出版部的鄭伊庭編輯，則為拙著從文字碼變換到行文、引文的校核以及與作者隨時的溝通等等各個環節，付出了巨大的努力。在此，謹向潘光哲教授和鄭伊庭編輯以及所有參與本書出版事宜的友人，表示由衷的感謝！並願將這本遲到了數年的研究心得，呈於恩師章開沅教授靈前。

趙軍 記

2024 年 1 月於日本東京

附錄　主要參考文獻一覽與文獻解題

文集、資料集類

廣東省社會科學院歷史研究室等合編：《孫中山全集》（全 11 卷），北京：中華書局，1981-1986 年。廣東省社會科學院歷史研究室、中國社會科學院近代史研究所民國史研究室、中山大學歷史系孫中山研究室合編。是書博採以往出版各種孫中山全集、文集、選集之長，廣徵博收，是當時為止收集內容最為詳備的孫中山全集。自 1981 年 8 月開始出版。共 11 卷。

《孫中山選集》，北京：人民出版社，1981 年第 2 版。該選集第 1 版初版於 1956 年 11 月，第 2 版對第 1 版做了多處新的校訂與增刪，編排次序也略有調整，並將第 1 版的上、下二卷本合訂為一卷。

中共中央馬克思、恩格斯、列寧、斯大林著作編譯局譯：《列寧主義問題》，北京：人民出版社，1964 年，640 頁。

《毛澤東選集》第一卷，北京：人民出版社，1966 年橫排本。

朱文通等整理編輯：《李大釗全集》（全四卷），石家莊：河北教育出版社，1999 年。

《李大釗選集》，北京：人民出版社，1978 年。是書在 1959 年 5 月初版第一次印刷發行。全書編入李大釗在 1913 年至 1926 年間的論文、演講、雜文、講義等一百三十三篇，全部按寫作或發表時間排列，每篇之後並附有注釋，說明文章的出處和作者的署名。

中華書局編輯部編：《魏源集》上卷，北京：中華書局，1976 年。

會澤安：《新論》，岩波文庫版，東京：岩波書店，昭和 16（1941）年。又可參見日本國立國會圖書館數位資料庫（http://dl.ndl.go.jp/info:ndljp/pid/1101932）電子版。

井上哲次郎、上田萬年監修，井野邊茂雄校訂：《勤王志士遺文集，二》，東京：大日本文庫刊行會，昭和 16（1941）年。

加藤政之助：《明治文化全集》第 15 卷，社會篇（續），東京：日本評論社，1982 年。

竹內好編輯、解說：《現代日本思想大系第九卷　亞細亞主義（アジア主義)》，東京：筑

摩書房，1963 年。這是《現代日本思想大系》第 9 冊，全書分為「原型」、「心情」、「論理」、「轉生」四個部分，分別輯錄了岡倉天心、樽井藤吉、宮崎滔天、內田良平、大川周明和尾崎秀實等人有關大亞洲主義的主要論述，並收入了飯塚浩二等人關於大亞洲主義思想的人物介紹的三篇論文，書末還附有「亞細亞主義關聯略年表（アジア主義関係略年表）」，是研究日本大亞洲主義問題最基本的參考資料之一。

樽井藤吉：《大東合邦論》，長陵書林 1975 年 11 月復刻版。是書為長陵書林編輯的《日本思想史資料叢刊》之一，據明治 26（1893）年 8 月版本復刻。全書以漢文寫成，正文之前有柳澤信大、香月恕經的序言，書末附有長陵書林編輯部編寫的〈樽井藤吉關係主要文獻目錄〉。此外還有更老的版本《大東合邦》，該書無版權頁，電子版參見日本「國立國會圖書館數位收藏（國立國会図書館デジタルコレクション）」（http://repository.tku.ac.jp/dspace/bitstream/11150/2055/1/index_2084.djvu）。

永井道雄責任編輯、解說：《日本的名著 33　福澤諭吉》，東京：中央公論社，1969 年。這是《日本的名著》叢書的第三十三冊（全部五十冊），蒐集了福澤諭吉的〈勸學篇〉、〈文明論之概略〉、〈福翁自傳〉及〈西洋事情〉等主要著作，並附有補注、年譜與索引。

慶應義塾編纂：《福譯諭吉全集》第 8 卷，東京：岩波書店，1960 年。

富田正文等編：《福澤諭吉選集》第 1 卷，東京：岩波書店，1980 年；第 5 卷，1981 年。

河野健二責任編輯、解說：《日本的名著 36・中江兆民》，東京：中央公論社，1970 年。這是《日本的名著》叢書的第三十六冊，搜集了中江兆民在《東洋自由新聞》上發表的主要論說文章及〈民約譯解〉、〈三醉人經綸問答〉、〈一年有半〉、〈續一年有半〉等主要著作，並附有補注、年譜與索引等。

色川大吉責任編輯、解說：《日本的名著 39・岡倉天心》，東京：中央公論社，1970 年。這是《日本的名著》叢書的第三十九冊，搜集、翻譯了岡倉天心的〈東洋的覺醒〉、〈東洋的理想〉、〈日本的覺醒〉等主要著作，並附有補注、年譜與索引等。還附有日本近代史另一思想家志賀重昂的著作〈日本風景論〉。

西田長壽、植手通有編：《陸羯南全集》第四卷，東京：美篤書房（みすず書房），1973 年。

植木枝盛：《民權自由論》，明治 12 年 4 月，集文堂版，2 頁。電子版參見日本「國立國會圖書館數位收藏（國立國会図書館デジタルコレクション）」（http://dl.ndl.go.jp/info:ndljp/pid/783715）。

渡邊修次郎：《民情如何》，東京：松井忠兵衛，明治 14（1881）年 8 月出版。電子版參見日本「國立國會圖書館數位收藏（國立國会図書館デジタルコレクション）」

（https://dl.ndl.go.jp/info:ndljp/pid/798688）。

近衛篤麿日記刊行會編：《近衛篤麿日記》（全 5 卷＋附屬文書 1 卷），東京：鹿島研究所
　　出版會，1969 年。第一卷至第五卷為日記正文，第六卷是附屬文書專集，均保存有
　　大量關於近代中日關係史方面的重要資料。第六卷末還附有《近衛篤麿年譜》等。

原奎一郎編：《原敬日記》第三卷，東京：福村出版，1965 年。

《吉野作造博士民主主義論集第六卷　日華國交論》，東京：新紀元社，昭和 22（1947）年。

陳錚編：《黃遵憲全集》（全二冊），北京：中華書局，2005 年。

湖南省社會科學院編：《黃興集》，北京：中華書局，1981 年。《中國近代人物文集叢書》
　　之一，中華書局 1981 年 5 月初版發行。全書共收入黃興歷年所寫的時論、詩文及演
　　講等五百七十餘件，並附錄黃興翻譯的《學校行政法論》等有關文章、告示十件。

陳旭麓主編：《宋教仁集》（全二冊），北京：中華書局，1981 年。《中國近代人物文集叢
　　書》之一，中華書局 1981 年 3 月初版發行。全書收入宋教仁的各種時論、演說、函
　　電等約二百四十餘件，書末並附有〈我之歷史〉（即〈宋教仁日記〉）。

宮崎龍介、小野川秀美編輯、解題：《宮崎滔天全集》全五卷，東京：平凡社，1971-1976
　　年。宮崎滔天不僅是著名的大陸浪人、大亞洲主義者，也是日本近代思想史上的一
　　個重要代表者。本書將散見於各種報刊的宮崎著作及宮崎家所藏的日記、書信、未
　　刊稿和其他資料等彙集一處，加以校訂出版。每集並附有解說、解題及其他附錄等，
　　大大便利了對宮崎滔天的研究。概述曾獲「每日出版文化獎」的「特別獎」。

宮崎滔天：《三十三年之夢》東洋文庫版，東京：平凡社，1967 年。是書為《東洋文庫》
　　叢書的第 100 種，以明治 35(1902)年國光書房發行的宮崎滔天手訂本及大正 15(1926)
　　年明治文化研究會發行的吉野作造校訂本為藍本復刻而成。原版本有誤、脫字句及
　　多處伏字，此次出版時均加以訂正或復原。書末附有吉野作造的《三十三年之夢解
　　題》及宮崎龍介的回憶錄，還有有關人物略傳及地圖、年表等多種。1981 年 8 月，
　　花城出版社與三聯書店香港分店聯合出版了由林啟彥改譯、注釋的該書中譯本，同
　　時還選譯了《東洋文庫》本的兩種附錄。

林啟彥改譯本：《三十三年之夢》，廣州：廣州花城出版社，1981 年。

林啟彥譯注本：《三十三年之夢》，南寧：廣西師範大學出版社，2011 年。

宮崎民藏撰，絲屋壽雄解題：《土地均享・人類之大權》，東京：實業之日本社，1948 年。
　　這是實業之日本社編選的《近代日本文化叢書》之一，全文刊載了明治 39（1906）
　　年 3 月由東京新進書局發行的《土地均享・人類之大權》的原文。卷首有絲屋壽雄
　　為本書寫的解題文章〈明治的土地問題——以宮崎民藏的土地復權運動為中心〉，卷

末附有宮崎民藏寫的家信、日志、論文及土地復權同志會的有關資料。

內田良平:《皇國史談‧日本之亞細亞》,東京:黑龍會出版部,昭和7(1932)年。

內田良平、吉倉凡農著:《露西亞亡國論》,東京:黑龍會本部,1901年。內田良平原著,
　　影山正治監修,大東塾出版社1977年7月發行。是書據明治34(1901)年11月出
　　版的內田良平《露西亞論》原本復刻而成。對於原書被政府當局強令刪節的部分,
　　由宮川悌二郎在書後所附解說文章中予以部分復原,扉頁後還插入了黑龍會印行的
　　《全露西亞鐵道線圖》。

內田良平:《支那觀》,黑龍會大正2(1913)年版。資料來源:「國立國會圖書館數位收藏
　　(國立國會図書館デジタルコレクション)」(http://dl.ndl.go.jp/info:ndljp/pid/949939)。
　　全書共分十一章,自「支那保全論」的起源說起,歷述了中國人的「國民性」、中國
　　革命的性質、列強瓜分中國的形勢等,對日本政府在對華問題上應採取的政策等作
　　了具體的設想。正文中附有權藤成卿所作的大量眉批,卷末還附有〈與山本權兵衛
　　首相書〉,與正文內容可互為補充。

內田良平:〈支那改造論〉、〈支那革命調停案〉。這是內田良平於辛亥武昌首義後寫成的論
　　述中國革命以及日本應當採取何種對策的文章,均發表於黑龍會主辦的雜誌──《內
　　外時事月函》明治44(1911)年12月號上。《內外時事月函》創刊於1911年8月。

內田良平文書研究會(波多野勝等)編:《內田良平關係文書》全11卷＋附錄1卷,東
　　京:芙蓉書房,1994年。

川島浪速:《對支那管見》,無出版社及出版年代,應為非賣品。自序寫於「大正二(1913)
　　年六月」,當為此時出版。這是川島浪速最早寫成的表達自己政見的小冊子,非賣品,
　　封面標有一「秘」字。在〈自序〉中,川島說明該書是在第一次「滿蒙獨立運動」
　　失敗後,為總結經驗教訓,防止再次錯過類似機會而將其付諸印刷的東西,僅頒布
　　於「同志者」之間以供參考。

川島浪速:《對支外交失敗之真因》,出版者不明,1914年5月版。非賣品。

川島浪速:〈支那的病根(支那の病根)〉。這是川島浪速於1924年9月13日在東京帝國
　　飯店所作講演的記錄稿,同年10月由「城南莊同人」將其印刷成冊,頒給因事未能
　　出席當日講演會的「同憂之士」。是書為非賣品,封面標有「秘」字,〈例言〉中並
　　申明因川島演說當時無所忌諱,言辭苛刻,故而此講演稿帶有秘密性質,望讀者注
　　意保管云云。

川島浪速:〈(對支並に對滿蒙の根本的經綸)〉,川島浪速述,大正5(1916)年11月印
　　行,非賣品。是為川島在大連中央公園西園亭內所作的講演的記錄稿,封面標有「極

秘」、「（選擇轉讀者，戒入外人手）」的字樣。

犬養毅著、川崎克編：《木堂政論集》，東京：文會堂書店，1913 年，201-202 頁，參見日本國立國會圖書館數位資料庫（http://dl.ndl.go.jp/info:ndljp/pid/949455）。

小川平吉文書研究會編：《小川平吉關係文書》（全二冊），東京：美篤書房（みすず書房），1973 年。小川平吉是日本近代史上的重要人物之一，他死後留下了數量相當巨大的歷史文獻資料。這些資料不僅反映了小川平吉個人的思想與活動，而且對近代日本政治史及對外關係史也有極大的參考作用。本書第 1 卷主要收錄了小川的日記、月誌 36 種，各種事件始末記錄 19 件及附錄 10 種；第 2 卷主要收錄了文件、信函、電報、會談記錄等 700 餘件

荒尾精：《對清意見》，東京博文館印刷，發行年代不明（從正文末頁和簽署的年代看，似在昭和 20（1945）年 5 月）。全書分為「敘論」、「清國之現狀」、「論東方之大勢、述對清問題之重要兼論我國百年之長計」及「戰後締盟不可或缺之三大要件」等四大部分組成，是保存至今的荒尾精最重要的論著等。

小寺謙吉：《大亞細亞主義論》，東京：寶文館，大正 5（1916）年。

細川嘉六：《亞洲民族政策論（アジア民族政策論）》，東京：東洋經濟新報社，昭和 15（1940）年。

池亨吉：《支那革命實見記（支那革命実見記）》，斷水樓主人（即池亨吉）著，東京：金尾文淵堂，明治 44（1911）年。是書為池亨吉應孫中山之邀參加鎮南關起義後寫的一本見聞錄，最早在《大阪朝日新聞》連載。輯印成書後，孫中山、黃興為之作序、題詞，書末並加上了〈漱岩枕濤錄〉等五種附錄。1927 年 6 月，由樂嗣炳將其譯成中文，上海三民公司初版發行。

平山周：〈支那革命黨及秘密結社〉。最早作為《日本及日本人》雜誌第 569 號附錄，於 1911 年 11 月印行。全書共分五章，分述白蓮會、三合會、哥老會及興中會的起源及活動方式、方法，對於研究清末中國秘密會黨有一定參考價值。其第五章及其附錄〈革命烈士像傳〉，專述中國革命黨人的活動，可供研究興中會、同盟會的參考。

北一輝著，野村浩一、今井清一解說：《北一輝著作集》第二卷，東京：みすず（美篃）書房，1979 年第十八次印刷發行。本書收入北一輝的三篇最主要的著作：〈支那革命外史〉（1915 年撰）、〈國家改造案原理大綱〉（1919 年撰）和〈日本改造法案大綱〉（1923 年由〈國家改造案原理大綱〉改編而成）。其中《支那革命外史》是反映北一輝的對華觀和他與辛亥革命關係最重要的著作，戰後曾被有些人評價為日本人敘述辛亥革命「唯一最高的文獻」。

外務省編：《日本外交年表並主要文書》（上、下二卷），東京：原書房，1965-1966 年版。
　　這是原書房編輯的《明治百年史叢書》中的一種，最早是作為《日本外交文書》的
　　一個「別冊」發行的。上卷記事自幕府末年至 1921 年華盛頓會議時止，下卷記事自
　　1922 年至 1945 年日本戰敗投降時止。每卷各分「年表」及「主要文書」兩部分，以
　　年表為基本線索，配以外務省所藏的各種主要文獻，是瞭解日本近代外交史的最基
　　本資料集的一種。

日本外務省編：《日本外交文書　別冊　清國事變（辛亥革命）》，東京：嚴南堂書店，昭
　　和 57（1982）年。該書為《日本外交文書》第四十四、四十五卷的別冊（單獨成冊
　　的出版物），集中反映了日本外務省所藏文書中最能反映辛亥革命的概貌，反映列強
　　各國在武昌起義前後對華外交活動各個側面的資料（以 1912 年 3 月袁世凱就任臨時
　　大總統時為下限）。全書分為十三個專題，以時間先後為序編排資料。書末附有全部
　　資料按時間為序編製的索引，查找十分方便。是辛亥革命時期中日關係史研究最基
　　本的參考資料之一。

鄒念之編譯：《日本外交文書選譯──關於辛亥革命》，北京：中國社會科學出版社，1980
　　年。是書為中國社會科學院近代史研究所中國民國史研究室主編的《中華民國史資
　　料叢編》的一種，材料選自《日本外交文書》第四十五卷的第一、二分冊、別冊及
　　大正二年第二冊等。全書按內容分類，分八個專題以時間為序選譯了《日本外交文
　　書》中有關辛亥革命的主要文件。譯文以直譯為主，結合意譯方法，簡練而精當；
　　體例編排也較原本簡練。惜缺少一份以時間排列的全文索引，檢索時時感不便。

汪向榮、夏應元編：《中日關係史資料彙編》，北京：中華書局，1984 年。

中國史學會主編：《中國近代史資料叢刊　辛亥革命》（全八冊），上海：上海人民出版社，
　　1957 年。編者：柴德賡、榮孟源等。全書共八冊，每冊圍繞一個或數個主題，編選
　　或摘譯有關資料，是辛亥革命史研究的基本資料集之一。

張國淦編著：《辛亥革命史料》，上海：龍門聯合書局，1958 年。

《日本史史料》，兒玉興多、菱刈隆永編，吉川弘文館昭和 59 年第 18 版發行。是書是以
　　高中生為主要對象編輯的一部史料集，選錄了古代至現代日本歷史上最重要的一些
　　歷史文獻、資料。各篇資料均有詳細的腳注及解說，是利用文獻瞭解日本歷史的一
　　本有益的參考書。

日本文部科學省：《白皮書：學制百年史：六，教學聖旨與文教政策的變化》，
　　（http://www.mext.go.jp/b_menu/hakusho/html/others/detail/1317585.htm，2019 年 12 月 6
　　日）。

熊本女子大學鄉土文化研究所編：《熊本縣史料集成第十二集：明治的熊本（明治の熊本）》，
　　東京：國書刊行會，1985 年。

花立三郎等編：《同志社、大江義塾德富蘇峰資料集》，東京：三一書房，1978 年。

盧明輝編：《巴布札布史料選編》，呼和浩特：中國蒙古史學會，1979 年。

中央檔案館、中國第二歷史檔案館、吉林省社會科學院合編：《日本帝國主義侵華檔案資
　　料選編　汪偽政權》，北京：中華書局，2004 年。

顧廷龍主編：《盛宣懷檔案資料選輯之一，辛亥革命前後》，上海：上海人民出版社，
　　1979 年。

黃美真、張雲編：《汪偽政權資料選編　汪精衛集團投敵》，上海：上海人民出版社，1984
　　年。這是有關汪精衛集團自 1939 年 5 月赴日進行「組府」談判至 1940 年 3 月底汪
　　偽國民政府成立期間的有關歷史資料的彙編。搜錄了大批日文資料、檔案及各種中
　　文文獻、資料等，對於研究汪偽政權成立前後的中日關係史極具參考作用。

定期刊物、出版物類

《興亞公報、興亞會報告》，興亞會機關刊物，明治 13（1880）年創刊。初名《興亞公報》，
　　自第二集改名為《興亞會報告》，半月刊，主要編輯人是草間時福和宮崎駿兒。該刊
　　主要刊載興亞會成員的各種活動、講演的文稿等，以日文為主。後為便利中國、朝
　　鮮士大夫閱讀，改為和（日文）漢文兼用。現存最後一集是第二十四集，明治 15（1882）
　　年 1 月發行。

《東邦協會報告》第一號，明治 24（1891）年。

《時論》第 7 號，明治 31（1898）年 6 月，東京：原安正發行。

《民報》，中國同盟會機關報，1905 年 11 月 26 日創刊。初定為月刊，後變為不定期刊，
　　民報社發行。主編為張繼（實際主持者為胡漢民），繼為章炳麟，主要撰稿人有陳天
　　華、汪精衛、朱執信、廖仲愷和宋教仁等。科學出版社首於 1957 年影印出版其第一
　　期至第二十六期及增刊號《天討》，但缺第二十七期，該期現已收入黃季陸主編的《中
　　華民國史料叢編》的 A23 種第八冊中。

革命評論社：《革命評論》。編者為宮崎滔天，發行兼印刷者為青梅敏雄。主要撰稿人除
　　宮崎滔天外，尚有清藤幸七郎、萱野長知、和田三郎、池亨吉和北一輝等。1907 年
　　3 月 25 日停刊。該報每期尚附有《土地復權同志會紀事》兩版一併發行，主要撰稿
　　人為宮崎民藏和相良寅雄。復刻版收於勞動運動史研究會編：《明治社會主義史料集，
　　第 8 集（東京社會新聞、革命評論）》，東京：明治文獻資料刊行會，1962 年。

《黑龍》，黑龍會機關刊物，月刊，明治 34（1901）年 3 月創刊發行。最初刊名為《黑龍
會會報》，自 1901 年 5 月號起更名為《黑龍》。主要創辦人為內田良平、葛生玄晫、
佃信夫、葛生修亮等，1903 年 4 月起因財政困難休刊，1907 年 4 月復刊，1908 年 4
月改名為《亞細亞時論》。

黑龍會本部編：《內外時事月函》，東京：黑龍會本部，1911 年 12 月號。

《太陽》，日本最早的綜合性雜誌，月刊（一度改為半月刊），1895 年 1 月創刊，東京博
文館出版發行。初期創辦人及編輯是坪谷善四郎、高山樗牛、鳥谷部銑太郎、淺田
彥一、浮田和民等。1928 年停刊。

《新日本》，綜合性雜誌，月刊，1911 年 4 月創刊，東京富山房出版發行。該雜誌以大
隈重信為「主宰（最高負責人）」，主要編輯人為青山胤通、有賀長雄、加藤弘之、
阪谷芳郎等。

中國社會科學院近代史研究所編：《近代史資料》總第 55 號，北京：中國社會科學出版
社，1984 年。

傳記、年譜、回憶錄類

黑龍會編：《東亞先覺志士記傳》上、中、下 3 卷，東京：原書房《明治百年史叢書》，
昭和 41 年（1966）復刻版。為原書房（出版社）編輯的《明治百年史叢書》之一種，
據黑龍會 1933 年出版的原本復刻而成。原書是昭和 5 年黑龍會為紀念創立 10 周年
由內田良平倡議發起的撰述活動之一。本書專門用以「顯彰」所謂「東亞問題」「先
覺志士」在近代日本對外活動中建立的「事迹」，上、中卷及下卷前半部分以紀事本
末體寫成，歷述所謂「東亞志士」的各類活動。下卷後半部分為個人列傳。是書敘
事較詳，編纂者又多為大陸浪人隊伍中人，故其記事歷來為研究大陸浪人活動者所
重視。

東亞同文會編：《對支回顧錄》（上卷），東京：原書房《明治百年史叢書第 69 卷》，昭和
43 年 6 月復刻發行。東亞同文會編：《對支回顧錄》（下卷）東京：原書房，1981 年
6 月第 2 次印刷發行。是書為原書房編輯的《明治百年史叢書》之一種，據東亞同
文會 1936 年出版的原本復刻而成。下卷是繼上卷紀事本末體寫成的「對華外交回顧」
內容之後而寫成的列傳部分，共收錄自明治初年至 1936 年間日本各界的所謂「對支
功勞者」的個人傳記，是研究大陸浪人活動的基本資料之一。

東亞同文會編：《續對支回顧錄》（上卷），東京：原書房，1968 年復刻發行；（下卷）東
京：原書房，1973 年復刻發行。是書為原書房編輯的《明治百年史叢書》之一種，

據東亞同文會 1941 年出版的原本復刻而成。與《對支回顧錄》下卷相同，本書仍是列傳部分，收錄了《對支回顧錄》下卷定稿後一部分尚活在世上的大陸浪人的個人傳記，可補《對支回顧錄》下卷及《東亞先覺志士記傳》下卷傳記部分之不足。

霞山會（代表：神谷卓男）編輯：《近衛霞山公》，東京：霞山會發行，大正 13（1924）年。

田中惣五郎：《大陸的先驅者（大陸の先驅者）》，東京：興亞文化協會，1939 年。為了給日本帝國主義的大陸政策尋找根據，作者從幕末明治初年對東亞形勢發表過言論思想的日本人中選取了佐藤信淵、本多利明等十一人為代表進行了介紹，敘述、歌頌了他們試圖「征服」大陸，實行海外殖民活動的「經略」。是右翼勢力開展軍國主義思想、主張宣傳的代表作之一。

井上雅二：《巨人荒尾精》，東京：左久良書房，明治 43（1910）年 9 月出版。

杉亨二：《杉亨二自敘傳》，大正 7（1918）年，杉八郎發行版。

的野半介編：《江藤南白》下卷，東京：原書房，1968 年。

渡邊龍策：《馬賊頭目列傳：馳騁荒野的男人的活法（馬賊頭目列伝：広野を駆ける男の生きざま）》，東京：秀英書房，1983 年。作者幼年時，曾隨其父親渡海來華，在中國居住二十五年之久，歸國後任中京大學教授等職，著有《馬賊》、《川島芳子》等書。是書為繼《馬賊》一書之後，以「馬賊」各主要首領為對象寫成的一本群傳，介紹了張作霖、馬占山及日本浪人伊達順之助、根本豪一、薄益三等人的生平及活動。為了使讀者對「馬賊」隊伍與日本的關係有較深的理解，正文的前二章還專門介紹了大陸浪人與馬賊的由來。

內山完造：《花甲錄》，東京：岩波書店，1960 年。

德富蘇峰：《蘇峰自傳》，東京：中央公論社，昭和 10（1935）年。電子版見日本《國立國會圖書館數位收藏（國立國會図書館デジタルコレクション）》（https://dl.ndl.go.jp/info:ndljp/pid/1236758）。

藤本尚則：《巨人頭山滿翁》，東京：文雅堂書店，昭和 17（1942）年。全書分「天」、「地」、「人」三篇，每篇又分為若干段落，冠以小標題，詳細記述了頭山滿的生平及其主要言行。是書為頭山滿最早的言行錄，其記載都為後出的多種資料集所轉引，其編排體例也為其後諸種有關頭山滿的書籍所沿用。

都筑七郎：《頭山滿——一個巨大的形象（頭山滿——そのどでかい人間像）》，東京：新人物往來社，昭和 49（1974）年。

《頭山滿翁正傳》，編纂委員會編，西尾陽太郎：《頭山滿翁正傳——未定稿》，福岡：葦書房，1981 年。是書的編纂始於 1942 年秋，編纂委員會以玄洋社成員為主體，完稿

時間大概是在 1944 年，但是延至 1981 年才公開出版發行。全書共分六大部分：一，
〈序說〉，是編纂委員會對頭山滿一生「功業」的概述及評價；二，〈本傳〉，共分七
章，是傳記的主體部分；三，〈逸話〉，輯錄了有關頭山滿的各種軼聞；四，〈清話〉，
輯錄了頭山滿的一些主要言論；五，〈論贊〉，是三浦梧樓、杉浦重剛等人對頭山滿
的評價；六，〈年譜〉。最後還附有〈葦津珍彥談話筆記〉和西尾陽太郎為全書寫的
解說。

薄田斬雲：《頭山滿翁的真面目（頭山滿翁の真面目）》，東京：平凡社，昭和 7（1932）
年。是書以傳記體寫成，自童年生活開始，歷述頭山滿一生的主要活動及言論。是
盧溝橋事變爆發後，日本右翼分子為煽動戰爭狂熱而編印的最早的一批軍國主義宣
傳品。

薄田斬雲：《頭山滿翁一代記》，東京：岡倉書房，1937 年。

田中稔編：《頭山滿翁語錄（頭山滿翁語錄）》，東京：皇國青年教育協會，1943 年。該
書編印於太平洋戰爭爆發後的第三年，顯見是法西斯主義右翼團體為鼓舞「士氣」
而編印的宣傳品之一。全書編排內容不分年代，各條目也無時間、場所，僅個別處
加有若干解釋。

吉田鞆明：《巨人頭山滿翁的話（巨人頭山滿翁は語る）》，東京：感山莊，昭和 14（1939）
年。是書為語錄集兼回憶錄綜合而成的著作，分「警世秘話」、「翁的日常生活」、「翁
的平生」及「話說頭山翁」等幾個部分，記錄了頭山滿在各個時期所發表的言論及
行動。最後一部分「話說頭山翁」，收錄了犬養毅、德富蘇峰、松岡洋右及末永節等
人對頭山滿的評介。

中野刀水編：《頭山滿翁的話（頭山滿翁の話）》，東京：新英社，昭和 11（1936）年。是
書分為「翁的話」和「翁的逸話」兩部分，以言行錄形式編成，材料來源主要是雜
賀鹿野所作的頭山講話記錄、中野刀水本人所作的記錄以及藤本尚則的《巨人頭山
滿翁》三個部分。就史料的可靠性來講，本書與《巨人頭山滿翁》當為頭山滿最早
的言行錄的兩種，受右翼軍國主義分子為侵略戰爭的需要而進行增刪改纂的可能性
比後來諸書要小。

鈴木善一：《興亞運動與頭山滿翁》，東京：照文閣，昭和 16（1941）年。是書的主要部
分仍為頭山滿的言行錄，內容與其他同類書籍大致相同。無章節安排，僅以頭山滿
言論的內容分為若干段落。

長谷川義記：《頭山滿評傳：人格與生涯（頭山滿評伝：人間個と生涯）》，東京：原書房，
1974 年。作者以為，有關頭山滿的圖書雖然已經出版了許多，但沒有一本能夠正確

地記錄他的一生的傳記，所以作者以頭山滿身上所表現出來的特異的「人格（人間個）」為主線，把頭山滿作為一個「極平凡的市井平民」來考察並撰寫了該書。全書分為〈評傳〉與〈人格論〉兩個部分，前一部分重點敘述頭山滿的「生涯」，後一部分將頭山滿的所謂「特異的個性」抽取出來在傳記之外加以詳述。

葦津珍彥：《大亞細亞主義與頭山滿（大アジア主義と頭山滿）》，東京：日本教文社，1965年初版，1984年增補版。該書以頭山滿的一生經歷為主要線索，敘述了頭山在大亞洲主義方面的言論及行動，重點介紹了玄洋社反對井上、大隈條約修改案的活動、頭山滿與朝鮮開化黨和中國革命黨人之間的交往等內容。該書主要參照《玄洋社社史》、《巨人頭山滿翁》等書寫成，但因作者本人與頭山滿也有過一些直接交往，故在個別地方也有一些第一手資料可供參考。

葦津珍彥：《武士道：戰鬥者的精神（武士道：戰鬥者の精神）》，東京：德間書店，1969年。作者認為，「武士道」並不是在德川時代被教條化、「形式化」了的東西，而是日本人在生死未卜的戰鬥中自然而然形成的「智慧」、「情感」，是「戰鬥者的精神」，在當今的國際競爭時代尤其有其現實意義。於是他從日本中古及近代的武士中選取了後藤右兵衛、高杉晉作、頭山滿、內田良平等十餘人為最富於「武士道」精神的歷史人物，介紹了他們的思想與行動。全書由八篇獨立的文章構成，均曾先後在《新勢力》或《精神科學》等雜誌上發表過。

內田良平著，西尾陽太郎解說：《硬石五拾年譜——內田良平自傳》，福岡：葦書房，1978年。這是以年譜形式寫成的，敘述內田良平前半生活動的著作，原稿藏內田治處，是油印本的上下兩冊。從筆記上看，該稿共由三人合作謄寫，但從文體上看，當為內田良平本人所撰寫的東西，全文敘事始於內田良平的幼年及家世，止於明治41（1908）年內田良平在朝鮮組織一進會「自衛團」。對於內田青年時代的思想及活動特別是參加所謂的「日韓合邦」活動的情況多所敘述。原稿上卷結尾處標有「昭和2年12月14日輯記（上卷了）」的字樣，當是上卷脫稿的時間，即1927年。下卷的完稿時間大約是昭和3（1928）年左右。是書的完成既早於《日韓合邦秘史》，又早於《東亞先覺志士記傳》，且最初寫作的目的並不在於公開發表，故其作為史料的可靠性當高於此二書。

黑龍俱樂部編：《國士內田良平傳》，東京：原書房，1967年。是書的編纂動議於1964年12月，成書於1967年9月，是黑龍俱樂部為紀念內田良平去世三十年的「事業」之一，執筆者為片岡駿。該書雖然基本上是參照《東亞先覺志士記傳》、《日韓合邦秘史》、《日支交涉外史》、《黑龍會三十年事曆》等書寫作而成，但因其編纂委員會

中多人與內田良平有直接、間接交往，又得以運用原黑龍會成員中所保留的許多未發表資料，故在一些具體史實的敘述中也能夠補《東亞先覺志士記傳》等書之不足。書末並附有《內田、平岡兩家略譜》、《內田良平傳記年表》和《內田良平主要論文並著作年表》等多篇，均有一定參考價值。

龍澤誠著：《評傳　內田良平》，東京：大和書房，1976 年。這是大和書房編輯的人物評傳系列圖書的第二部。全書以對培育了內田良平的幕末福岡藩勤皇黨精神的分析為縱軸，對內田良平由國權主義而大亞洲主義，由朝鮮、俄國問題而中國問題的思想發展軌迹進行了追踪和分析。作者聲稱，過去有關黑龍會或內田良平的著述，或是受教條主義歷史觀先入為主概念下的產物，或是與內田良平同屬一個陣營的人物寫下的無批判的、表彰性的東西，都帶有濃重的政治色彩。這本書將基本上移居第一手資料，得出不偏不倚的結論，以期達到對內田良平的「正確理解」云云。

吉倉汪聖著、清藤幸七郎編：《天佑俠》，東京：長陵書林，1981 年復刻版。全書敘述了「天佑俠」產生的原委及其赴朝活動的前後概況，敘述具體而詳盡，可與《東亞先覺志士記傳》、《國士內田良平傳》等書的有關記載比照閱讀。

葛生能久著：《日韓合邦秘史》上卷，東京：黑龍會出版部，昭和 5（1930）年。參見《國立國會圖書館數位收藏（國立國会図書館デジタルコレクション）》（http://dl.ndl.go.jp/info:ndljp/pid/1225270）。是書為黑龍會為紀念該會成立三十周年而出版發行的書籍，歷述了內田良平等人在所謂的「日韓合邦」活動中的所作所為。作者將許多重要的史料公之於眾，目的是想通過對「日韓合邦」的宣傳，歌頌日本吞併朝鮮的「業績」，為內田良平等人在「合邦」中所受的「不公待遇」鳴不平，所以本書的侵略擴張主義宣傳傾向是顯而易見的。上卷附有《黑龍會創立三十年事曆》，下卷附有內田良平的《日韓合邦回想錄》，都是研究黑龍會及內田良平活動史的重要史料。

萱野長知：《中華民國革命秘笈》，東京：皇國青年教育協會，昭和 16（1941）年。該書以孫中山的個人經歷為經，以中國革命為緯，概述了辛亥革命前後作者的所見所聞。由於萱野自 1905 年前後即參加中國的革命運動，與孫中山、黃興等人有較密切的交往，故該書在某些具體史實的敘述上可靠性較高，常可補其他資料之不足。卷首附有大量珍貴歷史照片與孫中山、黃興等人的手跡圖片，卷末附有《革命密話》、《唱和集》、《孫中山年譜》，還有二次革命失敗後亡命日本的革命黨人寫成的數十份《誓約書》的影印照片。

廣東省哲學社會科學研究所歷史研究室等編：《孫中山年譜》，北京：中華書局，1980 年。是書為《中華民國史資料叢稿》之一，開始編寫於 1964 年 5 月，歷時十餘年方編纂、

修訂完畢，是 1980 年代為止分目最細、史事及年代考訂最為精當的孫中山年譜。但隨著近年來有關孫中山的新史料不斷被發掘、公開，不久的將來，仍有必要對該書加以增訂，以期進一步之完備。

吳湘湘：《孫逸仙先生傳》（上、下二冊），（臺灣）遠東圖書公司 1982 年版。是書為作者繼《孫逸仙博士傳》之後寫成的又一部孫中山傳記，廣泛徵引了國內外各種史料及當時研究孫中山的最新成果寫成，對大陸學者在 1949 年後三十餘年的研究成果也予以充分重視。全書共分五篇，五十章，不但敘述了孫中山個人的一生，也有助於瞭解孫中山所處的時代及整個中國革命派的活動全貌。

毛注青編：《黃興年譜》，長沙：湖南人民出版社，1980 年。本書以年譜正文為主幹，引用大量原始資料進行輔助說明。每年為一段落，先紀國內外重要事件，次紀譜主生平事迹。對於資料的訛誤、脫漏、衍文等處，也一一校勘說明。是書當屬成功的年譜類著作之一。

馮自由：《革命逸史》（全 6 冊），北京：中華書局，1981 年。是書寫成於 1939 年至 1948 年，商務印書館出版過前五集。馮自由早年參加興中會、同盟會，後來又任北洋政府臨時稽勛局局長。該書所述，不少是作者親歷、與聞或掌握有第一手資料寫成的東西，是辛亥革命史研究的重要資料。

中國人民政治協商會議全國委員會文史資料研究委員會編：《辛亥革命回憶錄》，北京：文史資料出版社，1963 年，第一集。是為紀念辛亥革命七十周年組織部分中國政協委員寫成的回憶錄集。全書共六集。

上村希美雄：《宮崎兄弟傳》，福岡：葦書房。日本篇（上、下二卷，1984 年刊行），亞洲篇（上、中、卜三卷，1987、1996、1999 年刊行），完結篇（作者去世後的 2004 年由「宮崎兄弟傳完結篇刊行會（筆者也應邀參與其活動與捐款）」刊行）。這是以宮崎四兄弟（八郎、民藏、彌藏、滔天）為對象的傳記性著作，日本篇上卷第一部敘述了宮崎八郎短暫而又充滿人生驚濤駭浪的一生，第二部敘述了宮崎民藏、彌藏、滔天在家庭和社會的影響下，求學和遍求真理的過程。下卷是日本篇的第三部，主要敘述了彌藏和滔天兩兄弟確立「支那革命主義」和尋找實現自己理想而苦苦探求的過程。全書氣勢宏大，搜集資料精闢，考訂細密，是研究宮崎兄弟思想和行動的代表作。

瀨口吉之助：《宮崎八郎的生涯（宮崎八郎の生涯）》，東京：產業動向研究所，昭和 53（1978）年。作者是熊本縣玉名市人，著作有《玉名郡市歷史物語》等書。本書主要以司馬遼太郎《宛如飛翔》和《宮崎滔天全集》為基礎，並參照了玉名市部分居

民保存的鄉土史史料寫成，概述了宮崎八郎的一生，並就八郎對宮崎家其他三兄弟的影響作了介紹。

渡邊京二：《評傳　宮崎滔天》，東京：大和書房，1976 年。為大和書房編輯的《評傳系列叢書》的第一種，重點分析了宮崎滔天一生的思想變遷及其主要活動。

近藤秀樹編：《宮崎滔天年譜稿》，《宮崎滔天全集》第 5 卷，東京，平凡社昭和 51 年（1976）版。中文譯文載中南地區辛亥革命史研究會編：《辛亥革命史叢刊》第一輯，中華書局 1980 年。原載《宮崎滔天全集》第五卷，中文版由禹昌夏譯。編者自述該年譜是以滔天本人的記述為經，以有關旁證資料為緯，編寫而成。文中初詳盡列出宮崎滔天一生的主要活動、著述基本情況外，還採擷了一些較為稀見的旁證史料以附條形式穿插於正文之中，對於宮崎在一個重要歷史事件前後的思想及表現的背景做了交代。有關大陸浪人的年譜中，以此年譜的體系最為得當，考訂也較為精準。不足之處則在於利用的中文資料不夠。

宮崎龍介：〈先父滔天的一些往事（父滔天のことども）〉，東洋文庫版《三十三年之夢》，東京：平凡社，1967 年。

山浦貫一編：《森恪》，東京：森恪傳記編纂會，1940 年。全書分「少年時代」、「青年時代」、「在實業界活躍的時代」、「進入政界時代」、「外務政務次官時代」、「活躍於在野黨中時代」、「內閣書記官長時代」等篇，基本以傳記形式寫成，概述了森恪一生的主要經歷與活動。傳記部分之後，另有「文叢篇」和「反響卷」，輯錄了森恪的詩文及《森恪》出版本發行後日本各界的反響。

影佐禎昭：《曾我路走記》，出版者不明，1943 年 12 月打印本。

古島一雄：《一個老政治家的回想（一老政治家の回想）》，東京：中央公論社，1951 年。是書為古島一雄對於自己五十年政治生涯所做的一個回顧（此外還著有《古島一雄回憶錄》、《古島一雄清談》等），其中的第四、第五、第六及第十二章都與中國的辛亥革命有關。古島氏與孫中山有過數次交往，又與犬養毅及大陸浪人等關係密切，所述各事對於瞭解當時史實均有較重要的參考價值。

何乃英：《泰戈爾傳略》，天津：天津人民出版社，1983 年。

內山完造：《花甲錄》，東京：岩波書店，1960 年。

通史、專史類

竹越與三郎：《新日本史》，東京：民友社明治 24（1891）年。電子版參見日本《國立國會圖書館數位收藏（國立國會図書館デジタルコレクション）》（https://dl.ndl.go.jp/

info:ndljp/pid/1082731）。

家永三郎、黑羽清隆共著：《新講日本史》（增補版），東京：三省堂，1976 年。該書主
　　要是為日本高中畢業之後尚想進一步學習日本歷史的青年預備的一本參考書，敘述
　　內容自日本的原始社會直至第二次世界大戰後的現代日本。為了彌補一般教科書史
　　少論多的特色，該書引用大批原始資料、圖表、地圖等對日本史進行縱、橫兩個方
　　面的圖解，對於研究與把握日本歷史的總過程、總趨勢有一定的幫助。

井上清：《日本歷史（日本の歷史）》（上冊），岩波新書（青版）500，東京：岩波書店，
　　1963 年；（中冊），岩波新書（青版）500b，1965 年；（下冊），岩波新書（青版）500c，
　　1966 年。這是《岩波新書》叢書中的三本，是作者積多年研究成果寫成的通史類專
　　著。上卷敘事自原始社會的日本至幕府「鎖國」，中卷敘事自幕末社會矛盾的尖銳、
　　開國及維新以至天皇制的完成，下卷敘事自第一屆帝國議會至第二次世界大戰後的
　　現代日本。商務印書館將其全部翻譯出版（內部發行）。

小西四郎：《日本的歷史 19　開國與攘夷》中央公論社 1974 年 7 月第一版發行。這是「中
　　公文庫」《日本的歷史》叢書第十九冊，敘述開國前後日本歷史演變的基本線索。作
　　者小西四郎，原為文部省維新史料編纂事務局工作人員，著有《日本全史・近代 I》、
　　《新日本史大系》第 5、6 卷等書。

井上清：《日本的歷史 20・明治維新》，東京：中央公論社，1974 年。這是「中公文庫」
　　《日本的歷史》叢書第二十冊，敘述明治維新前後日本歷史演變的基本線索。作者
　　井上清是京都大學人文科學研究所名譽教授，著有《日本歷史》、《日本的軍國主義》
　　等著作。

色川大吉：《日本的歷史 21・近代國家的起點》，中央公論社 1974 年 7 月第一版發行。這
　　是「中公文庫」《日本的歷史》叢書的第二十一冊，敘述明治維新之後日本社會在各
　　方面發生的巨大變化，概略介紹了自由民權運動、自由黨的活動，工業的產生及《大
　　日本帝國憲法》的產生等重大歷史事件的基本線索。作者色川大吉是東京經濟大學
　　教授，著有《明治精神史》、《明治的精神》、《明治的文化》等著作。

隅谷三喜男：《日本的歷史 22・大日本帝國的試煉》，東京：中央公論社，1974 年。這是
　　「中公文庫」《日本的歷史》叢書的第二十二冊，敘述從甲午戰爭到明治結束期間日
　　本帝國主義成長、發展的歷史，重點介紹了日本的產業革命、工人運動與社會主義
　　運動、「亞洲的覺醒」、日俄戰爭及吞併朝鮮等重大歷史事件。作者隅谷三喜男是東
　　京女子大學校長、教授，著有《日本雇傭勞動史論》、《近代日本的形成與基督教》
　　等著作。

山本弘文、寺谷武明、奈倉文二著：《近代日本經濟史》，有斐閣 1984 年 1 月初版第三次
　　印刷發行。這是《有斐閣新書》叢書的 B 類第 50 種，對戰後日本學術界經濟史各種
　　具體研究成果進行綜合、整理而寫成的通史類經濟專史著作。全書分三章概述了日
　　本經濟建立、發展及第二次世界大戰中走向崩潰的歷史，對各個時期日本經濟的特
　　徵做了重點說明。

滿穎之編：《日本經濟地理》，北京：科學出版社，1984 年。

樊亢等主編：《主要資本主義國家經濟簡史》，北京：人民出版社，1973 年。

楣西光速等著：《日本資本主義的發展》中譯本，北京：商務印書館，1963 年。

萬峰：《日本近代史》，北京：中國社會科學出版社，1978 年。是書 1978 年 8 月第一版出
　　版後受到讀者歡迎，於是作者復於 1980 年 2 月將原書加以增訂後再版發行。作者自
　　述該書「為了更好地揭示日本近代歷史發展的規律性和較為深入地闡述問題起見」，
　　擺脫一般通史類著作按編年順序臚述史實的體例，有意識地在章節上突出了關於明
　　治維新、近代天皇制和日本經濟發展以及帝國主義形成等問題，並加以深入探討。
　　這當是該書的最大特點。

呂萬和：《簡明日本近代史》，天津：天津人民出版社，1984 年。是書為繼萬峰的《日本
　　近代史》之後中國學術界的又一部日本斷代史專著。全書以十一章的篇幅概述了 1853
　　年至 1945 年這 92 年間日本近代歷史的基本進程，敘事簡明扼要，內容以政治史為
　　主，兼及經濟、軍事、文化等各個方面，間亦聯繫對比中國近代史，作為通史來說，
　　是一本成功的著作。書末並有八種「附件」，亦是瞭解日本近代歷史的不可少的資料。

細川嘉六：《亞洲民族政策論（アジア民族政策論）》，東京，東洋經濟新報社，昭和 15
　　年 12 月版。

鄒魯著：《中國國民黨史稿》，臺灣商務印書館，1965 年 10 月發行。是書最早出版於 1919
　　年，再版於 1929 年，以〈組黨〉、〈宣傳〉、〈革命〉三篇歷述興中會、同盟會及國民
　　黨早期的歷史，是辛亥革命史研究的主要參考書之一。此次臺灣商務印書館版本，
　　未見任何更動。

渡邊龍策：《近代日中民眾交流外史》，東京：雄山閣 1981 年。本書雖冠以「民眾」交流
　　外史，實際仍是描寫大陸浪人在華活動的專門書籍。全書共七章，自「大陸雄飛」
　　的時代背景談起，歷述了玄洋社的產生，大陸浪人在中國進行政治、間諜活動的由
　　來以及日本浪人在「滿蒙獨立運動」、「護國戰爭」、「北伐戰爭」中的活動等等。

河原宏：《近代日本的亞洲認識（近代日本のアジア認識）》，雷古魯斯文庫 55，東京：
　　第三文明社，1976 年。

滿川龜太郎：《三國干涉以後（復刻版）》，東京：傳統與現代社，1977 年。

板垣退助：《自由黨史・題言》，宇田友猪、和田三郎共編：《自由黨史　上卷》，7 頁。
　　參見日本國立國會圖書館數位資料庫（http://dl.ndl.go.jp/info:ndljp/pid/991339）。

玄洋社社史編纂會：《玄洋社社史》，東京：玄洋社社史編纂會，1917 年。據該書〈緒言〉
　　所說，大正初年，中野天門、葦津耕次郎、菊池秋四郎和幡桂正木等人「憂於國民
　　對外精神之萎靡」，欲「振作」、「鼓舞」之，遂發起組織編纂會，編寫出版了該書。
　　全書自上古的對外關係和福岡的鄉土風氣講起，以五篇三十六節的體例，歷述了玄
　　洋社的成立、發展過程，玄洋社員們的主要活動（下限為 1915 年）和玄洋社主要成
　　員的略歷等。作者雖站在國權主義、擴張主義的角度對玄洋社的活動多所粉飾和美
　　化，但從年代上來講，該書是出版最早的玄洋社專史，所以仍是研究玄洋社歷史的
　　基本參考資料。

黑龍會編：《黑龍會三十年事曆》，東京：黑龍會，昭和 6（1931）年。該書在昭和 5（1930）
　　年作為《日韓合邦秘史》的附錄公開發表。卷首附有黑龍會成立時通過的〈趣意書〉、
　　〈主義〉、〈綱領〉的全文，正文以時間為序，羅列了黑龍會自明治 34（1910）年
　　成立以來至昭和 5 年期間的基本活動情況。

大學史編纂委員會編：《東亞同文書院大學史》，東京：社團法人「滬友會」，1982 年。
　　是書為東亞同文書院創立八十周年的紀念出版物，非賣品。「滬友會」則是東亞同文
　　書院大學歷年畢業生在日本國內結集而成的一個團體。全書共分五編：第一編「前
　　史」，介紹日清貿易研究所成立前後的情況；第二編「東亞同文會」，介紹東亞同文
　　會的創立、變遷及所辦事業；第三編「東亞同文書院大學」，介紹從南京同文書院到
　　東亞同文書院大學的演變；第四編「歷代院長、學長和同窗生各界的活動」，有歷屆
　　院長、校長的略傳、各期畢業生及該校教授的基本情況及學生們的活動；第五編「回
　　想錄」，是現存滬友會成員們的各種回憶錄結集。

學術著述：專著、論文集類

岡義武：《從民權論到民族主義（民権論からナショナリズムへ）新裝版》，明治史料研
　　究聯絡會編：《明治史研究叢書 4》，東京：御茶水書房，1966 年。是書為《明治史
　　研究叢書》的第四種，由以下幾篇文章構成：岡義武的〈明治初期自由民權論者眼
　　中的國際局勢〉、鈴木宏藏的〈植木枝盛的人民卞權論〉、西田長壽的〈馬場辰猪〉、
　　丸山真男的〈陸羯南和國民主義〉、隅谷三喜男的〈天皇制的確立過程與基督教〉和
　　遠山茂樹的〈民法典論爭的政治史考察〉等，由家永三郎撰寫卷首的〈解說〉。各論

文均為 1957 年以前的研究成果，但對於自由民權運動的歷史以及日本民族主義思想發展的歷史的研究來說，它們以其廣博的資料搜集或者獨到的研究分析見長，仍有一定的參考作用。

唐木順三、竹內好共編：《近代日本思想史講座第八卷　世界中的日本（世界のなかの日本）》，東京：筑摩書房，1961 年。這是一本論文集，輯錄了 27 位學者就近代日本政治、經濟、文化各界與中國有關的 70 個代表人物所寫的 34 篇論文，其中岡義武的〈國民的獨立與國家理性〉、松本三之介和野村浩一的〈國民使命觀〉、藤田省三的〈體制的構想〉、加藤周一的〈日本人的世界像〉和唐木順三的〈外國人的日本觀〉等，從各個不同的角度論述了近代日本人對世界局勢的認識和反映的各個過程及表現。另外還有一篇論述《北京周報》和《順天時報》的文章。本書中的每篇論文一般選取經歷或思想相近的兩個歷史人物進行對照研究，通過他們的思想或行動來考察近代中日關係史的源流與演變。執筆者多為日本學術界中研究中國及日本近代政治、思想史的知名學者。

酒田正敏：《近代日本對外硬運動研究（近代日本における対外硬運動の研究）》，東京：東京大學出版會，1978 年。是書為研究「對外硬運動」的專門著作，作者徵引了大量原始資料，條分縷析，概述了對外硬運動的各個時期、各個團體的演變及活動。全書共分四章。第一章，日清戰爭前的對外硬運動；第二章，日清戰爭的對外硬運動；第三章，國民同盟會的活動；第四章，日俄戰爭與對外硬運動。敘事起於十九世紀八十年代末，止於二十世紀初，是目前同專題中論述最為詳盡的著作。

遠山茂樹：《明治維新與現代（明治維新と現代）》，岩波書店 1982 年 2 月第十五次印刷發行。是書為《岩波新書》叢書的 D 類第 119 種，是作者以 1965 年 7 月的兩次講演內容為基礎改寫而成。全書重點分析明治維新前後日本的國內外形勢及人民的作用，對明治維新的歷史作用及其影響（特別是日本帝國主義形成的背景）進行了剖析。

高橋正雄監修：《日本近代化與九州・九州文化論集 4（日本近代化と九州九州文化論集四）》，東京：平凡社，昭和 47（1972）年。這是《九州文化論集》的第四卷，以日本近代化過程中的九州為主要考察對象。全書共分四個專題：Ⅰ，「世界的近代化和日本的近代化」（高橋正雄撰）；Ⅱ，「九州近代的思想狀況」（西尾陽太郎撰）；Ⅲ，「九州近代產業的產生」（今津健治撰）；Ⅳ，「九州煤礦業勞動關係的近代化」（奧田八二撰）。以近代思想發展為對象的第二個專題的研究，系統論述了國權論在九州的形成、發展的社會基礎與過程，並且概述了九州的大陸浪人與辛亥革命的關係。書末有附錄，並收入了保存在內田良平家的《辛亥革命有關資料》，分為書簡集、電

文集、三井借款有關資料三大部分，都是反映大陸浪人在武昌起義爆發前後與辛亥
革命關係最重要的原始資料。

藤井升三：《孫文研究：以其民族主義理論發展為中心（孫文の研究：とくに民族主義理
論の発展を中心として）》，東京：勁草書房，1966 年。這是作者以孫中山的民族主
義思想的發展、變遷及與對日關係的過程為對象寫成的研究專著。全書共分四章，
第一章論述第一次世界大戰之前的孫中山與日本；第二章論述 1919 年的南北議和會
議和孫中山民族主義的轉折；第三章論述轉折後的孫中山民族主義思想；第四章則
專論孫中山 1924 年的訪日活動及「大亞洲主義」演說。全書資料詳實，觀點明確，
是日本學術界孫中山研究方面的優秀著作之一。

上村希美雄：《民權與國權的狹縫之間明治草莽思想史備忘錄（民権と国権のはざま明治
草莽思想史覚書）》，福岡：葦書房，昭和 51（1976）年。

後藤靖：《自由民權：明治的革命與反革命（自由民権：明治の革命と反革命）》，中公新
書 279，東京：中央公論社，1972 年。這是《中公新書》叢書的第 279 種，專門論
述「自由民權運動」的基本概況及革命、反革命兩大陣營的尖銳對抗。作者是立命
館大學教授，著有《自由民權運動》等著作多種。

野村浩一：〈走向亞細亞的軌跡──宮崎滔天的思想和行動（「アジア」への航迹──宮
崎滔天の思想と行動──）〉，本文原為《宮崎滔天全集》第二卷的解說，現收入作
者的論文集《近代日本的中國認識──走向亞細亞的軌迹》「研文出版」（山本書店
出版部）1987 年 4 月初版發行。全文概述了宮崎滔天一生思想演變的主要軌迹，對
宮崎民藏的有關思想也有所論及。

石瀧豐美：《玄洋社發掘：另一個自由民權（玄洋社発掘：もう一つの自由民権）》，福岡：
西日本新聞社，1997 年。是書原為石瀧豐美在 1979 年 5 月至 1980 年 7 月間以〈福
岡近代史的一個剖面〉為題在《西日本新聞》上連續發表的六十篇有關玄洋社歷史
的考訂或論說性短文，後略加增補輯印成書，以自由民權運動前後和中國辛亥革命
前後的歷史為焦點，闡述、解釋了玄洋社的主要活動。作者是玄洋社主要成員的啟
蒙老師──高場亂的旁系親屬之一，與諸多玄洋社成員及其親屬有過交往。作者因
不滿於美國占領軍總司令部把玄洋社定為「超國家主義的組織」而加以解散的決定，
所以便從自由民權派組織的角度出發「解釋」玄洋社的歷史。該書出版後，曾獲玄
洋社最後一任社長近藤一馬（眾議院議員，1972-1986 年任福岡市市長）的讚賞，被
譽為「從真正的正面來研究玄洋社百年史實」的著作（見該書序文之一）。

中島敏先生古稀紀念事業會：《中島敏先生古稀紀念論文集》（下卷），東京：汲古書院，

1981 年。

辛亥革命研究會編：《中國近現代史論集：菊池貴晴先生追悼論集（菊池貴晴先生追悼論集）》，東京：汲古書院，1985 年

初瀨龍平：《傳統右翼內田良平的研究（伝統的右翼內田良平の研究）》，福岡：九州大學出版會，1980 年。作者是北九州大學法學部副教授，該書是北九州大學法學會法政叢書刊行委員會編輯的《北九州大學法政叢書》的第一本，也是內田良平研究中真正可以稱得上學術著作的有限幾本書中的代表作。全書以內田良平的個人經歷為主線，用十一章的篇幅分時期、分專題剖析了作為「傳統右翼」勢力代表人物之一的內田良平的思想及活動。作者在論述內田良平個人的歷史時，注意了與日本國內局勢及國際局勢的關聯，在一定程度上考察了歷史的聯繫與影響，具有較高的學術深度和廣度。在寫作本書之際，作者共徵引或考察了各種資料達三百餘種，所以該書在史料的分析和運用上也是頗見功力的。

松本三之介：《明治精神的構造（明治精神の構造）》，新 NHK 市民大學叢書 8，東京：日本放送出版協會，昭和 56（1981）年。該書為日本廣播協會（NHK）編輯的《新NHK 市民大學叢書》的第八種，作者是東京大學法學部教授、研究日本政治思想史的專家。在論述上，該書首先提出「明治時代日本人的精神」即「明治精神」有三大精神支柱：「國家主義」、「進取精神」和「武士精神」，接著以福澤諭吉、植木枝盛、中江兆民、德富蘇峰等人為例，具體分析了「明治精神」的各種不同類型。書末並附有《明知思想史年表》可供一覽。

木村時夫：《日本民族主義史論（日本ナショナリズム史論）》，東京：早稻田大學出版部，1973 年。這是一本專題研究論集，全書共分三大部分：第一部分概述了日本民族主義產生的原因、背景、特色及其基本過程；第二部分以治外法權的設立、玄洋社的成立等事件以及福澤諭吉、山路愛山、夏目漱石、北一輝、橫光利一等人的民族主義思想為對象，對日本民族主義發展的各個側面進行了具體剖析；第三部分則集中對津田左右吉的民族主義思想進行了剖析。從研究的深度和廣度來說，該書都是日本近代民族主義思想發展史研究中的一部力作。

川合貞吉：《中國革命與日本人（中國革命と日本人）》，東京：新人物往來社，1976 年 4月第一版發行。全書分為二編，上編是「日本──中國編」，重點敘述「日本志士」與中國革命的關係，以「護國戰爭」的爆發為下限；下編是「蘇聯──中國編」，重點敘述俄國革命與孫中山的關係，以孫中山 1925 年逝世為下限。作者是岐阜縣人，1928 年來華，曾為中國共產黨黨員，參加過「日華鬥爭同盟」的反帝抗爭，戰後著

有《中國的民族性與社會》、《北一輝》和《匪賊——中國的民眾》等書。

彭澤周：《近代中日關係研究論集》，臺北，藝文印書館，1978 年版。全書共收入十四篇論文，都是作者在此之前已在報刊上單獨發表過的作品結集而成。第一篇至第三篇重點研究康、梁保皇黨與日本的關係，第四、五篇專論辛亥革命時中日圍繞漢冶萍公司的往來，第六至第九篇論述宮崎滔天、犬養毅、南方熊楠與孫中山的交往，第十篇概述了西園寺內閣與辛亥革命的關係，第十一篇以後則是一些史料的介紹。

天津市歷史研究所日本史研究室編寫：《中日兩國人民的友誼源遠流長》，北京：人民出版社，1976 年 2 月內部發行版。

藤家禮之助著、張俊彥，卞立強譯：《日中交流二千年》中譯本，北京：北京大學出版社，1982 年。

辛亥革命史叢刊編輯組編：《辛亥革命史叢刊》第一輯，北京：中華書局，1980 年。

學術著述：論文類

藤井升三：〈孫中山的對日態度（孫文の対日態度——辛亥革命期の「滿洲」租借問題を中心に——）〉，載《石川忠雄教授還歷紀念論文集：現代中國與世界——它的政治發展》（慶応通信 1982 年 6 月發行），是論述孫中山在辛亥革命期間對日本態度演變過程的文章。全文引用日方保存的大量資料，對武昌起義爆發後孫中山、黃興等人對日本的態度作了重點的分析。其中引用三井文庫所藏的森恪致益田孝書簡，詳述了南京臨時政府對日借款交涉的一些具體情況。

藤井升三：〈再論孫文的民族主義——以亞洲主義為中心（孫文の民族主義再論——アジア主義を中心に——）〉，《歷史評論》，1996 年 1 月號。

藤井升三：〈井上侯爵家提供文件（井上侯爵家より交附書類）〉，轉引自藤井升三：《辛亥革命時期有關孫文的資料——森格關於「滿洲問題」的書信（辛亥革命時期の孫文關係資料—「滿洲問題」をめぐる森恪書簡—）》，東京：亞洲經濟研究所所內資料《戰前日本的中國研究 No.4》，1982 年 3 月。日本亞洲經濟研究所所內資料，《戰前日本的中國研究》第 4 號。本論文是繼〈孫文的對日態度〉一文之後寫成（1982 年 3 月）的論文。作為附錄資料，全文整理、公布了三井文庫所藏的森恪致益田孝的書簡。

上村希美雄：《戰後史中的大亞洲主義——以竹內好為中心（戰後史のなかのアジア主義——竹內好を中心に）》，（日本）歷史學研究會編：《歷史學研究》，第 561 號，1986 年 11 月。

三木民夫：〈宮崎滔天早期思想的演變（宮崎滔天における初期の思想遍歷）〉，民眾史研究會編輯發行：《民眾史研究》第 13 號，東京，1975 年 5 月。

菊池貴晴：〈第二辰丸事件的抵制日貨運動（第二辰丸事件の対日ボイコット）〉，原載日本《歷史學研究》209 號，1957 年 7 月。

山根幸夫：〈日本對中國共和制的反應〉，載《亞非問題研究》第一輯（北京大學，1982 年 12 月）。這是作者作為日中關係史第二次訪華團成員於 1981 年 8 月在北京大學所作學術報告原稿的譯文，重點從日本政、軍界人物及文化界人士、知識人在辛亥革命爆發後的言論出發，分析了日本朝野各派勢力對中國共和制革命的各種反應。

工具書

高柳光壽、竹內理三編：《日本史辭典》，東京：角川書店，1976 年版。

《亞細亞歷史事典》第六卷，東京：平凡社，1971 年，第七版。

新村出編：《廣辭苑》第六版，東京：岩波書店，2006 年。

河原宏、藤井升三編集：《日中關係史的基礎知識（日中關係史の基礎知識）》，東京：有斐閣，昭和 49（1974）年。

孫文紀念館編：《孫文與日本有關人名錄》，神戶：財團法人孫中山紀念會，2011 年。

通俗讀物

樋口隆康：《日本人是從哪裡來的？（日本人はどこからきたか）》，講談社現代新書，東京：講談社，1971 年。

讀歷史 158　史地傳記類　PC1111

辛亥革命與大陸浪人

作　　　者 / 趙　軍
責任編輯 / 鄭伊庭
圖文排版 / 陳彥妏
封面設計 / 王嵩賀

發　行　人 / 宋政坤
法律顧問 / 毛國樑　律師
出版發行 / 秀威資訊科技股份有限公司
　　　　　　114 台北市內湖區瑞光路 76 巷 65 號 1 樓
　　　　　　電話：+886-2-2796-3638　傳真：+886-2-2796-1377
　　　　　　http://www.showwe.com.tw
劃撥帳號 / 19563868　戶名：秀威資訊科技股份有限公司
　　　　　　讀者服務信箱：service@showwe.com.tw
展售門市 / 國家書店（松江門市）
　　　　　　104 台北市中山區松江路 209 號 1 樓
　　　　　　電話：+886-2-2518-0207　傳真：+886-2-2518-0778
網路訂購 / 秀威網路書店：https://store.showwe.tw
　　　　　　國家網路書店：https://www.govbooks.com.tw

2024 年 6 月　BOD 一版
定價：490 元
版權所有　翻印必究
本書如有缺頁、破損或裝訂錯誤，請寄回更換

讀者回函卡

國家圖書館出版品預行編目

辛亥革命與大陸浪人/趙軍著. -- 一版. -- 臺北
　市：秀威資訊科技股份有限公司, 2024.06
　　面； 公分. -- (讀歷史)
　BOD 版
　ISBN 978-626-7346-72-3(平裝)

　1.CST: 辛亥革命　2.CST: 中日關係

628.1　　　　　　　　　　　　　113001835